Deutscher Multimedia Kongreß '95

Springer-Verlag Berlin Heidelberg GmbH

U. Glowalla E. Engelmann A. de Kemp
G. Rossbach E. Schoop

Herausgeber

Deutscher Multimedia Kongreß ´95

Auffahrt zum Information Highway

Springer

Prof. Dr. Ulrich Glowalla
Fachbereich Psychologie
Universität Gießen
Otto-Behaghel-Str. 10/F
D-35394 Gießen

Gerhard Rossbach
dpunkt - Verlag für
digitale Technologie
Ringstr. 19
D-69115 Heidelberg

Arnould de Kemp
Springer-Verlag
Tiergartenstraße 17
D-69121 Heidelberg

Dr.-Ing. Erhard Engelmann
Bertelsmann
Zentrale
Informationsverarbeitung GmbH
An der Autobahn
D-33311 Gütersloh

Prof. Dr. Eric Schoop
Technische Universität Dresden
Lehrstuhl für
Informationsmanagement
Mommsenstr. 13
D-01062 Dresden

ISBN 978-3-540-60976-6   ISBN 978-3-662-21776-4 (eBook)
DOI 10.1007/978-3-662-21776-4

CIP Aufnahme beantragt

Die Wiedergabe von Gebrauchsnamen, Handelsnamen, Warenbezeichnungen usw. in diesem Werk berechtigt auch ohne besondere Kennzeichnung
nicht zu der Annahme, daß solche Namen im Sinne der Warenzeichen- und
Markenschutz-Gesetzgebung als frei zu betrachten wären und daher von
jedermann benutzt werden dürften.

Umschlaggestaltung: Künkel+Lopka, Ilvesheim.
Satz: Datenkonvertierung mit Springer Makropaket
Gedruckt auf säurefreiem Papier   SPIN 10484662   33/ 3142 – 5 4 3 2 1 0

Inhaltsverzeichnis

VII

Multimedia in der Aus- und Weiterbildung 161

Online Publishing 199

Vorwort

Wir leben in einer Zeit des Wandels von der Industrie- zur Informationsgesellschaft. Dieser Wandel wird in allen gesellschaftlichen Bereichen zu weitreichenden Veränderungen führen. Bereits heute zeichnet sich ab, daß neue Formen der Kommunikation und Information erheblich an Bedeutung gewinnen werden. Und - Multimedia-Technologien bilden das Rückgrat dieser Entwicklung.

Nach unserem Eindruck teilen die Verantwortlichen in Wirtschaft, Staat und Wissenschaft diese Einschätzung und haben damit begonnen, die Chancen der Multimediatechnik zu nutzen, damit der „Rohstoff" Information zur Steigerung der Produktivität unserer Wirtschaft und der weiteren Entwicklung unserer Gesellschaft beitragen kann.

Mittlerweile registriert auch die breite Öffentlichkeit das Einflußpotential von Multimedia. Das hat sicherlich dazu beigetragen, daß sich der deutsche Multimedia-Kongreß, der vom 11. bis 13. Juni nach 1992 und 1994 zum dritten Mal in Heidelberg stattfinden wird, als erfolgreiche und teilnehmerstarke Veranstaltung zum Thema Multimedia fest etablieren konnte. Wir meinen, daß es den Veranstaltern auch dieses Mal gelungen ist, ein attraktives Programm zusammenzustellen. Wir sind ein wenig stolz darauf, daß wird die „key players" nach Heidelberg locken konnten, so daß die aktuellen Entwicklungen und Trends im deutschen und internationalen Multimedia-Markt auf hohem Niveau gezeigt und kompetent diskutiert werden können.

In diesem Zusammenhang hat es uns ganz besonders gefreut, den Bundesminister für Bildung, Wissenschaft, Forschung und Technologie als Schirmherrn für unsere Veranstaltung gewinnen zu können. Dr. Jürgen Rüttgers wird den Kongreß mit einem Grundsatzreferat zur technischen Entwicklung von Multimedia und den sich daraus ergebenden Anwendungsperspektiven eröffnen.

Die Schwerpunkte des diesjährigen Kongresses bilden Online-Dienste und Multimedia-Techniken bei der Film- und Fernsehproduktion. In beiden Bereichen werden nach unserer Einschätzung die Fortschritte der Informations- und Kommunikationstechnik sowie die immensen Potentiale der Verknüpfung von Multimedia und Telekommunikation besonders deutlich. Der Schwerpunkt Online-Dienste wird in dem Seminar „Interaktive Serivces" und den Hauptvorträgen von Dr. Hubert Burda, Prof. Dr. José Encarnação, Dr. Thomas Middelhoff und Mitchell Wolfson behandelt. Für den Schwerpunkt „Film und Fernsehproduktion" stehen der Hauptvortrag von Heinz Bibo und das Seminar „Multimedia in Film und Fernsehen".

Beide Schwerpunkte kommen gleichsam zusammen in der Podiumsdiskussion zum interaktiven Fernsehen, für das wir mit Peter Fleischmann, Prof. Dr. Peter Glotz, Dr. Hagen Hultzsch, Dr. Georg Kofler und Dr. Mark Wössner namhafte Vertreter aus Politik sowie Medien- und Telekommunikationsindustrie gewinnen konnten.

Da es sich bei dem vorliegenden Tagungsband um ein „Offline-Produkt" handelt, müssen die Erträge dieser sicherlich spannenden Podiumsdiskussion zwangsläufig fehlen. Presse und Fernsehen werden aber ausführlich darüber berichten.

Neben den Schwerpunktthemen berichtet der dritte deutsche Multimedia-Kongreß über solche Branchen, in denen es erfolgreiche, neue Multimedia-Produkte gibt und sich die dramatische Marktentwicklung am deutlichsten zeigt: Aus- und Weiterbildung, Marketing, Medizin, Multimedia-Arbeitswelt und Publizieren. Es handelt sich also um Anwendungsbereiche, die feste Bestandteile unseres Kongreßprogrammes darstellen und sicherlich auch in Zukunft präsent sein werden.

Schließlich möchten wir auf den Hauptvortrag von Mike Braun hinweisen, der die neuesten Entwicklungen in der Multimedia-Softwaretechnologie erläutern wird. Auch ein Hinweis auf unser Multimedia-Tutorial sollte nicht fehlen, in dem zunächst an einschlägigen Beispielen die Grundlagen der Multimedia-Technologie vermittelt werden und im Anschluß der Weg einer Multimedia-Anwendung von der Idee bis hin zum fertigen Produkt Schritt für Schritt gezeigt wird.

Parallel zu den Hauptvorträgen und Seminaren gibt es wieder eine Fachausstellung, so daß alle Kongreßbesucher die Gelegenheit haben, die neuesten Multimedia-Produkte und Dienstleistungen „hands-on" kennenzulernen. Unser Multimedia-Kino zeigt wieder die neuesten internationalen Produktionen und zum krönenden Abschluß des Kongresses gibt es „Best of Multimedia", eine Präsentation von Arnoud de Kemp vom Springer-Verlag in Zusammenarbeit mit der Bavaria Film.

In diesem Jahr hat der Springer-Verlag die Organisation des Kongresses übernommen und sich dabei durch einen kompetent besetzten Kongreßbeirat unterstützten lassen:

Dr. Georg Ralle, Springer-Verlag	(Veranstalter des Kongresses)
Gerhard Rossbach, dpunkt-Verlag	(Vorsitz des Kongreßbeirates)
Prof. Dr. Ulrich Glowalla, Universität Gießen	(stellv. Vorsitz des Kongreßbeirates)
Dr. Ralf Cordes, Bosch Telenorma Dr. Erhard Engelmann, Bertelsmann	

Harald Fette, Chip
Dr. Ralf Guido Herrtwich, IBM Eurocoordination
Dr. Georg Rainer Hofmann, KPMG Unternehmensberatung
Arnoud de Kemp, Springer-Verlag
Norbert Pohle, Deutsche Telekom
Ulrike Reinhard, Pro5
Jochen Schmalholz, Apple Computer
Prof. Dr. Eric Schoop, TU Dresden
Dr. Wolf Siegert, IRIS Media
Henry Steinhau, screen Multimedia
Helmut Valouch, Deutsche Telekom
Mitchell Wolfson, Microsoft

Getragen wird der Kongreß von führenden Unternehmen des Multimedia- und Kommunikationsmarktes wie Apple, Bertelsmann, Chip, Deutsche Telekom, IBM, Intel, Microsoft, screen Multimedia und Springer-Verlag. In verschiedenen Beiträgen und der begleitenden Fachausstellung werden diese und weitere Unternehmen neue Produkte, Dienstleistungen und laufende Entwicklungsprojekte vorstellen.

Die Herausgeber dieses Bandes danken allen Vortragenden und beitragenden Autoren für die Erstellung ihrer Beiträge. Unser Dank gilt auch den Mitgliedern des Kongreßbeirates, ohne deren Mithilfe die Veranstaltung bestimmt kein so interessantes Programm vorzuweisen hätte. Auch den bereits namentlich aufgeführten Unternehmen der Informationsindustrie möchten wir für ihre großzügige finanzielle und technologische Unterstützung danken.

Sabine Bannick und Juliane Kube von der Abteilung Wissenschaftliche Kommunikation des Springer-Verlages dürfen nicht unerwähnt bleiben, da sie sich im Vorfeld des Kongresses um alle organisatorischen Belange engagiert gekümmert haben. Ohne Lutz Kohler von der IBM Deutschland wäre es schließlich kaum möglich gewesen, die technische Infrastruktur des Kongresses zu planen und zu realisieren. Zu guter Letzt seien noch Ulrike Stricker und Peter Straßer vom Springer-Verlag genannt, ohne deren tatkräftige Mitarbeit es nicht möglich gewesen wäre, den Tagungsband rechtzeitig vor dem Kongreß fertigzustellen. Ihnen allen und auch den namentlich nicht aufgeführten Personen, die zum Gelingen von Multimedia '95 beigetragen haben, gilt unser aufrichtiger Dank.

Heidelberg, im Mai 1995

Ulrich Glowalla
Erhard Engelmann
Arnoud de Kemp
Gerhard Rossbach
Eric Schoop

Einleitung

Auffahrt zur Informationsautobahn

Ulrich Glowalla[1], Erhard Engelmann[2], Arnoud de Kemp[3],
Gerhard Rossbach[4] und Eric Schoop[5]

[1] Fachbereich Psychologie, Universität Gießen
[2] Bertelsmann, Zentrale Informationsverarbeitung, Gütersloh
[3] Springer-Verlag, Unternehmensentwicklung, Heidelberg
[4] dpunkt-Verlag für digitale Technologie, Heidelberg
[5] Lehrstuhl für Informationsmanagement, Technische Universität Dresden

Viele Indikatoren sprechen dafür, daß bereits im ersten Drittel des 21. Jahrhunderts die globale Informationsgesellschaft Wirklichkeit werden wird. Neben der Digitalisierung aller Arten von Informationen und dem flächendeckenden Aufbau leistungsfähiger Telekommunikationsnetze haben interaktive Multimedia-Anwendungen maßgeblichen Anteil an dieser Entwicklung. Die Beiträge zum Dritten Deutschen Multimedia Kongreß belegen auf eindrucksvolle Weise, daß es sich bei der im ersten Satz formulierten Prognose nicht um eine visionäre Utopie, sondern eine zwangsläufige Folge der sich bereits heute abzeichnenden Entwicklung handelt.

In diesem einleitenden Beitrag wollen wir als Herausgeber versuchen, die aktuelle Situation der Multimedia-Welt darzustellen. Vier verschiedene Perspektiven halten wir für besonders fruchtbar. Wir skizzieren zunächst die Entwicklung der Multimedia-Technologie. Als zweites präsentieren wir eine knappe Analyse des Multimedia-Marktes. Daran anschließend betrachten wir Multimedia aus der Sicht des betrieblichen Informationsmanagements. Als letztes behandeln wir die zunehmende Vernetzung der Wissenschaft und der wissenschaftlichen Informatik.

1 Die Entwicklung der Multimedia-Technologie

Kennzeichnend für die Entwicklung eines neuen Industriebereichs ist der Zeitversatz, mit dem Basistechnologie, Pilotapplikationen und Produkte aufeinander folgen. In vielen Bereichen, zum Beispiel bei der Faxtechnologie, lagen

Jahrzehnte zwischen diesen Phasen. Die Reife der Technologie war also lange schon erreicht, bevor man von einer Marktdurchdringung der Produkte reden konnte.

Bei der Multimedia-Technologie scheinen diese Zyklen in bedeutend kürzerer Zeit abzulaufen. In einigen Bereichen läßt sich sogar beobachten, daß Produktentwicklung und Markteinführung einsetzen, bevor eine ausreichende Stabilität der Basistechnologie erreicht ist. Die oben beschriebenen Phasen überlappen sich also sogar.

Grundsätzlich ist zu beobachten, daß die Entwicklung der Multimedia-Basistechnologien heute eher durch Verfeinerung und schrittweise Verbesserung gekennzeichnet ist als durch bahnbrechende Innovation.

Die CD-Technologie ist weitgehend ausgereift und standardisiert. Auch die Verbreitung der Technologie bis in den Consumerbereich hinein bietet dem Entwickler von CD-basierten Produkten eine ausreichend breite Plattform im Markt, mit dem Ergebnis, daß die Zahl und mit ihr auch die Qualität multimedialer Produkte auf CD deutlich zunimmt. Einen Eindruck davon gibt das Seminar „CD-ROM-Publishing" in diesem Band.

Die Kommunikationstechnologie bietet mit Breitband-ISDN und ATM sowie entsprechenden Hochleistungsprotokollen genügend „Power", um anspruchsvolle multimediale und interaktive Dienste zu realisieren. Hier zeigt vor allem das Internet mit WWW, daß der Markt für neue Online-Kommunikationsformen sehr aufnahmefähig ist. Neue Anbieter kommerzieller Netze geben auf diesem Kongreß erstmals einen umfassenden Überblick über die Alternativen, die sich dem Benutzer in den nächsten Monaten in Deutschland bieten werden (Burda; Encarnação; Middelhoff; alle im vorliegenden Band).

Verfahren der Bildkompression haben die Qualität der Videointegration im Computer verbessert, die Softwarewerkzeuge für den Multimediaentwickler sind leistungsfähiger und gleichzeitig preiswerter geworden, die Programme für den Endbenutzer multimedialer Produkte und Dienste sind deutlich besser und "benutzerfreundlicher" geworden - all dies schlägt sich in der Qualität des aktuellen Multimedia-Angebots nieder, das wir in Auszügen auf diesem Kongreß präsentieren werden.

2 Der Multimedia-Markt

2.1 Generelle Aspekte

Der Multimedia-Markt hat heute zwei Aspekte, mit denen sich jedes Unternehmen auseinandersetzen muß, das im Bereich Multimedia Geld verdienen will :

❑ *Der Markt ist neu und noch unentwickelt*

Da sich der Markt erst im Aufbau befindet, müssen alle eingefahrenen Regeln, wie sie für traditionelle Marktsegmente wie zum Beispiel Buchverlage oder

Kalenderproduktionen heute gelten, zunächst auf ihre Gültigkeit für den Multimedia-Markt überprüft werden. Niemand sollte sich ohne weiteres an ihnen orientieren. Außerdem besitzen die uns bekannten Geschäfts-Prognosen für den Multimedia-Markt keine verläßliche Basis.

Die technischen Möglichkeiten sind ebenso wenig erforscht wie in der Praxis erprobt. Niemand kann heute die potentiellen Benutzer sicher spezifizieren, geschweige denn deren Verhalten und Bedürfnisse sicher vorhersagen. Auf der anderen Seite sind aber auch die Marktanteile der großen Unternehmen noch nicht gefestigt, so daß Neulinge sehr große Chancen haben.

Sind die Zielgruppen noch nicht klar, so sind auch die Anbieter von Multimedia keineswegs klar. Neben den klassischen Verlegern kommen Firmen wie Musikverlage, Telekommunikationsanbieter, Softwarefirmen, Fernsehsender, Hardware-Hersteller usw. hinzu. Bei den verschiedenen Anbietern sind die Kompetenzen ganz unterschiedlich verteilt. Die einen beherrschen zwar das Verbreiten von Informationen, aber den richtigen Umgang mit der Technologie müssen sie erst noch lernen. Die anderen beherrschen zwar die Technologien, müssen aber das Verbreiten von Informationen noch lernen.

❑   *Der Markt ist breit und vielfältig*

Da unter Multimedia alle bekannten Formen von Informationen verstanden werden, wenn sie im Zusammenspiel wirken, können sich unter dem Oberbegriff Multimedia eine unendliche große Menge von denkbaren Anwendungen für Verbraucher (consumer) und Professionals entwickeln. Die Abschätzung des gesamten Marktpotentials wird damit zum Ratespiel.

Auch die Technologie der Informationsverbreitung (online, offline), die Bandbreite der Information, sowie die Endgeräte teilen heute die Zielgruppe in mehrere Marktsegmente auf. Dadurch werden die Möglichkeiten für einen Informationsanbieter aufgeteilt; in welchem Verhältnis ist aber nicht einmal größenordnungsmäßig bekannt. Hinzu kommen alle Produzenten, die Produkte gleich welcher Art herstellen und vermarkten, indem sie Multimedia in Marketing und Vertrieb einsetzen.

Die Technologie, wie sie heute in verschiedenen Bereichen disjunkt existiert, wird jedoch gleichzeitig weiterentwickelt. Bei diesem Aspekt ist immerhin hinreichend klar, daß diese Entwicklung zu einer vollständigen Verschmelzung der heute noch unterschiedlichen Technologien führen wird. Dadurch wiederum wird die Einsatzbreite von Informationsprodukten dramatisch angehoben.

Ein besonders schwerwiegender Punkt ist die Beseitigung der nationalen und regionalen Grenzen für Multimedia-Produkte. Multimedia ist ohne Kommunikation nicht denkbar, und Kommunikation kennt keine Grenzen. Dies wird offensichtlich, wenn man von den physischen Netzen, die auch heute schon nicht mehr national begrenzt sind, auf die Satelliten- und Funkkommunikation blickt.

❑ *Auswirkung auf die Anbieter*

Für alle Anbieter ergeben sich zwei Grundsätze. Zum einen darf die Vorinvestition nicht voreilig in zu große Höhen getrieben werden. Das Risiko sollte begrenzt bleiben, wobei auf Grund der unbekannten Entwicklung des Geschäftes vor allem die Zeitskala nicht berechenbar ist. Sofern dies möglich ist, sollten neue Produkte in kleinen Schritten entwickelt werden. Der Kernspruch „Think BIG, start SMALL" ist hier eine überlebenswichtige Strategie.

Andererseits kann das Nichtstun und Abwarten, welche Fehler die anderen machen, ebenso vernichtend sein. Da die Technologie im Bereich Multimedia eine Komplexität erreicht hat, die es auch prozentual gesehen noch nie während der Entwicklung der Menschheit und ihrer Technik gegeben hat, muß jeder potentielle Anbieter in diesem Geschäft rechtzeitig seine Gehversuche machen. Es gilt die Devise „Nicht REDEN, sondern MACHEN".

Ein unbegrenzter globaler Markt erfordert natürlich auch globale Angebotsstrategien für allgemeine Informationsanbieter. Einschränkungen sind nur über Fokussierung auf spezielle Themen sinnvoll. Dies bedeutet aber für alle Anbieter, entweder ein spezielles Thema abzudecken oder aber uneingeschränkt global zu operieren.

2.2 Chancen globaler Anbieter

Globale Anbieter sind in der Regel große Konzerne und Firmengruppen. Sie haben bereits in der Vergangenheit internationale Geschäfte abgewickelt, so daß sie optimal auf den Multimedia-Markt vorbereitet sind. Sie haben meist eine ausreichend hohe Kompetenz, wie sie nationale Hürden, Sprachen und/oder Kulturen überbrücken oder vereinigen können.

Bedingt durch die Größe solcher Unternehmen haben sie in der Regel auch ein breiteres Spektrum an Leistungsangeboten, so daß sie nicht ausschließlich auf Dienstleistungen anderer angewiesen sind. Insbesondere die Marketing-Organisation solcher globaler Player ist eine bedeutende Einflußgröße.

Durch den internen Austausch von Informationen können zudem die Ergebnisse der ersten Schritte einzelner Unternehmensgruppen anderen Gruppen helfen. Die Risiken der Entwicklung von speziellen Multimedia-Produkten können dadurch gesenkt werden. Die Wiederverwendbarkeit eines Teiles der Produkte minimiert darüber hinaus die Entwicklungskosten.

2.3 Risiken globaler Anbieter

Risiken liegen in der richtigen Einschätzung der Zielgruppen, ihren Bedürfnissen und ihrem Wissensstand. Außerdem bereiten nationale Gesetzeswerke und Copyrightregeln große Probleme.

Man kann zwei Gruppen von Multimedia-Titeln unterscheiden: Solche mit intelligentem Inhalt und sogenannte „Run-and-shoot"-Games. In Abhängigkeit vom Bildungsstand der jeweiligen Hauptzielgruppe ist für anspruchsvolle Titel, die meist von gut ausgebildeten Anwendern benutzt wird, die Verwendung der jeweiligen nationalen Sprache weniger wichtig. Dafür sind aber die kulturellen Unterschiede von großer Bedeutung. Bereits die Grenze zu ziehen zwischen anspruchsvoll und platt ist national unterschiedlich.

Run-and-shoot-Games und andere reine Entertainment-Produkte zielen auf den Massenmarkt ohne besondere Ausbildung. Hier ist nicht der kulturelle Hintergrund, der ja kaum angesprochen wird, sondern die Sprache von größerer Bedeutung.

Kommen wir zu den rechtlichen Aspekten. Multimedia ist die Zusammenballung von verschiedenen Mediendarstellungen. Da bisher die Regelwerke über Urheberrechte und Lizenzvergabe nur für einzelne Medien definiert wurden, sind sie in der Regel für die verschiedenen Medien ungleich. Bei der Kombination zu Multimedia-Produkten multiplizieren sich diese Unterschiede. Hinzu kommt, daß die entsprechenden Gesetzeswerke und auch die Finanz- und Steuergesetze national unterschiedlich sind. Grenzüberschreitende Regeln sind kaum bekannt. Die Informationsmenge an sich ist zudem noch erheblich größer als bei traditionellen Produkten.

Eine Harmonisierung und Vereinfachung der Gesetze und Regeln ist zwingende Voraussetzung für ein internationales Multimedia-Business. Solange dies nicht ansatzweise geklärt ist, wird kein globaler Multimedia-Markt entstehen. Die große Gefahr für etablierte Medienanbieter besteht darin, daß neue Anbieter, die nicht aus dem Publishing Business kommen, auf Grund ihrer Marktdurchdringung DeFactoStandards setzen, die nur ihnen selbst helfen, aber einer wünschenswerten Medienvielfalt eher abträglich sind.

Nur die großen globalen Anbieter können diese Entwicklung aufhalten. Das Warten auf europäische oder gar internationale Gesetze ist noch nie besonders erfolgreich gewesen. Gesetze regeln meist existierende Geschäfte, sie initiieren selten neue Entwicklungen.

2.4 Aspekte für themenorientierente Anbieter

Die Spezialanbieter von Informationen werden auch im globalen Markt ihre Nische finden. Sie sind klein genug, um flexibel auf die Kundenbedürfnisse auch verschiedener Nationalitäten einzugehen. Die kulturellen und sprachlichen Barrieren sind themenorientiert leichter lösbar.

Das Risiko der kleineren Anbieter ist die Marktpräsenz und der globale Vertrieb ihrer Produkte. In bezug auf die Technik, die zur Entwicklung von Produkten erforderlich ist, entsteht für kleinere Firmen die Problematik des unter Umständen zu hohen Vorinvestitionsvolumens.

2.5   Konsequenzen

Die verschiedenen Probleme des globalen Multimedia-Marktes sind heute teilweise sichtbar. Es werden sicher weitere hinzukommen. Die gewaltigen technologischen, anwendungsorientierten und thematischen Anforderungen lassen erkennen, daß der Multimedia Markt auch von sehr großen Unternehmen kaum beherrschbar sein wird. Daher heißt die Devise: "Wie bilde ich erfolgversprechende Allianzen?".

3 Multimedia aus der Sicht des betrieblichen Informationsmanagements

Die Unternehmen sehen sich heute fest in eine sich immer rascher verändernde, dynamische, globaler werdende Umwelt eingebunden. Dies führt zu einer Intensivierung der Verflechtung mit vor- und nachgelagerten Wirtschaftssubjekten (i.a. Lieferanten und Kunden). Die internationalen Märkte rücken enger zusammen, Marktzutrittsschranken werden gesenkt und damit Arbitragegewinne durch Ausnutzen von Informationsvorsprüngen auf lokalen Märkten schwieriger. Sich verkürzende Produktlebenszyklen, ein rascher Wandel von Kundenpräferenzen und globale Wettbewerbssituationen führen zu einem Reaktions- und Innovationsdruck, der als Ausweg entweder die Flucht in kleine, lokale Nischen oder ein Hineinwachsen in wettbewerbsfähige Größenordnungen zu erzwingen scheint. Daraus resultierte im vergangenen Jahrzehnt eine Globalisierung von Unternehmensstrategien. Es kam verstärkt zu internationalen Konzernzusammenschlüssen und zu einem Verdrängungswettbewerb, in welchem oftmals der Bessere dem Größeren weichen mußte. Größenwachstum geht jedoch meist mit einem Verlust an Marktnähe, Reaktions- und Anpassungsvermögen einher.

Die Betriebswirtschaftslehre diskutiert als Konsequenz aus diesem Trend unter den Stichworten „Business Process Reengineering" und „Lean Management" neue Formen der Organisation. Der Wechsel von der funktions- zur prozeßbezogenen Sichtweise betrieblicher Aktivitäten fordert eine verstärkte Kundenorientierung sowohl im zwischen- als auch im innerbetrieblichen Bereich. Dieses Service-Denken in kleineren, selbstregelnden, abgrenzbaren Einheiten setzt eine Verbesserung von Informations- und Kommunikationsprozessen in funktionaler und in integrativer Hinsicht voraus. Die Neuorientierung weg vom monolithischen Großunternehmen hin zu schlanken, leichter führbaren Organisationen induziert die Ausgründung von Unternehmensteilen, den Zukauf externer Dienstleistungen (die klassische make-or-buy Entscheidung) und das Eingehen neuartiger Kooperationen (Stichwort: Virtuelle Unternehmen). Auch hier sind Information und Kommunikation, Koordination und Kollaboration gefragt. Das moderne betriebliche Informationsmanagement hat somit die Aufgabe, das Erreichen der im vorgenannten Kontext formulierten strategischen Unternehmensziele durch Ausschöpfen des Leistungspotentials der Informationsfunktion und durch Bereitstellung einer geeigneten Informationsinfrastruktur (Rechner, Netze, Personal, Methoden) erfolgreich zu unterstützen. Information und Kommunikation erreichen in der betriebswirtschaftlichen Betrachtung damit immer mehr den Status von Produktionsfaktoren (wirtschaftliche Güter). Die technologischen Impulse von Multimedia eröffnen hier neue Dimensionen:

- Interaktive POI/POS-Systeme im multimedialen Internet führen zu asynchronen Kunden-Lieferantenbeziehungen, automatisieren das Produktmarketing, reduzieren bisherige Medienbrüche im einzelbetrieblichen Warenwirtschaftssystem und ermöglichen eine individuelle Kundenbetreuung auf Basis spezifisch abgreifbarer Interessenprofile. Allerdings müssen hierbei noch nicht geklärte Aspekte des Datenschutzes berücksichtigt werden.
- Die zwischenbetriebliche Kunden-Lieferantenschnittstelle entwickelt sich vom bisherigen einfachen, bilateralen Handelsdatenaustauch auf Basis von EDI-Standards („Electronic Data Interchange") weiter zu kollaborativen, multilateralen Informationsbeziehungen auf der Grundlage gemeinsam genutzter Geschäftsinformationen, die im WWW („World Wide Web") verteilt gehalten werden. Hier sind neue Dienstleister gefordert, die als „Service Provider" branchen-, firmen- oder aufgabenspezifisches „Information Broking" betreiben.
- Multimediale asynchrone Kommunikations- und synchrone Konferenzsysteme am Arbeitsplatz erlauben es mittlerweile gerade auch kleineren, agilen Unternehmen, sich im Rahmen zwischenbetrieblicher Kooperation in Form von Interessengemeinschaften als „Virtuelle Unternehmen" auch auf globalen
- Märkten zu etablieren. Temporäre Beschaffungs-, Entwicklungs- oder Vertriebsgemeinschaften auf Basis leistungsstarker zwischenbetrieblicher Multimedia-Kommunikation kompensieren fehlende Unternehmensgröße und ermöglichen ein flexibles, schnelles Agieren auf wandlungsfähigen globalen und lokalen Märkten.

In das Zentrum des betrieblichen Informationsmanagements rückt daher neben dem betrieblichen Daten- und Anwendungssystem-Management immer stärker auch die Aufgabe, technologische Trends im Multimediabereich frühzeitig zu erkennen, die damit verbundenen betriebswirtschaftlichen Potentiale abzuleiten und auf Kompatibilität mit den eigenen Unternehmenszielen und der daraus abgeleiteten Informatikstrategie zu untersuchen.

4 Vernetzung der Wissenschaft und der wissenschaftlichen Informatik

Die Wissenschaft wird zunehmend vernetzt und die Kommunikation wird durch größere Netzkapazitäten noch erheblich schneller werden. Der Wissenschaftsrat bereitet gerade eine Empfehlung zur Bereitstellung leistungsfähiger Kommunikationsnetze für Universitäten und Fachhochschulen vor.

Die Informations- und Kommunikationstechnik stellt eine große Herausforderung dar und hat weitreichende gesellschaftliche Konsequenzen bei der Akzeptanz, Nutzung und letztlich auch beim Schutz von Informationen. In dem sogenannten „Media Gap", wo sich die gesamte Internet-Entwicklung abgespielt hat, muß vieles neu und vor allem international organisiert werden.

Die Rolle der Wissenschaftsverlage ist, Information zu selektieren, aufzubereiten und zu verbreiten. Die elektronischen Medien helfen zunächst nur, diese Information besser zu strukturieren und zu erschließen und Medien wie Ton, Bild, Video und Text zu integrieren.

Zum Teil entstehen neue Aufgaben durch veränderte Informationsaufbereitung. Dadurch wird es neue Formen bzw. Formate in der Information, Dokumentation und Kommunikation geben. Wir sehen die ersten, noch nicht immer vielversprechenden Anfänge mit elektronischen Foren, Bulletin Boards, elektronischen Zeitschriften, „living books" etc.

Ein großes Problem besteht darin, die Nutzung dieser Angebote zu steigern. Diese Nachfrage wird jedoch nur entstehen und wachsen, wenn Qualität und Benutzerfreundlichkeit gehoben werden und letztendlich die Kosten-/Nutzen-Relation stimmt. Auf jeden Fall wird aber auch für die Informationsgesellschaft gelten, daß Information nicht gratis zu haben ist. Voraussichtlich werden immerhin die Kostenstrukturen transparenter. So ist es auch aus Sicht der Nutzer nicht wünschenswert, Inhalte zwei oder sogar dreimal auf unterschiedlichen Medien „abzubilden". Der Verleger oder Informationsproduzent hat die Aufgabe, Inhalte zu veredeln und Mehrwertprodukte bzw. -dienste anzubieten.

Wir wissen zudem nach wie vor zu wenig über die Wirkung elektronischer Kommunikation über Bildschirme und Fernsehgeräte, über inaktive Unterhaltung und anderes mehr. Für viele heißt das Schlüsselwort der Zukunft „Interaktivität", aber ob multimediale Übertragung tatsächlich zum besseren Verstehen, Lernen und Lehren beitragen wird, muß erst noch gezeigt werden.

Es ist deswegen außerordentlich wichtig, daß bei der Entwicklung und Erprobung solcher neuen Produkte und Dienste Experten aus ganz unterschiedlichen Bereichen interdisziplinär zusammenarbeiten. Die jeweiligen bereichsspezifischen Experten müssen mit Psychologen und Didaktikern, Mediendesignern, Regisseuren, Fotografen, Programmierern und Informationsmanagern zusammenarbeiten, um qualitativ hochwertige Multimedia-Produkte zu entwickeln. Diese Titel müssen zudem in verschiedenen Studien mit Nutzern der in Frage kommenden Zielgruppen evaluiert werden, und zwar mit den jeweils angemessenen wissenschaftlichen Methoden.

Tutorial

Tutorial

Multimedia: Technische Grundlagen, beispielhafte Anwendungen und Potentiale für die Informationsgesellschaft

Ulrich Glowalla[1] und Eric Schoop[2]
[1] Fachbereich Psychologie, Universität Gießen
[2] Lehrstuhl für Informationsmanagement, Technische Universität Dresden

1 Einordnung des Tutorials

In vielen Bereichen der Informations- und Kommunikationstechnologie beobachten wir eine sich geradezu beängstigend reduzierende Halbwertzeit von Technik und Wissen, verstanden als Gültigkeitsdauer des momentanen Know-hows hinsichtlich Technologie, Methodik und Werkzeugen. Als Beispiel sei auf das im Beitrag von Bodenkamp (im vorliegenden Band) zitierte „Mooresche Gesetz" verwiesen, wonach es in den letzten 20 Jahren nachweislich gelungen ist, spätestens alle 18 Monate die Dichte der Transistoren auf einem Chip und damit die Rechenleistung bei gleichem Preis zu verdoppeln. Daraus läßt sich eine Leistungssteigerung der Mikroprozessoren um den Faktor 100 in nur 10 Jahren ableiten.

Aus der Perspektive des Anwenders ergibt sich daraus ein rascher Wandel von Technologietrends und daraus resultierenden Modethemen. Es ist vor diesem Hintergrund keineswegs selbstverständlich, daß im Juni dieses Jahres in Heidelberg bereits der dritte Kongreß zum Thema Multimedia stattfindet. Die immensen technologischen Impulse im Bereich der Informationsverarbeitung, insbesondere aber auch im Bereich der Kommunikationsleistung, induzieren offensichtlich einen Anwendungsbedarf, der bislang noch nicht einmal annähernd erkannt, geschweige denn befriedigt werden konnte. Mittlerweile registriert auch die breite Öffentlichkeit das Einflußpotential von Multimedia, und zwar nicht nur auf die berufliche, sondern immer stärker auch auf die private Situation. Ganz allgemein ist großes Interesse an der Thematik festzustellen.

Die immer weiter Raum greifende öffentliche Multimedia-Diskussion spricht ganz verschiedene Zielgruppen auf unterschiedlichen Anwendungsgebieten an.

Die Organisatoren des dritten Heidelberger Multimedia-Kongresses stehen somit vor dem Aufgabe, den unterschiedlichen Vorkenntnisse der Teilnehmer gerecht zu werden. Es ist daher Aufgabe des der Tagung vorgeschalteten Tutorials, diejenigen Besucher, die sich erst seit kurzem oder bislang nur aus einem speziellen Blickwinkel mit dem Thema Multimedia beschäftigt haben, auf die große Bandbreite der Diskussion in den folgenden Veranstaltungstagen vorzubereiten. Für die Vermittlung dieses Basiswissens greifen die beiden Referenten neben der computerunterstützten Präsentation von Begriffen und Zusammenhängen auf Fallbeispiele aus der Multimedia-Anwendungspraxis zurück. Sie moderieren darüber hinaus eine komplette Fallstudie, welche „live" an vernetzten Rechnern Schritt für Schritt demonstriert, wie eine Idee mit Hilfe gängiger Werkzeuge und Systeme in einen fertigen Multimedia-Titel umgesetzt wird.

2 Von der Technik zur Anwendung

Das gängige Begriffsverständnis von Multimedia war bislang primär technikbasiert. Das seit Jahren zu beobachtende Zusammenwachsen der drei bis vor wenigen Jahren getrennten Bereiche Medienindustrie, Telekommunikationsindustrie und Datenverarbeitungsindustrie erlaubt heute die Speicherung, Verarbeitung und Präsentation zeitunabhängiger (Text, Tabellen, Grafiken, Standbilder) und zeitabhängiger Daten (Animation, Audio, Video) in einem geschlossenen Multimedia-System. Drei Bestimmungsfaktoren kennzeichnen die neue Qualität der Systeme:

- **Integration.** Das Zusammenspiel unterschiedlicher Medien ist nicht nur auf der Darstellungs-, sondern auch auf der Verarbeitungsebene möglich geworden. Die einzelnen Medien können unabhängig voneinander verarbeitet und je nach Anwendung flexibel kombiniert werden.
- **Interaktion.** Der Informationsfluß zwischen System und Anwender ist bidirektional geworden: Moderne Benutzerschnittstellen, Navigations- und Orientierungsmetaphern ermöglichen die Steuerung des Multimedia-Systems im Dialog auch durch unerfahrene Computernutzer.
- **Kommunikation.** Verschiedenste multimediale Informationen können synchron und asynchron ausgetauscht werden. Eine mittlerweile flächendekkende Verfügbarkeit von Datenübertragungskanälen, teilweise bereits mit hoher Bandbreite, ermöglicht die Ausweitung lokaler Mediennutzung auf kooperative oder auch kollaborative Benutzergruppen, die räumlich und zeitlich verteilt gemeinsame Interessen in Arbeit, Freizeit oder Konsumtion verfolgen.

Mit dieser Analyse befinden wir uns im Einklang mit vielen namhaften Multimedia-Experten (vgl. z.B. Bullinger, Koller & Ziegler, 1993; Encarnação & Noll,

1993; Hünseler & Kanzow, im vorliegenden Band, Hultzsch, im vorliegenden Band; Steinmetz, 1993).

Dabei schiebt sich in jüngster Zeit der Aspekt der Kommunikation immer stärker in den Vordergrund der Diskussion. Der Erfolg der „Killer-Applikation" WWW (World Wide Web) im Internet erlaubt nicht nur neue Formen von Online-Diensten, sondern ermöglicht auf Grund radikal vereinfachter Benutzer-schnittstellen und Zugangsmöglichkeiten auch die Erreichbarkeit neuer Adressatengruppen in kleineren Unternehmen und insbesondere auch im Endverbraucherbereich (vgl. die entsprechenden Themenbeiträge der Seminare Interactive Services, Der multimediale Marktplatz, Multimedia-Arbeitswelt I und II, Online Publishing und Teleservices im vorliegenden Band). Auf schmal- und breitbandigen Multimedia-Transportplattformen werden Archiv-, Mail- und Teamarbeits-Dienste angeboten. Diese Dienste bilden wiederum die Basis für Multimedia-Anwendungen in den Bereichen Büro, Tele Commerce, Tele Medizin, Tele Education, Tele Computing, branchenspezifische POI Systeme, Tele Publishing und Infotainment (vgl. Bild 2 des Beitrages von Hünseler & Kanzow, im vorliegenden Band).

Des weiteren gerät der Anwender zunehmend in das Zentrum der Entwicklung von Multimedia-Systemen. Er kann entscheiden, was er in welcher Reihenfolge und in welchem Detaillierungsgrad sehen möchte, und damit aktiv steuernd in die Ablaufgestaltung von Dialoganwendungen eingreifen. Diese Entwicklung beobachtet man bei dem auf einer Hypertextstruktur basierenden Kommunikationsmediums WWW und auch bei den ersten Pilotversuche mit Video-on-demand in Breitbandnetzen. Auf der technischen Ebene wird diskutiert, ob das künftige Endgerät des privaten Teilnehmers an Video-on-demand-Diensten ein Fernsehgerät mit PC-Eigenschaften ist, oder ob künftig der Multimedia-PC die Fernseherfunktion mit übernimmt (vgl. Bodenkamp, im vorliegenden Band). Für den Anwender stehen die Nutzungsmöglichkeiten der neuen Technologien im Vordergrund: Neben bekannten Nutzungsstrategien bei interaktiv abgreifbaren Angeboten von Online-Dienstleistungen werden in einigen Projekten bereits echte Interaktionssituationen mit freien Dialogen zwischen Anbietern und Konsumenten ins Kalkül gezogen. Ein attraktives Beispiel hierfür stellt das Projekt ZebraWorld des Schweizer Fernsehens und der HyperStudio AG aus Basel dar (Schaub, im vorliegenden Band). Interessant ist in diesem Zusammenhang auch der Beitrag von Gäfe (im vorliegenden Band), in dem auf amüsante und zugleich überzeugende Weise dargelegt wird, daß die Macher der großen Medienkonzerne bei der Konzeption von Interaktivitätsformen bislang wenig Phantasie entwickelt haben.

3 Mehrwert vom Multimedia-Anwendungen

Die Produktion von Multimedia-Produkten ist nach wie vor sehr teuer. Deshalb sollte bei dem Einsatz dieser Produkte grundsätzlich beachtet werden, daß die Kombination unterschiedlicher Medien tatsächlich besser zur Wissensvermittlung geeignet ist als der Einsatz eines einzigen Medium. Dies ist beispielsweise der Fall, wenn komplexe Sachverhalte durch die Darstellung mit unterschiedlichen Medien verständlicher werden. In der Informationswissenschaft wird diese Grundbedingung sinnvoller Multimedia-Anwendungen als Mehrwert bezeichnet (vgl. Kuhlen, 1995). Die drei zuvor aus technischer Perspektive genannten Bestimmungsfaktoren greifen wir wieder auf und begründen den Mehrwert von Multimedia-Anwendungen exemplarisch wie folgt:

- **Integration.** Verwendet man zur Wissensvermittlung Graphiken, so werden diese im Regelfall meist zusätzlich noch in Textform erläutert. Besteht nun die Möglichkeit, dieselbe Textinformation als gesprochene Erläuterung darzubieten, so kann der Leser die Graphik betrachten und gleichzeitig die Erläuterung der Graphik verfolgen. Die entsprechenden Sinneskanäle des Menschen als Adressat eines Multimedia-Lernsystems werden somit spezifisch angesprochen. Der Nutzer kann sich komplexe Zusammenhänge - z.B. die Regelung eines flexiblen Fertigungssystems oder die Sinnesverarbeitung des menschlichen Gehirns auf unterschiedliche Weise vermitteln lassen: textuell/abstrakt, an Hand visueller Beispiele (Animationen, Videoszenen) oder in Form von Simulationsbeispielen und Fallstudienaufgaben. Individuelle Unterschiede im Lernverhalten lassen sich so möglicherweise ausgleichen (vgl. hierzu Rinck & Glowalla, 1995 sowie Vester, 1991).
- **Interaktion.** Die Abfrage von Online-Angeboten sowie die mögliche Bestellung und Abrechnung über die Telefon-, Internet- oder Kreditkartennummer im Rahmen des Teleshopping über PC und ISDN vom heimischen Schreibtisch aus sind bequem, schnell, flexibel und transparent, da unmittelbar die aktuellen Konditionen konkurrierender Anbieter verglichen werden können. Dies befreit den Endverbraucher von der Notwendigkeit, private oder öffentliche Verkehrsmittel zu benutzen, um zu vorgegebenen Ladenöffnungszeiten in möglicherweise überfüllten Einkaufszentren unter Zeitdruck und nur im Besitz lokaler Preis- und Qualitätsinformation mit vorab zu beschaffenden Zahlungsmitteln einzukaufen. Für den Anbieter erübrigt sich die personalintensive Verkaufstätigkeit mit Auftragsbearbeitung, Fakturierung und Preisauszeichnung der angebotenen Artikel. Durch Anschluß des hausinternen Warenwirtschaftssystems an die Online-Verkaufsschnittstelle können material- und wertmäßige Warenbewegungen artikel- und kundengenau erfaßt und somit Beschaffungs- und Vertriebsvorgänge sowie Marketingauswertungen automatisiert werden (vgl. hierzu die Beiträge von Wagner; Dreyer; Hümmer, alle im vorliegenden Band).

- **Kommunikation.** Im Beitrag von Hünseler und Kanzow (im vorliegenden Band) lassen sich am Beispiel der Telemedizin deutlich mögliche Mehrwerteffekte einer Multimedia-Kommunikation ableiten: zwischen Patient und Hausarzt (Krankengeschichte, auftretende Krankheitsbilder über längere Behandlungs- und Betreuungszeiträume hinweg), Patient und Klinik (im akuten Behandlungsfall nach Überweisung durch den Hausarzt Bereitstellung der Patienten- und Falldaten für das Krankenhausinformationssystem mit Diagnose-, Therapie-, Labor- und Abrechnungsdaten) sowie Klinik und Hausarzt (Anforderung von Hintergrundinformation durch die Klinik im akuten Behandlungsfall, Anforderung der aktuellen Behandlungsergebnisse der Klinik durch den Hausarzt für die ambulante Nachbetreuung). Während der Datenaustausch zwischen Patient und Hausarzt lokal über Datenträger (Chipkarte) und Aufzeichnung verbaler Kommunikation vorgenommen werden kann, sind die beiden anderen Nutzungseffekte nur über den Multimedia-Informationsaustausch über Weitbereichsnetze möglich.

Um eine hinsichtlich des Mehrwertaspektes effektive Anwendung auch effizient herzustellen, ist darüber hinaus zu beachten, so weit als möglich auf Standards zurückzugreifen, die plattformübergreifende Gültigkeit besitzen und somit die Gewähr für ein breites Einsatzspektrum der Applikation bieten. Die Relevanz von Standards wird in der Multimediadiskussion vor allem im Bereich der Kommunikations- und Kompressionstechniken seit längerem erkannt und verfolgt. Darüber hinaus bedarf es jedoch auch einer Weiterentwicklung und -verbreitung anwendungsspezifischer Standards wie multimediale Dokumentformate und Vereinheitlichung von Präsentation und Interaktion.

4 Von der Idee zum Produkt

Wie ist nun in der Praxis vorzugehen, um für relevante Anwendungsbereiche mehrwerterzeugende Multimedia-Titel zu produzieren? Welche Prinzipien müssen befolgt werden, um dieses Ziel zu erreichen? Wo sind die Unterschiede in der Vorgehensweise im Vergleich zur Produktion von Printmedien, Filmen oder klassischen Softwarepaketen?

Antworten auf diese und ähnliche Fragen können in der noch sehr jungen Disziplin Multimedia noch nicht mit allgemeiner Gültigkeit gegeben werden. Vieles befindet sich noch im Experimentierstadium. Für eine Reihe von Ansätzen existieren zwar bereits Modelle, doch stehen empirisch überprüfte Ergebnisse, aus denen etwa Produktivitätskennzahlen abgeleitet werden könnten, bislang meist noch aus (vgl. Glowalla & Hasebrook, 1995). Es ist anzunehmen, daß aus der Kombination geläufiger Standardmethoden wie die Erstellung von Drehbüchern für sequentielle, analoge Filmproduktionen auf der einen sowie der ingenieurmäßige Einsatz von CASE-Methoden und -Werkzeugen im Bereich der Entwicklung von Anwendungssoftware auf der anderen Seite hybride Vorgehensmodelle entstehen werden. Für die Produktion von Multimedia-Titeln müssen diese in geeigneten, plattformübergreifenden Werkzeugen implementiert werden, die auf Standards wie beispielsweise dem von Braun (im vorliegenden Band) vorgestellte Kaleida Multimedia Player basieren. Als sichere Erkenntnis kann festgehalten werden, daß die Entwicklung von Multimedia-Anwendungen multiple Qualifikationsanforderungen an das in der Regel interdisziplinär zusammenzusetzende Entwicklerteam stellt: Psychologen und Didaktiker, Mediendesigner, Filmproduzenten, Programmierer, Anwendungsspezialisten, Kommunikationstechniker, Informationsmanager und kaufmännisch geschulte Projekt-Controller besitzen jeweils spezifische Erfahrungen, deren Kombination am ehesten Aussicht auf Erfolg hat, auf effiziente Weise Multimedia-Titel mit einem hohen Mehrwert für den Anwender zu produzieren.

Literatur

Bodenkamp, J. (1995). Der PC als Auffahrt zur Datenautobahn und mehr. *Im vorliegenden Band.*

Braun, M. A. (1995). The Multimedia Industry - From Real to Realistic. *Im vorliegenden Band.*

Bullinger, H.-J., Koller, F. & Ziegler, J. (1994). Multimedia im betrieblichen Einsatz. In: Glowalla, U., Engelmann, E. & Rossbach, G. (Hrsg.), *Multimedia'94. Grundlagen und Praxis* (S.32-50). Heidelberg u.a.: Springer-Verlag.

Dreyer, W. (1995). Electronic Commerce auf dem Internet. *Im vorliegenden Band.*

Encarnação, J. L. & Noll, S. (1993). Multimedia und CSCW. In: Forst, H.-J. (Hrsg.), *Multimedia* (S. 7-17). Berlin und Offenbach.

Gäfe, A. (1995).Interaktive Fernsehsendungen - aber bitte mit Inhalt! *Im vorliegenden Band.*

Glowalla, U., & Hasebrook, J. (1995). An evaluation model based on experimental methods applied to the design of hypermedia user interfaces. In W. Schuler, J. Hannemann & N. Streitz (Eds.), Designing User Interfaces for Hypermedia (S. 99-116). Heidelberg u.a.: Springer-Verlag.

Hultzsch, H. (1995). Interaktive Video Services. *Im vorliegenden Band.*

Hümmer, M. (1995). Auf dem Weg zum Teleshopping: Der elektronische Katalog auf CD-ROM. *Im vorliegenden Band.*

Hünseler, A. & Kanzow, J. (1995). Möglichkeiten für interaktive Services - Multimedia on Demand. *Im vorliegenden Band.*

Kuhlen, R. (1995). *Informationsmarkt. Chancen und Risiken der Kommerzialisierung von Wissen.* Konstanz: UVK Universitätsverlag.

Rinck, M., & Glowalla, U. (1995). Was nützt Multimedia? Eine empirische Effektivitätsprüfung bei der Darstellung quantitativer Daten. In E. Schoop, R. Witt & U. Glowalla (Hrsg.), *Hypermedia in der Aus- und Weiterbildung: Dresdner Symposium zum computerunterstützten Lernen*. Heidelberg u.a.: Springer-Verlag.

Schaub, M. (1995). Das Experiment ZebraWorld. *Im vorliegenden Band*.

Steinmetz, R. (1993). *Multimedia-Technologie*. (S.32-50). Heidelberg u.a.: Springer-Verlag.

Vester, F. (1991). *Denken, Lernen, Vergessen*. 18. Auflage. München: dtv Verlag.

Wagner, H. (1995). Gewinn aus Multimedia. *Im vorliegenden Band*.

Hauptvorträge

Multimedia – Technische Entwicklung und Anwendungsperspektiven

Jürgen Rüttgers
Bundesminister für Bildung, Wissenschaft, Forschung und Technologie
Heinemannstraße 2, 53175 Bonn

Mit leistungsfähigen Datenautobahnen, dem Multimedia-Einsatz der Personal Computer und mit interaktivem Fernsehen befinden wir uns auf dem Weg zu einer globalen *Informationsgesellschaft*.

Multimediatechniken verknüpfen Bild-, Ton- und Textinformationen mittels digitaler Technik. Multimedia ermöglicht eine neue Qualität an Anschaulichkeit, Verfügbarkeit und Gestaltbarkeit beim Umgang mit Wissen. Durch Verdichtung und Vernetzung können bisher nicht faßbare Mengen an Wissen technisch beherrscht und vermittelt werden. Die Anwendungsbereiche von Multimediatechniken reichen von Forschung und Wissenschaft über Medizin, Verkehr, Finanz- und Wirtschaftswesen bis hin zu sozialen Diensten, öffentlichen Verwaltungen und Unterhaltungsangeboten.

Multimediatechniken werden zu wesentlichen *Veränderungen* in Beruf und Freizeit führen: Durch dezentral organisierte, mit Telekooperationstechnik verknüpfte Arbeitsplätze können der Berufsverkehr reduziert, neue Berufslaufbahnen erschlossen und Standortnachteile ausgeglichen werden. Die Vereinbarkeit von Familie und Beruf wird neue Perspektiven erhalten. Unterricht, Lehre und Fortbildung können orts- und zeitunabhängig je nach individuellem Bedarf angeboten werden. Der direkte Zugriff auf Informations- und Unterhaltungsprogramme wird eine persönliche zeitsouveräne Mediennutzung ermöglichen. Und dies sind nur einige Anwendungsaussichten von vielen.

Multimedia-Technologien bilden das Rückgrat der sich formierenden Informationsgesellschaft. Sie ermöglichen neue und fördern bestehende Trends zu globalem Denken und Handeln. Eine moderne Gesellschaft hat nicht die Wahl, auf diese Techniken und Dienste zu verzichten. Aber wir haben die Chance zur aktiven und kreativen Gestaltung und wir sind gefordert, die Chance zu nutzen und das beste aus den sich bietenden *Möglichkeiten* zu machen.

Der Einsatz des Computers als Multimedia-Instrument und der Ausbau unserer Kommunikationsnetze zu leistungsfähigen Infobahnen sind kein technikgetriebener Selbstzweck. Der Übergang zur Informationsgesellschaft hat viele Dimensionen. So wird es uns beispielsweise nur mit Hilfe der Verknüpfung von Computer- und Telekommunikationstechnik gelingen, den in den letzten Jahren begonnenen Weg in Richtung auf eine *Entkoppelung von Wirtschaftswachstum und Ressourcenverbrauch* erfolgreich weiter zu gehen.

Die Informationstechnik stellt die Instrumente zur Verfügung, mit denen ein solches Wachstum durch Intelligenz erreicht werden kann: Bei gleichbleibendem oder sinkendem Energie- und Rohstoffeinsatz, bei Verringerung des Verkehrsaufkommens an Personen und Gütern können neue Produkte und Dienstleistungen, kann Produktivitätswachstum erreicht werden, das den Menschen dient, die Natur schont und zu einer qualitativ verbesserten Lebenswelt führt. Wachstum durch Intelligenz wird zur Überlebensfrage einer wachsenden Weltbevölkerung. Schon heute lassen sich wichtige Anwendungsbereiche erkennen.

Wenn räumlich und geographisch verteilte, private oder öffentliche Organisationen zeitnah und qualitativ anspruchsvoll kooperieren wollen, eröffnen Multimedia-Instrumente neue Möglichkeiten der Telepräsenz und Telekooperation. Beispiele in den staatlichen Verwaltungen sind durch die Stichworte Bonn-Berlin, Bonn-Brüssel, Bund-Länder, in der Privatwirtschaft durch Verbindungen zwischen Zentralen und Zweigstellen großer Firmen, multinationale Konzerne, Großunternehmen und Zulieferer gekennzeichnet. Damit werden nicht nur zeit- und energieaufwendige Routinereisen vermieden, sondern auch Möglichkeiten der Direktkommunikation und flacher Hierarchien geschaffen.

Durch Verkehrsstaus gehen Millionen von Arbeits- und Freizeitstunden verloren, die Lebensqualität wird beeinträchtigt, die Gesundheit belastet und die Natur geschädigt, und zwar mit deutlich steigender Tendenz. Neuere Forschungs- und Entwicklungsarbeiten zu Verkehrsinformationssystemen, bei denen Meldungen zur Verkehrsleitung mittels Multimedia-Techniken optisch und akustisch an die Fahrzeuglenker herangetragen werden, können wesentliche zeitliche und räumliche Entzerrungen im Straßenverkehr und damit einen erheblichen Abbau an individuellen und Umweltbelastungen bewirken.

In Unterricht und Lehre können Demonstrationen auf großen Bildflächen mit beliebigen Zeitwiederholungen und Vergrößerungen didaktisch aufbereiteter Bildsequenzen künftig erhebliche Bedeutung in den Naturwissenschaften und der Medizin gewinnen. Ähnliches gilt auch für die geisteswissenschaftlichen Fächer, wo Sprach- und Bilddemonstration Lehrmethoden nachhaltig ändern können. Insgesamt werden durch die Verfügbarkeit ständig abrufbarer und individuell zu steuernder Ausbildungs-, Lern- und Weiterbildungsprogramme, die es auch ermöglichen, mit Experten in direkten Kontakt zu treten, stark auf individuelle Belange hin zugeschnittene Bildungsgänge ermöglicht.

Die Bildungsstätten und insbesondere die Universitäten der Zukunft wird man sich anders vorstellen müssen als heutige Hochschulen. Die Möglichkeiten von Multimedia und Telekommunikation müssen wir in der heutigen Hochschulplanung schon berücksichtigen. Und auch bei der beruflichen Bildung, insbesondere in der Fort- und Weiterbildung, spielt Multimedia eine ständig wachsende Rolle. Das gilt sowohl für den Einsatz als Unterrichtswerkzeug wie auch bei neuen Organisationsformen von Weiterbildung und als neuartige Arbeitsumgebung.

In der Medizin werden Multimedia-Instrumente sowohl in der Ausbildung und in der Weiterbildung wie auch zur Verbesserung diagnostischer Verfahren eingesetzt. Durch benutzerfreundliche Multimedia-Verbindungen können Direktkommunikationen durch Video-Konferenzen und online-Zugriff auf Datenbanken beschleunigt und verbessert werden. Unterricht, Lehre und Fortbildung können orts- und zeitunabhängig nach individuellem Bedarf durchgeführt werden.

Der direkte Zugriff auf Informations- und Unterhaltungsprogramme (video-on-demand) wird eine individuelle Mediennutzung ermöglichen. Teledienste (Informationen, Buchungen, Telebanking, Teleshopping) ermöglichen den individuellen Konsumentenzugriff auf die Angebote des Weltmarkts.

Die technischen Voraussetzungen in der Bundesrepublik Deutschland für den Einsatz und die breite Nutzung von Multimedia-Anwendungen sind gut. Leistungsfähige Endgeräte, flexible Vermittlungstechnik und Hochleistungsnetze sind in Deutschland weitgehend vorhanden. Wo es Defizite gibt - und einige Untersuchungen in letzter Zeit haben darauf hingewiesen - liegen sie weniger in der technischen Qualität als vielmehr in Monopol- und Tarifstrukturen, die sich als innovationshindernd oder zumindest -verzögernd in den Weg stellen. Die Bundesregierung hat durch die Postreformen I und II schrittweise den Weg zu Wettbewerb und alternativen Angeboten geöffnet.

Im dritten und letzten Schritt wird die Bundesregierung Anfang 1998 die notwenige Öffnung des deutschen Telekommunikationsbereichs vollziehen. Bis dahin sollten alle schon bestehenden Möglichkeiten für innovative Dienste konsequent genutzt werden. Die Zeit muß aber auch genutzt werden, um weitere Randbedingungen für die Informationsgesellschaft vorausschauend zu optimieren.

Sowohl die Entwicklung der Lichtwellenleitertechnik und der Photonik, wie auch die Erfahrungen beim Aufbau und der Nutzung des Deutschen Forschungsnetzes für schnelle Datenkommunikation haben Voraussetzungen für den heutigen technischen Stand hochentwickelter Informations-Infrastrukturen in Deutschland geschaffen. Durch die vom Bundesministerium für Forschung und Technologie in Gang gesetzten Förderinitiativen "Telekooperation Mehrwertdienste" und "Telekooperation-POLIKOM" werden heute schon unter Nutzung bestehender Netze neue Anwendungen für Wirtschaft und öffentliche Verwaltung erprobt.

Insgesamt wurden bisher für Maßnahmen der innovativen Telekooperation und Telekommunikation durch das Bundesministerium für Bildung, Wissenschaft, Forschung und Technologie über 380 Millionen DM aufgewendet - davon rund 150 Millionen DM für das Deutsche Forschungsnetz, das wohl auch nach dem Verständnis unserer Partner eine Keimzelle für ein europäisches Wissenschaftsnetz bilden könnte. Die Europäische Union hat sich bereit erklärt, das Europäische Wissenschaftsnetz mit etwa 40 Millionen ECU pro Jahr finanziell zu fördern.

Doch nicht nur die technischen Möglichkeiten für den Einsatz, auch die gesellschaftlichen und wirtschaftlichen Voraussetzungen für die Nutzung von Multimedia-Anwendungen sind in Deutschland günstig. In zunehmendem Maße sind alle Schichten der Bevölkerung bereit, einen steigenden Anteil ihrer Einkommen für Information, Kommunikation und multimediale Unterhaltung auszugeben. Der wachsende Bildungsstand erhöht zugleich das Interesse an anspruchsvoller und interaktiver Kommunikation. Hier könnten mittels Multimedia jenseits des passiven Fernsehkonsums attraktive Alternativen geschaffen werden.

Wir sollten uns aber davor hüten, einer allgemeinen Euphorie und unreflektierten Anwendungs- und Marktentwicklungsphantasien zu verfallen. Wir werden die kulturellen, sozialen und ökonomischen Potentiale von Multimedia nur aktivieren können, wenn wir klare Sicht bewahren für kritische Herausforderungen und mögliche Gefahren. Noch gibt es offene Fragen, zum Beispiel in bezug auf die Datensicherheit, die Vertraulichkeit, den Schutz geistigen Eigentums, im Hinblick auf die Auswirkungen von Softwarefehlern und schlechter Bedienbarkeit.

Die Telekommunikations- und Medienpolitik darf sich nicht in der Ordnungspolitik und der Diskussion um neue Märkte erschöpfen. Die gesellschaftlichen Rahmenbedingungen, soziale Folgen und nicht zuletzt die inhaltliche Gestaltung der Multimedia-Technologien bestimmen in ebenso hohem Maße den Erfolg für Wirtschaft und Gesellschaft. Hier sind Aufgaben zu erfüllen von allen beteiligten Akteuren - in ihren jeweiligen Verantwortungsbereichen.

Die ökonomische Erschließung des weiten und gewinnträchtigen Terrains ist, auch mit allen damit verbundenen technischen und finanziellen Herausforderungen, eine große Chance für die Wirtschaft. Die Bundesregierung sieht hier primär ein Handlungsfeld für innovatives, zukunftsorientiertes Unternehmertum. Vorrangige Aufgabe der Wirtschaft werden in der Zukunft die Bereitstellung der Netzinfrastruktur, sowie der Aufbau und Ausbau konkurrenzfähiger Dienstleistungen und attraktiver Programmangebote sein. Gemeinsam mit den Gewerkschaften sollten Möglichkeiten der Telearbeit und der Telekooperation entwickelt werden. Dies sollte auch durch entsprechend innovative Verträge zwischen den Tarifpartnern gefördert werden.

Zu den Aufgaben des Staates wird es gehören, geeignete Rahmenbedingungen für Wettbewerb und Dienstevielfalt zu schaffen. Staatliche Aufgaben bestehen aber auch darin, Investitionen in diese Zukunftstechnologien zu erleichtern und zu fördern bis hin zur Unterstützung innovationsorientierter Unternehmensgründungen. Nicht zuletzt wird der Staat durch Moderation von Konsensgesprächen, begleitende Technologiebewertung und Förderung vernetzter, interdisziplinärer Forschung für die kontinuierliche Erweiterung unseres Wissens und die Verbreiterung der technischen Einsatzmöglichkeiten von Informationstechnik zu sorgen haben.

Deshalb werden Multimedia-Techniken in dem kommenden Rahmenkonzept des Bundesministeriums für Bildung, Wissenschaft, Forschung und Technologie - das den Arbeitstitel "Innovationen für die Informationsgesellschaft" trägt - auch besonderes Gewicht haben.

Der vom Bundeskanzler berufene Rat für Forschung, Technologie und Innovation, der mit hochrangigen Vertretern aus Unternehmen, Gewerkschaften, Forschungseinrichtungen und Wissenschaftsorganisationen besetzt ist, hat seine Beratungen im März 1995 aufgenommen. Als prioritäres erstes Thema hat der Rat die Auseinandersetzung mit Fragen der Informationsgesellschaft gewählt. Um in kurzer Zeit zu tragfähigen Ergebnissen und zu rascher Umsetzung zu kommen, werden für die kommenden Beratungen unter Geschäftsführung des Bundesministers für Bildung, Wissenschaft, Forschung und Technologie zusätzliche Experten - einschließlich des Bundesministers für Post und Telekommunikation - hinzugezogen.

Nach meiner Einschätzung sind die Verantwortlichen in Wirtschaft, Wissenschaft und Staat in Deutschland bereit, ihre Kräfte gemeinsam dafür einsetzen, daß die Chancen der Multimediatechnik aufgegriffen und in Form von neuen Dienstleistungen, neuen Produkten und im Interesse neuer, zukunftsträchtiger Arbeitsplätze verwirklicht werden. Mit Multimedia-Anwendungen und leistungsfähigen Datenautobahnen wird die Vision der Informationsgesellschaft im 21. Jahrhundert Wirklichkeit werden. Der Deutsche Multimedia Kongreß '95 kann dazu wichtige Impulse geben.

The Multimedia Industry – From Real to Realistic

Michael A. Braun
President and Chief Executive Officer
Kaleida Labs, Inc.
Mountain View, California 94043, USA

1 Introduction

This speech will examine the current status of multimedia from the perspective of developers of multimedia applications and titles. During 1993 and 1994, a true market for multimedia emerged for the first time. We now have a *real* market! However, consumers and business people alike find that the novelty of audio and video coming from their computers wears off fast. The industry now faces a set of challenges to set itself on a *realistic* path for growth.

We'll cover the following topics:

- Kaleida Labs background,
- The multimedia market gets "real" in 1994,
- Getting "realistic",
- What's next in multimedia applications?
- Demonstrations,
- Kaleida and multimedia development tools,
- Issues and answers.

2 Kaleida Labs Background

2.1 Formation and business

Kaleida was formed three years ago as an independent company by Apple and IBM. It is equally owned by both companies. I'm the second CEO and joined almost two years ago. Our mission is to develop the premier platform for multimedia development, so we're a system software company. Our customers are developers and publishers.

2.2 Visions and strategy

Our vision is to help developers to go beyond where they can with today's technologies in two crucial dimensions—creative range and development efficiency.

To help them create even *better content at lower cost*, we've designed and are shipping a whole new platform, the **Kaleida Media Player**. This software platform is all multimedia developers (and their customers) need to know because it sits on top of (and shields them from) a variety of operating systems and hardware devices. Much as Windows did this for DOS a decade ago, so the Kaleida Media Player does this today for Windows, Mac OS and OS/2.

We've also developed **ScriptX**, the first full function programming language for multimedia applications. This language is a breakthrough. It applies two powerful technologies to multimedia for the first time—objects and dynamic languages. I'll show you the power here later.

Our design goal was to be completely platform and media independent and we've achieved this as you'll see.

3 The multimedia market gets "real" in 1994

3.1 Flash points in our industry

I chart the beginning of our industry to the emergence of video games a decade ago. The key points in time that ignited growth in our industry are plotted on this timeline. Corporate applications really started to take hold in 1989 mostly in training applications. Today this segment is well established and growing rapidly. Education applications followed shortly after this and are highly penetrated in the US today.

Although consumer CD-ROM titles have been talked about for 10 years, it wasn't until Christmas 1993 when we reached the flash point for this segment. More about this phenomenon in a second because it is really fueling many of the key trends in our industry now. Last year was the turning point for networked multimedia applications. There are now many CD-ROM titles with an on-line connection to keep the data current.

Of course, the holy grail of the "information highway" will permit us to finally get enough bandwidth to get media to move around the world as easily as words do today on the internet. Despite the intense hype, I now believe most people understand the flash point for these applications is five to ten years away.

3.2 1994 in review

The numbers tell the story of huge growth. Worldwide shipments of multimedia PC's rose 312% to 10.3 million units. The installed base of CD-ROM drives rose to 27 million, an increase of 137%, and consumers purchased 54 million of the shiny disks—227% more than the year before. Prices did not keep pace however as wholesale revenue increased only 111%. With numbers like these it's no wonder that every major media company in the world is investing heavily in new media and consumer titles in print are doubling annually.

3.3 CD-ROM in perspective

So, where are we? A half billion dollar industry that pales in comparison to its mature media counterparts. The lesson here is a very important one. It takes a long time to mature a new communications medium. In fact with "Myst" as the industry's first mega hit, we're tracking the movie industry pretty closely. D.W. Griffith's "Birth of a Nation" established the studio model and came almost 10 years after multiple incompatible motion picture "platforms" emerged. Even with this hit, the movie industry did not hit its stride for another 25 years. I don't think it will take us that long, but our industry is still in its infancy—not yet even adolescence. We have major problems to overcome before we hit our stride.

4 Getting "realistic"

This year is the start of that process. We finally have enough customers for our business to be market driven rather than technology driven. And the customers are speaking loudly. These are the top five problems in our industry.

4.1 Creative range

Most of what's being developed and sold is boring or worse after the first time using it. In the words of one major retailer, "What does the kid do after he's discovered all the "hot spots"?" John Sargent of Dorling Kindersly says you've got to "find something, anything, that will distinguish your title from the rest of the pack." The first movies were films of stage shows. The customers demanded more and creative minds demanded more from the technology so their ideas could go beyond. That is what we have to do.

4.2 Development model/efficiency

The winners will find a way to leverage technology to bring products to market faster and at lower cost. The current tools and development models remind me of the early crafts. We must move from craft to industry. Tools that support groups of people working on the same project and accumulate multimedia assets in reusable and accessible forms are required.

4.3 "Out of box" experience

It's rotten … especially on the DOS/Windows platforms. Customers won't stand for it. They expect the CD's to work the first time without laborious install procedures and calls to technical support. Unfortunately, this problem is incredibly difficult to solve technically. Standards seem to be the obvious answer, but with current hardware barely able to support the creative range customers desire, what do we standardize on?

4.4 Hardware variety, capability

Not only does this contribute to the last problem, but it hides another business problem. The installed base that we now think is large ... not so ... at least not for the really creative titles developers want to build next.

4.5 Distribution

A gigantic problem for consumer titles that has wide ranging implications. About 4,000 titles will come to market in 1995. There's no way to sample them like books or magazines. Software channels can handle perhaps 100 tops!!!! Booksellers will emerge as important channels, but it'll take 3+ years to figure out this model. To put this shelf space problem in perspective, Hollywood only churns out about 150 films a year to a much broader and well established channel.

Of course, the plethora of platforms that drive multiple SKU's of the same title don't help this problem. The response is huge marketing budgets which can only be justified on broad appeal, big creative budgets. This mega-budget trend threatens to remake the landscape of our industry very quickly.

4.6 Great content is a moving target

I believe that by viewing the industry through the developers' eyes we'll all see more clearly. From their vantage point, all of the problems, including distribution, pale in comparison to creative range. For, if they cannot keep pace with the demands of consumers for more compelling content, nothing else will matter for them . . . and frankly, if they fail in their quest, the rest of the industry will crumble as well because, "there is nothing to sell without great content."

Their challenge is that *great* is a moving target. When it comes to media, consumers are quickly satiated and looking for more. What's next in multimedia and what are the challenges in getting there?

5 What's next in multimedia?

5.1 Today's multimedia models

All of the applications I know of in business, education or the home fall into one of these four categories. Actually, there are only three usage models.

The overwhelming majority of applications add media and hyperlinks to familiar paradigms. We see interactive books, magazines, training guides, catalogs and movies. The user pages through stuff ... then it's "point-click-and watch" what happens. Every single interaction must be preprogrammed by the author. Only the sequence of interaction can vary.

Video games are much more involving because the level of interaction involves the mind and perhaps the physical reflexes as well. Still, every single interaction must be predetermined by the developer.

By far the fastest growing usage paradigm is the situation model best illustrated by bulletin boards or the "chat rooms" driving acceptance of on-line services. In a "chat room" the developer sets up a situation and people come to experience it. The people have no idea what others will be doing or saying. The author doesn't either. Today's chat rooms and multiplayer games are crude from a media standpoint, but they more closely model the real world which is situational by its very nature.

5.2 The future is more dynamic

I believe the future of new media will move further in this direction. New media will model real life more and more. We'll see media rich, situational models that are not only dynamically created, but also dynamically added to or changed. The evidence that we're moving in this direction is right in front of our eyes. Books, magazines, records and films define a dimension of increasing media richness, but one that is not only linear, but also predetermined by the author. A situation dynamics dimension is defined by things like fax-back services, e-mail, phone calls and chat rooms. The newer media experiences are all driving to the upper right hand corner. The phenomenal growth of the World Wide Web for both entertainment and business is just the latest indication of this trend.

The trend is clear. The fact that we have a long way to go is also very clear. How will we get there technically?

5.3 Kaleida's platform supports the future

We're building the technology and products to support this trend. Our Kaleida Media Player platform and ScriptX programming language provide the creative range and dynamic composition that today's 50+ authoring tools don't and the media handling power that today's programming languages leave as an exercise for the student.

6 Demonstrations of ScriptX applications for the Kaleida Media Player

These demonstrations will show how developers can create "situational models" that allow the user to dynamically compose and then add to the application ... even over the internet.

7 Kaleida and the Tools market

7.1 Today's multimedia tools are static, closed, vertically integrated

The current tool offerings will not support the industry's future because they aren't helping to solve the problems we've discussed. None of them allow dynamic composition. None of them create live objects that provide an asset base that can be leveraged in the coming industry. None of them expose their language interface so that developers can create compatible tools of their own. And there are certainly no suites of tools that integrate the various jobs and people in the work flow of a multimedia project.

7.2 The ScriptX tool model is Open

Virtually every major advance in computing has happened when a powerful technology base was opened to innovation by many other companies. This is Kaleida's approach to the multimedia tools market and it stands in stark contrast to the status quo. Apple and IBM will both build ScriptX tools. In fact anyone can, because ScriptX is available to anyone. Because the tools share a common language, they'll be usable on the same projects. Your custom tools will work with commercially available ones. Expect to see whole suite of tools that integrate the people and stages of the development process around a common repository.

7.3 The Kaleida Platform

Here's how the pieces of our platform fit together. Developers target the Kaleida Media Player instead of Windows or the Mac. Multimedia programmers write their application with the ScriptX programming language and use the many pre-programmed elements of the Class library. When higher level application development tools are available, non programmers will be able to creat applications for the KMP.

Applications are created once and will run with any current or future Kaleida Media Player without change.

7.4 Great Content at lower cost

So, our value proposition to developers is quite simple and powerful. Use dynamic objects and multiple metaphors to create "greater" content; create it once; and, distribute it anywhere … on any media.

8 Summary

The issues facing our industry are real, but not insurmountable.

Kaleida's products address many of them, but it will take all of us working in many companies and institutions around the world to push the industry up the next hill.

If you'd like to get involved with Kaleida, I urge you to visit us on-line or contact us by phone to join our developer program or buy our ScriptX Language Kit.

All of us work in the world's most exciting industry. When we look back on these formative years a decade from now we'll be amazed at the progress and proud to have been a part of it. We are changing the very nature of communication and that is changing the world.

Chance für Europa: Mit Technologievorsprung und Unternehmermut erfolgreich im Mediengeschäft der Giganten

Heinz Bibo
Bibo TV Studiobetriebs-GmbH, Bad Homburg

"Chancen für Europa" — das ist das Stichwort und heute ein zentrales Thema in vielen Bereichen — auch für den Deutschen Multimedia Kongreß. Ich will gerne zu diesem Thema meinen Beitrag einbringen als einer der frühen Anwender neuer Technologien in Deutschland und unsere Entwicklung des High-Resolution Digital-Film-Compositing Systems TOCCATA vorstellen.

Wer ist Bibo TV?

Wir sind kein Hardware- oder Softwarehaus, sondern ein Produktionshaus — für Film und für Fernsehen. Seit nunmehr 28 Jahren beschäftigt sich Bibo TV mit der Programmproduktion für Industrie, Werbung und Sendeanstalten. Wir haben in Deutschland schon in den Siebziger und Achtziger Jahren viele TV-Standards analoger und digitaler Top-Technik als erste für High-End-Post-Produktions-aufgaben eingesetzt. Auch der erste Quantel-Framestore und die erste Paintbox wurden bei uns installiert. Bibo TV mit seinen technischem Hauptsitz in Bad Homburg gehört heute zu den führenden Produktionshäusern auf dem europäischen Markt für Fernseh- und High-End-Post-Produktion, Computer-Animation und High-Film Effects. Im Zentrum unseres Unternehmens arbeitet eine international zusammengesetzte, dynamische Crew von Kreativen, Operateuren und Ingenieuren. Ich selbst komme vom Film — und bin seit 40 Jahren selbständiger, freier Produzent.

Um "Chancen für Europa" geht es ganz besonders auch in meiner Branche, der Filmbranche. Es geht um die Existenz des "Europäischen Films", wenn es ihn überhaupt noch gibt. Oder besser: Es geht um die Existenz der Filmindustrie in Europa, insbesondere in unserem Land. Um die sieht es finster aus. Ich wage zu sagen: Wir haben keine Filmindustrie mehr. Es ist vielmehr eine sehr kleine Filmwirtschaft für den Eigenbedarf, kaum für den Export, mit ganz wenigen Ausnahmen. Wir leben vom US-Programmimport: die Kinos, die Verleiher und das Fernsehen. Wir alle nehmen Lizenzen, statt zu exportieren. Die Marktsituation des Deutschen Films spricht Bände: 6% Marktanteil im eigenen Markt, 2% im US-Markt, und diese Zeilen beschönigen eher die aktuelle Situation.

Der Gründe sind viele und sie sind hausgemacht. Sie haben ihren Ursprung in den Dreißiger Jahren, als die großen europäischen Autoren und Regisseure wie Billy Wilder, Land, Lubitsch und viele andere große Filmschaffende ihre angestammte Heimat verlassen mußten und in Amerika am Aufbau einer internationalen Film- und Unterhaltungsindustrie entscheidend mitwirkten. Eine Industrie, die heute den Weltmarkt beherrscht und zu den wichtigsten Wirtschaftsfaktoren Amerikas gehört.

Wie aber sieht es bei uns aus? Nur sehr wenige deutsche Produzenten wie Dieter Geissler und Bernd Eichinger hatten bisher den Mut, die Herausforderungen anzunehmen und wieder mit großen internationalen Produktionen wie: "Das Boot", " Die Unendliche Geschichte" oder "Das Geisterhaus" im US- und Weltmarkt anzutreten. Und Männer wie die Regisseure Wolfgang Petersen, Roland Emmerich und der Kameramann Michael Ballhaus verlassen unser Land, weil es hier keine Aufgaben für sie gibt, die ihrem Können entsprechen. Sie gehen nach Hollywood und machen dort die großen Filme, die weltweit Erfolg haben, übrigens auch bei uns in Europa.

Wenn wir dagegen halten wollen, gilt es, die europäischen Kräfte zu bündeln, in unseren Ländern die Interessen europäischer Produzenten zu unterstützen, die die vorhandenen Strukturen für eine Wiederbelebung des europäischen Films zu stärken und die divergierenden Interessen, Meinungen und Entwicklungen in den einzelnen Ländern ohne nationalen Egoismus zusammenzuführen. Wir stehen nämlich im Wettbewerb mit US-Giganten, mit gigantischen Produktionsetats, von denen europäischen Produzenten nur träumen können.

Wir Europäer, insbesondere wir Deutsche, haben kleine Märkte und sehr viel kleinere Budgets. Nur der Weg der Koproduktion mit internationalen Partnern kann das Finanzvolumen für größere Projekte zusammenbringen und uns wieder die internationalen Märkte öffnen.

Und damit zurück zu unserer eigenen Unternehmensstrategie als Produktionshaus, für den weiten Bereich vom Fernsehen bis zum internationalen Spielfilm.

Auch mit modernster, analoger und digitaler Videotechnik, wie wir sie im Alltag einsetzen, sind nur Bilder für die "Welt des Fernsehbildschirms" machbar, nicht für die Welt des Kinos…

Lassen Sie mich Ihnen dazu einige Videoarbeiten aus dem Alltag unseres Produktionshauses zeigen, die mit ganz unterschiedlichen Bearbeitungstechniken entstanden sind. Wir investieren nicht nur als führendes Produktionshaus in High-End-Technik für die Welt des Fernsehens, sondern auch seit vielen Jahren in eigene und als deutscher Co-Produzent in internationale Filmproduktion. Spielfilme wie Frederico Fellinis "Ginger+Fred" in italienisch-deutsch-französicher Co-Produktion mit Marcello Mastroianni und Giuletta Masina oder in deutsch-amerikanischer Co-Produktion mit Stars wir Martin Sheen, Sean Penn, Mathilda May und Klaus Maria Brandauer.

Sie alle wissen, wie wichtig es für die europäische Filmwirtschaft ist, daß in unseren Ländern wieder große coproduzierte Spielfilme entstehen, die internationale Märkte erreichen, im Wettbewerb zu den großen US-Major-Filmen. Es kommt darauf an, daß sich die Europäer selbstbewußt ihres Potentials besinnen und die Einbahnstraße USA—Europa aufbrechen, um auch jenseits des Atlantiks wieder Erfolg zu haben. Wir haben in unseren Ländern kreatives Potential und Technikpower. Es ist die Aufgabe von europäischen Produzenten und Institutionen, diese Kräfte sinnvoll zu bündeln. Wir können nicht auf Dauer eine 9:1 Übermacht der US-Filmimporte hinnehmen wollen. Wir alle haben die Aufgabe, dies zu ändern. Programm- und Technologie-Entwicklung und auch Ausbildung auf höchstem internationalen Niveau stellen die einzige Alternative dar, um wieder im Weltmarkt präsent zu sein. Mittelmaß hat keine Chance.

Unser Engagement für die Idee des Europäischen Films führte auch zur Entwicklung des TOCCATA-Digital Compositing Systems. Anlaß dazu war die Filmidee zu einem Projekt, in dem Armin Müller-Stahl die Hauptrolle spielt. Es geht um einen Spielfilm mit einer ganz besonders faszinierenden Story. Das gilt gleichermaßen für Inhalt und Machart gleichermaßen des Fantasy Films "TAXANDRIA". Eine Live-Action-Story in der phantastischen Bilderwelt des belgischen Zeichentrickfilm-Regisseurs Raoul Servais, eine gemalte, zweidimensionale Phantasiewelt, in der wir uns dreidimensional bewegen, harmonisch verbunden — für die große Kinoleinwand.

Alle damals vorhandenen technischen Möglichkeiten unserer High-End-Postproduction- und Trickabteilung reichten nicht aus für diese gewaltige Aufgabe. In diesem 90-minutigen Spielfilm waren über 65 Minuten als Special-Effect-Szenen zu fertigen mit höchsten Schwierigkeitsgraden. Das ist 10 mal soviel wie in den meisten der großen Hollywoodfilmen an Special-Effects enthalten sind. "In the Line of Fire" hat ca. 5 Minuten, "Jurassic Park" hat 6,5 Minuten Special-Effects. Vergleichbare Zahlen gelten für Filme wie "Der Terminator" oder "Forrest Gump". Wenn man weiß, daß z. B: ca. 5 Minuten Special Effects des US-Films "Last Action Hero" ein Budget von 7,5 Mio. US-$ hatten, wird sofort die Dimension klar. Die Special-Effects-Kosten für Jurassic Park (6,5 Minuten= 25 Mio. US-$) sollen kein Maßstab sein.

Um hiergegen antreten zu können, gilt es, nach dem Motto des Extrembergsteigers Reinhold Messmer zu handeln: "Berge versetzen", das "Unmögliche" wagen und "neue Wege suchen". Im Klartext: Neue technische Möglichkeiten suchen und neue Werkzeuge schaffen, die notwendig sind, um phantasievolle Stories in Film umzusetzen, mit den Mitteln europäischer Etats.

Die Aufgabe und die Idee des Films TAXANDRIA macht klar, warum modernste Digitaltechnik bei der Realisation nötig war. Und damit begann für uns die Suche nach Lösungen. Das war schon im Jahr 1988. Was wir brauchten, war ein High-Resolution-System mit 2000-4000 Zeilen Auflösung: Es gab keine fertige Technik für uns zu kaufen, keine Hardware wie 35mm Digital-Filmscanner, keine High-Resolution Software (für Keying/Matting/Compositing), weder in den USA und schon gar nicht in unserem Land. Wir entschlossen uns daher, ein eigenes System für 35mm Scanning/Digital-Compositing/Shooting/Film-Recording auf Cinefilm zu entwickeln. Es war eine Entscheidung mit Blick auf die Zukunft und für neue Aufgaben. Sehen Sie dazu bitte einen Report aus ein Sendung des Kulturweltspiegels der ARD zum TAXANDRIA-Projekt.

Um die zum Schluß des Berichts gestellte Frage aufzugreifen: Ja! Wir sind bereits in Hollywood-Projekte involviert. Und wir haben mit TAXANDRIA und mit "Never Ending Story II" zwei große Produktionen, die für sich selbst sprechen und auf einen weltweiten Markt zielen. Beide Filme sind von der Charakteristik der zu produzierenden Special-Effects absolut unterschiedlich. Der Fantasy-Film TAXANDRIA lebt von der perfekten Einbeziehung realer Darsteller in die gezeichneten Hintergründe des belgischen Malers und Regisseurs Raoul Servais. Die Unendliche Geschichte hingegen verlangt eindrucksvolle Special-Effects, wie sie der Zuschauer von internationaler Unterhaltung im Kino gewohnt ist. Beide Projekte sind ambitionierte Spielfilmproduktionen, die ohne unsere TOCCATA-Technologie in Europa nicht hätten realisiert werden können. Ich möchte Ihnen dazu einen weiteren Beitrag zeigen, in dem die Regisseure beider Filme, Raoul Servais und Peter MacDonald, - MacDonald ist übrigens Oskarpreisträger - zu Wort kommen und die Special-Effects erläutern.

Es gibt weitere Projekte, wie z. B. den Bavaria-Weltraumaction-Film "Sturzflieger", der im Sommer starten wird, mit digitalen Special-Effects von TOCCATA. Oder eine andere Großproduktion, 90 Minuten LiveAction/Animation in "Dreamsinger", den wir mit unserem französischen Partner EX MACHINA in einer völlig neuen Stilart und Technik realisieren werden, auch für den internationalen Markt.

Erlauben Sie mir einen Sendemitschnitt von der IMAGINA in Monte Carlo einzuspielen, zu der wir auf Einladung des nationalen französischen Filminstituts INA unsere europäische Technologieentwicklung TOCCATA einem internationalen Fachkreis vorstellten.

Die innovativen Anforderungen an Filmproduktionen werden immer höher. Das gilt sowohl für Drehbücher als auch für deren Umsetzung mit neuen Techniken, um neuartige Erlebniswelten für die Zuschauer zu schaffen. Weltweit honorieren die Kinobesucher aufwendige, eindrucksvolle Special-Effects-Filme. Immer mehr Regisseure fordern für sich neue technische Möglichkeiten zur Realisierung ihrer Vorstellungen und Ideen. Bei den großen US-Science Fiction-Fantasy- und Action-Filmen sind immer aufwendige Special Effects zur Umsetzung einer tollen Story involviert, um eine Filmwelt des "phantastischen Realismus" zu schaffen. Und das hat immer mit sehr viel Geld zu tun, mit riesigen Budgets, die für europäische Produzenten absolute Illusion sind und auf lange Sicht bleiben werden.

Und damit sind wir beim wichtigsten Punkt, den Kosten, um Live-Szenen und Fantasy-Welt harmonisch zu verbinden, ohne Limits, für die große Kinoleinwand in höchster 35mm 1:1-Spielfilmqualität, die Maßstab ist für alle anderen Bildträger, zu einem vernünftigen Preis-Leistungsverhältnis. Das war auch der Ausgangspunkt für unser TOCCATA-Film-Compositing-System.

TOCCATA ist von Anfang an für Aufgaben entwickelt worden, die das automatische Abarbeiten von komplexen und großen Szenenmengen ermöglicht, wie sie der Spielfilm vorgibt; und das in kürzester Zeit und in höchster Perfektion: Digitales Film-Compositing mit beliebig vielen Ebenen der Live-, Vor- und Background-Szenen. Mit allen Möglichkeiten der Einspielung von 2D/3D-Computer-Grafik, motion-control im System während der Post-Produktion, ein Feature, das kein anderes System bietet. Ein System von enormer Leistungskapazität für 24-Stundenbetrieb bei kleiner Crew, gegenüber allen anderen Verfahren ein klarer Wettbewerbsvorteil. Wir brauchen in den Produktionszentren Europas viele Wettbewerbsvorteile, wenn wir nicht wollen, daß der europäische Film, der sich in den vergangenen Jahren auf einen rein nationalen Film reduzierte, völlig verschwinden wird.

Für mich hat das Studio Babelsberg, neben London und Paris, alle Chancen, wieder ein europäisches Produktionszentrum zu werden, für den internationalen Film. Babelsberg hat den Hauptstadteffekt. Das freie kreative Potential wandert wieder nach Berlin. Je mehr es gelingt, dort eine Infrastruktur mit modernsten Techniken zu schaffen, wird das Studio Babelsberg auch für Amerikaner mit großen Produktionen attraktiv. Wir werden an der Seite Volker Schlöndorffs, Peter Fleischmanns und Dieter Geisslers für dieses Ziel streiten und dort auch mit TOCCATA präsent sein.

Das übergeordnete Ziel von führenden Produzenten aus europäischen Ländern ist, durch die Zusammenführung von Know-how, Finanzkraft und Profis große Filme zu entwickeln und realisieren, wie die amerikanischen Major-Studios innerhalb ihrer Strukturen. Und das heißt: Eine funktionierende, europäische Filmwirtschaft zu schaffen, um Filme zu produzieren, die auch international ankommen. Das ist die Chance für uns Europäer.

Sicherlich muß es auch in Zukunft den kleinen Autoren- und Kunstfilm geben, der nationale Identität bewahrt und Zeugnis ist der vielschichtigen, europäischen Kultur, auch wenn er an der Kinokasse kaum Chancen hat. Es muß den typisch nationalen Film geben, der jenseits der Grenzen nicht mehr verstanden wird, aber im eigenen Land Zuschauer findet.

Vor allem aber müssen wieder große, internationale Koproduktionen entstehen, die ihr Publikum in ganz Europa und auch außerhalb finden. Dafür muß es einen speziellen, europäischen Fond geben für Erfolgsfilme, um Ihnen bessere Produktionsmöglichkeiten auf hohem Niveau zu erlauben, damit sie mit amerikanischen Filmen konkurrieren können. Das sind Chancen für eine europäische Filmindustrie in unseren Ländern. Und Chancen für viele mittelständische Unternehmen, die wie wir gegen Giganten anzutreten haben. Wir haben Vorwärtsstrategie zu betreiben und müssen wieder in verlorenen Märkten vertreten sein.

Dazu ist Know-how und Technologieentwicklung zwingend notwendig. Viele Industriekonzerne in unserem Land sind in den letzten drei Jahrzehnten hoffnungslos überrundet worden, trotz hoher staatlicher Fördermittel für die Forschung. Der Mittelstand steht dabei im Schatten der Großen. Dabei werden gerade in mittelständischen Unternehmen die wichtigsten Grundlagen für unser Gemeinwesen erwirtschaftet. Das ist eine der Erfahrungen aus unserer langen

Entwicklungsarbeit von über 5 Jahren, in denen wir hohe Investitionen in Hardware tätigen mußte und die exklusive TOCCATA-Software-Entwicklung ohne jegliche Förderhilfen selbst finanziert haben. Auch die 35mm Digital-Filmscanner, die heute in den USA zu kaufen sind, haben ihren Ursprung in unserem Hause in Bad Homburg.

Ich darf Ihnen heute mit einigen Stolz auf unsere Mannschaft unser Produkt TOCCATA vorstellen, mit Beispielen für Sie in 35mm Qualität aus unserem Spielfilm TAXANDRIA, der in kürze international starten wird, und mit Beispielen aus der "Never Ending Story III". Digitale Film-Post-Production made in Germany mit TOCCATA

Die Zukunft ist klar: Digitale Technik kann neue Realitäten und Illusionen im Film schaffen. Für visionäre Filmemacher wird sie deshalb zum unentbehrlichen Werkzeug für eine Kreativität, die man sich leisten kann und die trotzdem den hohen Ansprüchen des internationalen Marktes genügt.

Das TOCCATA-System ist aus der Praxis entwickelt, für Aufgaben im High-Resolution-Bereich für Film, als das gegenwärtig einzige hochauflösende Trägermedium. TOCCATA kann selbstverständlich wahlweise auch mit reduzierter Auflösung für Fernsehen arbeiten und deckt alle zukünftigen TV-Standards und Formate wie HDTV, 16:9 usw. ab, was immer auch Multimedia erfordern wird

Wir haben vor, unseren Technolgie-Vorsprung weiter auszubauen, um auch in Zukunft erfolgreich zu sein. Auch planen wir, in diesem Markt nicht nur in unserem Land präsent zu sein. Es ist unabdinglich, auch in den USA mit europäischer Technologie in wichtige Produktionen involviert zu sein. Vielleicht sind das auch die Ziele Ihrer Medienunternehmen oder Institutionen. Wir sind offen für Kooperation.

Europe Online

Hubert Burda
Burda GmbH, Arabellastraße 23, 81925 München

1 Keine Vision mehr, sondern Alltag

Als man noch vor kurzem von der künftigen Multi-Media-Ära und den damit einhergehenden Begriffen Information-Highway, Internet oder E-Mail sprach, die zur vollkommenen Vernetzung aller Lebensbereiche führen würde, handelte es sich um eine Vision, eine Fata Morgana aller Computer-Freaks...

Heute ist der Kampf um die Gunst der potentiellen Nutzer der Datenautobahn voll entbrannt: Während das Internet lange Zeit den einzigen Highway darstellte, müssen die Netz-Teilnehmer sich heute zwischen den verschiedensten Angeboten entscheiden.

Um jedermann das elektronische Surfen zu ermöglichen, werden inzwischen die PCs als Multi-Media-Surfbrett ausgestattet: Mit Modem, CD-ROM-Laufwerk und Lautsprecher. Ausreichend Platz gibt es in Europa und vor allem in der Bundesrepublik: In den 80er Jahren hat die Telekom auf deutschem Boden das leistungsstärkste Kommunikationsnetz der Welt verlegt.

Mit seinen elektronischen Dienstleistungen hat sich Europe Online (EO) zum Ziel gesetzt, die beste Online-Plattform Europas anzubieten.

2 Das Umfeld

Wie die letzten Untersuchungen zeigen, wird es bis zur Jahrtausend-Wende rund 40 Millionen potentielle Highway-Nutzer in Europa geben. Etwas mehr als ein Drittel davon, nämlich 15 Millionen werden wohl bis dahin tatsächlich an das Daten-Netz Anschluß gefunden haben. Waren es 1994 nur wenige Teilnehmer, rechnet man bereits in diesem Jahr mit rund einer halben Million Neuzugängen. Allein das von der Telekom angebotene Datex-J-Angebot zählt inzwischen 700.000 Kunden.

3 Das Europe Online Angebot

Mit seinen elektronischen Dienstleistungen wird der europäische Information-Super-Highway das Leben der Europäer bereichern und erleichtern. Europe Online hat es sich zum Ziel gesetzt, den Zugang zur Euro-Infobahn zu bieten. Das Unternehmen entwickelt interaktive und multimediale Dienste für den europäischen Markt, die es per Telefon, Satellit und Kabel an Konsumenten und Unternehmen vertreiben wird.

Europe Online wird als elektronischer Informationsdienst seinen Kunden reichhaltige europäische und nationalsprachliche Dienstleistungen und Informationen anbieten.

Diese Produkte kann jeder mit einer bedienungsfreundlichen und ansprechenden Software nutzen, der über einen Personal-Computer plus Modem verfügt. Mit dem besten Preis-Leistungs-Verhältnis aller in Europa verfügbaren Online-Dienste will Europe Online die Nummer Eins werden.

Um die multikulturellen und länderspezifischen Besonderheiten in den europäischen Ländern gebührend berücksichtigen zu können, wird Europe Online bei der Zusammensetzung des flächendeckenden Angebots eine dezentralisierte Angebotspolitik verfolgen. Neben der Europe Online Zentrale in Luxemburg gibt es ländereigene Niederlassungen sowie deren regionale und städtische Zweigstellen. Sie sollen die Garanten für die lokale Komponente von Europe Online sein.

3.1 Was Europe Online dem Nutzer bringt

Zum Europe Online Angebot gehören Produkte aus den Bereichen Kommunikation, Nachrichten und Informationen, Unterhaltung und Bildung, Wirtschaft und Home-Banking, Electronic Shopping und Reisen. Überdies verfügt Europe Online über einen vollen Zugang zum Internet. Zunächst erscheint Europe Online in deutscher, englischer und französischer Sprache. Kurz darauf folgen die übrigen europäischen Sprachen.

3.2 Europe Online – Electronic Publishing
statt herkömmliche Online-Technik

Europe Online verfügt über eine nutzerfreundliche graphische Oberfläche. Europe Online wird dem Nutzer technisch alles bieten, was herkömmliche Online-Dienste bereithalten, wie E-Mail, Chat, Foren, Zugriff auf unterschiedlichste Datenbanken und vieles mehr. Doch im Gegensatz zu normalen Online-Diensten wird Europe Online von vornherein auf das Electronic Publishing ausgerichtet sein. Verlage und Unternehmen, die Online-Produkte in Europe Online anbieten, werden ihre Angebote als interaktive, später auch multimediale elektronische Zeitschriften veröffentlichen. Dabei ist es egal, ob es sich dabei tatsächlich um eine Art Zeitschrift, um eine Diskussionsgruppe oder um Text-, Bild- oder Software-Datenbanken handelt.

Online-Magazine sind komplexe Dokumente, die folgende Gestaltungs-Elemente enthalten:

- unterschiedliche Layouts
- unterschiedliche Schriften und Schriftgrößen
- Bilder und Grafiken
- Download-Bereiche, Datenbanken und Diskussions-Gruppen, die durch Hyperlinkfunktionen miteinander verbunden sind.

Darüber hinaus bietet die Software von Europe Online:

- ein leistungsfähiges Suchsystem
- die Möglichkeit, eine Europe-Online-Sitzung ohne Verbindung (offline) vorzubereiten, automatisch und schnell ausführen zu lassen (online) und anschließend auszuwerten (offline)
- die Möglichkeit, mehrere Aufgaben gleichzeitig ausführen zu können (Multithreading, Multitasking)

Die Interchange-Steuer-Software wird zunächst für Windows-Rechner verfügbar sein. Die zweite Generation der Online-Software ermöglicht es, das Layout der Online-Dienste nach eigenem Gusto mit Graphiken oder Fotos zu gestalten. Eine Macintosh-Version steht am Ende des Jahres zur Verfügung.

3.3 Was Europe Online Informations-Anbietern nutzt

Europe Online bietet Informations-Anbietern eine einmalige Möglichkeit, ihre Produkte elektronisch zu vertreiben:

1. Mit der Interchange-Software steht Ihnen ein modernes, interaktives Electronic-Publishing-System zur Verfügung.
2. Europe Onlines starkes Marketingpotential und der volle Zugang zum Internet erschließen schnellstmöglich einen großen Kunden-Stamm.
3. Europe Online offeriert Informations-Anbietern ein attraktives Geschäftsmodell, das eine weitaus attraktivere Umsatzbeteiligung als in anderen Online-Systemen vorsieht.
4. Wie in normalen Medien haben Informations-Anbieter in Europe Online die Möglichkeit, Anzeigen zu verkaufen – eine zusätzliche Umsatzquelle.
5. Darüber hinaus lassen sich in Interchange auch Produkte verkaufen (Electronic Shopping). Modernste Datenverschlüsselungs-Methoden schützen vor Mißbrauch.
6. Europe Onlines leistungsfähige und gleichzeitig bedienungsfreundliche redaktionellen Software-Tools ermöglichen es, Produkte schnell und attraktiv online zu bringen.
7. Den ersten Informations-Anbietern hilft Europe Online mit Schulungen, ihre Produkte zu gestalten und in Europe Online zu veröffentlichen. Später wird Europe Online dieses Training als Dienstleistung anbieten.

3.4 Die Gesellschafterstruktur

Anteilseigner der Gesellschaft, mit Sitz in Luxemburg, sind große europäische Verlage, finanzstarke Investoren und Telekommunikations-Experten wie die deutsche Burda GmbH, Matra-Hachette Multimedia, Teil der französischen Lagardère-Gruppe, die britische Pearson plc, die Dr.-Schwarz-Schilling-GmbH, Meigher Communications LP, die luxemburgische „Société Nationale de Crédit et d'Investissement" (SNCI), die Staatsbank und Staatssparkasse (BCEE) sowie Investmentgesellschaften wie Stratinvest, Luxempart und Virtual Tectronics. Ebenfalls beteiligt wird AT&T Interchange. Europe Online wählte Luxemburg als Standort, weil das Land eine mehrsprachige Medienbranche entwickelt, die zu Europe Onlines paneuropäischer Entwicklung beitragen wird.

4 Ausblick

Die drei Hauptgesellschafter von Europe Online, die europäischen Verlage, sind in der Lage, über 500 Titel aus dem Print-Bereich anzubieten. Weitere Content-Provider aus allen Gesellschafts- und Wirtschaftsbereichen werden ab September 1995 ihre Produkte und Dienstleistungen über Europe Online zugänglich machen.

Ein breit angelegtes Angebot, verbunden mit der Berücksichtigung europaspezifischer Bedürfnisse sind die Garanten für den Erfolg von Europe Online.

World Wide Web: Perspektiven für die multimediale Kommunikation

José Luis Encarnação, Dennis Dingeldein, Hans-Peter Wiedling
Zentrum für Graphische Datenverarbeitung e.V.
Wilhelminenstr. 7
D-64283 Darmstadt

Zusammenfassung

Die wachsende Vernetzung dezentraler Arbeitsabläufe, Integration verteilter Fertigungsprozesse und Internationalisierung von Geschäftsvorgängen bei gleichzeitig steigender, kostengünstiger Verfügbarkeit schneller Wide Area Netzwerke führen zu stark wachsender Bedeutung des Austauschs und des Transports multimedialer Daten, also multimedialen Kommunikation. An der multimedialen Kommunikation partizipiert vermehrt auch der Endbenutzer im Privathaushalt, sei es als Informationssuchender, Medienkonsument oder Kunde.

Das World Wide Web weist als ein erster, auf breiter Basis verfügbarer Dienst Perspektiven für neue und zukünftige multimediale Kommunikationsarten auf.

1 World Wide Web – eine Basistechnologie

Das seit etwa 1990 verfügbare World Wide Web (WWW oder W3) verbreitet sich seit seiner Entwicklung und dem lokalen Einsatz am CERN Institut, Genf explosionsartig im Internet.

Das World Wide Web ist ein verteiltes Hypermedia-System. Seine zentralen Bestandteile sind das Hypertext Transfer Protocol (http) zum Transport der anfallenden Daten und die auf SGML [5] basierende Hypertext Markup Language (HTML), mit der hypermediale Dokumente im WWW definiert werden. Solche Dokumente können Text, eingebettete Bilder und zunehmend Tabellen und Formeln enthalten. Anker für die Integration weiterer Datentypen sind einfach zu kreieren. Weitere Medien (Audio, Video) können in einem HTML-Dokument zwar referenziert, aber nicht eingebettet dargestellt werden; solche Medien werden durch Aufruf der zugehörigen Anzeigewerkzeuge dargestellt.

1.1 Entwicklungsdynamik des WWW

Im Bild 1 ist das Wachstum des WWW im Vergleich zu seinen stärksten Konkurrenten der auf Internet basierenden Informationsdienste zu sehen. Neuere Daten weisen darauf hin, daß sich das Verkehrsaufkommen des WWW in 1995 bis auf das des FTP-Dienstes gesteigert hat.

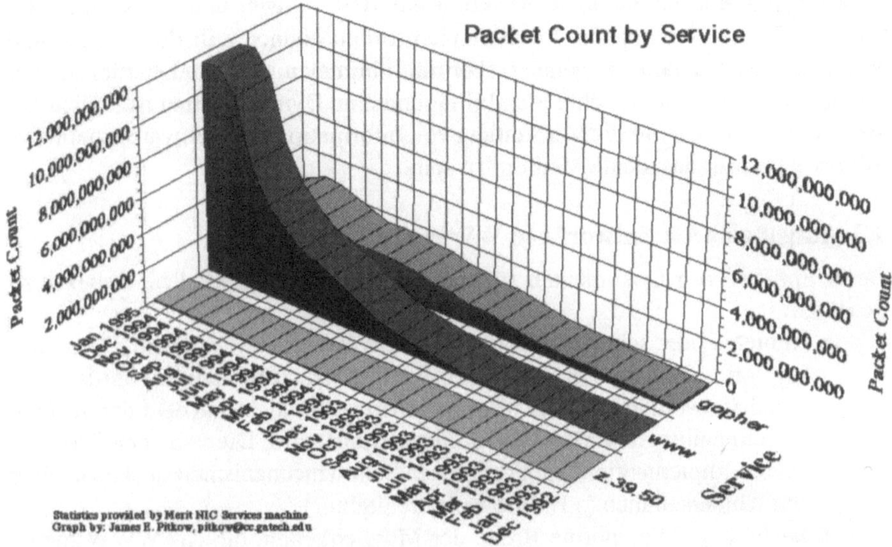

Abb. 1: Wachstum des WWW im Vergleich zu anderen Informationsdiensten im Internet (Gopher und WAIS)

1.2 Chancen des WWW

Das WWW erlaubt seine Integration in existierende unternehmensinterne Prozesse und Systeme. Die im WWW verfügbaren Informationseinheiten sind in weiten Teilen plattformunabhängig und in Form modularer und damit wiederverwendbarer Informationsbausteine verfügbar. Unterschiedliche Komponenten können einfach kombiniert werden. Die Recherche ist durch die Verfügbarkeit graphischer Benutzungsoberflächen leicht durchzuführen.

Unter organisatorischen Gesichtspunkten können verschiedene Phasen des modernen Informationsmanagements unterstützt werden. Dazu gehören die organisationsweite Informationsbereitstellung, einheitenbasierte Informationssammlung, schnelle Informationsverteilung und die Integration von Kommunikationsmöglichkeiten.

Durch Verbesserung des Dienstleistungsangebots oder Einrichtung neuer Services mit Hilfe des WWW können Unternehmen Wettbewerbsvorteile erlangen und ausbauen. Solche Dienstleistungen sind beispielsweise virtuelle Firmenpräsenz zu jedem Zeitpunkt an jeden Ort, Produktankündigung, Marketing und Sales. Die Kommunikationsfähigkeit des WWW erlaubt direkte Bestellmöglichkeiten und die Durchführung statistischer Erhebungen. Durch die Benutzung des WWW im Außendienst können Informationen sehr schnell und sehr kostengünstig (unter Wegfall von Druck- und Versandkosten) an die Mitarbeiter verteilt werden. Interaktive Dokumente erlauben eine Produktkonfiguration im direkten Dialog mit dem

Kunden und eine unmittelbare Reaktion auf Bestellungen und Rückfragen des Kunden. Durch Bereithalten von Benutzerprofilen können z.B. Präferenzen und Interessen des Kunden weitgehend, aber mit minimalem Aufwand, berücksichtigt werden. Dies bedeutet erhöhte Flexibilität und eine Dynamisierung bezüglich der Anwenderwünsche. Für die Verbreitung von Information und Software scheint das WWW geradezu das ideale Medium zu sein.

1.3 Aufgaben beim Entwurf von WWW Dokumenten

Beim Entwurf von Dokumenten für das WWW sind verschiedene Aspekte zu beachten:

- Anbieten oder schützen? Der Ansatz des WWW, das weltweite Bereitstellen von Informationen, steht im Gegensatz zur Informationspolitik in der Geschäftswelt, in der viele Informationen vertraulich sind oder durch deren Geheimhaltung ein Marktvorsprung bewahrt wird. Die von verschiedenen Server-Implementierungen gebotenen Schutzmechanismen stecken noch in den Kinderschuhen (z.B. Firewall-Architektur).
- Gestaltung: Die enorme Breite der Möglichkeiten, die das WWW bietet, läßt dem Informationsanbieter beim Entwurf eines eigenen Servers sehr viel Spielraum. Es gibt keine einfachen Richtlinien zur Gestaltung eines qualitativ hochwertigen Informationsservers.
- Schnittstellen: Die Erstellung einer eigenen Dokumentenbasis ist zur Zeit noch beschwerlich, da echte Authoring-Umgebungen und integrierte Filtermöglichkeiten für Fremdformate fehlen. Vieles muß durch die Autoren mühsam von Hand erledigt werden.
- Modellierung: Das WWW kann zur Realisierung sehr unterschiedlicher Informationsserver verwendet werden. Ein Informationskiosk erfordert aber ein anderes Konzept als ein Dokumentenserver. Die unterschiedlichen Konzepte müssen dem Informationsanbieter bewußt sein, wenn er einen Informationsserver erstellt.
- Dokumentenmetapher: Das WWW erlaubt durch die Festlegung auf Dokumentobjekte nicht die Realisierung echter Multimedia-Anwendungen (wie z.B. Teleconferencing)

1.4 Aktuelle Weiterentwicklungen des WWW

VRML (Virtual Reality Modelling Language) ist ein Ansatz, eine Definitionsplattform für weltweit verteilte VR-Anwendungen zu schaffen. Andere Forschungsansätze versuchen, beliebige, interaktive Fremdanwendungen (wie Video, 3D-Viewer, Editoren oder Spreadsheet-Anwendungen) in WWW-Dokumenten einzubetten.

Erst durch schnelle Wide Area Netzwerke (ATM, Breitband–ISDN) werden multimediale Kommunikationsanwendungen auf WWW Basis erst eine echte Bedeutung erlangen. Bedeutende Aspekte multimedialer Kommunikation werden im folgenden Abschnitt vorgestellt.

2 Multimediale Kommunikation

Multimediale Kommunikation bedeutet:
- Die Einbeziehung unterschiedlicher Medien bei der computerunterstüzten Präsentation von Fakten, Beziehungen oder Objekten der realen Welt
- Computerunterstützte Interaktion des Benutzers unter Verwendung unterschiedlicher Medien als Kommunikationskanäle (multimodale Eingabe)

2.1 Ziele

Ziel der multimedialen Kommunikation ist die Verbesserung der Kommunikation zwischen Anwendung und Benutzer oder die computerunterstützte Verbesserung der Kommunikation zwischen mehrerern Personen (im Bereich CSCW). Durch die Verwendung multimedialer Komponenten zur Kommunikation werden unterschiedliche Forschungsgebiete berührt. Dazu gehören die kognitive Psychologie sowie Kunst und Design. Der Rückgriff auf diese Fachgebiete ist notwendig, um Ziele wie Attraktivität an der Benutzungsoberfäche und intuitive Bedienbarkeit fürt jedermann (multimediale Kommunikation für alle) bzw. aufgabengerechte Bedienbarkeit für den Fachmann zu erreichen. Weitere Kernthematiken im Zusammenhang multimedialer Kommunikation sind:
- Integration und integrierte Verfügbarkeit verschiedener Geräte und Systeme
- Harmonisierung der Ein– und Ausgabe [3]

Beispielanwendungen aus dem Bereich der multimedialen Kommunikation sind z.B.:
- Informations–Kiosk
- Dokumenten–Server
- Teleconferencing
- Interactive TV, Video On Demand sowie Music Server

Abbildung 2 zeigt einen elektronischer Stadtführer für Straßburg in Form eines Informationskiosks. Er stellte folgende Informationen zur Verfügung:
- Stadtansichten und Stadtplan
- Informationen zu einzelnen Sehenswürdigkeiten
- Veranstaltungshinweise und Ausflugstouren ins naheliegende Umland.
- Hotelinformationen und Verkehrsanbindungen

Ziel des Informationskiosks war, dem unerfahrenen Benutzer ein optisch ansprechendes Informationspaket anzubieten, das ohne Vorkenntnisse sofort intuitiv bedienbar ist. Die Informationen sollten leicht zugreifbar sein und durch ihre optische Präsentation einladend wirken, die dargestellten Angebote, wie beispielsweise Bustouren oder touristische Sehenswürdigkeiten tatsächlich wahrzunehmen.

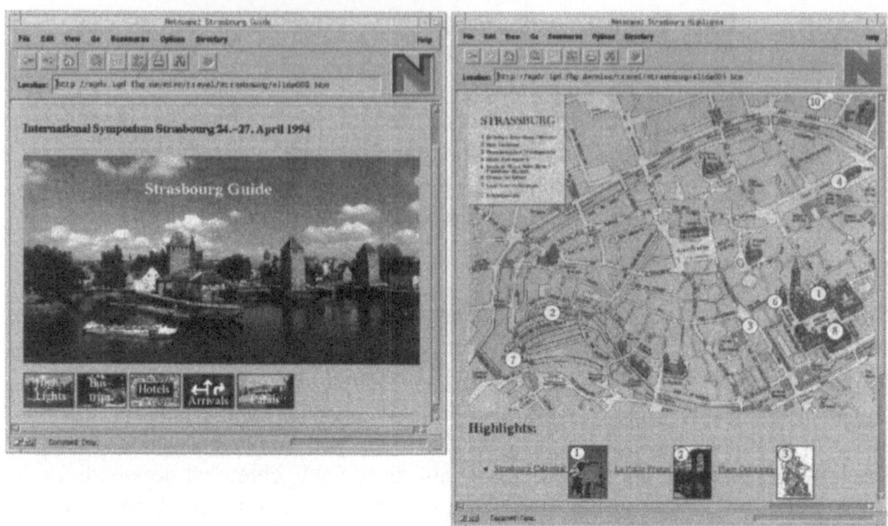

Abb. 2: Ein Informations–Kiosk einer Touristik–Anwendung: Integration unterschiedlicher Informationen

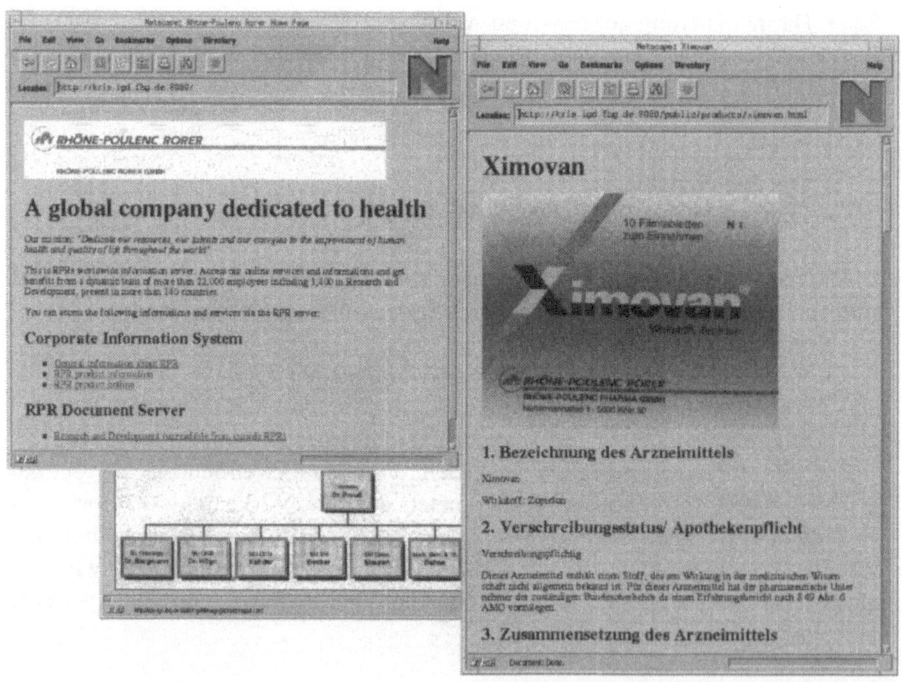

Abb. 3: Beispiel eines Dokumenten–Servers: Corporate Information System eines Pharmazie–Unternehmens

In Abbildung 3 ist ein Corporate Information System für Unternehmen der Pharma-Industrie dargestellt.

Generelle Ziele des Dokumentenservers sind die Verbesserung der internen Kommunikation zu Filialen und eigenen Forschungseinrichtungen, Unterstützung der Außendarstellung, Informationsversorgung aller beteiligten Partner (z.B. Krankenhäuser, niedergelassene Ärzte, Apotheken, Rohstoffzulieferer, Gesundheitsämter) und allgemein der Verbesserung des Quality Of Service.

Die massive Nutzung des Servers sowohl für öffentliche als auch nicht öffentliche Informationen erforderte ein anspruchsvolles Sicherheitskonzept. Die erarbeitete Lösung geht von einem Firewall-Konzept (Abbildung 4) mit zwei Servern aus. Der außerhalb der Firewall liegende Server kennt nur externe, der innerhalb der Firewall liegende Server externe und interne Dokumente. Des weiteren existieren Benutzer und Nutzergruppen, mit denen Verzeichnis-Unterstrukturen und einzelne Dokumente gegen unauthorisierten Zugriff geschützt werden können.

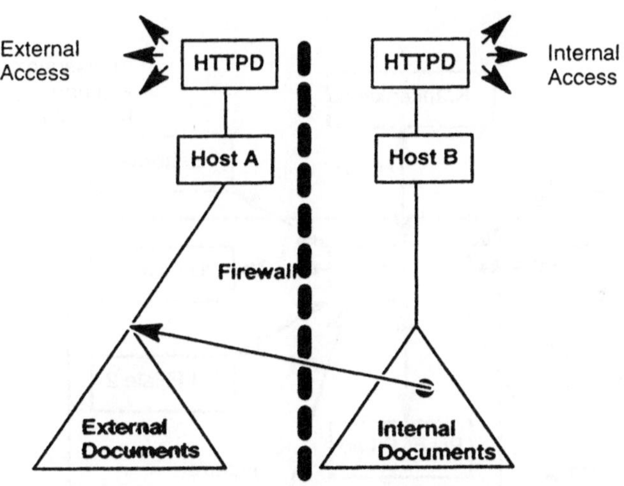

Abb. 4: Firewall-Architektur für WWW Anwendungen

Der Dokumenten Server bietet insgesamt die folgenden Eigenschaften:

- Berücksichtigung der vitalen Authentifizierungs-Anforderungen des Unternehmens
- Einbettung eines Corporate Information Systems im Dokumentenserver
- Ablage von Produktinformationen für internen und externen Gebrauch
- Unterstützung interner Forschung und Entwicklung
- Anbieten von Mechanismen zur Bestellung und Kommentierung (Feedback) von Produkten
- Integration von anderen Internet-Diensten (z.B. eMail)
- Integrierte Verfügbarkeit von Videos für Ausbildungs- und Werbezwecke

2.2 Kommunikationspartner

Wesentlich für die Bewertung, Qualitätsanforderungen und letztendlich Realisierung der multimedialen Kommunikation ist die Analyse der Anforderungen unterschiedlichen Kommunikationspartner für einen gegebenen Anwendungsbereich. Dies beinhaltet die Klärung der Art der Beziehungen zwischen den Partnern: Wer kommuniziert mit wem und welche Anforderungen sind für die einzelnen Kommunikationswege zu stellen? Diese Analyse ist für jeden Anwendungsbereich durchzuführen. Beispiele für solche Anwendungsbereiche sind:

- Pharmazie & Medizin (Arzt, Patient, Krankenhaus, Gesundheitsbehörden, Zulieferer)
- Computer-based Training (CBT)
- Virtual Prototyping i.d. Automobilbranche
- Telebanking
- Druck & Verlagswesen
- Software-Marketing
- Telearbeit

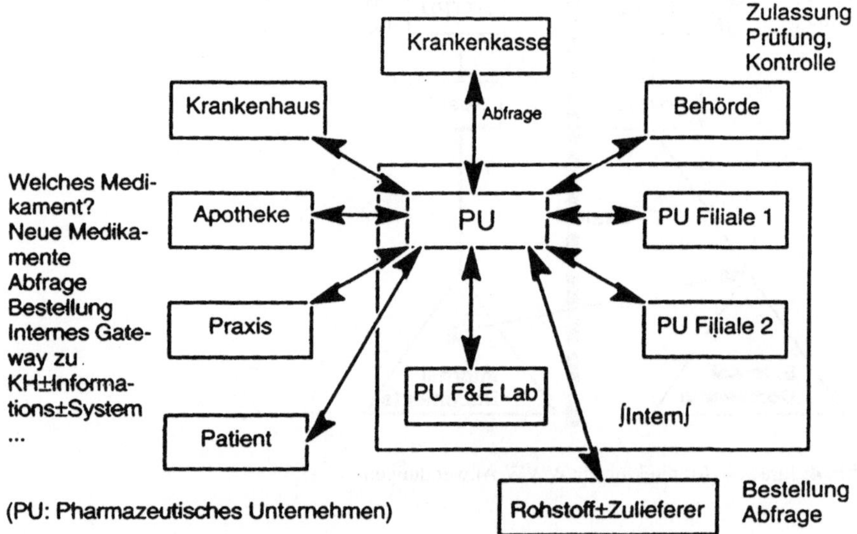

Abb. 5: Die Kommunikationspartner in der Pharmazie–Welt

Für den oben genannten Bereich Pharmazie ist in Abbildung 5 die Kommunikationspartner der "Welt" eines Pharmazie-Unternehmens dargestellt. Je nach Kommunikationsweg sind unterschiedliche Typen multimedialer Kommunikation erforderlich. Die Kommunikation des Unternehmens zu einer Menge ausgewählter Ärzte kann z.B. als Teleconferencing ausgeprägt sein, während auf dem Kommunikationsweg zur Gesundheitsbehörde nur Dokumente ausgetauscht werden.

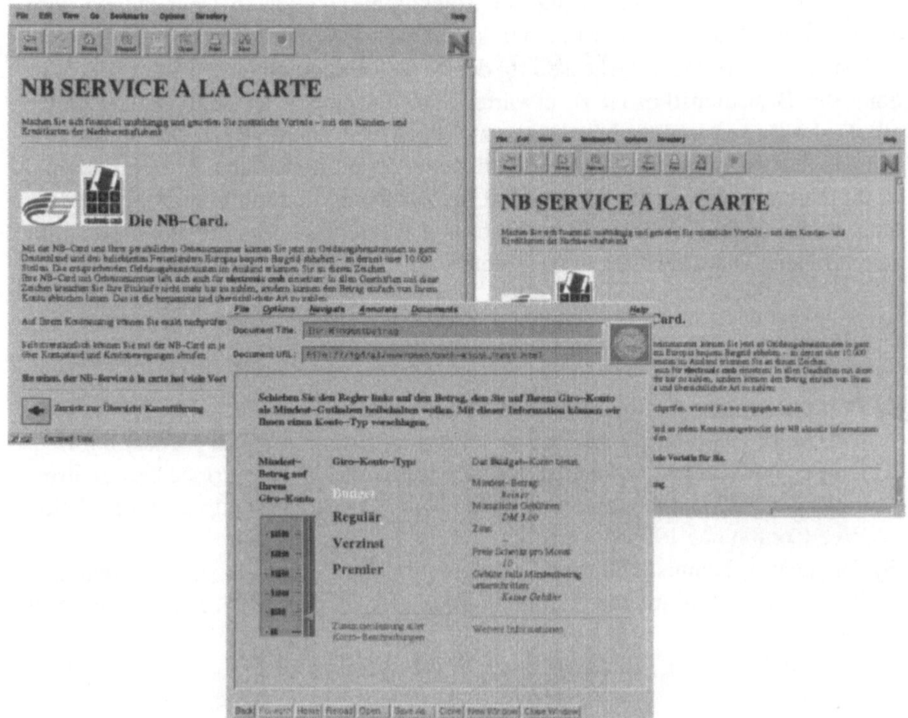

Abb. 6: Beispiel einer Security-Anwendung in WWW: Telebanking

3 Ausblick

Das World Wide Web weist als breit angelegtes Testfeld für neue und zukünftige multimediale Kommunikationsarten wichtige Perspektiven auf. Einige davon wurden im vorliegenden Aufsatz dargestellt. Das Aufkommen von ATM und Breitband-ISDN-Netzen sowie leistungsfähiger Hardware zur Visualisierung und Analyse multimedialer Daten wird auf mittelfristige Sicht zu einer Entwicklung von Anwendungen, Protokollen und Definitionssprachen im Bereich multimedialer Kommunikation führen. Bisherige textbasierte Retrieval-Techniken müssen durch leistungsfähige Techniken zur inhaltsbasierten Analyse multimedialer Daten ersetzt werden. Existierende Konzepte im Bereich graphischer Benutzeroberflächen müssen für diese Anwendungen auf multimediale und multimodale, "intelligent" und autonom arbeitende Systeme erweitert werden.

Generelle positive Impulse wird die multimediale Telekommunikation für die Gesellschaft und Arbeitswelt in den folgenden Bereichen geben:
- Reduktion von Pendlerströmen
- Verbesserung der Chancen der Region
- Flexibilität durch Telearbeit und Telepräsenz

Die anstehende Deregulierung der Telekommunikation in Deutschland wird dazu führen, daß neue Netzanbieter konkurriend Netzinfrastrukturen anbieten. Neben einer generellen Verbesserung der Netze ist dadurch eine weitere Verbilligung der Basisdienstkosten zu erwarten. Die Diversität der angebotenen Netze erhöht die Bedeutung der Übergänge zwischen einzelnen Netzen für angebotene Dienste. Für potentielle Anbieter von Diensten der multimedialen Kommunikation ist die Nutzung der verbleibenden Zeit bis zur Deregulierung von großer Bedeutung, da bis dahin Erfahrungen gemacht und Kenntnisse gesammelt werden können, um neue Dienstleistungen anzubieten.

4 Literatur

[1] Berners-Lee, T.; Cailliau, R. WorldWideWeb: Proposal for a HyperText Project. März 1989. URL http://www.w3.org/hypertext/WWW/Proposal.html.

[2] Dingeldein, Dennis; Väänänen, Kaisa. Multimedia User Interface Design Principles for HTML-Documents. Tutorial Notes, Third International World Wide Web Conference 1995. Darmstadt.

[3] Dingeldein, Dennis. Multimedia Interactions and how they can be realized. Prodeedings Multimedia Computing and Networking 1995. IS&T/SPIE, San Jose, USA. 1995.

[4] Holzapfel, Roland. Grundlagen des WWW. Unix Open. September 1994. S. 72–80.

[5] Wiedling, Hans-Peter; Rath, Hans-Holger. Making SGML work – Introducing SGML into Enterprise and Using it Possibilities in Advanced Applications. Computer Standards & Interfaces 1995.

Perspektiven der Multimedia-Industrie

Thomas Middelhoff
Mitglied des Vorstandes der Bertelsmann AG
Carl-Bertelsmann-Straße 270
33311 Gütersloh

Nicholas Negroponte, Direktor des Media Laboratory am Massachusetts Institute of Technology (MIT), bringt die revolutionären Veränderungen, die sich derzeit im Bereich der Medien vollziehen, auf eine einfache Formel: Wir erleben den Übergang von der Welt der Atome in die Welt der Bits und Bytes. Das Informationszeitalter, das sich schon heute durch eine bisher nicht gekannte Vielfalt von Informations- und Kommunikationsangeboten auszeichnet, tritt damit in eine neue Phase.

Grundlage dieser Entwicklung ist die Verschmelzung bisher getrennter Trägermedien für akustische und visuelle Informationen. Aus den bisherigen "Mono-Media", wie Buch und Radio, oder "Duo-Media", wie dem Fernsehen, werden "Multi-Media", die Bild, Bewegtbild, Graphik, Text und Ton miteinander verknüpfen. Mit dem Zusammenwachsen der Trägermedien verändern sich auch die technischen Anforderungen an die Endgeräte. Computer, Kamera, Bildschirm und Lautsprecher werden Bestandteile des Multimedia-Sets der Zukunft sein.

Technische Innovationen in drei Bereichen machen diese Entwicklung möglich und charakterisieren gleichzeitig multimediale Informations-, Unterhaltungs- und Bildungsangebote:

- interaktive Nutzung,
- Datenkompression,
- Datendigitalisierung.

Für den Nutzer von Multimedia-Produkten, die oftmals auch unter der Headline "Information Super-Highway" geführt werden, bedeuten diese Innovationen in erster Linie eine Erweiterung seiner Konsumenten-Souveränität:

- Er kann sich Informationen programmunabhängig nach seinen speziellen Interessen und Bedürfnissen zusammenstellen. Das klassische Konsumentenverhalten der Vergangenheit – *einer* sendet, *viele* hören das gleiche, oder *einer* druckt, *viele* lesen das gleiche – wird aufgelöst. In Zukunft bestimmt weniger das allgemeine Angebot über Art und Inhalt der Mediennutzung als vielmehr die individuelle Nachfrage.

- Datendigitalisierung führt zum Zusammenwachsen von Trägermedien und Übertragungswegen. Informationen und Unterhaltungsangebote können so nicht nur vollkommen neu, sondern auch – etwa durch graphische Benutzeroberflächen oder Hyperlink-Vernetzung – nutzerfreundlicher aufbereitet werden.
- Die Möglichkeit der Kommunikation über Datennetze beseitigt angesichts der Geschwindigkeit und der Kapazitäten der Übertragung die Grenze zwischen "hier" und "dort".

1 Multimedia-Märkte und ihre Perspektiven

Innerhalb der Gesamtentwicklung des Multimedia-Geschäftsfeldes lassen sich drei Entwicklungsrichtungen identifizieren. Grundlagen sind jeweils die spezifischen Trägermedien für Multimedia. Im Offline-Bereich sind das CD-ROM, CD-I und 3DO. Im Online-Bereich bestimmen schmalbandige und breitbandige Netze die Entwicklung.

1.1 Der Offline-Markt

Derzeit dominieren Offline-Angebote den Multimedia-Markt. Ermöglicht hat diese Entwicklung nicht zuletzt der Siegeszug der CD-ROM, die das Speichern und individuelle Abrufen großer Mengen an Bild, Bewegtbild-, Ton- und Textinformation gestattet. Auf einer einzelnen CD-ROM können bis zu 300.000 Schreibmaschinen-Seiten gespeichert werden. Retrieval-Software macht den wortgenauen Zugriff möglich. Neuere Entwicklungen wie Hyperlink-Vernetzung und MPEG-Standards für das Speichern von Filmsequenzen haben die Gestaltungsmöglichkeiten beim Einsatz der CD-ROM noch erweitert.

Bertelsmann verfügt über Offline-Inhalte in verschiedenen thematischen Feldern. Das Spektrum reicht hier von digitalisierten Katalogen für den Bereich für Handel und Industrie über Landkarten auf CD und Nachschlagewerke bis hin zu Entertainment-Angeboten etwa im Spiele- und Musikbereich. Produkte wie unsere Bertelsmann-Lexikothek, das Bertelsmann Lexikon Wirtschaft oder die Chronik des 20. Jahrhunderts erscheinen heute auch auf CD-ROM.

Die Dynamik des Offline-Marktes hängt von der Verbreitung der Personal Computer (PC) mit CD-ROM-Laufwerk ab. Heute sind 22% aller deutschen Haushalte mit einem PC ausgestattet. 2% aller deutschen Haushalte verfügen über einen multimediafähigen PC mit CD-ROM-Laufwerk. Diese Zahlen werden sich bis zum Jahr 2000 dramatisch verändern: In 42% aller deutschen Wohn- und Arbeitszimmer wird dann ein PC stehen. Mehr als die Hälfte davon wird multimediafähig sein. Schon heute ist das eingebaute CD-ROM-Laufwerk beim Kauf eines Personal Computers Standard. In den USA erwartet man zur Jahrtausendwende einen Verbreitungsgrad von 48%. Zwei Drittel der Rechner sollen dann mit einem CD-ROM-Laufwerk ausgestattet sein.

Im Jahr 2000 wird der Consumer-Offline-Markt allein in Deutschland ein Umsatzvolumen von 2 Milliarden DM erreichen; weltweit geht man von 28 Milliarden DM aus. Für den Professional-Markt belaufen sich die Schätzungen auf 40 Milliarden DM.

1.2 Der schmalbandige Online-Markt

Die schmalbandigen Dienste verbinden über das Telefonnetz in erster Linie PCs mit zentralen Großrechnern, während im breitbandigen Bereich Fernseher durch Kabel, terrestrische Übertragungen oder Satelliten mit Sendern verknüpft werden.

Die Bertelsmann AG hat gerade mit dem derzeit erfolgreichsten Anbieter von Consumer-Online-Diensten, America Online, ein Joint Venture gegründet. Bis zum Ende dieses Jahres wird Bertelsmann einen Online-Service mit speziellen Angeboten für Deutschland, Frankreich und Großbritannien auf dem Markt offerieren. Für das Jahr 2000 wird die Zahl von 1 Million Abonnenten angestrebt. Langfristig soll der Service dann weltweit mit länder- und regionenspezifischen Angeboten verfügbar sein.

Unkomplizierte Handhabung, ein einfaches Preismodell, anspruchsvolle, internationale Inhalte und die Schaffung einer weltweiten Electronic Community: Das werden die Merkmale des Online-Service sein. Nur mit hohen Qualitätsstandards läßt sich unsere Zielgruppe erreichen. Wir denken hier zunächst an junge Nutzer im Alter zwischen 18 und 45 Jahren mit überdurchschnittlichem Einkommen, die gegenüber der Technik und den Angeboten moderner Unterhaltung grundsätzlich aufgeschlossen sind.

Die Kooperation zwischen America Online und Bertelsmann bündelt auf dem Wege zu einem attraktiven Service die notwendigen Kompetenzen. Auf Netzebene bieten wir von Beginn an den Zugang zum Internet und dem World Wide Web (WWW). Die graphische Oberfläche von America Online ist in der Praxis erpobt und für ihre vorbildliche und leichte Handhabung bekannt. Bertelsmann kann als großes Medienunternehmen nicht nur die gesamte Bandbreite von Online-Contents der Bereiche Information, Bildung und Unterhaltung einbringen, sondern verfügt auch über Erfahrung hinsichtlich ihrer kundengerechten Aufbereitung. Zudem besitzt Bertelsmann mit seinen 30 Millionen Abonnenten und Clubmitgliedern reichhaltige Erfahrungen mit Subscriber-Management. Die erfolgreiche Betreuung der BahnCard und des Miles & More-Vielfliegerprogramms der Lufthansa sind hier weitere Belege.

Die Qualität der Inhalte wird nicht nur über den Erfolg unseres Online-Service, sondern auch über die Zukunft des gesamten schmalbandigen Online-Markts entscheiden. Bertelsmann und America Online begegnen dieser Herausforderung mit einer ausgewogenen Mischung aus Informations-, Entertainment- und Kommunikationsangeboten:

- Nachrichten: Politik, Wetter, Sport, internationale Zeitungen, selected content reading, wake up calls – automatisches Signal bei der Veränderung zeitabhängiger Informationen

- Finanzen: Homebanking, Ratgeber, Börsenkurs
- Reisen: Flug- und Fahrpläne, Reisemagazine, interaktive Reiseführer
- Computing: Überspielen von Software, Hotline zu den Herstellern, Computer-magazine
- Literatur: Literatur-Abstracts via Online, talk-to-the-author-Angebote, interna-tionale Chat-Rooms, Preference Browser, Rezensionen und Kontakte zwischen Nutzern mit ähnlichen Interessen
- Kiosk: Special-Interest-Zeitschriften
- Nachschlagewerke: Lexika, Elektronische Telefonbücher, Wörterbücher
- Marktplatz: Spezialangebote des Versandhandels.

1.3 Wem dienen diese neuen Online-Dienste?

Stellen Sie sich vor, Sie entscheiden sich spontan zu einer Reise nach Paris, London oder New York. Via Online-Dienst reservieren Sie ein Hotel. Die Auswahl des Zimmers wird durch multimedial aufbereitete Bildangebote erleichtert. Aus den verschiedenen Menüangeboten wählen Sie schon einmal vorab Ihr Dinner aus. Nachdem Ihnen ein Suchprogramm die beste Verbindung ausgewählt hat, buchen Sie gleich am Bildschirm einen Flug mit der Lufthansa. In Sekundenschnelle wird für Ihr Miles & More-Konto, das von der Bertelsmann Distribution betreut wird, ein up-date erstellt.

Der Online-Wetterdienst sagt für Ihr Reiseziel Regen voraus. Also ein schneller Blick auf das Kulturangebot. Karten für Konzerte oder Ausstellungen werden online vorbestellt. Sie interessieren sich für das politische Geschehen an Ihrem Reiseziel. Nach Eingabe Ihrer Interessengebiete erhalten Sie Auszüge aus dem Zeitungs- und Zeitschriftenangebot, die Sie sich auf Wunsch ausdrucken lassen können. Um sicher zu gehen, daß Sie auch ganz bestimmt keine Ausstellung, Vernissage oder Party verpassen, wählen Sie sich in einen der lokalen Chat-Rooms ein und fragen: "What's up next weekend?"

Online-Dienste werden also in Zukunft sicher mehr als <u>nur</u> ein "Freak-Medium" sein. Im Jahr 2000 werden in diesem Medienmarkt allein in Deutschland 1,5 Milliarden DM Umsatz erwartet. Weltweit werden es dann schätzungsweise 14 Milliarden sein.

1.4 Der breitbandige Online-Markt

Für die Entwicklung eines breitbandigen Online-Marktes müssen die technischen Voraussetzungen erst noch geschaffen werden. Anwendungen, die unter dem Oberbegriff des "Interactive TV" zusammengefaßt werden, bedürfen dreierlei:
- eines Multimedia-Servers, der die notwendigen Datenmengen bei der Anforderung eines Spielfilms zur Verfügung stellt,
- eines leistungsfähigen Netzwerks – etwa Glasfaserkabel –, das die unmittelbare Interaktion zwischen Anbieter und Nutzer ermöglicht (Rückkanal),
- eines einheitlichen Endgeräts – wahrscheinlich ein Hybrid aus TV und PC –, das den Empfang der breitbandigen Angebote ermöglicht.

Obgleich Deutschland mit dem größten geschlossenen Kabel-TV-Netz der Welt günstige Voraussetzungen für die Entwicklung eines breitbandigen Online-Service bietet, erwarten wir die Entfaltung dieses Marktes nicht vor dem Jahr 2000. Auch dann wird sich die Entwicklung nur langsam vollziehen. Ca. einer halben Milliarde DM Umsatz auf dem deutschen Medienmarkt werden etwa 5 Milliarden DM weltweit gegenüberstehen. Zu den neuen Diensten, die über die Breitbandtechnologie zu nutzen sein werden, gehören Video on Demand, Pay TV, Pay per View und Pay Radio.

Bertelsmann ist in Deutschland an vier Pilotprojekten zur Erprobung interaktiven Fernsehens beteiligt. Standorte sind Stuttgart, Hamburg und München. Hinzu kommt das Projekt "Infocity Nordrhein-Westfalen", das Duisburg, Essen, Dortmund, Wuppertal, Köln und Düsseldorf mit einem Glasfaserring verbinden soll. Vor Abschluß und Auswertung der Pilotversuche ist eine exakte Schätzung des Marktpotentials nicht möglich.

1.5 Wechselwirkungen zwischen Technik, Marktentwicklung und Industrien

Die neuen Dienste, seien es schmalbandige oder breitbandige Angebote, müssen erst noch in entsprechender Qualität entwickelt und verbreitet werden. Vor diesem Hintergrund wird klar, daß sich die Struktur des Wettbewerbs, aber auch der Kooperation zwischen Unternehmen grundlegend verändert. Dieser Vorgang vollzieht sich bereits. Telekommunikations-Unternehmen, Content-Provider wie z.B. Verlage und die Computerindustrie müssen kooperieren, um gemeinsam das kritische Know-How zu einer erfolgreichen Entwicklung und Gestaltung der multimedialen Märkte zu sichern.

Dieser Trend wird durch die sich abzeichnende technische Konvergenz noch befördert. In den nächsten zwei Jahrzehnten werden Fernseher und PC zu *einem* Endgerät verschmelzen. Online-Dienste und interaktive TV-Angebote werden sich aber nicht substituieren, sondern vielmehr ergänzen und neue Produkte und Dienstleistungsangebote schaffen. Zudem muß zwischen unterschiedlichen Arten und Situationen der Nutzung des PC-TV-Hybrids als Endgerät unterschieden werden.

Vereinfachend gesagt: Couch-Multimedia-Nutzungen und Chair-Multimedia-Nutzungen stehen sich gegenüber. "Vom Winde verweht" etwa genießen wir auch in Zukunft vom Sofa aus und nicht am Schreibtisch.

Je nach Art der Abrufung und Nutzung werden TV-Angebote dann aber nicht mehr Rund-Funk, sondern vielmehr Eng-Funk sein, für den es über Mindest-Standards hinaus keinen medienpolitischen Regelungsbedarf gibt.

Wir alle, Content-Provider, Telekommunikations-Unternehmen, Computer-Industrie und Universitäten, sind angetreten, die Visionen einer Zukunft zu gestalten, die bereits begonnen hat.

Seminare

Interactive Services

Interactive Services – Was ist das?

Erhard Engelmann
Bertelsmann
Zentrale Informationsverarbeitung GmbH
D-33311 Gütersloh

Der Titel des Seminars nimmt bereits eine Antwort vorweg. Im Gegensatz zu traditionellen Dienstleistungen werden die neuen Dienste durch die beiderseitige Kommunikation zwischen Anbieter (Provider) und Verbraucher (User) geprägt. Um eine sinnvolle Definition für *Interactive Services,* wie wir es verstehen, zu geben, müssen jedoch weitere Kriterien erfüllt sein.

Der Markt der multimedialen Publikationen ist heute noch in drei Hauptsegmente aufgeteilt: *Fernsehen, EDV-Anwendungen* und *Spiele.* In allen drei Bereichen existieren Applikationen, die über portable Datenträger vertrieben werden, und solche, die direkt über Datenleitungen an den Kunden herangebracht werden.

Durch die zunehmende Digitalisierung aller Medien und Anwendungen gleichen sich die Hauptsegmente des Marketes aus technologischer Sicht immer weiter an. Als Datenträger werden sich die CD-ROM und ihre Abarten und Weiterentwicklungen durchsetzen. Im Online-Bereich übernimmt die sogenannte Datenautobahn (Information Superhighway) die tragende Rolle.

Spiele

Das Segment der Spiele wird auf der einen Seite durch die Hardwareentwicklungen im Bereich der kleinen und größeren Spielkonsolen einerseits, und auf der anderen Seite durch die Forschungen und Versuche in Richtung *Virtual Reality* (VR) getrieben. Die Technologien, die für VR entwickelt werden, können sowohl für die Erstellung von zunehmend realistischerer dargestellten Spielszenarien als auch für die Produktion von Filmen, Videosequenzen und Animationen für Multimedia-Produkte genutzt werden.

Die Interaktion im Bereich Spiele ist ausgezeichnet durch eine sehr schnell und schön aufbereitete und graphisch-bildhafte Ausgabe. Der Input ist mehr oder weniger eine Steuerfunktion, ebenfalls durch hohe Geschwindigkeit ausgezeichnet. Dies trifft ebenfalls für die Erstellung von Videos und Animationen zu. Hierbei ist der benötigte Rechenaufwand riesig groß, so daß extrem schnelle Rechner nötig sind, obwohl die Anwendung eigentlich nicht zeitkritisch ist. Für VR kommt außerdem noch die Antwortzeit unter Echtzeit-Bedingungen hinzu.

Die Ausgabeseite dieser Systeme erfordert eine extrem hohe Geschwindigkeit (Bandbreite), die heute bei Offline Medien meist nur auf Spezialgeräten verfügbar ist. Im Online Bereich werden die ersten Entwicklungen im Labor oder im Feldversuch erprobt.

Wegen der besonderen Eigenheiten des Spielebereichs wird normalerweise nicht von Interactive Services gesprochen. Zielgruppe dieser Anwendungen ist der Endverbraucher, der einen kleinen Rechner oder PC zu Hause hat.

EDV-Anwendungen

Es gibt heute bereits viele Datendienste, die ihre Leistungen auf CD-ROM und ähnlichen Medien oder auch online anbieten. Ursprünglich kommen alle diese Applikationen aus dem Bereich der Datenbank-Anfrage-Systeme. Zunehmend werden aber vom Benutzer einfache, leicht und intuitiv zu bedienende Systeme verlangt. Diese Anforderung hat schon sehr früh zur Einführung von graphischen Benutzeroberflächen und weiteren Darstellungsmodalitäten, wie Graphiken, Bilder, Sound oder Video geführt.

Charakterisiert werden diese Anwendungen durch die Interaktionsorientierung. Alle Aktion geht hier vom User aus. Das EDV-System ist nur ein Server, der die Anfragen des Users schnell und schön beantwortet.

Die technologischen Anforderungen an die Bandbreite der Leitungen ist durch spezielle Kunstgriffe und Kompressionsverfahren auf ein recht niedriges Niveau gedrückt. Im Regelfall reicht eine ISDN-Leitung mit 64 kBaud bereits aus. Für komplexere Anwendungen und Inhalte könnte man einige wenige ISDN-Kanäle bündeln. Die Eingabeseite benötigt sogar noch weniger Bandbreite. Die höchsten Anforderungen werden bei Spracheingabe verlangt (16 kBaud).

Obwohl diese Art von Dienstleistung ein echter interaktiver Service ist, wird er im allgemeinen nicht so bezeichnet. Die Online-Anwendungen, auch Online-Publishing genannt, werden in den Hauptvorträgern von Hubert Burda, Jose Encarnação und Thomas Middelhoff sowie in dem Seminar *Online Puhlishing* ausführlich behandelt.

Fernsehen

Während die Online-Pulikationen aus dem Bereich der alten Datennetze und Datenbanksysteme abstammen, der durch eine starke Interaktion und eine ganz schmale Bandbreite ausgezeichnet war, stammen die *Interaktive Services* vom traditionellen Fernsehen ab.

Die Kriterien hierbei sind klar. Die Ausgabe erfolgt sehr breitbandig und an alle (Broadcast-Verfahren). Zur Zeit werden die ersten Schritte von der analogen Technik zur Digitalisierung sowohl im Fernsehen als auch bei den Videos gemacht.

Die Digitalisierung der Ausstrahlung für das Fernsehbild ist zwar gegenüber den analogen Verfahren nur eine andere Technik ohne funktionale Erweiterung für den Benutzer. Sie bietet aber einige wesentliche Vorteile. Durch das digitale Signal nehmen 6-8 Kanäle den gleichen Raum ein wie ein analoger Kanal. Dadurch wird die Kapazität von Satelliten, terrestrischer Ausstrahlung und des Kabels um diesen

Faktor vervielfacht. Der zweite Vorteil ist die bedeutend größere Qualität. Abhängig vom Kompressionsverfahren und der benötigten Bildschirmauflösung kann eine annähernd fehlerfreie Übertragung erreicht werden.

Durch die Digitalisierung werden aber auch Übertragungsprotokolle ermöglicht, die es erlauben, das ausgestrahlte Signal zu adressieren, so daß die Möglichkeit besteht, nicht mehr an alle, sondern auch an Gruppen oder sogar an einzelne Empfänger zu senden. Die Adressierung kann durch verschiedene Endgeräte, Set-Top-Boxen genannt, erkannt und ausgewertet werden. Dadurch wird auch eine sichere Verschlüsselung der Ausstrahlung immer wichtiger.

Durch Hinzufügen eines Rückkanals kann jetzt aus einer gezielt adressierten Ausstrahlung ein interaktiver Service werden. Heute werden dafür hauptsächlich Telefonleitungen (analog oder ISDN) benutzt. Dies ist in der Praxis bereits möglich und wird auch für die heute laufenden Feldversuche eingesetzt.

Im Hinblick auf den Rückkanal hat das Kabelnetz jedoch eine Sonderstellung. Theoretisch ist hier ein Rückkanal in derselben Bandbreite, wie die Ausgabe möglich. Das Übertragungsprotokoll ATM, was wahrscheinlich der tragende Standard werden wird, erlaubt es sogar, die Bandbreite für beide Richtungen nach Bedarf und auch verschieden zu wählen.

Die Nachteile liegen aber in der ausgeführten Technik. In Deutschland sind die im Kabelnetz der Telekom eingebauten Verstärker nur für eine Richtung ausgelegt und müßten ausgetauscht werden. In anderen Ländern ist meist die Verfügbarkeit von Kabelanschlüssen bei weitem nicht ausreichend, 64% davon sind bereits angeschlossen, aber dies ist wie gesagt eine Ausnahmesituation.

Die *Interactive Services* sind daher heute noch im Versuchsstadium. Die Zielgruppe sind alle Haushalte, die ein Fernsehgerät zu Hause haben. Zielbereich ist nicht das Arbeits- oder Kinderzimmer mit einem PC, sondern der Wohnbereich.

Anwendungsspektrum

Wie schon aus der Zielgruppe ersichtlich, gibt es keine logischen Begrenzungen der Inhalte für *Interactive Services*. Zwei Formen stehen heute in der ersten Priorität bei den laufenden Versuchen: Homeshopping und Video/Audio on Demand. Des weiteren sind Informationsangebote aller Art und Spiele beziehungsweise andere Unterhaltungsangebote wichtige Kandidaten.

Der Lernbereich im herkömmlichen Sinn und auch die Formen des spielerischen Erlernens von Wissen (Edutainment) werden zur Zeit noch mit Offline Medien wie CD-ROM oder CD-i abgedeckt. Der Grund hierfür ist, daß dieser Bereich bereits heute profitabel ist und Online-Möglichkeiten noch nicht kommerziell verfügbar und bezahlbar sind. Die Inhalte des Edutainments werden jedoch später sehr schnell auf Online Medien adaptiert werden, zumal auch die Kapazität der CDs heute vielfach kaum ausreicht.

Homeshopping ist im Prinzip die Technik des Verkaufens aus dem Katalog und somit ein alter Hut. Das Neue daran als *Interactive Service* ist die Möglichkeit der Interaktion. Interaktion bietet zum Beispiel die umfassende Möglichkeit der (elektronisch unterstützten) Suche. Auch die Übermittlung von spezifischen Daten und Wünschen als Basis für Angebote und Selektionen ist neu. Homeshopping ist also nicht das, was heute mit Fernsehen als solches bezeichnet wird.

Mit dem Verfahren des Homeshopping können alle Lebensbereiche unterstützt werden. Dies sind also insbesondere die Key Business Bereiche: Sport, Auto, Essen und Trinken, Reise und Mode.

Der zweite Bereich der On-Demand Services für Videos oder Musik ist dagegen ein reiner Verdrängungsmarkt. Wenn die Technologie zu wettbewerbsfähigen Preisen verfügbar ist, wird es einen kurzen erfolgreichen Wettbewerbskampf gegen die Videotheken und Musikgeschäfte geben, den letztere nur verlieren können. Informationsangebote werden kommen. Es ist aber heute niemandem klar, welche Papierinformationen abgelöst, welche weiterbestehen und welche neu entstehen werden. Ein Bereich, in dem auch einige Versuche laufen, ist die Information, die ein Geschäftsmann „privat" benötigt. Dabei kann man insbesondere davon ausgehen, daß er diese Informationen überall auf der Welt, wo er sich gerade befindet, erhalten möchte. Hier ist also die mobile Kommunikation gefragt.

Zukunft

Die Entwicklung im zukünftigen Publishing-Markt wird gekennzeichnet sein durch das Zusammenwachsen der oben genannten Bereiche Spiele, EDV-Anwendungen und Fernsehen. Durch die technolgische Entwicklung, die sicher weit vor der Jahrtausendwende erreicht sein wird, können massive Synergiepotentiale aus der gemeinsamen Nutzung von Inhalten in den drei Bereichen erreicht werden. Die Firmen, die die Inhalte besitzen und damit handeln, werden so zum Schlüsselfaktor der neuen Medien.

Wenn die Verlage und Informationsanbieter die Entwicklung allerdings verschlafen, könnte es jedoch ganz anders kommen. Die großen Hersteller von Hardware und auch Software, sowie Kommunikationsfirmen wie zum Beispiel Sony, Nintendo, Philips, Microsoft, AT&T, British Telecom etc., werden sicher selbst Inhalte aufbauen und damit handeln, wenn dies kein Verleger tut. Es ist mit Sicherheit leichter, das Inhaltegeschäft zu lernen, als das Geschäft, die geeignete Technologie geeignet zu entwickeln und anzuwenden.

Da richtig große Geschäfte in Zukunft immer alle Aspekte – Technologie, Inhalte und Vermarktung – abdecken werden, ist es also sinnvoll, solche Geschäfte in Allianzen anzugeben. Dies geht schneller und ist erfolgverspechender, als es allein zu versuchen. Die Message heißt also nicht, „Abwarten, bis andere es tun" sondern „Nicht reden, sondern Handeln!"

Zum Seminar

Im Seminar *Interactive Services* werden folgende Fragestellungen exemplarisch beanwortet:

- Was ist technisch möglich und wird schon erprobt?
- Wie sieht die Business-Perspektive dafür aus?
- Welche Erfahrungen gibt es bereits?

Die Antworten der einzelnen Vortragenden sind jeweils aus Sicht der Firmen geprägt. Sie sollen keine neutrale Marktanalyse geben, sondern vielmehr die Trends und Vorstellungen ihrer Firmen widerspiegeln. Alle Zuhörer sind aufgefordert, ihre eigenen Schlüsse daraus zu ziehen, was die „Großen" im Business tun werden.

Interaktive Video Services

Hagen Hultzsch
Mitglied des Vorstands, Deutsche Telekom AG, Bonn

1 Einleitung

Als vor über 200 Jahren die Dampfmaschine und etwa 100 Jahre später die Glühbirne und das Telefon erfunden wurden, war sich zunächst niemand der Konsequenzen dieser Entwicklungen bewußt. Die Auswirkungen waren gar nicht absehbar und führten verbunden mit anderen Innovationen letztlich zu gesellschaftlichen Änderungen, zum Wandel von der Agrar- über die Industrie- zur Dienstleistungsgesellschaft.

Heute befinden wir uns in einem ähnlichen Prozeß, der durch das Zusammenwachsen von Informations-, Telekommunikations- und Medientechnik gekennzeichnet ist und den Übergang zur Informationsgesellschaft bedeutet. Gleichzeitig trägt diese Entwicklung aber auch dazu bei, daß in immer kürzeren Abständen neue Produkte den Markt immer schneller durchdringen. Die Verkürzung der Innovationszyklen ist ein Indiz für den gleichzeitig stattfindenden Übergang zur Innovationsproduktionsgesellschaft.

Wir befinden uns zwar erst am Anfang dieses Weges, doch die Geschwindigkeit, mit der er beschritten wird, nimmt ständig zu. Die Deutsche Telekom als Unternehmen auf dem Weg vom Telekommunikationsanbieter zum Telematikdienstleister hat die Perspektiven dieser Entwicklung erkannt und nimmt deshalb frühzeitig eine strategische Positionierung vor, um auch weiterhin in diesem Bereich eine führende Rolle zu spielen. Dies gilt sowohl für die Massen- wie auch die Individualkommunikation.

2 Multimedia im Geschäftskundenbereich

In diesem Segment wird schwerpunktmäßig die Individualkommunikation angesiedelt sein, die durch symmetrische Kommunikationsbeziehungen geprägt ist. Motive sind hierbei die Rationalisierung bzw. Optimierung von Geschäftsprozessen sowie die Steigerung der Produktivität. In jedem Fall wird die verstärkte Nutzung moderner, innovativer Telekommunikation einen entscheidenden Beitrag zur Wettbewerbsfähigkeit der Unternehmen liefern.

Unser Ziel in diesem Wachstumsmarkt ist die enge Bindung des Kunden, der den Begriff "Multimediakommunikation" mit "Deutsche Telekom AG" assoziieren soll. Nur so ist die Lenkung investiver und betrieblicher Aufwendungen auf unsere Produkte und Dienste möglich. Mit ausgewählten Komplettlösungen wollen wir uns als führender Anbieter präsentieren. Mittelfristig planen wir ein Umsatzwachstum bis zum Jahr 2000 auf 80 Mrd. DM. Hiervon wird ein großer Teil auf neue Anwendungen entfallen.

Einen großen, in Deutschland noch längst nicht ausgeschöpften Bereich stellen dabei die Online-Dienste dar, die im geschäftlichen Sektor aufgrund der Bedeutung der Information als Produktionsfaktor enorm an Bedeutung zulegen werden. Die Zugriffsmöglichkeiten auf weltweite Datenbanken – Stichwort Internet-Zugang mit Telekom Online – ist nur ein Beispiel für Maßnahmen, wie durch innovative Produkte diese für den langfristigen Erfolg notwendige Kundenbindung erzielt werden soll.

Unsere Prognosen gehen von einem Marktpotential im geschäftlichen Multimediasektor von 13 Mrd. DM im Jahre 2000 aus, von dem wir 30%, etwa 3.8 Mrd. DM, besetzen wollen.

3 Interaktive Videodienste für den Privatkunden

Der Markt für den privaten Anwender ist demgegenüber völlig anders strukturiert. Er ist durch asymmetrische Kommunikationsbeziehungen bestimmt, also überwiegend verteilenden Informationsfluß, der dem Kunden eine Erhöhung der Lebensqualität verschafft. Hier ist das eigentliche Einsatzfeld interaktiver Video Services. Strategisches Ziel der Deutschen Telekom ist auch in diesem Bereich die Steigerung der Kundenbindung - und zwar sowohl der Informationsanbieter als auch der Konsumenten. Wir werden uns daher als Mittler, nicht als Anbieter, positionieren und die Bereitstellung und Sicherung einer optimalen Transportplattform gewährleisten. Zur Erschließung dieses Marktes halten wir benutzerfreundliche Oberflächen und zukunftsweisende Endgeräte für unabdingbar.

Von den im Jahr 2000 prognostizierten 4,1 Mrd. DM streben wir etwa 20% an. Der größte Teil dieses Marktes wird auf die typischen interaktiven Videodienste entfallen.

4 Das Fernsehen der Zukunft

Es ist offensichtlich, daß der Schlüssel zur weiteren Entwicklung der interaktiven Videodienste eng mit der des Fernsehens verbunden ist. Deshalb ist eine nähere Betrachtung hier angebracht.

Technisch wird durch die voranschreitende Digitalisierung - die ja beim Fernsehen noch weit zurückhängt - eine Vervielfachung der Übertragungskapazität sowohl über Satelliten wie auch im Kabelnetz einsetzen. Damit kann dieser heute existierende Engpaß, der zur Selektion der übertragenen bzw. eingespeisten Sender führt, zumindest entschärft werden. Gleichzeitig erfolgt hierdurch aber auch eine Senkung der Kosten je Kanal, so daß deren Verbreitung preisgünstiger wird und damit der Weg für die Schaffung einer Vielzahl von neuen Programmen und Diensten im Bereich der elektronischen Medien geschaffen wird. Diese Entwicklung ermöglicht auch die Gestaltung von Programmen für Zielgruppen, die viel kleiner sein können, als es heute noch der Fall ist.

Das gebühren- und werbefinanzierte Fernsehen hat die Grenze des Wachstums erreicht. Gerade die heute ausschließlich über Werbeeinahmen finanzierten Privatsender sind ausschließlich auf hohe Einschaltquoten angewiesen, gleichzeitig hängt davon aber auch ihr Überleben ab. Untersuchungen belegen jedoch, daß die Aufmerksamkeit des Zuschauers im Laufe der letzten Jahre stark abgenommen und über die heute zum Standard gehörende Fernbedienung der Programmwechsel bei Werbeblöcken zur Normalität geworden ist. Die Zukunft wird deshalb neue Finanzierungsmodelle bringen: Programme, die wie Zeitschriften im Abonnement (Bezahlung pro Kanal) oder als Einzelsendung (Bezahlung pro Anschauen) bezahlt werden; selbstverständlich werden auch Mischfinanzierungen aus Entgelten und zielgruppenorientierter Werbung möglich sein.

Diese Formen des Fernsehens werden gleichzeitig eine Funktion als Türöffner zur eigentlichen Welt des interaktiven Fernsehens übernehmen. Denn die aufgezeigte Entwicklungslinie wird weiter verlaufen zum Video auf Verlangen, womit letztlich Videotheken ersetzt werden, zum Telespielen mit mehreren Teilnehmern und hin zu Multimediakonferenzen. Die Chance dieses Marktes liegt gerade in der Interaktivität. Die Fernsehzukunft wird nicht vom passiven "couch potatoe" gekennzeichnet sein, der sich durch die Programme schaltet, sondern vom aktiven Menschen, der kreativ die Möglichkeiten des für das Individuum wichtigsten Gutes, der frei gestaltbaren Zeit, der Freizeit, nutzt.

5 Der virtuelle Marktplatz

Damit ist das Ende der Entwicklung des Fernsehens noch lange nicht erreicht. Denn die genannten Anwendungen beschreiben im wesentlichen den "Kiosk im Wohnzimmer" durch die Vereinigung bekannter und bereits vorhandener Einrichtungen wie den Zeitungskiosk, das Kino und die Videothek. Schon heute ist jedoch erheblich mehr möglich. So haben bereits erste Live-Fernsehübertragungen über das Internet stattgefunden, und neben einem realen Besuch der Kunstgalerie besteht die Möglichkeit, weltberühmte Sammlungen wie das Pariser Louvre über Online-Datenbanken jederzeit und überall verfügbar zu machen – eine immense Steigerung der Lebensqualität.

Die Individualisierung des Sehverhaltens ermöglicht aber viel mehr. So erlaubt sie eine ganz neue Form des Direktmarketings. Dieser Markt hatte bereits 1993 ein Volumen von 20 Mrd. DM und entsprach damit dem Dreifachen des Fernsehwerbungsmarktes. Bislang wird er nahezu vollständig über Postwurfsendungen oder Zeitschriftenbeilagen abgewickelt. Wenn diese Informationen künftig elektronisch transportiert werden können, so wird dieser Markt durch die Reduzierung der Papier- und Portokosten enorm wachsen.

Die dritte und entscheidende Komponente des virtuellen Marktplatzes wird schließlich das Angebot von Waren durch den Handel, aber auch Privatpersonen, sein, der die bisherigen Einkaufsmöglichkeiten zwar nicht vollständig ablösen, aber doch komfortabel und zeitsparend ergänzen wird. Das Volumen des Teleeinkaufs mit telefonischer Bestellmöglichkeit liegt heute in den USA bereits bei umgerechnet 3 Mrd. DM, während er hierzulande noch relativ bedeutungslos ist. Gerade vor dem Hintergrund des wachsenden Anteils älterer und pflegebedürftiger Menschen wird der Teleeinkauf mit entsprechenden Serviceleistungen (Lieferservice) mittelfristig ein großes Volumen darstellen. Entscheidend ist jedoch – wie bei vielen Anwendungen des interaktiven Fernsehens – eine frühzeitige Klärung der rechtlichen Rahmenbedingungen.

6 Die Rolle der Deutschen Telekom AG

Die skizzierten Entwicklungen geben ein eindrucksvolles Bild der Möglichkeiten, die die interaktiven Videodienste beinhalten. Entscheidend ist, daß dieser noch kaum erschlossene Markt nicht in seiner Entwicklung behindert wird. Denn weltweit wird überall an seiner Entstehung gearbeitet, und wir haben aufgrund der in Deutschland vorhandenen, hervorragenden Infrastruktur eine gute Chance, eine führende Rolle einzunehmen.

Erforderlich sind dafür zunächst einheitliche, möglichst weitreichende und internationale Standards. Eine enge Kooperation zwischen Anbietern und der Deutschen Telekom muß für eine sinnvolle Gestaltung der Plattform sorgen, auf der die interaktiven Videodienste bereitgestellt werden. Auf keinen Fall darf es zu dienstespezifischen Endgeräten kommen, die nur die Produkte einzelner Anbieter unterstützten. Daraus resultierende Decodertürme im Wohnzimmer sind aus Akzeptanz- und Kostengründen nicht wünschenswert.

Ebenso muß der diskriminierungsfreie Zugang zum Kunden gewährleistet sein. Nur so kann ein marktstimulierender Wettbewerb einsetzen. Erforderlich ist in diesem Zusammenhang auch eine frühzeitige, klare und eindeutige Definition der Schnittstelle des interaktiven Fernsehens zum Medienrecht. Anders als beim Verteilfunk, wie er im heutigen Kabelnetz oder per Satellit betrieben wird, handelt es sich hierbei um selektierte Informationsströme zwischen einem Anbieter und einem Kunden, der sein Produkt individuell und auf eigene Initiative bezieht – analog dem Ausleihen eines Videofilms oder der Bestellung per Katalog im Versandhandel.

Die Deutsche Telekom strebt in diesem Szenario eine Rolle als Mittler zwischen den Informationsanbietern und dem Kunden an. Diese Rolle umfaßt u. a. die Navigation, das Kundenmanagement, die Abrechnung im Auftrag des Anbieters und die Definition sowie die Bereitstellung der Endgeräte, der sogenannten SetTopBoxen, die als Zusatzgeräte für den Fernseher gestellt werden, für den Nutzer.

Entscheidenden Einfluß auf die schnelle Einführung neuer Programme und interaktiver Videodienste hat der Preis, der gerade in der Einführungsphase zwecks Vermeidung einer Akzeptanzschwelle niedrig gehalten werden muß. Dies gilt sowohl für die SetTopBoxen beim Endverbraucher als auch für Leistungen, die im Auftrag des Informationsanbieters erbracht werden (Verschlüsselung, Kundenmanagement und Inkasso).

Als Einstieg in diesen Markt haben bzw. werden wir noch in diesem Jahr bundesweit mehrere Pilotprojekte initiieren, mit denen verschiedene Ziele verfolgt werden. So geht es uns einmal um die frühzeitige Demonstration der Realisierbarkeit neuer, digitaler Videodienste und die Gewinnung von Know-how. Aus diesem Grund erproben und bewerten wir unterschiedliche Systemvarianten. Dies ermöglicht auch die Optimierung der unterschiedlichen Abwicklung dieser Dienste. Insbesondere geht es uns aber auch darum, die Akzeptanz der diversen Angebote zu untersuchen. Die Kooperation mit Softwareanbietern auf diesem Feld werden wir erproben. Daneben sehen wir natürlich auch enorme Entwicklungsperspektiven für unser Kabelnetz, das derzeit noch ein Potential von Millionen anschließbarer, aber noch nicht angeschlossener Haushalte birgt.

Vor diesem Hintergrund ist es besonders bedauerlich, daß die Europäische Union den de-facto Standardisierungsbemühungen der Anbieter von Inhalten, also Filmen, sowie des Transporteurs Deutsche Telekom durch die Gründung einer Gesellschaft nicht zugestimmt hat. Die Furcht vor einer potentiellen Marktdominanz wog schwerer als die unbestreitbaren Vorteile für den Verbraucher. Wir werden dennoch weiter an dieser Aufgabe arbeiten.

7 Fazit

Die Deutsche Telekom hat in Deutschland eine Infrastruktur geschaffen, die den Weg zur Informations- und Innovationsproduktionsgesellschaft bereitet. Die interaktiven Videodienste spielen hierbei eine entscheidende Rolle. Nutzen wir diese Chance, die ein gewaltiges Beschäftigungspotential beinhaltet und uns eine führende Rolle in der künftigen globalen Gesellschaft ermöglicht.

Interactive Services - Markt der Zukunft?
Bertelsmann Strategieansätze zur Ausnutzung
interaktiver Medien

Hans Kammann
Bertelsmann
Zentrale Informationsverarbeitung GmbH
Carl-Bertelsmann-Str. 161, D-33311 Gütersloh

Der Bereich "Interactive Services" wird in der Welt der Medienunternehmen häufig einfach mit dem Begriff "Multimedia" gleichgesetzt. Was steckt dahinter und was haben wir als Medienkonsument und Zuschauer hier zu erwarten? Hierzu werde ich im ersten Teil meines Beitrags versuchen, Ihnen einige Antworten und Leitsätze zu geben. Des weiteren wird uns die Frage beschäftigen, wie sich der Markt für das Medienhaus Bertelsmann darstellt und was die daraus resultierenden Strategieansätze sind. Zum Schluß möchte ich ein wenig konkreter auf technische Anforderungen und Voraussetzungen eingehen, hier insbesondere auf dem interaktiven TV-Sektor.

1 Die Geschäftsvision

Multimedia oder "Interactive Services": das ist keine neue Welt, sondern eine weitere Dimension in den zusammenwachsenden Welten der Medien, Telekommunikations-, Unterhaltungselektronik und Computer- bzw. Informationsverarbeitungsindustrie. Branchenbereiche, die bisher weitestgehend unabhängig auf ihrem Geschäftsfeld agieren konnten, müssen nun zusammenarbeiten. Die gesamte Wertschöpfungskette ist zu komplex in ihren geschäftlichen, technischen und gesellschaftspolitischen Auswirkungen, als daß sie von nur einer Unternehmensgruppe allein bewältigt werden könnte. Sinnvolle und schlagkräftige Allianzen sind gefragt. Nur: wollen die Partner auch? "Jeder redet mit jedem", so die Strategie und Vorgehensweise nahezu aller potentiellen Player in diesem Feld. Dies führt vielerorts zur Verwirrung und scheint die Entwicklung zu verlangsamen.

Was sind die Vorteile von Multimedia für den Nutzer?

* individuelle Gestaltung und Einflußnahme auf den inhaltlichen Ablauf durch Interaktivität
* höhere Bedienerfreundlichkeit durch ansprechende graphische Oberflächen und intelligente Navigationssysteme
* Kommunikation und Information wird durch Kombination von Medientypen variabler und verständlicher

Bevor ich auf die Herausforderungen und die Strategien für das Haus Bertelsmann eingehe, möchte ich zur Abgrenzung die unterschiedlichen Typen in diesem Geschäftsfeld gegenüberstellen (vgl. Abb. 1):

	Offline	**Online PC**	**Online Interaktives TV**
Plattform	PC mit CD-ROM/ TV mit Konsole	PC mit Modem, Telefonleitung	TV mit Breitband Modem, Glasfaser-Backbone-Netz
Nachteil	begrenzte Speicherkapazität	z. Z. noch hohe Übertragungs-kosten	hohe Investitionen für Realisierung erforderlich
Formen/ Entwicklungs-stufen	CD-ROM CD-I Electronic Book 3 DO	Consumer Services Professional Services	Paralleles/additives TV Media on demand Interaktives TV
Perspektiven/	starkes Wachstum, mittelfristige Ablösung durch Online-Angebote	starkes Wachstum nach Senkung Telekommuni-kationskosten (ab 1996)	erst langfristig (nicht vor 2000) entstehender Markt
Marktpotential 2000 (Weltmarkt)	⇨ 30 Mrd. DM	⇨ 15 Mrd. DM (ohne nachgela-gerte Umsätze z.B. aus Electronic Shopping)	⇨ 5 Mrd. DM

Hinweis ⇨ Ein Teil der heutigen Print-, Audio- und TV-Angebote ist durch eine Substitution durch Multimediaprodukte gefährdet.

Abb. 1: Typen von Multimedia-Geschäften

Strategieansätze für Bertelsmann

Multimedia: was sind die Implikationen für Bertelsmann?

- rechtzeitige Positionierung und Sicherung von Bestandteilen einer neu entstehenden Wertschöpfungskette vornehmen.

Wie Abbildung 2 verdeutlicht, stellen Interactive Services eine große Herausforderung an alle vier Produktlinien der Bertelsmann AG dar:

Buch	Industrie	BMG-Entertainment	Gruner + Jahr
Umsatz: 6,3 Mrd Anteil: 33 %	Umsatz: 3,1 Mrd. Anteil: 16 %	Umsatz: 5,9 Mrd. Anteil 31 %	Umsatz: 3,8 Mrd. Anteil: 20 %

Bereiche

Literatur und Sachbuch Nachschlage- werke/Ratgeber, Kartographie Buch-/Musik- Clubs Fachinformation	Druckereien Papierproduk- tion/- vertrieb Spezialverlage Dienstleistungen	Musikfirmen Musikverlage Video Film Funk Fernsehen Games Speichermedien	Zeitschriften Zeitungen Duckereien Dienstleistungen

Potential für interaktive Services

CD-ROM Titel Club Online/ Offline Fachinfo Online/ Titel	Subscriber Management Systems	CD-ROM 3 DO MOD VOD Interaktives Fern- sehen	Zeitschriften Online Zeitungen Online

Abb. 2: Die Bedeutung von Interactive-Service Geschäften für die Produktlinien der Bertelsmann AG

Was ist nun notwendig, die hier gebildeten Potentiale auszunutzen? Wie wird sich der Medien- und Konsummarkt verändern? Verschiedenste Indikatoren sprechen dafür, daß wir eine gravierende technische und gesellschaftliche Veränderung erfahren, die eine grundlegende Neugestaltung des angesprochenen Marktes erfordert. Abbildung 3 faßt die wesentlichen Veränderungen in Form einer Übersicht zusammen.

technische Erreichbarkeit der TV-Haushalte	⇨ bis 2000 werden 85 % der Haushalte über Kabel und Satellit erreichbar sein
Senkung der Telekommunikationskosten	⇨ bis 2000 werden die Telekommunikationskosten in Europa um 30 % sinken
leistungsfähigere Hardware	⇨ alle 5 Jahre verdoppelt sich die Leistung bei gleichzeitiger Halbierung der Preise
digitale Kompressionsverfahren	⇨ Reduktion des Datenvolumen um einen Faktor 2000 o 200 Sender auf Kabelnetz o 10 Sender pro Satellitentransponder
Verbreitung von PC's im privaten Bereich	⇨ bis 2000 werden über 40 % aller Haushalte einen PC besitzen (USA 48 % Deutschland 42 %)
Heranwachsen der Computer-Generation	⇨ breite Bevölkerungsschichten werden unbefangen die Technik bedienen können

> ⇨ Kooperationsbedarf zwischen bisher unabhängigen Branchen (Medien, Kommunikation und Computer)
> ⇨ Entwicklung neuer Endgeräte für interaktives TV
> ⇨ neue Abrechnungsmodelle für interaktive Dienste
> ⇨ Klärung der Copyright-Frage für multimediale Inhalte
> ⇨ Substitution von Printprodukten durch Online- und Offline-Plattformen
> ⇨ verstärkte Nutzung von Online-Diensten als Informations- und Kommunikationsmedien
> ⇨ veränderte Wertschöpfungsketten

Abb. 3: Auswirkungen auf den Medien- und Kommunikationsmarkt

Die Veränderung in den Wertschöpfungsketten macht es für das Haus Bertelsmann erforderlich, mit Unternehmen aus Telekommunikations- sowie Endgeräte-/Consumerindustrie zu kooperieren.

Innerhalb der Wertschöpfungskette werden eine Vielzahl von neuen Unternehmeraufgaben entstehen, die neben den großen Major-Playern auch kleinen bis mittleren Unternehmen mit lukrativen Aktivitätsfeldern eine Chance geben. Beispiele sind hier Produktionsgesellschaften und Studios, Multi-Media Aufbereitung, Programm/Inhalte- und Diensteanbieter, etc. Bertelsmann wird den Weg ins elektronische, interaktive Zeitalter aktiv mitgestalten.

Die Gründe hierfür liegen auf der Hand:

1. Sicherungsstrategie
   ⇨ Zur Sicherung des Kerngeschäftes ist die Erschließung elektronischer
   Distributionsformen unbedingt notwendig.

2. Expansionsstrategie
   ⇨ Durch seine bestehenden Kernfähigkeiten wie:
   - Inhalte generieren und aufbereiten
   - Produkte packagen und Kunden binden
   - Angebote vermarkten und effizient distribuieren und abrechnen

   kann Bertelsmann die wichtigsten Wertschöpfungsglieder selbst
   besetzen?

3 Technische Rahmenbedingungen im Bereich Interactive Television

Im folgenden möchte ich mich auf den Teil der Interactive Services
konzentrieren, der derzeit am kontroversesten diskutiert wird, betrachtet man die
wirtschaftlichen, gesellschaftlichen und ethischen Voraussetzungen: den Bereich
des breitbandigen Online-Dienstes, auch interaktives TV (ITV) genannt.
Abbildung 4 faßt die technischen Voraussetzungen für ITV zusammen:

Multimedia-Server	Netzwerk	Endgeräte
⇨ Rechnersysteme zur Speicherung und Verwaltung großer Datenmengen Kein System ist bisher voll lauffähig	1. Digitalisierung der Netze + Datenkompression ⇨ Erhöhung der Anzahl der Kanäle Umbau der Netzarchitektur zur Erhöhung der übertragbaren Datenmengen 2. Installation eines Rückkanals in das Kabelnetz/ übergangsweise Nutzung Telefonnetz Ausstattung der Kabelnetze mit einer Vermittlungsintelligenz	• Festlegung Standard für Datenkompression • Neuanschaffung digitales TV-Gerät (2000: ca. 5 Mio. digitale TV-Endgeräte in Deutschland) oder Set-Top-Box für vorhandene analoge TV-Geräte

Kosten derzeit noch nicht abschätzbar	Investitionen in Umbau der Netzarchitektur je nach Technologie zwischen 1.000 bis 8.000 DM pro Haushalt	Kosten der Set-Top-Box derzeit ca. 1.000 DM

Günstige Ausgangssituation in Deutschland: Größtes geschlossenes Kabel-TV-Netz der Welt

Quelle: Booz Allen & Hamilton

Abb 4: Technische Voraussetzungen für interaktives TV

Bereits aus diesen Darstellungen wird ersichtlich, daß sich der Markteintritt und die Marktdurchdringung weitaus schwieriger gestaltet als beispielsweise beim Online-Service. Der klassische Endbenutzer ist der TV-Zuschauer, der heute vom Fernseher entfernt auf der Couch liegend eher gelangweilt durch eine nach seiner Meinung ohnehin schon viel zu große Anzahl von TV-Kanälen zappt. Um aus dem viel zitierten Couch-Potato einen Couch-Commander zu machen, bedarf es schon sehr interessanter Angebote, die noch besser und attraktiver zu einem interaktiven, multimedialen TV-Produkt aufbereitet und präsentiert werden müssen. Hier wird es demnächst viele Versuche, aber leider auch viele Enttäuschungen geben. Die technische Herausforderung wird darin liegen, die digitalen "Rohprodukte" durch einen ebenso kreativen wie effektiven IV-Prozeß zu schicken, der nur in "Zusammenarbeit" mit dem Endbenutzer (= Zuschauer) herausgefunden werden kann. Zentrale Punkte werden Verfahren und Standardisierungen zu den Punkten:

- einheitliche Archivierung
- Komprimierung von Daten
- Verschlüsselung
- Autorisierung und Zugriffsberechtigung (Conditional Access)
- Schnittstellen zwischen Systemübergängen und Zusammenspielen der unterschiedlichen Komponenten

sein. Hier laufen derzeit sehr viele Bemühungen, die entweder in Forschungsvorhaben, in konkreten Projekten oder aber bereits in beginnenden Geschäften liegen. Die zahlreichen Feldversuche auf dem Gebiet des ITV - z. T. mit Beteiligung von Bertelsmann - geben ein Bild davon.

4 Ausblick

Trotz vieler ethischer Bedenken, hoher technischer Schwierigkeiten, unsicherer Marktstudien bezüglich der geschäftlichen Entwicklung und kostenintensiver Aufbauarbeit wird die Revolution des TVs stattfinden. Es ist keine digitale Entscheidung, ob der interaktive TV-Markt entsteht oder nicht, sondern die Frage nach der Art und Weise. In Abbildung 5 wird ein kurzer Ausblick auf die nächsten Jahre versucht:

Ausgangslage	32 Mio. TV-Haushalte, davon 57 % Kabel-, 18 % Satelliten-Empfang, 0,9 Mio. Pay-TV-Haushalte	
Pay per View	⇨Digitalisierung der Netze und Datenkompression, zusätzlich Set-Top-Box in TV-Haushalten Aufbau von Abrechnungssystemen	ab 1996
Video/Games on Demand	⇨ zusätzlicher Rückkanal (übergangsweise Telefonnetz), Multimedia-Server und Modem erforderlich	ab 1998
Interaktives Fernsehen	⇨ Rückkanal im Breitband-Kabelnetz erforderlich	nach 2000

Abb. 5: TV-Entwicklung in Deutschland

Eine Abschätzung der Nutzungsintensitäten und der Umsatzpotentiale wird erst nach Abschluß und Auswertung der Multilmedia-Pilotprojekte ab Mitte 1996 möglich sein.

Der Durchbruch wird demzufolge nicht vor dem Jahre 2000 erwartet, die Verschmelzung zwischen Online PC und TV gar erst nach 2005.

Zusammengefaßt stellt sich der ITV-Markt wie folgt dar (vgl. Abb. 6):

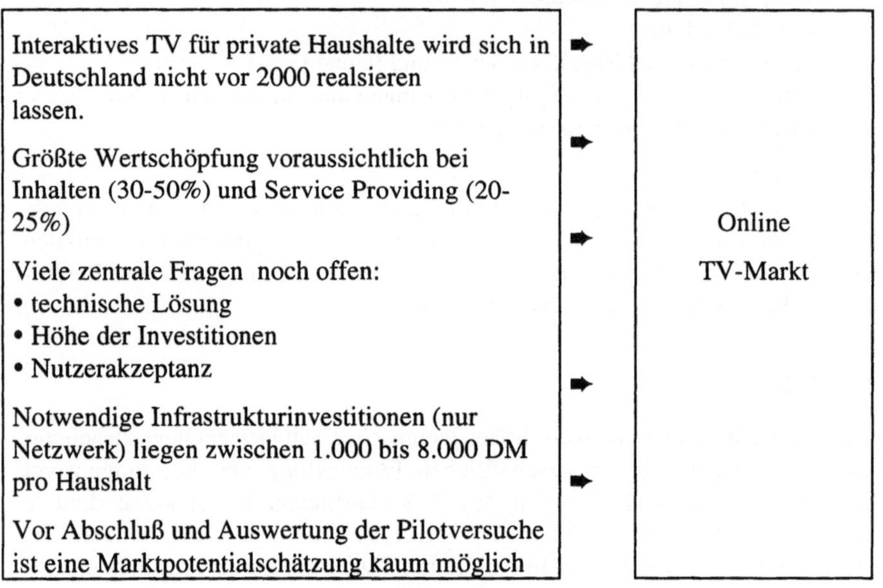

Abb. 6: Zusammenfassende Thesen um Online TV-Markt

Entscheidend für den Erfolg, die Geschwindigkeit bei der Markteinführung und -durchdringung werden folgende Punkte sein:

• Technische Marktreife

    zu

• akzeptablen Kosten für Anbieter und Nutzer/Zuschauer

    mit

• ansprechenden und attraktiven Inhalten

    in einer

• einfach zu bedienenden und nutzenden Umgebung.

Möglichkeiten für interaktive Services
- Multimedia on Demand -

Anton Hünseler und Jürgen Kanzow
DeTeBerkom GmbH, Voltastraße 5, D-13355 Berlin

Die Begriffe „Multimedia" und „Multimedia-Kommunikation" sind nicht eindeutig definiert und werden mit zum Teil unterschiedlichen Begriffsinhalten in der Computer-, Unterhaltungs- und Telekommunikations-Industrie benutzt.

Kein Wunder, daß sich für PC- und Software-Hersteller hierunter die Aufrüstung der immer leistungsfähigeren PC's mit Karten und Programmen für Audio, Video, Text und Grafik verbirgt, für die Unterhaltungsindustrie die digitale TV-Zukunft mit 300 oder mehr Programmen und Angeboten wie Video on Demand, Near Video on Demand, Pay per Channel, Pay per View, Home shopping, während für die Telekommunikationsindustrie der Kommunikations-aspekt und dessen netztechnische Realisierung im Vordergrund stehen.

Gemeinsamer Ausgangspunkt und verbindendes Element der Diskussion über Multimedia ist der generelle Übergang zur Digitaltechnik bei der Produktion, Verarbeitung, Speicherung, Wiedergabe und Übermittlung aller Informations- und Kommunikationsformen.

Diese technische Entwicklung, angestoßen von Überlegungen zur Verbesserung der Wirtschaftlichkeit und der Darstellungsqualität, zeigt heute durch die Fortschritte in der PC- und Computer-Technik völlig neue Möglichkeiten für Information und Kommunikation in allen Lebensbereichen auf, für deren Realisierung ein Zusammenwachsen von Telekommunikation, Datenverarbeitung und Medien unabdingbar ist.

1 Multimediakommunikation

Telekommunikationsdienste übermitteln zumeist eine einzelne Kommunikationsform (z.B. Telefondienst). Die Integration mehrerer Kommunikationsformen ist in Ansätzen beim Fernsehen (Audio + Bild), bei Datex-J (Text + Grafik) und verdeckt bei einigen Anwendungen der Datenübertragung vorhanden. Allen gemeinsam ist, daß das für die Übertragung genutzte Netz in seiner technischen Realisierung auf die Kommunikationsform und die Nutzungsmerkmale des Dienstes optimiert ist.

Multimedia steht für Telekommunikationsdienste, die alle Kommunikationsformen (Audio, Video, Text, Grafik, Festbild) integriert nutzen. Kennzeichen und Voraussetzung für die Multimediakommunikation sind die Integration (zeitgleiche und gemeinsame Nutzung verschiedener Kommunikationsformen in einem Kommunikationsvorgang/Verbindung) durch die Digitalisierung aller Kommunikationsformen und die Nutzung der Computertechnik zur Erzeugung und Darstellung der Kommunikationselemente.

Multimediakommunikation erweitert also die Telekommunikation, wie sie heute durch das Telefon geprägt ist, um die Videokommunikation und die begleitende Computerkommunikation.

Der Computer/Fernseher + Set-Top Box übernimmt dabei die Erzeugung, Bearbeitung und/oder Wiedergabe von digitalen elektronischen Dokumenten.

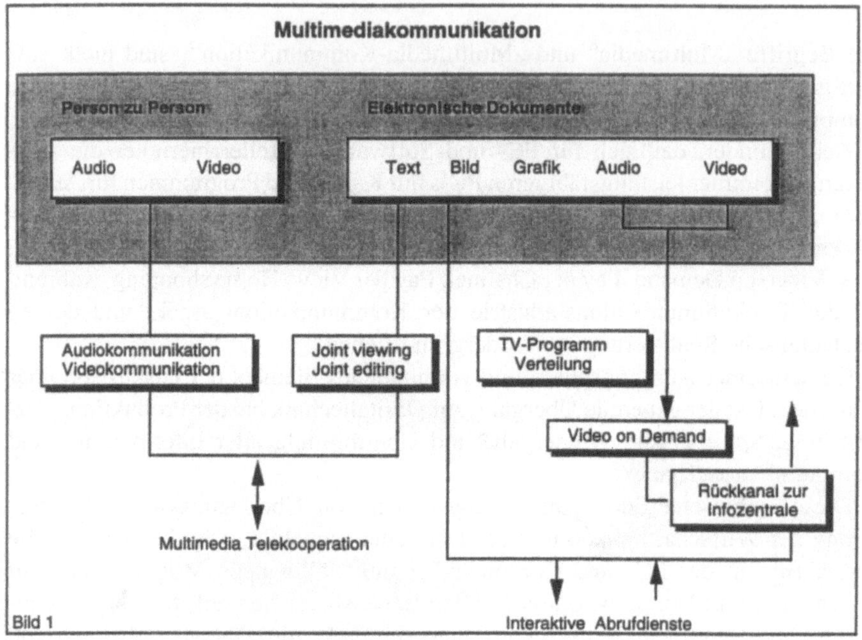

So umfassend verstanden bildet die Multimediakommunikation das Dach aller künftigen Telekommunikationsentwicklungen und wird zum zentralen Telekommunikationsdienst, in dem die heutigen Dienste als Teilmengen aufgehen.

Unter diesem Aspekt ergibt sich zugleich die Forderung nach Kompatibilität und einer Standardisierung, die auf branchenspezifische und regionale Unterschiede verzichtet.

2 Multimedia-Dienste

Folgt man der These, daß sich die Multimediakommunikation mit ihrer Verknüpfung von persönlicher und computergestützter Kommunikation zum universellen Telekommunikationsdienst entwickeln und langfristig die Rolle des Telefondienstes übernehmen wird, dann sind bereits heute die Weichen zu stellen, und zwar weltweit. Voraussetzungen für den Erfolg des Telefons (über 800 Millionen

Sprechstellen) sind u.a., daß ein den menschlichen Kommunikations-bedürfnissen entsprechender Dienst geschaffen wurde, der zwischen einzelnen Staaten technisch kompatibel ist.

Übertragen auf die Multimediakommunikation bedeutet dies, daß nicht nur die Komponente "Persönliche Kommunikation" mit Audio und Video weltweit gültigen Standards folgt (was heute bereits weitgehend sichergestellt ist), sondern daß auch die computergestützte Kommunikation standardisiert wird. Hieran wird zwar gearbeitet, und es gibt auch bereits Lösungsvorschläge und Lösungs-beispiele, die über den reinen Datentransport hinausreichen, sie bedürfen aber noch der weltweiten Verankerung durch Standards. Ein wesentliches Problem dabei ist, daß computergestützte Kommunikation wesentlich weitreichenderer Festlegungen zur Erreichung einer funktionierenden Kommunikation bedarf als die persönliche Kommunikation. Der Grund hierfür ist, daß bei der persönlichen Kommunikation der Mensch selbst neben der technischen Verbindung mit seinen Fähigkeiten die Kompatibilität herbeiführt. Computer verfügen nicht über diese Fähigkeiten, so daß über die reine technische Verbindung hinaus weitere Festlegungen getroffen werden müssen. Diese Festlegungen sollten soweit wie möglich generell und anwendungsunabhängig gelten, da die meisten Anwendungen - wie noch zu zeigen sein wird - dieselben „Basisdienste" der Multimediakommunikation verwenden.

Diese Basisdienste sollen sicherstellen, daß zwischen Computern eine generelle Verständigung auf der Dokumentenebene möglich ist, so daß Multi-media-Dokumente ohne Unterscheidung von Geräteklassen und Geräteherstellern ausgetauscht, dargestellt und gemeinsam bearbeitet werden können.

Als solche Basisdienste sind „Multimedia Mail (MMM)" und „Multimedia

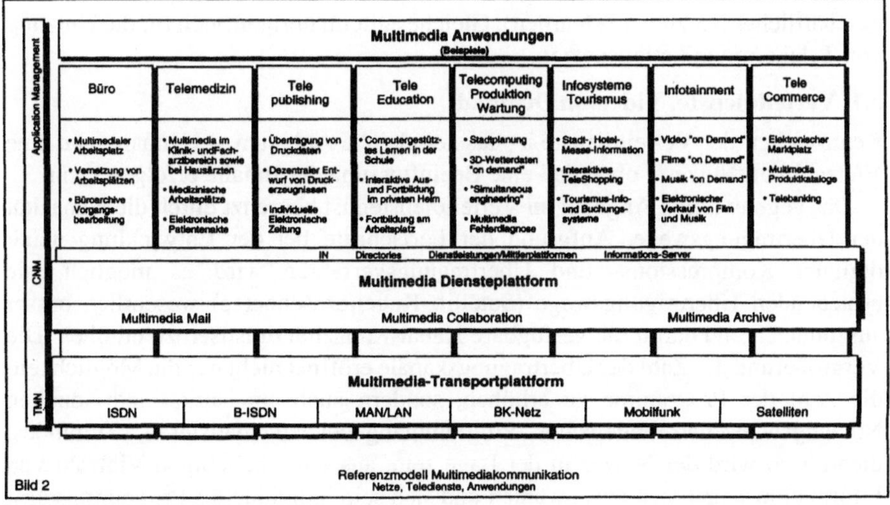

Bild 2   Referenzmodell Multimediakommunikation
Netze, Teledienste, Anwendungen

Cooperation (MMC und CSCW, Computer Supported Cooperation Work)" anzusehen. Auf der Grundlage dieser Dienste erfolgen dann anwendungsspezifische Differenzierungen.

Mit der Festlegung und dem Angebot derartiger Basisdienste wird somit bereits ein Leistungsangebot geschaffen, das weit über das gegenwärtige Angebot in der Datenkommunikation hinausreicht und auch weit mehr abdeckt als Video on Demand.

3 Multimedia-Anwendungen

Die Multimediakommunikation eröffnet vielfältige neue Anwendungsmöglichkeiten, die abschließend heute noch gar nicht im einzelnen beschrieben werden können. Die folgenden Anwendungsbeschreibungen (s. auch Bild 2) stellen daher nur Beispiele dar, die ausgedehnt und auf weitere Anwendungsbereiche übertragen werden können.

Unter technischen, aber auch unter medienrechtlichen Aspekten, scheint eine Klassifizierung der Multimedia-Anwendungen nach folgendem Muster sinnvoll:

- Verteildienste
- Interaktiver Informationsabruf
- Individualkommunikation

Darüber hinaus läßt sich weiter differenzieren nach dem Nutzerkreis, und zwar

- überwiegend private Nutzung
- überwiegend geschäftliche Nutzung

Die Grenzen zwischen den Anwendungsklassen und Nutzertypen sind fließend und werden sich in Zukunft noch weiter verwischen, z.B. zwischen Interaktiven Abrufdiensten und Individualkommunikation oder zwischen privater und geschäftlicher Nutzung (Telearbeit). Gleiches gilt im übrigen auch für die Nutzung von Telekommunikationsnetzen.

3.1 Verteildienste, Video on Demand

Kennzeichen der Verteildienste ist das zeitgleiche Anbieten von Inhalten an eine Vielzahl von Nutzern, ohne daß eine Beeinflussung der Inhalte erfolgen kann.

Das gegenwärtige Angebot an Verteildiensten ist begrenzt durch die Kapazität der Übertragungswege. Aufgrund der Fortschritte bei der Entwicklung neuer digitaler Kompressions- und Übertragungsverfahren wird es möglich, die bestehenden Übertragungswege (Satellit, Kabelfernsehnetze) wesentlich besser auszunutzen und damit die verfügbare Kanal-Kapazität drastisch zu erhöhen. Die Vergrößerung der Zahl der Übertragungskanäle eröffnet nicht nur die Möglichkeit, die Zahl der Programme zu erhöhen, sondern auch ein stärker individuellen Nutzungswünschen angepaßtes Programmangebot zu realisieren. Zumindest theoretisch wird der Nutzer in der Lage sein, aus einer beliebigen Vielzahl von Informationsangeboten auszuwählen und sich sein individuelles Programm selbst zusammenzustellen (Video on Demand). In der Praxis sind hier jedoch - zumindest in näherer Zukunft - noch technische und wirtschaftliche Grenzen gesetzt, weil mit der Zunahme des Grades individueller Nutzung zugleich die Anforderungen an die Zahl der Verteilkanäle und damit an den Ausbau der Netze steigen. Als erster Schritt wird daher "Near Video on Demand" diskutiert, der bereits ein deutlich erweitertes Angebot von z.B. TV-Programmen und Spielfilmen erlaubt.

Dieses erweiterte Angebot ist technisch auch ohne eine direkte Interaktion zwischen Nutzer und Angebotsquelle (Rückkanal) realisierbar. Als verschiedene Formen eines erweiterten Verteildienst-Angebotes ohne Rückkanal sind möglich: TV-Programme (wie bisher), zusätzliche TV-Programme (z.B. Fremdsprachen-programme), Near Video on Demand, Pay TV, Pay per View.

3.2 Interaktive Abrufdienste

Bei interaktiven Abrufdiensten ruft der Nutzer Informationsangebote aus Informationsspeichern ab. Die Auswahl der gewünschten Informationen erfolgt im Dialog. Der Nutzer benötigt dazu eine Verbindung zu den Informationsspeichern (Rückkanal). Über diese Verbindung erfolgt lediglich die Steuerung der Informationsangebote. Daher sind die Anforderungen an die Übertragungsleistung dieser Verbindung üblicherweise wesentlich geringer als die Anforderungen an die Verbindung zur Übermittlung der Informationsangebote vom Informations-speicher zum Nutzer.

Art und Inhalt der Informationsangebote können sehr unterschiedlich sein. Der Abruf von Filmen (Video on Demand) fällt ebenso unter diese Kategorie wie die Recherche in Datenbanken. Dementsprechend unterschiedlich sind auch die Anforderungen an die zur Informationsübermittlung benötigten Netze. Interaktive Abrufdienste sind heute bereits realisiert, wobei in erster Linie die sogenannten "Online-Dienste" wie z.B. Datex J (Bildschirmtext), Compuserve oder World Wide Web (WWW) zu nennen sind. Diese Dienste enthalten zum Teil bereits Multimedia-Informationsangebote.

Video on Demand oder andere Abrufdienste, die Film- oder TV-Sequenzen enthalten, setzen breitbandige Netze, wie sie heute z.B. für die Fernsehprogramm-verteilung genutzt werden, voraus. Diese Netze verfügen allerdings bisher nicht über Rückkanäle, so daß technische Nachrüstungen erforderlich sind. Sofern oder solange mit einer nur geringen Inanspruchnahme der Dienste gerechnet werden kann, läßt sich auch das Telefonnetz als Rückkanal nutzen. Dieser Mitbenutzung des Telefonnetzes sind allerdings enge Grenzen gesetzt, will man Blockaden des Netzes vermeiden.

Als Beispiele für Interaktive Abrufdienste seien genannt: Video on Demand, Teleshopping, Teleeducation, Telebanking usw.

Selbstverständlich beeinflußt die Gestaltung der Abrufdienste auch die Anforderungen an das Endgerät. So kann man davon ausgehen, daß es Informationsangebote geben wird, für deren Wiedergabe ein Fernsehgerät + Set-Top Box benutzt werden kann und solche, die als Endgeräte einen MM-Computer (vorwiegend PC) benötigen.

3.3 Individualkommunikation

Die Nutzung der Multimediakommunikation für den Austausch von Informationen zwischen einzelnen oder als Konferenz zwischen mehreren Partnern eröffnet zahlreiche neue Anwendungsfelder, vornehmlich im geschäftlichen Bereich. Die Einführung wird von der Anwendung her gesteuert und beginnt daher zumeist betriebs- bzw. branchenintern mit der Einrichtung computergestützter Arbeitsplätze und deren Vernetzung. Verbunden damit ist zumeist eine Neuorganisation der Arbeitsabläufe mit dem Ziel verbesserter und verkürzter Informationsflüsse (lean production, lean administration). Der Übergang zu computergestützten Arbeitsabläufen muß geschlossen erfolgen und stellt somit erhebliche Anforderungen an die Motivation der Mitarbeiter, aber auch an die Gestaltung der technischen Einrichtungen am Arbeitsplatz und deren einfache Bedienbarkeit. Es ist abzusehen, daß bei sinkenden Kosten und steigender Leistungsfähigkeit der PC-Technik innerhalb der nächsten zwei bis drei Jahre die technischen und wirtschaftlichen Voraussetzungen für einen breiten Übergang zu Multimedia-Anwendungen in vielen Anwendungsbereichen gegeben sein werden. In dieser Zeit können auch die anwendungsspezifischen, zusätzlich zu den Basisfunktionen der Multimediakommunikation (MM Mail, MM Cooperation) benötigten Softwareentwicklungen vorgenommen werden.

Die Einführung computergestützter Arbeitsabläufe vergrößert den Umfang der technischen Ausstattung erheblich und erhöht zugleich deren Komplexität. Der Anwender wird häufig mit dem Aufbau, der Wartung und der Weiterentwicklung der Anwendungslösungen überfordert sein. Anbieter von entsprechenden Systemen müssen daher vollständige Systeme oder besser komplette Problemlösungen liefern. Dies setzt voraus, daß die Anbieter in der Lage sind, die systemtechnische Integration von Telekommunikation, Datenverarbeitung, Datenkommunikation und Anwendungssoftware vorzunehmen und somit die heute übliche Trennung zwischen diesen Bereichen zunächst selbst zu überwinden. Diese Notwendigkeit stellt heute eine der größten Anforderungen an die einschlägige Industrie dar und bildet zugleich zur Zeit das größte Innovationshemmnis. Abzusehen ist, daß der Industriezweig (Telekommuni-kationstechnik, Datenverabeitungstechnik), der als erster den Integrationsprozeß erfolgreich bewältigt, auch langfristig dominieren wird.

Im folgenden wird anhand von zwei Bereichen beschrieben, welche Möglichkeiten sich durch die Mutlimediakommunikation ergeben.

3.3.1 Multimedia in Verwaltung und Büro; Telearbeit

Eines der zukunftsträchtigsten und größten Anwendungsfelder für die Multimediakommunikation sind Verwaltung und Büro. Derzeit wird der PC an vielen Arbeitsplätzen als "elektronische Schreibmaschine"zur Erstellung von papiergebundenen Dokumenten genutzt. Ein allgemeiner Übergang zu PC-gestützten Arbeitsplätzen und deren Vernetzung ermöglicht den elektronischen Transport, die elektronische Speicherung inklusive des damit verbundenen vereinfachten Zugriffs auf Informationen und das gemeinsame Bearbeiten von Dokumenten, was wiederholtes Ausdrucken und den zeitaufwendigen Transport (auch betriebsintern) von Papier erübrigt.

Die Notwendigkeit der räumlichen Nähe von Arbeitsplätzen mit informations- und dokumentorientierten kooperativen Aufgabenstellungen verliert durch die Vernetzung der Arbeitsplätze und die Möglichkeit der direkten persönlichen Kommunikation zwischen den Arbeitsplätzen an Bedeutung und kann unter Umständen ganz entfallen.

Andererseits wird die Möglichkeit geschaffen, bestehende räumliche Trennungen praktisch aufzuheben, was z.B. mit Blick auf den Regierungsumzug 1998 und die Zusammenarbeit der Ministerien in Bonn und Berlin an Bedeutung gewinnt.

Ausgehend vom heutigen technischen Entwicklungsstand kann erwartet werden, daß 1998 Systemlösungen verfügbar sein werden, die einen Übergang auf computergestützte Arbeitsabläufe erlauben.

Hierbei sind die Kosten für die Arbeitsplatztechnik und deren Vernetzung deutlich niedriger als der Nutzen, der sich aus der Effektivitätssteigerung ergibt, die aus der Veränderung der Arbeitsabläufe resultiert.

Dieser Nutzen bezieht sich nicht allein auf den Informationstransport zwischen Bonn und Berlin, sondern vor allem auf die Verwaltungsarbeit insgesamt und erreicht dort nach sehr vorsichtigen Schätzungen etwa 10 % des gegenwärtigen Gesamtaufwandes. Auch wenn nicht verkannt wird, daß die Einführung computergestützter Arbeitsabläufe in der Bundesverwaltung einen großen Innovationsschritt darstellt, muß auch gesehen werden, daß der damit mögliche Übergang zur "Lean administration" mittelfristig ohnehin unumgänglich ist und die Bundesverwaltung mit einem solchen Schritt zugleich erhebliche Impulse für die schnelle Realisierung eines "Produktes" geben würde, das auch in anderen Bereichen vergleichbarer Aufgabenstellung national und international auf große Nachfrage stoßen wird.

Computergestützte Arbeitsabläufe bilden auch die Voraussetzung für eine breitere Einführung von Telearbeit und Teleheimarbeit. Insbesondere die Teleheimarbeit wird seit Jahren aus unterschiedlichen Gründen zum Teil kontrovers diskutiert. Technisch und kostenmäßig gesehen wird es in wenigen Jahren möglich sein, Teleheimarbeitsplätze voll in betriebsinterne Arbeits-abläufe, auch in die betriebsinterne persönliche Kommunikation, zu integrieren. Längerfristig könnte damit in vielen Anwendungsbereichen eine Entwicklung einsetzen, nicht mehr den Menschen zur Arbeit, sondern die Arbeit zum Menschen zu transportieren. Eine Entwicklung, die sicherlich in Pilotprojekten unter wissenschaftlicher Begleitung erprobt werden sollte.

3.3.2 Multimedia in der Telemedizin

Der Bereich "Telemedizin" umfaßt die gesamte "Kette" ärztlicher Behandlungsstationen vom Hausarzt über den Facharzt bis zur Klinik. Sie schließt als Perspektive für künftige Kommunikationsanwendungen auch das private Heim und somit den Patienten selbst mit ein, um den Fall der Nachsorge und der fortlaufenden ärztlichen Beobachtung zu berücksichtigen.

Hausarzt, Facharzt und Klinik sind heute "telekommunikativ" betrachtet noch weitgehend in sich geschlossene Behandlungssysteme. Der Hausarzt unterscheidet sich dabei in seiner ärztlichen Aufgabenstellung außerdem insofern deutlich von Facharzt und Klinik, als er der ständige Ansprechpartner des Patienten ist, während Facharzt und Klinik, vereinfachend gesprochen, im spezielleren, apparativ aufwendiger oder stationär zu versorgenden Krankheitsfall tätig werden. Dementsprechend sind die Kommunikationsbeziehungen bzw. die Kommunikationsbedürfnisse zwischen Facharzt und Klinik meist intensiver als zwischen Hausarzt und Facharzt/Klinik. Diese Feststellung impliziert allerdings bereits, daß die aufwendigeren Untersuchungen (insbesondere mit bildgebenden Verfahren) beim Facharzt und in der Klinik heute mangels spontaner Zugriffsmöglichkeiten auf die Original-Untersuchungsergebnisse in jeder Behandlungsstation wiederholt werden müssen und daß mit Hilfe leistungsfähiger Telekommunikation der Zugriff auf die Originalergebnisse möglich wird, dadurch Wiederholuntersuchungen entfallen oder eingeschränkt werden können und somit deutliche Verbesserungen (geringere Patientenbelastung, Kosten- und Zeitersparnisse) zu erzielen sind.

Der Hausarzt als ständiger Betreuer eines Patienten verfügt im Gegensatz zu Facharzt/Klinik in seiner Patientenakte über die Dokumentation der Krankengeschichte, die für die Beurteilung akuter Krankheitssituationen bei Facharzt/Klinik zwar oftmals von Bedeutung wäre, aber dort nicht mit den Originaldaten zur Verfügung steht. Andererseits wäre es für den Hausarzt als weiterbehandelnden Arzt von Vorteil, wenn er Zugriff zu den Originaldaten der Akutbehandlung nehmen könnte. Hier lassen sich durch Telekommunikation ebenfalls erhebliche Verbesserungen erzielen, vorausgesetzt, daß die Patientendaten „kommunikationsfähig", d.h. durchgehend und vollständig in elektronischer Form gespeichert sind. Mit der Einführung der elektronischen Patientenkarte werden erste Schritte in diese Richtung getan.

Neben den medizinisch-fachlichen Aspekten, die für den Übergang zur elektronischen Patientendatei sprechen, sind es vor allem medizinisch-administrative und wirtschaftliche Überlegungen, die in allen Bereichen den Einsatz von computergestützten Arztsystemen und darauf aufbauend von telekommunikationsorientierten Neustrukturierungen in der Beziehung des Arztes zu seinem Umfeld fördern. Die Übermittlung von Abrechnungsdaten zu den Leistungsträgern und zu Abrechnungsgesellschaften ist ein Beispiel dafür, das elektronische Rezept und dessen Übermittlung an Apotheken ein anderes.

Allen Überlegungen zur Einführung der Telemedizin muß ein genereller Apekt vorangestellt werden: Hausarzt, Facharzt und Klinik sind selbständige wirtschaftliche Einheiten. Jeder Neuerung, deren Einführung mit Kosten verbunden ist, muß ein unmittelbarer wirtschaftlicher Vorteil gegenüberstehen. Die betriebswirtschaftliche Einzelrechnung kann nur dann entfallen, wenn die Kosten von anderer Seite übernommen werden oder wenn die Einführung im Gesundheitswesen generell vorgegeben wird. Mit der Realisierung von Telemedizin-Anwendungen im Bereich Klinik/Facharzt wurde in einem Pilotversuch in Berlin bereits begonnen. Anwendungsversuche mit ISDN-gestützten Arbeitsplätzen für den Hausarzt sind in Zusammenarbeit mit einzelnen Kassenärztlichen Vereinigungen (KV) in Vorbereitung.

Weitere Einsatzfelder für Multimediakommunikation (s. auch Bild 2) sind u.a. Teleeducation, Telepublishing, Tourismus, Telecomputing, Produktion und Wartung, für deren ausführlichere Darstellung hier leider kein Raum mehr war.

4 Telekommunikationsnetze

Heutige Telekommunikationsnetze lassen sich unter dem Aspekt "Multimedia" grob in
- Netze mit unverzögerter Signalübertragung wie z.B. Telefonnetze und Rundfunknetze, bei denen Signale ohne zeitliche Verzögerung zum Empfänger gelangen, und
- Netze mit (lastabhängiger) verzögerter Signalübertragung unterteilen.

Datennetze, insbesondere Local Area Networks (LAN), weisen spürbare Transportzeiten auf, die meist unkritisch sind, weil die Informationen zwischen Computern ausgetauscht und gespeichert werden.

Da die Multimediakommunikation sowohl Elemente der persönlichen als auch der Computerkommunikation enthält, sind bei der Beantwortung der Frage, welche der heute existierenden Telekommunikationsnetze für die Multimedia-kommunikation geeignet sind, mehrere Gesichtspunkte zu beachten. Im Ergebnis läßt sich jedoch feststellen, daß es zur Einführung der Multimediakommunikation nicht generell des Aufbaus neuer Telekommunikationsnetze bedarf, sondern daß Multimediakommunikation auch in bestehenden Netzen möglich ist, allerdings mit unterschiedlicher Dienstqualität.

So benötigt beispielsweise die Kommunikation zwischen Personen eine verzögerungsfreie Übermittlung der Videobilder. In schmalbandigen Netzen wie dem ISDN läßt sich diese Forderung nur durch eine drastische Kompression der Videosignale erfüllen, die zu einer Verringerung der Bildqualität (verglichen mit einem TV-Bild) führt. Die Übermittlung eines Multimedia-Dokuments dagegen ist auch im ISDN ohne Verminderung der Qualität der Informationsdarstellung oder Informationsverlust möglich, allerdings wird u.U. ein längerer Zeitraum für die Übermittlung des Dokumentes benötigt, wenn z.B. Farbfotos zu übertragen sind.

Da das ISDN andererseits die gleichzeitige Nutzung mehrerer Grundkanäle (n x 64 Kbit/sec) erlaubt, kann der Benutzer im Einzelfall die Übertragungskapazität für Multimedia-Anwendungen auch im ISDN so weit erhöhen, daß sie seinen Anforderungen an die Dienstqualität genügt.

Für noch weitergehende Anforderungen hat die Deutsche Telekom AG in Abstimmung mit ihren europäischen Partnern den Aufbau des Breiband-ISDN (B-ISDN) begonnen. Dieses Netz verwendet ATM- und Glasfasertechnik.

Generell kann für die Zukunft gesagt werden, daß Endsysteme nach den Anforderungen der Anwendungen und der Nutzer definiert und leistungsmäßig dimensioniert werden, zumal der überwiegende Verkehr der Systeme aus Internverkehr bestehen wird. Die öffentlichen Netze werden zu Faktoren der Kommunikationsqualität und der Kommunikationskosten. Der Nutzer wird im Einzelfall entschei-

Das Experiment ZebraWorld

Mischa Schaub, Geschäftsführer
HyperStudio AG am CIM-Zentrum Muttenz der Ingenieurschule beider Basel
St. Jakobsstrasse 84, CH-4132 Muttenz
Tel: 004161 467 44 14   Fax: 004161 467 44 12   e_mail: mischa@hyper.ibb.ch

1 Zusammenfassung

Zusammen mit Jugendlichen aus der ganzen Schweiz wird seit März 95 an einer virtuellen Welt namens "ZebraWorld" gebaut. Diese Welt soll das Lebensgefühl dieser Gruppe widerspiegeln. Eingebettet in eine Rahmenhandlung entwickelt sich ZebraWorld aus den Beiträgen des Publikums bis Ende 1995. Zuschauerbeiträge können in vielfältigen Formen, also von der Zeichnung bis zum Brief und vom Videoessay bis zur Computeranimation, eingeschickt werden, um in den dafür vorgesehenen virtuellen Ausstellungsräumen eingebaut zu werden.

Das Redaktionsteam der Jugendsendung "Zebra" im Schweizer Fernsehen und die GestalterInnen bei Hyperstudio tragen und steuern das Projekt partnerschaftlich. "Zebra" ist ein wöchentliches Magazin, welches gesellschaftlich relevante Themen für ein Zielpublikum von 17-34jährigen Jugendlichen aufbereitet. Die Sendung erfreut sich großer Beliebtheit unter Jugendlichen aus den verschiedensten Kreisen und bildet daher ein geeignetes Forum, um den jeweiligen Stand des Experiments ZebraWorld zu dokumentieren und durch gezielte Fragestellungen auszubauen. Als Nebeneffekt sollen in Schwerpunktsendungen auch Aspekte des kreativen Umgangs mit den Möglichkeiten und Grenzen von digitalen Medien aufgezeigt werden. Eine eigens eingerichtete Homepage auf dem Netz steht zur Verfügung, um auf den jeweiligen Stand von ZebraWorld zu reagieren.

2 Was beabsichtigt ZebraWorld?

Die Eigendynamik des sogenannten technischen Fortschritts bringt viele, oft unbrauchbare Entwicklungen über die Gesellschaft. Deren gravierende Folgen werden uns zumeist erst dann bewußt, wenn sie längst eingetreten sind. So auch im Bereich des "interaktiven Fernsehens", wo der Kommunikationsanspruch von der technologischen Machbarkeit überrollt zu werden droht. Dieser Gefahr will das Medienexperiment ZebraWorld gegensteuern, indem über die offener und fliessender gewordenen Austauschformen zwischen Informationsaufbereitern und Informationskonsumenten (also zwischen einer Redaktion und deren Publikum) reflektiert und auf einem gemeinsamen virtuellen Spielfeld entsprechend experimentiert werden soll. Dabei wird von der Überzeugung ausgegangen, daß Interaktivität nicht nur als Problem einiger Glasfasern und einer Zusatzkonsole auf dem Fernseher verstanden werden darf (denn damit wird uns die Industrie sowieso beglücken), sondern daß mit der Gestaltung, der Inhaltlichkeit und der Vermarktung der neuen Kommunikationsformen über die Zukunft unserer zukünftigen Arbeitsplätze, Schulen und unserer kommenden Freizeit entschieden wird. In dieses Geschehen berichtend und steuernd einzugreifen, darin besteht die Absicht von ZebraWorld.

2.1 Kalter Kaffee

Wen interessieren schon ernsthaft die altbekannten Visionen der Telekom-Ingenieure, also Angebote wie Video-on-demand oder interaktives Shopping? Trotz der offensichtlichen Defizite dieser Banalutopien wird weiterhin von der unter einem grausamen Innovationsdruck stehenden Kabellobby am endgültigen Kulturabbau gewerkelt. Hoffnungsschimmer für einen möglichen Ausweg aus dem kommunikativen Suizid am Rande der kommenden Informationsgesellschaft sehe ich einzig in der Vielzahl der künstlerisch-sozialen Kommunikationsexperimente, die sich gegenwärtig im Internet abzuzeichnen beginnen. Virtuelle Galerien, interaktive Publikumszeitschriften und gemeinsam geschriebene Romane und Partituren lassen eine neue Qualität des zwischenmenschlichen Austauschs im immateriellen Datenraum erahnen. Diese Hoffnungsschimmer im Rahmen einer Fernsehsendung aufzugreifen und zu zeigen, wie Interaktivität als sozialer Prozess zwischen Sender und Empfänger verstanden werden kann, das interessiert uns am Experiment "ZebraWorld".

Die große Datenkapazität einer CD-ROM als Plattform für den Selbstausdruck einer großen Sozialgruppe zu nutzen, das wollen wir versuchen. Seit Jahrzehnten träumt praktisch jede Jugendbewegung von einem autonomen Raum, in welchem der Ausdruck eigener Befindlichkeit wachsen kann. Solch einen Raum wollen wir für unsere TeilnehmerInnen aus dem Zebrapublikum erschaffen. Dazu bauen wir ein virtuelles Ausstellungsgelände, welches mit etwa achtzehn thematisch gefaßten Pavillons bestückt sein soll. Als Inhalt dieser Pavillons sollen die Antworten und Sichtweisen unseres Publikums auf zentrale Fragen und die damit verbundenen Darstellungen entsprechender Gefühle ihren eigenen Ausdruck finden.

Einsendungen aus dem Publikum werden von uns ausgewählt, überarbeitet und in dieser am Bildschirm begehbaren Ausstellung integriert, Verwandte Ansätze zur Schaffung künstlicher Orte des Austauschs und der Selbstfindung finden heute im Internet bereits statt.

2.2 Tough job

Daß unser Experiment scheitern kann, ist uns nur allzu bewußt. So bedingt beispielsweise eine CD-geeignete Informationsaufbereitung strukturierende Eingriffe in die darzustellenden Daten. Wird es wohl trotzdem gelingen, der ZebraWorld zu einer größtmöglichen Authentizität und Vielfalt gegenüber Einsendungen aus dem Publikum zu verhelfen?

Als so brisant wie schwierig erweist sich die Konfrontation mit den Konventionen und Kniffen der sequentiellen Erzählform der Fernsehleute, mit welchen wir als GestalterInnen interaktiver Medienprodukte ein gemeinsames Produkt gestalten sollen. So verlangt beispielsweise unsere Produktion engagierte ZuschauerInnen, die dem herkömmlichen Profil als Couch-Potato diametral entgegenstehen. Solche idealen ZuschauerInnen können aber von einer Redaktion nur durch einen längerfristigen, vertrauensbildenden Kommunikationsprozess aufgebaut werden, der im Jugendmagazin Zebra gegenwärtig erst am Anfang steht.

Wir sind uns bewußt, daß interaktive Medien sich für die passive Zuschauersituation des Fernsehens nur schlecht eignen, da dem Publikum keine glaubwürdigen Eingriffsmöglichkeiten (außer den bekannten Notbehelfen wie numerischen Telefontastaturen etc.) angeboten werden können. Durch eine entsprechende Gestaltung des Interface, bei welcher sich der Zebra-Moderator als animierter Bildschirmpfeil im virtuellen Bildschirm bewegt, soll dessen Rolle als stellvertretend Handelnder verdeutlicht werden. Wesentlicher als diese gestalterischen Kunstgriffe erachten wir aber, daß unsere Interaktivitätsrecherche nicht technologisch ausgerichtete, sondern kommunikativ relevante Fragen anzugehen versucht. Erst die Erarbeitung zukünftiger Formen der Publikumsbeteiligung und die Bestimmung geeigneter Inhalte bringt eine Konfrontation mit den zentralen Fragestellungen interaktiver Massenmedien. Wir glauben, daß diese nicht im Bereich der Technologie, sondern der Inhaltlichkeit zu stellen wären.

2.3 Weitere Informationen

Interessierte Medienschaffende können bei HyperStudio Interviews mit den Mitarbeitenden des Renaissanceteams durchführen, Bildschirmfotos erhalten und die ständig aktualisierten Informationen zum Stand des Experiments während der ganzen Projektdauer im WWW-Server "http://zebraworld.net.ch" von HyperStudio abrufen. Testexemplare der CD-ROM werden interessierten Medienvertretern vor Projektende zur Verfügung stehen.

3 Produktionsbedingungen

Die Erarbeitung interaktiver Angebote verlangt geeignete Produktionsbedingungen, und deshalb soll hier noch unsere spezifische Organisationsform vorgestellt werden. HyperStudio ist eine Weiterbildungs- und Produktionswerkstatt zur Erforschung und Gestaltung interaktiver Medien und neuer Formen der Telekommunikation. Als selbsttragendes Institut am CIM-Zentrum der Ingenieurschule beider Basel finanziert sich HyperStudio durch den Ertrag seiner Forschungsprojekte und Auftragsproduktionen. Sein rasch wachsendes studentisches "Renaissanceteam" (das ein gesamtheitliches Bildungsideal anstrebt) umfaßt gegenwärtig achtzehn Mitarbeitende, die über berufliche Hintergründe aus einem der vielfältigen Teilgebiete multimedialer Produktion verfügen. Die gemeinsame Kompetenz beinhaltet Gebiete wie Konzeption, Storyentwicklung, Filmschnitt, Tonbearbeitung, Programmierung, Fotografie und Bildbearbeitung, Interfacedesign, Typografie, Computeranimation. Parallel zur Konzeption und Gestaltung der ZebraWorld werden gegenwärtig zwei aufwendige CD-ROM Produktionen bei HyperStudio realisiert (Das Lehrmittel "ProNet", welches Frauen zum eigenen Umgang mit dem Internet anregen und befähigen will, sowie "SwissCIM", eine Darstellung des Technologietransfers der schweizerischen CIM-Zentren, die sich an KMU's richtet). Das Führungsteam für ein noch zu gründendes, zusätzliches HyperStudio im Elsass ist bereits gefunden, so daß bald ein vertrauter Forschungspartner im EG-Raum zur Verfügung stehen wird. Unsere StudienabgängerInnen sollen zukünftig die Möglichkeit erhalten, eine Medienproduktionsfirma in einem noch zu gründenden, eigenen Medienpark mit der Hilfe von HyperStudio aufzubauen. Ein derartiger Technopark, dessen führende Mitglieder durch die geteilte Projekterfahrung und durch die Hauskultur von HyperStudio verbunden werden, verspricht eine vertrauensbildende Grundlage für die zukünftige Zusammenarbeit.

Der multimediale Marktplatz:
Werben mit Multimedia

Werben mit Multimedia: Eine Einführung

Ralf G. Herrtwich
IBM Eurocoordination, Tour Descartes, F-92066 Paris La Defense Cedex

Werben heißt, die Sinne anzusprechen. Welches Mittel wäre folglich zum Werben besser geeignet als eines, das eine Vielzahl von Sinnen gleichzeitig zu stimulieren vermag? Multimedia-Präsentationen zeichnen sich dadurch aus, daß sie durch die Unterstützung verschiedener Medien jene Medien einzusetzen erlauben, die für den jeweiligen Zweck am geeignetsten sind, darunter so emotional stimulierende Medien wie Musik und Film, die aus den vertrauten und effektiven Werbebotschaften des Fernsehens bekannt sind. Es ist deshalb nicht verwunderlich, daß sich die Werbeindustrie zunehmend multimedialer Werbeträger bedient.

In den vergangenen Jahren hat sich eine breite Zielgruppe für die Multimedia-Werbung etabliert. Die Zahl der multimedia-fähigen PCs ist sprunghaft gestiegen und die Menge Kunden, die über weltweite Netze ansprechbar geworden sind, bewegt sich bei mehreren zehn Millionen. Sogar die breitere Öffentlichkeit ist mittlerweile aus dem Einsatz von Geldautomaten mit der Nutzung multimedialer Informationskioske vertraut. Die Gruppe der Nutzer solcher Systeme zeichnet sich durch Innovationsfreudigkeit und überdurchschnittliche Kaufkraft aus. Für sie überträgt sich das "Hi-Tech" Image des multimedialen Werbeträgers auf das Produkt.

Analysen zeigen, daß die Interaktionen, die den Benutzern eines Multimedia-Systems abverlangt werden, dazu führen, daß sie das Erfahrene besser in Erinnerung behalten, als dies bei traditionellen Werbebotschaften der Fall ist. Dies liegt zum einen am explorativen Charakter solcher Anwendungen, zum anderen aber sicher auch daran, daß der Benutzer seinen Interessen entsprechend sucht und dabei ohnehin eine höhere Aufnahmebereitschaft für Informationen zeigt, sei es aufgrund der Inhalte oder aufgrund des individuell gewählten Weges der Informationsaneignung.

Die technischen Möglichkeiten der Systeme erlauben die Erfassung von Interessensprofilen und gestatten es, von vornherein einem Benutzer nur solche Informationen zukommen zu lassen, die in seinem Interessensgebiet liegen. Zudem besteht während der Benutzung eines Systems zumindest in den Fällen, in denen ein Rückkanal zum Werbetreibenden vorliegt, die Möglichkeit, die Interessen des Benutzers anhand der von ihm abgerufenen Information zu analysieren und bei weiteren Werbemaßnahmen in Betracht zu ziehen.

Flexibilität schlägt als Eigenschaft multimedialer Systeme nicht nur für den Benutzer, sondern auch für den Anbieter zu Buche. Er kann eine Fülle von Optionen seines Produkts in der Multimedia-Präsentation verankern. Der Benutzer stellt sich anhand seiner Kriterien daraus das für ihn ideale Produkt zusammen, ohne in der Gesamtheit der möglichen Varianten den Überblick zu verlieren, wie es oft bei Produktkatalogen der Fall ist. Zudem bietet sich durch Visualisierung entweder per Film oder per Animation, also Trickfilm, die Möglichkeit, auch komplexe technische Besonderheiten des Produktangebots zu erklären und anschaulich zu machen.

Führt man sich diese Faktoren vor Augen, wundert es nicht, daß gerade Branchen wie die Automobil- oder Möbelindustrie sich heute multimedialer Verkaufshilfen bedienen: Ihre Produkte sind hochpreisig, gewinnen vom Image-Transfer und erlauben nicht, alle Optionen als Funktionsmuster im Laden zu präsentieren. Ähnliches gilt für die Tourismusbranche, die zugleich durch ein breiteres Informationsangebot Kaufunsicherheiten bei Kunden zu beseitigen sucht. Doch auch in der Dienstleistungsbranche erlauben multimediale Systeme, ein oft eher abstraktes Produkt attraktiv und anschaulich zu präsentieren.

Die Einsatzmöglichkeiten multimedialer Systeme zu Werbezwecken sind also vielfältig und vielversprechend. Grund genug, Erfahrungen der Pioniere des Gebiets zu erfragen und Beispiele für erfolgreiche Anwendungen näher zu betrachten. Im Rahmen des Seminars "Der elektronische Marktplatz: Werben mit Multimedia" melden sich Werbeexperten und Multimedia-Produzenten mit ihren Analysen zu Wort. Einen besonderen Schwerpunkt bilden dabei jüngste Erfahrungen mit der multimedialen Werbung im Internet.

Der Kunde "just in time",
die neue Organisation unserer Märkte

Roland Bickmann
Bickmann & Collegen
Unternehmensberatung
Hamburg

Der Versuch, ein so großes Thema auf einem so kleinen Raum abzuhandeln, kann nur zu Lasten der Tiefenschärfe gehen. Schon gar nicht kann es gelingen, wissenschaftlich zu argumentieren. Darum kann dieser Beitrag allenfalls eine Skizze liefern, und trotzdem sei sie versucht. Alles was ich von meinen Lesern brauche, ist ihre Fantasie und die Bereitschaft, Bestehendes radikal in Frage zu stellen.

Eine neue Ära der Business Kommunikation steht bevor: Die Ära von Cyber companies in cyber markets hat begonnen. Diese Entwicklung trägt die Chance (und das Risiko) einer vollständigen Neuorganisation der Volkswirtschaften. Von was ist die Rede?

1 Cyber Companies

Traditionell werden Unternehmen auf zwei Art und Weisen identifiziert. Sie sind die Gesamtheit ihrer Mitarbeiter. Diese arbeiten in Gebäuden des Unternehmens, werden wahrgenommen über ihre Vertriebsbemühungen und sind u.a. durch ihre Kommunikation in der Öffentlichkeit präsent. Die zweite Dimension ist ihre wirtschaftliche Potenz, also ihre bilanzielle Situation, ihr Know-how, das Netzwerk der Vertragspartner, die finanziellen Ressourcen.

Die Mechanik in der traditionellen Volkswirtschaft ist relativ simpel: Groß geht vor klein, reich vor arm und Geschwindigkeit ist nicht unbedingt ein Kennzeichen der Mächtigen: Soviel in aller Kürze zur heutigen Situation.

Die Definition der Unternehmen, der Unternehmensidentität, kann vor dem Hintergrund von Multimedia und Datenautobahn in Zukunft völlig anders erfolgen.

Doch zunächst die gedachte technische Ausgangslage. Ich habe den Mut, hierbei ein paar noch ungelöste Probleme zu ignorieren. Unterstellt seien also eine nationale und internationale digitale Netzwerkinfrastruktur zu kalkulierbaren Preisen sowie funktionsfähige, integrierte und integrierende Endgeräte mit der entsprechenden Software. Das Bildtelefon, voice-driven computing und eine ausreichende Verarbeitungs- und Speicherkapazität seien integrale Bestandteile der Endgeräte.

Was passiert dann? Unternehmensprozesse können völlig anders definiert werden; temporäre Unternehmen können entstehen. Sog. Workflow-Systeme erlauben, daß der Business Prozeß selbst im Netz, also im virtuellen Raum stattfindet.

Er ist ein Datenobjekt und viele (vorzugsweise kleinere) Unternehmen können an einem so gestalteten Business Prozeß als Teillieferanten mitwirken; weiter noch, sie definieren diesen Prozess.

Traditionelle Leistungen, wie das General Management oder die Kalkulation eines solchen Projektes, sind selbst Teilleistungen, und da jeder Teilschritt „portionierbar" wird, kann auch jede Teilleistung zu einem integrierten Projekt zusammengefügt werden.

Ein Beispiel: Der Geschäftsgegenstand sei ein Sammelband wie vorliegend (wissend, daß es sich um ein traditionelles Medium handelt und damit selbst in Frage steht). Die Schritte Autorenschaft, Lektorat, Satz, Titelgestaltung, Werbung für den Titel und das Management des Gesamtprozesses sind problemlos, z.B. von Heimarbeitsplätzen aus, zu leisten.

Die nötige Kommunikation kann entweder über Netze, oder ergänzend durch eine ausreichende Zahl von Meetings erfolgen. Ein Verlag mit Angestellten in einem Gebäude muß nicht mehr so, wie es heute üblich ist, organisiert sein. Es genügt, wenn sich die jeweiligen Spezialisten zur gemeinsamen Aktion - hier das Publizieren eines Buches - verabreden.

Ein einfaches Beispiel. Dehnen wir es aus: Die Redaktion von Zeitungen, Werbeagenturen, Sekretariatsaufgaben, Fahrplan- und Telefonauskünfte, Bankgeschäfte, Softwareentwicklung, Architekturleistungen, Rechts- und Steuerberatung, Managementleistungen - diese und viele weitere Leistungen können dann, wenn die angesprochene Kommunikationsinfrastruktur gegeben ist, anders organisiert werden.

Und der Kunde? Just in Time? Gemeint ist damit, daß sich das Lieferanten/ Kunden-Verhältnis zunehmend auflöst. Der Kunde selbst ist Teil des Prozesses. Er ist der Initiator mit seiner Nachfrage, und auf der Basis dieser Nachfrage setzt sich das temporäre Team aus denjenigen zusammen, die diese Nachfrage bedienen können.

Schon heute geschieht Ähnliches im großen Stile, z.B. in der Automobilindustrie. Hier jedoch ist es eine Anbindung der Lieferanten an die Disposition der Autohersteller. "Just in Time" bezieht sich vor allem auf die Lieferung, also auf die Optimierung von logistischen Systemen, und hiernach auf die kaufmännische Abwicklung. Ein negativer Aspekt heute ist, daß diese Anbindung klar von der dominierenden Nachfragemacht gestaltet wird. Wer diese Anbindung leistet, ist dabei, und wer nicht, der ist out.

Die Zukunft wird geprägt sein von temporären Symbiosen zwischen Nachfragern und Anbietern. Es geht nicht um Macht, sondern es geht um das Ergebnis und den Prozess, der zum Ergebnis führt. Konstruieren wir ein Beispiel: Das eigene Haus. Im Netz finde ich einen Architekten mit freier Kapazität. Mit ihm wird die Architektur des neuen Hauses diskutiert.

Der Architekt fertigt daraufhin ein digitales Modell des neuen Hauses. Nach einigen Diskussionen wird das fertige Modell „verabschiedet".

Der Datensatz geht jetzt zur öffentlichen Verwaltung zur Genehmigung, zeitgleich an mehrere Baumanagementbüros mit der Frage nach der Kalkulation des Neubaus. Die Baumanager zerlegen das Projekt in Gewerke und fragen über Datenleitungen die einzelnen Gewerke bei Handwerksbetrieben ab.

Schon nach kurzer Zeit verdichten sie die Rückmeldungen zu einer Gesamtkalkulation, und der Bauherr erhält die Kalkulationen seines Gebäudes. Schon nach wenigen Wochen kann auf diesem Wege das Bauprojekt entschieden werden.

Nur ein simples Beispiel. Aber ist diese Moderation von Prozessen nicht heute schon Realität? Was sonst verbigt sich unter dem Begriff der Fertigungstiefe? Ein Fahrzeughersteller moderiert heute die Produktion. Die Endfertigung ist beim Hersteller - die Kompetenz erstreckt sich schon lange nicht mehr über alle Komponenten. Diese werden von Lieferanten entwickelt und geliefert. Einziger Unterschied zur Zukunft der cyber companies: Die Zusammenarbeit funktioniert über den Größenmechanismus.

Die Nachfrage selbst wird sich in Zukunft anders artikulieren können. Sind heute die Marketingexperten damit beschäftigt, Kundenbedürfnisse auszuklügeln, um diese dann zu bedienen - mit allen Risiken, die diese Vorgehensweise hat, so wird zukünftig im Netz eine Anfrage an die möglichen Konsumenten einer neuen Idee gestartet werden, ob sie dieses oder jenes Produkt kaufen würden. Natürlich wird der Prototyp des Produkts gleichzeitig vorgestellt werden können. Milliarden, die für Flops ausgegeben werden, könnten auf diese Weise gespart werden. Der Kunde ist von Anfang an dabei - vielleicht wird es einen „Subskriptionspreis" für alle möglichen neuen Produkte geben, so daß ein Initiator schon von Anfang an kundenorientiert arbeiten kann und über die Wirtschaftlichkeit seiner Produktidee informiert ist.

2 Cyber markets

Projiziert man diese denkbare Entwicklung auf die Volkswirtschaft, dann bedeutet dies einen radikalen Wandel. Die Grundzüge einer solchen Entwicklung lassen sich wie folgt skizzieren:

Feste Unternehmensstrukturen - ob groß oder klein - können hinterfragt werden. Die Managementleistungen, bisher einer der Existenzgründe gerade von größeren Unternehmen, kann für sich selbst als Marktleistung erbracht werden. Sie tritt dann nicht mehr als Bestandteil von Kalkulationen in Erscheinung, sondern als eigenständige Leistung. Im Grunde ist die Entwicklung der großen Unternehmen zu dezentralen Strukturen nichts anderes als die Antizipation dieser Entwicklung.

Der einzige Unterschied ist, daß die Kapitalressourcen noch immer in einer Hand zusammenlaufen. Organisatorisch heißt es schon lange "small is beautiful".

Diese Flexibilisierung von Wirtschaftsprozessen hat den Vorteil, daß die Menschen sich hinsichtlich ihrer Erwerbstätigkeit neu definieren können. Nicht zwangsläufig muß Arbeit in Betrieben erfolgen; der begonnene Trend zur Heimarbeit, heute lediglich eine Organisationsalternative, wird in einen Boom von kleinen und mittleren Unternehmen münden. Diese residieren da, wo es den Initiatoren Spaß macht, zu leben, dies wird vorzugsweise nicht in den Metropolen sein. Die Kommunikation erfolgt über Netzwerke, mit Bildtelefon. Die Arbeit selbst wird über Workflow-Systeme organisiert.

Auch diese Entwicklung wird heute bereits antizipiert. Denken wir an eine Marke wie Davidoff - gestern Zigarre, heute Zigaretten und eine Parfumserie. Wissen wir überhaupt noch, wer hinter so einer Marke steht, welche Prozesse ablaufen und welche Menschen für diese Marke arbeiten? Ist es nicht denkbar, daß ein Einzelunternehmer, bzw. ein kleines Team, in Zukunft eine solche Marke kreiert und dann im nationalen oder internationalen Markt hierfür Produkte jedweder Art herstellen läßt und mit einem Partner die Distribution leistet?

Die Vorteile solcher Organisationsformen liegen auf der Hand: Sie sind schnell, weil keiner Interesse an Overhead hat. Sie sind kreativ, denn jeder, der auf diese Weise existieren will, muß sein Bestes geben, um zu überleben. Sie sind menschlicher, denn das Individuum muß sich nicht von starren Strukturen verbiegen lassen, unsägliche Managementleistungen ertragen oder sich bei der Arbeitserbringung reduzieren lassen. Sie sind ökologischer, denn sie verhindern die Entstehung von Verkehren. Sie sind auch deswegen menschlicher, weil das mittelständische Unternehmen als Organisationsform individuellen Bedürfnissen besser Rechnung tragen kann. Schließlich sind sie innovativer, denn diese Form bedingt ganz automatisch einen kreativitätsorientierten Gruppenprozess; um dieses Verhalten zu erreichen, müssen große Unternehmen heute ein Vermögen ausgeben.

Die Siemens AG und andere Gesellschaften organisieren schon heute die Softwareentwicklung z.B. in Indien. Die aufgezeigte Entwicklung ist also keineswegs national, sondern vor allem im internationalen Maßstab zu betrachten.

Mögen heute noch Preisgefälle ausschlaggebend sein für die Nutzung internationaler Ressourcen, so werden die Länder anderer Hemisphären über einen weltweiten Datenverbund auch in Europa Marktteilnehmer. Sie sind es schon heute, noch hinter den Großunternehmen als deren Subunternehmer.

In Zukunft können sie es durch einen direkten Marktzugang selbst sein. Insoweit kann die Entwicklung von Multimedia und Datenautobahn auch einen Beitrag zur Freizügigkeit der Weltmärkte leisten.

Diese Entwicklung wird nicht ohne Friktionen verlaufen. Kleine, temporäre, international rekrutierte Teams werden vor allem eines sein: Zuverlässig, schnell und kostengünstig. Dies wird die Großstrukturen im westlichen Europa vor die

Existenzfrage stellen. Lange diskutierte Fähigkeiten wie Flexibilität, life-long-learning und die Innovationskraft einer Volkswirtschaft werden zur Voraussetzung für das Überleben.

Vielleicht bedarf es - ganz im Schumpeterschen Sinne - dieser kreativen Zerstörung, um die Verkrustungen und Bürokratisierungen der westlichen Welt aufzubrechen. Ohne einen erneuten Paradigmenwechsel wird diese Entwicklung nicht zu bestehen sein. Als Europäer gibt es hierzu keine Alternative, denn wenn die amerikanische Volkswirtschaft diese Entwicklung vollzieht, dann kann sich Europa auf Grund der weltweiten Zusammenarbeit diesem Zug nicht verschließen. Andernfalls wäre es um die Wettbewerbsfähigkeit schlecht bestellt.

Diese nur kurz skizzierten grundlegenden Veränderungen bedürfen der Überprüfung im kulturellen und im politischen Raum. Es ist zu beklagen, daß auf diesen Ebenen die Diskussion eher spärlich in Gang kommt. Einmal mehr laufen wir Gefahr, diese Entwicklung nicht unter der Überschrift „Technikchancen", sondern unter der sattsam bekannten Überschrift „Technikfolgenabschätzung" zu diskutieren.

Gewinn aus Multimedia

Horst Wagner
Springer & Jacoby Produktion GmbH
Bereich Multimedia
Gerhofstraße 2, 20354 Hamburg

1 Multimedia: Eine interaktive Spielerei?

Unzählige Multimediaprodukte überfluten den Markt. Die Produkte werden häufig mit großem Aufwand in den Markt gebracht, sieht man aber einmal genauer auf die inhaltliche Qualität, ist die Entäuschung häufig sehr groß. Ist Multimedia also eine interaktive Spielerei, oder kann es sich im Spektrum der etablierten Medien festsetzen?

Geht man davon aus, daß ein Unternehmen ernsthaft daran interessiert ist, ein Produkt über eine multimediale Anwendung zu vermarkten, sollte mit dieser Chance nicht leichtfertig umgegangen werden.

Inhalte einfach aus Katalogen und Büchern auf ein digitales Medium zu adaptieren, diese durch eine einfache Datenbank mit Suchroutinen auszustatten, ist verhältnismäßig einfach und wenig einfallsreich. Zwar scheint eine einfache Zusammenfassung von Film, Photo, Text und ein wenig Ton, dazu noch alles auf CD-ROM, CD-I oder Online gebannt, eine Multimediaanwendung zu versprechen, hört sich auch sehr intelligent an, hilft aber in Regel nicht, eine neue wirkungsvolle Vermarktungschance zu etablieren.

Es sollten also nicht nur die schnellen, fast inhaltslosen Multimediaprodukte im Vordergrund stehen, sondern die inhaltlich anspruchsvollen, die den Anwender herausfordern, begeistern und fesseln.

2 Multimedia: Ein gewinnbringendes Medium?

Die Idee, einen digitalen Katalog zu entwickeln, ist verhältnismäßig einfach. Jeder möchte natürlich bunte Bilder und ein Feeling, wie es uns das tägliche Fernsehbild in die gute Stube bringt.

Doch der Schein trügt. Ist das TV-Gerät zu Hause lediglich eine Empfangsstation, die durch aufwendige Produktionen unterstützt wird, müssen in einem digitalen Katalog Daten bewältigt werden, die einen hohen Speicheraufwand benötigen.

An dem folgenden Beispiel wird gezeigt, wie ein verhältnismäßig kleines Speichermedium eine erfolgreiche Multimediaanwendung aufnehmen kann.

Die Mercedes-Benz PC Diskette. Kein ganz neues Produkt, aber sehr erfolgreich und effizient, das Mercedes-Benz dazu veranlaßt hat, erneut in dieses Medium zu investieren.

So stand nach der Idee zur Mercedes-Benz Diskette zuerst die Frage der Zielgruppe, also der Anwender, und daraus leitete sich fast selbstverständlich das Speichermedium ab. Denn eine möglichst große Streuung konnte im Sommer 1993 nur durch Disketten gewährleistet werden. Disketten haben allerdings wieder den Nachteil, daß die Speicherkapazität maximal 1,44 MB beträgt.

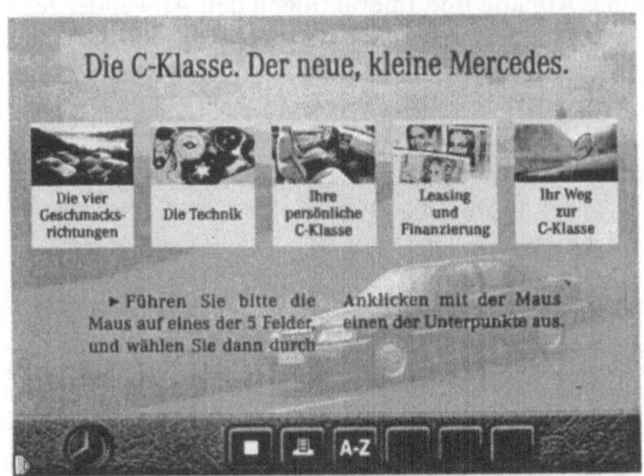

Beispiel: Ein 14" Bildschirm mit 24 Bit Farbtiefe benötigt für die Darstellung einer farbigen Abbildung unkomprimiert allein 1 MB. Zum Vergleich: eine druckbare Doppelseite im Stern hat ca. 80 MB. So wird eine tolle Idee wieder auf ganz rationale Fakten reduziert. Trotzdem wurde diese Anwendung mit zwei Multimedia-Awards in Gold und Silber ausgezeichnet.

Wie wurde das realisiert? Die Idee wurde geboren, und aus der Konzeption entwickelte sich das Ablaufdiagramm, welches mit entsprechenden Inhalten gefüllt wurde. Dabei wurde besonders auf die Datenkapazität der einzelnen Inhalte geachtet. Die geringste Speicherkapazität benötigt Text.

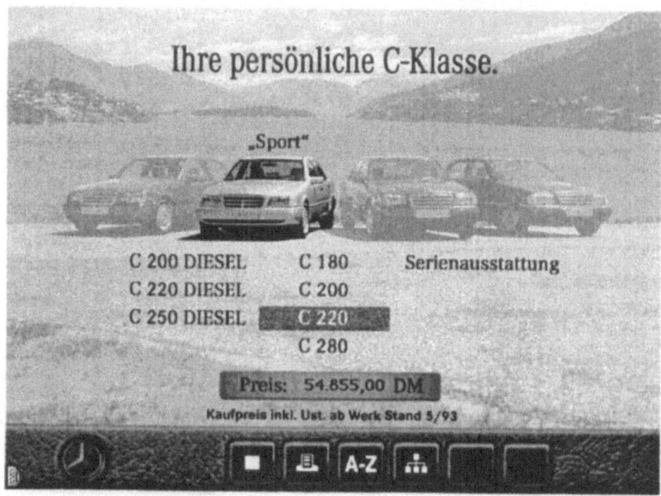

Für Text ist dieses Medium allerdings nicht zu bevorzugen. Also konzentrierte man sich auf bildhafte Darstellungen, die weniger durch fahrende Autos, als durch interessante Abläufe und Interaktionen den Anwender fesseln.

Der Ablauf wurde so bestimmt, daß über ein Hauptmenue alle Unterfunktionen angesteuert werden können, die sich selbst erklären. Alle Bereiche, die der Anwender ansteuert, heben sich optisch hervor, und durch ein Klick wird die Abbildung oder die Animation aktiviert. Es wurden von der aktiven bis über die passive Sicherheit (die Airbagsimulation wurde direkt vom Mercedes-Benz

CAD-System der Entwicklungsabteilung übernommen) Begriffe veranschaulicht, die in einem gedruckten Katalog nicht zu dokumentieren sind.

Leider mußte aus rechtlichen Gründen mehr Text integriert werden, als ursprünglich vorgesehen war.

So spannt sich der Bogen von der Modellauswahl über die Detailinformationen und ein Rechenmodul zur Finanzierungsberechnung des Wunschmodells bis hin zum Anschreiben an Mercedes-Benz zur Vereinbarung einer Probefahrt.

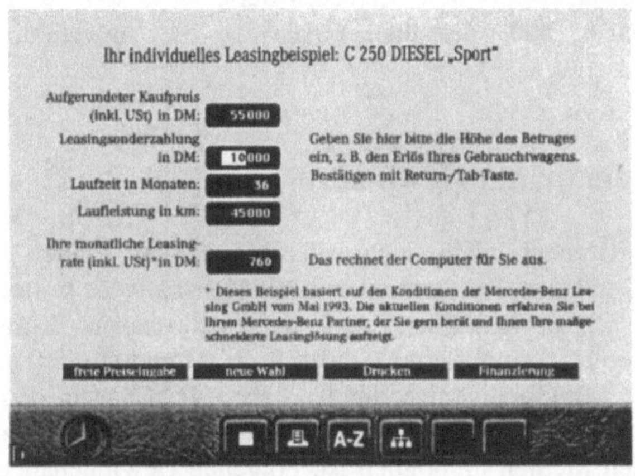

Die Agentur erarbeitete das Konzept, die Kreation, sorgte für die Bildauswahl und überwachte die Programmierung der Anwendung bei einem Unternehmen, welches nach Preisanfrage von Mercedes-Benz bestimmt wurde.

Als Rechnerplattform wurde der kleinste gemeinsame Nenner im Bereich der installierten Basis an PCs definiert: Windows auf DOS-Ebene, mit 90% Marktanteil, war als Grundvoraussetzung zu bedienen. Apple Macintosh mit 8,5% Marktanteil war der zweitgrößte Sektor und zudem ein special-interest Bereich (Werbebranche, Designer, grafisches Gewerbe und private Anwender mit überdurchschnittlichem Einkommen).

Die Standardkonfiguration mußte ebenfalls definiert werden und sah folgendermaßen aus: DOS-PC inkl. MS Windows 3.x, 386er mit 25Mhz, 4MB RAM, VGA Grafikkarte und 5-8MB freier Festplattenpeicher sowie 3.5" Diskettenlaufwerk. Für die Windowsanwender mit 4bit Farbdarstellung wurde eine separate 16 Farben Version mit optimierter Farbpalette hergestellt. Apple Macintosh ab LCII mit 4MB RAM , 8bit Farbtiefe und 5-8MB freier Speicher. Auf Sound wurde verzichtet, da zu viel Speicherbedarf benötigt wurde und zum damaligen Zeitpunkt kaum installierte Soundkarten auf den Windows PCs existierten.

Die Auflage wurde auf 10.000 Stück festgelegt. Es mußten aufgrund der hohen Nachfrage 30.000 Exemplare nachproduziert werden. Die Herstellungszeit des gesamten Projektes betrug vier Monate.

Über eine 130er Telefonnummer und Responsekarte im Stern und Spiegel wurden zur Einführung der neuen C-Klasse Videos, Prospekte und die Disketten angeboten. Daraus ergaben sich folgende Bestellungen durch Interessenten:

- Video 10.500 Stück.
- Kataloge und Prospekte ca. 30.000 Stück.
- Disketten 45.000 Stück; Schätzungen zufolge wurde ungefähr die zweifache Menge als Kopien im Markt gestreut.

Eine abschließende Umfrage ergab unter anderem, daß die durchschnittliche Beschäftigungsdauer mit den Mercedes-Benz Disketten bei 59 Minuten lag. Außerdem haben 80% der über 60jährigen die Anwendung für sehr gut befunden.

3 Multimedia bringt Gewinn!

Besteht im Moment noch nicht die Möglichkeit, durch ein komplettes interaktives Gerät den TV-Computer in die Haushalte zu bringen, erreicht man mittlerweile schon Millionen von aufgeschlossenen Konsumenten über POI/POS, Internet, CompuServe, CD-I, CD-ROM und Disketten.

Intelligente Multimediaanwendungen haben die Chance, den Markt in einer Form zu erobern wie es an Vielfalt, Abwechslung und Spannung mit den herkömmlichen Medien unmöglich ist. Folgende Gewinnchancen liegen u.a. in der Nutzung von Multimedia:

- Lange Kundenbindung an das Produkt.
- Bei Onlinesystemen, genaue Kenntnis der Zielgruppe.
- Die Katalogherstellung über elektronische Medien läßt sich einfacher, schneller und kostengünstiger realisieren als gedruckte Objekte.
- Schneller Zugriff auf detaillierte Informationen.
- Adaption einer multimedialen Ausarbeitung auf verschiedene Plattformen.

Die Bereiche, die durch klassische Werbung nicht zu erreichen waren, ergänzen die klassischen Medien wie TV/Funk und Print.

Multimedia im Werbeeinsatz

Peter Kabel
Geschäftsführer Kabel New Media, Hamburg

1 Medienlandschaft im Umbruch

1.1 Neue Medien haben eine neue Qualität

Multimedia ist mehr als eine Technik. Die Verknüpfung verschiedenster Darstellungselemente von der Grafik über Text, Bild und Ton bis zum bewegten Bild hat eine neue Generation von Medien hervorgebracht. Diese neuen Medien wie CD ROMs, Online Services, interaktives Fernsehen oder auch die sogenannten Personal Digital Assistants (PDA´s) haben jedoch ein weiteres gemeinsames Kennzeichen: Interaktivität.

Interaktivität gibt dem Nutzer Wahlfreiheit an die Hand. Er allein bestimmt, welche Informationen er wie lange und in welcher Tiefe abruft. Je nach Medium steht ihm außerdem ein Feedback-Kanal zur Verfügung, über den er direkt mit dem Informationsanbieter kommunizieren kann.

1.2 Vorteile für Werbetreibende

Werbetreibende können Interaktivität optimal für sich nutzen, denn neue Medien sind

- personalisierbar,
- kostengünstig
- und ermöglichen Zwei-Wege-Kommunikation.

Unternehmen können also zum ersten Mal in einen Dialog mit jedem einzelnen Konsumenten einsteigen.

Dieser Dialog ist auch in Deutschland längst keine Zukunftsmusik mehr. Grob geschätzt sind 2 der 30 Millionen Internet-Nutzer Deutsche. Rund eine Million Deutsche haben bereits kommerzielle Dienste wie Datex-J oder CompuServe abonniert. Neue Anbieter kommen hinzu. Microsoft, Apple, Europe Online und die Allianz America Online/Bertelsmann starten in der zweiten Jahreshälfte 1995 eigene Dienste auf dem deutschen Markt. Die Telekom wertet ihren Datex J-Dienst parallel dazu über einen Relaunch auf.

2 Neue Medienkonsumenten

Neue Technologien haben interaktive Medien möglich gemacht. Der Erfolg neuer Medien jedoch hängt nicht von der Technik, sondern von den Konsumenten ab.

Die explosionsartig steigende Anzahl von Nutzern interaktiver Medien beweist, daß viele Menschen ein Bedürfnis nach interaktiver Kommunikation haben - wenn auch aus unterschiedlicher Motivation heraus. Eine Annäherung an verschiedene Typen neuer Medienkonsumenten gibt die folgende Übersicht:

- Individualisten schnüren ihre persönlichen News-Pakete selbst.
- Screenager sind von Kindheit an den Umgang mit Videokonsolen und anderen interaktiven Medien gewohnt.
- Info-Ökologen haben Bedarf an leicht bedienbaren Navigationssystemen
- Action-People wollen nicht nur Information abrufen, sondern auch selbst kommunizieren.
- Bilder-Freunde wählen ihre Informationsquellen auch nach deren visuellen Qualität aus.
- Entertainment-Fans wollen sich nicht nur informieren, sondern auch unterhalten lassen.

3 Strategien interaktiver Kommunikation

3.1 Dialog statt Monolog

Interaktive Medien existieren nicht voneinander isoliert, sondern sind untereinander vernetzt (Internet-Gateways der kommerziellen Online-Anbieter, Online-Offline-Kombinationen). Über neue Medien ist ein neuer öffentlicher Raum entstanden. Dort müssen Werbetreibende präsent sein, wenn sie nicht den Kontakt mit bestimmten Zielgruppen verlieren wollen.

Wer in den Dialog mit den Konsumenten eintreten will, muß dies jedoch auf andere Art und Weise tun als bei klassischen Medien. Anonyme Massenbotschaften haben in interaktiven Medien keine Chance. Die Nutzer sind vielmehr auf der Suche nach interessanten Inhalten.

3.2 Pull- statt Push-Marketing

Pull-statt Push-Marketing heißt die Maxime in der Welt der neuen Medien. Für die Werbetreibenden bedeutet das, daß sie ihr Produkt bzw. ihre Dienstleistung mit Information aufladen müssen, also sogenanntes "Informationalizing" betreiben sollten. Erst dann wird der Nutzer Kontakt mit dem Unternehmen aufnehmen. Die Grenze zwischen Editorial und werblicher Ansprache verwischt immer mehr. *Die Marke wird zum Medium.*

High-Involvement Produkte wie Autos sind von sich aus erklärungsbedürftig. Bei Waren dieser Art fällt es Werbetreibenden nicht schwer, zusätzliche Informationen anzubieten. Schwieriger liegt der Fall bei Low-Involvment Produkten. Hier empfiehlt es sich, ergänzende Services zum Produkt anzubieten - oder sich mit anderen Unternehmen auf einem "elektronischen Marktplatz" zusammenzutun und die Synergieeffekte parallel angebotener Information zu nutzen. In den USA gibt es sowohl im Internet wie auch bei kommerziellen Diensten verschiedenste Malls, in denen der Nutzer herumstöbern, aber auch gezielt bestimmte Informationen abrufen kann.

4 Die Netbox - mehr als Information

4.1 Online-Präsenz verlangt Lebendigkeit

Menschen gehen online, um zu interagieren. Zu echter Interaktion gehört jedoch mehr als das Abrufen von Information. Andere wichtige Facetten von Interaktion sind:

- Entertainment
- Kommunikation
- Transaktion

Werbetreibende, die über neue Medien einen Dialog mit den Konsumenten starten wollen, sollten das berücksichtigen und diese verschiedenen Elemente in ihr Angebot integrieren.

Für deutsche Anbieter, die online mit ihren Kunden kommunizieren wollen, hat Kabel New Media eine eigene Plattform geschaffen, auf der dies möglich ist: Die Netbox. Erreichbar ist sie vorerst exklusiv über das World Wide Web, also dem Teil des Internets, das über Hypertext-Links verbunden und multimedial genutzt werden kann. Über die Netbox können Werbetreibende Informationen und Unterhaltung, Services und Kommunikation anbieten. Sie können sie für die verschiedensten Zwecke wie PR, Promotions und Crosspromotions, Produktinfo, Vertrieb, Direktmarketing, Marktforschung etc. nutzen. Wichtig ist nur eines: Ständig wechselnde Aktionen und Angebote machen die Netbox zu einem Platz, an dem es ständig Neues zu entdecken gibt.

4.2 Mehrwert für Nutzer und Anbieter

Das Nebeneinander der verschiedensten Angebote bringt Nutzern wie Anbietern einen Mehrwert. Die Nutzer müssen sich auf der Suche nach interessanten Infos nicht mehr länger mühsam durchs Netz klicken. Die Netbox bietet ihnen maximale Informationsdichte - und gleichzeitig das Gefühl, in der Netbox zuhause zu sein.
 Auch die Anbieter profitieren von der Nähe zueinander: Je mehr Informationen die Netbox bietet, desto mehr Menschen nutzen sie. Die Chance, zufällig auf ein Angebot aufmerksam zu werden, steigt.

5 Ausblick

Neue Medien stellen neue Anforderungen an Werbetreibende: Sie sind qualitativ verschieden von klassischen Massenmedien und verlangen nach vollkommen neuen Ansätzen in der werblichen Kommunikation.

Der Konsument entwickelt sich vom "unmündigen" Botschaftsempfänger zum Partner. Wer interaktive Medien nutzen will, muß seine neugewonnene Souveränität respektieren und umdenken lernen. Darin liegt auch die Herausforderung für die Zukunft. Nicht die Technik, sondern Inhalte und Kommunikationskonzepte müssen im Vordergrund stehen. Erst dann machen Multimedia und Interaktivität Sinn.

Interaktive Werbung

Helge diMarino
CREATRON, Frankfurt

Heute kann Fernsehen nur gemacht werden, wenn durch Werbung entsprechende Einnahmen entstehen. Das gilt auch für interaktives Fernsehen. Multimedia wird zukünftig unseren Alltag durchdringen, und Fernsehen wird interaktiv. Wesentlich für uns ist nicht mehr, ob wir diese Segnungen möchten oder fördern, sondern wie wir sie gestalten und nutzen. Die Herausforderung ist die Schaffung neuer Inhalte, um die Vorteile interaktiver Medien zu nutzen.

Es gibt verschiedene Formen der Werbung, die jeweils eigener Ansätze bedürfen: klassische Werbung, Imagewerbung und Verkaufsförderung. Lineare Werbeblöcke werden sicher weiterhin existieren, schon deshalb, weil der Verbraucher nur eingeführte und etablierte Marken und Produkte abfragen wird. Naheliegend ist der Einsatz von interaktiver Werbung in der Verkaufsförderung. Hier kann konkret auf den Informationsbedarf und auf die Neigung des Verbrauchers eingegangen werden. Zu einem selbstgewählten Interessensgebiet kann deutlich mehr Aufmerksamkeit erwartet werden, als durch eine lineare Präsentation erreicht wird. Bei gleicher Verweildauer wird gezielte Information besser aufgenommen. Langeweile wird vermieden. Der Programmaufbau kann dem Informationsbedarf Rechnung tragen. Die Inhalte können entsprechend dem gewünschten Grad an Detaillierung aufbereitet werden. Die Detaillierung bestimmt sich abhängig von der Auswahlebene, in der sich der Benutzer befindet, d.h. je tiefer der Benutzer sich in den Informationsebenen bewegt, desto detailliertere Informationen stehen ihm zur Verfügung. In jeder Auswahlebene können die Produktinformationen auch nach Neigung und Interesse des Anwenders abgerufen werden. Innerhalb jeder Auswahlebene wird Information gegeben. Gleichzeitig wird den Neigungen und der Aufmerksamkeit des Benutzers entsprechend gefiltert.

Während die Aufmerksamkeit des Benutzers zu Beginn des Programms noch gefesselt werden muß, kann man davon ausgehen, daß er sich in einer tieferen Programmebene über – inzwischen – für ihn interessante Details informiert. Daher kann das in den Präsentationen verwendete Material entsprechend der Programmebene gewählt werden. Innerhalb der Programmstruktur kann so von Filmmaterial über Bild und Sprache bis hin zu geschriebener Information abgestuft werden. Geschriebener Text mit begleitendem Bildmaterial kann das Bedürfnis nach detaillierter Information besser befriedigen als dynamischer Film. Diese Struktur bringt auch Kostenvorteile. Film, Sprache und Musik benötigen deutlich mehr Speicherkapazität als geschriebener Text. Noch deutlicher unter-

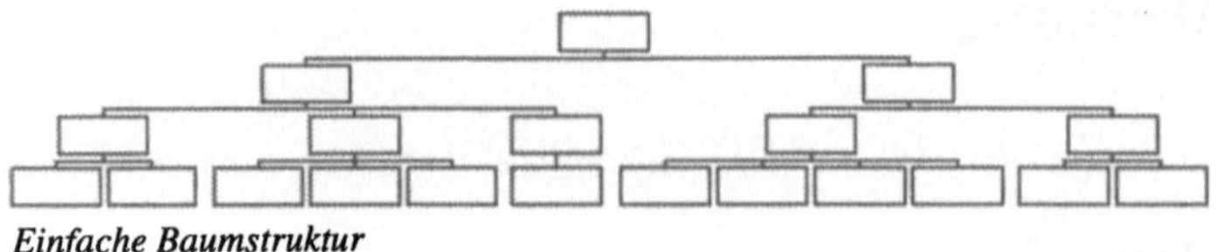

Einfache Baumstruktur

scheiden sich hier die Produktionskosten. Steigender Detaillierungsgrad innerhalb eines Programms führt zu einer immer weiter verzweigten Struktur. Dementsprechend kommt der aufgezeigte Kosten-Nutzen-Faktor zum Tragen.

Neben den oben aufgeführten Baumstrukturen können Informationen auch anders verknüpft werden. Die entsprechenden Strukturen sind dann besonders sinnvoll, wenn auch die Anordnung selbst Informationen vermittelt. Innerhalb einer ungeordneten Struktur kann der Benutzer beliebig verzweigen, man kann sich schnell verirren.

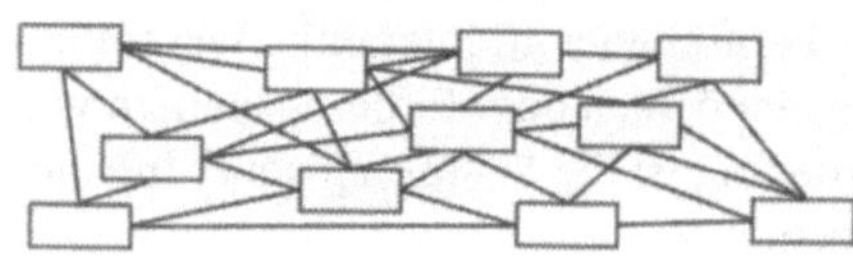

Chaotische Struktur

Wenn dann auch die Inhalte in unterschiedlicher Form aufbereitet sind, entsteht Frustration, denn die Erwartung des Benutzers entspricht nur selten dem Angebot. Informationsstrukturen sollten daher übersichtlich sein. Besonders einfach kann dann auf Informationen zugegriffen werden, die über Menüs erreichbar sind, z.B. eine dreidimensionale Matrix zur Empfehlung eines Fahrzeugs anhand der Angaben zu Typ, Bauart und Motorleistung.

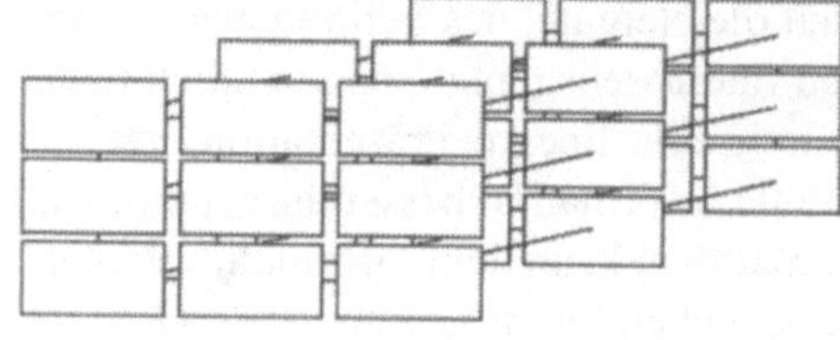

Dreidimensionale Matrix

Bei dieser Anordnung sollte darauf geachtet werden, daß möglichst zu jeder Position ein Beitrag vorhanden ist. Zu viele Ausnahmen wären verwirrend.

Multimediasysteme am Point of Sale erlauben inzwischen die Wiedergabe von Filmsequenzen in einer dem Verbraucher gewohnten Qualität. Durchgesetzt hat sich in diesem Bereich der MPEG-Standard. POS-Systeme mit MPEG-Filmmaterial erreichen höhere Aufmerksamkeit und können leicht an die Werbekampagnen des jeweiligen Produkts anknüpfen. Die Verbindung von Produktdisplay und Informationssystem schafft zusätzliche Präsenz. Mit den Systemen, die diese technischen Möglichkeiten nutzen und die sich bereits heute am Point of Sale bewähren, sammeln wir Erfahrungen für zukünftige Werbung im interaktiven Fernsehen.

Interaktives Fernsehen, das über reines Video on demand hinausgeht, wird ein äußerst attraktives Medium für die werbetreibende Industrie werden, denn diese Technologie erlaubt es, den einzelnen Zuschauer aktiv in die Werbung einzubeziehen.

Durch die direkte Einbindung wird das Zuschauerverhalten meßbar und rechtfertigt höhere Werbekosten. Es liegt nun an den zukünftigen Betreibern des interaktiven Fernsehens, die entsprechenden technischen Voraussetzungen zu schaffen.

Arbeitsbeispiele CREATRON GmbH

Im elektronischen Möbelkatalog können Modelle, die gewünschten Bezugsstoffe und die verarbeiteten Hölzer ausgewählt werden. Das entsprechende Möbel wird dann gezeigt.

Die Information ist als Matrix angeordnet.

Eine werbliche Einleitung führt zur Katalogfunktion. Hier werden wesentliche Merkmale der Möbel vorgestellt.

Begleitet wird das Programm von Informationen zu den einzelnen Modellen und den unterschiedlichen Stoffausführungen.

Die Informationen über etwa 100 Kurse aus dem Bereich Aus- und Weiterbildung sind in einem Programm zusammengefaßt.

Innerhalb einer Baumstruktur verändert sich die Art der Informationsaufbereitung. Während die Präsentation der Schulungsbereiche durch einen Film erfolgt, werden die einzelnen Kurse von einem Sprecher vorgestellt, die wesentlichen Eckdaten erscheinen als geschriebener Text.

Electronic Commerce auf dem Internet

Wolfgang Dreyer
NADS GmbH, Hildebrandtstr. 4, 40215 Düsseldorf

1 Die Internet-Nutzer

Eine Quotenregelung gibt es nicht im Internet: Über 90% der Nutzer sind männlich. Und jung sind sie. Die Hälfte der Internetler ist zwischen 26 und 30 Jahren - im Durchschnitt sind sie 31 Jahre alt. Und sie sind "heavy-user": 35 Prozent der Befragten einer internationalen Studie der Georgia-Tech-University geben an, daß sie in der Woche bis zu 10 Stunden, 38 Prozent, daß sie bis zu 5 Stunden im Netz sind. 40 Prozent schalten sich täglich bis zu viermal ins Netz.

Das Internet wächst rapide - damit wird auch der Anteil der Frauen zunehmen, was kommerzielle Anbieter besonders freut, da Frauen traditionell stärker die Möglichkeit nutzen, per Katalog einzukaufen als Männer.

Unabhängig von der großen Internetgemeinde bietet sich das Internet auch für "geschlossene Gesellschaften" an. Sie können auf der Basis des Internet firmenintern oder mit ihren Händlern oder Kunden Informationen austauschen. Dabei entscheiden sie, wer im einzelnen auf ihre Informationen zugreifen darf.

2 WWW – Das Multimedia-Angebot

Die Einführung des WWW 1991 war die Voraussetzung für das heutige und das weitere Wachstum des Internet. Während bis dahin hohe fachliche Anforderungen an die Internet-Gemeinde gestellt wurden und sich die Nutzung praktisch auf Computerexperten beschränkte, findet nun erstmals auch der Computerlaie Zugang zum Internet und surft per Mausklick durchs Netz.

Das World Wide Web bietet nicht nur Text, sondern integriert auch Bild, Ton und Video - so heißt es. Aber wie sieht das in der Praxis aus?

Bilder, besonders aber Ton und Video, erfordern große Datenmengen, und die Übertragung kostet den Nutzer nicht nur lästige Zeit, sondern auch Geld. Dies sollten Sie bei der Gestaltung der WWW-Seiten berücksichtigen und Bilder, Graphiken und Ton nur konzeptionell sinnvoll einbauen. Also lassen Sie sich nicht verleiten, einfach nur schöne Bilder abzubilden, sondern beschränken Sie sich auf Bilder, die für die Vermittlung Ihrer Botschaft wichtig sind, z.B. Produktabbildungen. Oder stellen Sie die Fotos im kleinen Format dar – mit der Option, je nach Wunsch das Bild durch Anklicken im großen Format sehen zu können.

Abb. 1: Bildschirmdarstellung einer Blumenbestellung per Internet

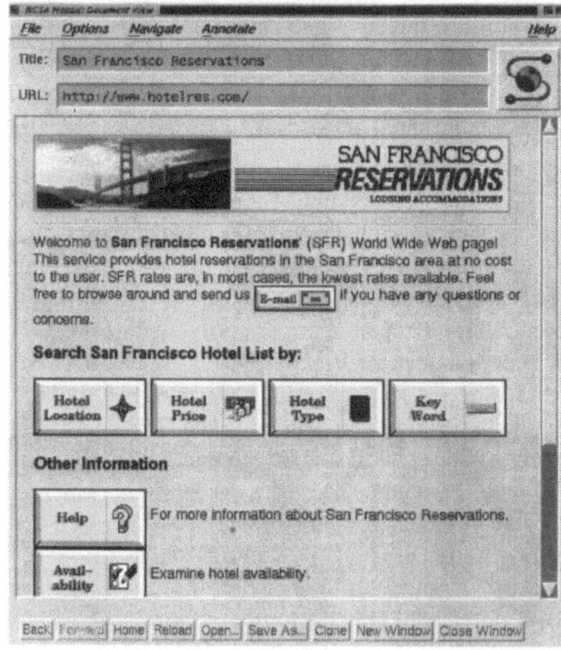

Abb. 2: Hotelbuchung per Internet

Interessant ist es auch, sensitive Bilder anzubieten: Als Weinhändler können Sie z.B. eine Weltkarte darstellen, in der die Weinregionen, aus denen Sie Weine anbieten, eingetragen sind. Durch Mausklick wählt der Kunde eine Region aus und erhält eine Detailkarte der Weinregion mit Weingütern - ein weiterer Klick führt zu den einzelnen Angeboten.

3 Hypertext

Hypertext-Links, farblich hervorgehobene Querverweise, verbinden durch Anklicken mit der Maus zu dem Dokument, das nähere Informationen zu diesem Thema anbietet - egal, ob das Dokument auf dem gleichen Rechner oder auf einem anderen Rechner irgendwo in der Welt liegt. So entsteht eine weltweite Vernetzung von Informationen zu einem Thema. Durch Hypertext-Links ist es möglich, umfangreiche Inhalte zu strukturieren und didaktisch aufzubauen.

4 Werbung auf dem Internet

Klassische, sprich herkömmliche, Werbung drängt sich auf – ungefragt und unerwünscht. Niemand zappt durchs Fernsehen – auf der Suche nach Werbespots. Niemand kauft eine Zeitschrift, weil er Anzeigen lesen möchte. Niemand läuft durch die Stadt, um sich Plakate anzuschauen. Klassische Werbung ist immer "Zwangswerbung". Ganz anders im Internet: Hier geht der Kunde aktiv zur Werbung. Ein Werbekontakt, der um ein Vielfaches höher zu bewerten ist als ein klassischer Werbekontakt.

5 Information

Um erfolgreiche Werbung auf dem Internet gestalten zu können, müssen wir uns vor Augen führen, wie das Medium funktioniert, wie es genutzt wird.

Die User haben ein konkretes Informationsbedürfnis, und das Internet liefert ihnen "information on demand". Für den Informationsanbieter ist dabei wichtig, den User-Erwartungen Rechnung zu tragen, umfassend in die Tiefe und in die Breite gehend zu informieren. Das kommt den Anbietern von Produkten und Dienstleistungen, die erklärungsbedürftig sind – wie z. B. Versicherungen und Autos – sehr entgegen.

Durch Hypertext-Links strukturiert, können zum Beispiel vorgestellt werden: die Modellpalette, Ausstattungsvarianten, Farbauswahl, Technische Daten, Konstruktionszeichnungen, Testberichte, Rallye-Erfolge, Händlerlisten, Gebrauchtwagenmarkt usw. Beratungsaufwand wird damit reduziert.

6 Infotainment

Was macht nun der Marketing Mann, der Produkte anbietet, zu denen es nichts oder nicht viel zu 'sagen' gibt, für die kein Informationsbedürfnis besteht? Er weckt Interesse, indem er einen 'Mehrwert' anbietet. So baut der Markenanbieter rund um seine Marke einen Informationsservice auf, für eine junge Zielgruppe z.B. Infos, Stories, Aktuelles aus der Welt des Sports, der Freizeit, der Musikszene.

Zwei Drittel der Nutzer surfen durch's Netz, auf der Suche nach Spaß und Unterhaltung. Eine Chance für Werbetreibende, ihre Marke über diesen unterhaltenden Weg an den Mann zu bringen - über Infotainment. Internetler sind neugierig und sensibel für alles ganz Neue, und sie lieben interaktive Spiele, Kreatives, Witziges. Ein gutes Server-Konzept garantiert eine hohe "Besuchsfrequenz". Interaktive Action rund um die Marke aktiviert die Markenwelt.

7 Aktualität

Internet ist ein aktuelles Medium. Das heißt: Die Informationsanbieter oder Gestalter des Servers können sich nach getaner Arbeit nicht zurücklehnen und denken, das war's, es ist vollbracht. Wichtig ist vielmehr, daß die Inhalte, die Spiele ständig aktualisiert, ergänzt und ausgetauscht sowie durch neue Angebote immer wieder aktuell und interessant gemacht werden. Nur so werden aus 'Einmalbesuchern' regelmäßige Gäste.

8 Handel im Internet

Die einleitend zitierte amerikanische Untersuchung hat gezeigt, daß heute schon 16 % der Befragten Software, 12 % Hardware über's Netz bestellen. 14 % bestellen Bücher online. Die optimistische Prognose der Studie: Die online-Bestellungen werden in diesem Jahr um 85 % zunehmen. So wollen innerhalb des nächsten halben Jahres 60 % der befragten Web-Nutzer eine Reise, fast zwei Drittel ihre Karten für Konzert- oder Sportveranstaltungen online buchen. Und dabei macht die Kommerzialisierung des Internet gerade mal eben die ersten Lauflernschritte. Jetzt schon verdoppelt sich die Zahl der Internetnutzer alle zehn Monate. Und täglich steigt die Zahl der kommerziellen Anbieter.

Richten Sie Ihren virtuellen Shop ein: Ihr Angebot auf dem Internet. Bestellungen können per WWW-Formular aufgegeben werden. Zur Sicherheit sollten Sie dann per E-Mail eine Auftragsbestätigung an den Kunden schicken. Denn nur über die E-Mail-Adressen sind Internetnutzer identifizierbar.

Welche Angebote gibt es heute im Internet? Einige Beispiele sollen zeigen, daß es keineswegs nur die großen Anbieter sind, sondern gerade auch kleine Firmen, die ihre Chance in der großen Internet-Welt sehen.

Das Weinblatt (http://www.nads.de/NADS/Weinblatt) in Dortmund, ein Händler, der sich auf Wein aus ökologisch kontrolliertem Anbau spezialisiert hat, lädt ein zur Weinreise auf dem Internet. Und gibt dabei Informationen zu den Weinregionen, stellt die Winzer vor und bringt eine Charakteristik seiner Weine, die online bestellt werden können.

Bei White Dove Flower and Gift Shop (http://branch.com/flower-shop/tropical.html) in USA kann man wunderschöne exotische Blumenbuketts bestellen. Auswahl nach Bild.

Wenn Sie eine Reise nach San Fransisco planen, können Sie den Server der San Francisco Reservations (http://www.hotelres.com) anwählen und sich online ein Hotel aussuchen – und buchen.

9 Dialog

Moderne Marketingstrategien fordern, in engeren Kontakt mit den Kunden zu treten. Konzepte wie z. B. Event-Marketing machen dies möglich, sind aber sehr teuer. Das Internet bietet die preiswerteste Möglichkeit, mit dem Kunden in Dialog zu treten. Lassen Sie die Besucher Ihres Servers Namen und E-Mail-Nummer in ein Formular eintragen sowie Themen ankreuzen, die sie interessieren. Sie haben dann jederzeit die Möglichkeit, Ihren Kunden per E-Mail-Aussendung über die neuesten Angebote, geänderte Preise usw. zu informieren. Durch diesen Mail-Response-Service treten Sie mit Ihren Kunden in Dialog, es kommt zu einem ganz individuellen Informationsaustausch. Und das zu einem Preis, der weit unter allen vergleichbaren Kommunikationskosten liegt.

Multimedia – Arbeitswelt I
Perspektiven der Telearbeit

Perspektiven der Telearbeit: Eine Einführung

Georg R. Hofmann
KPMG Unternehmensberatung GmbH
Kurfürstendamm 207-208, 10719 Berlin

Zusammenfassung

Es ist mittlerweile ein Allgemeinplatz, daß Büro- und Verwaltungs-Arbeitsplätze zunehmend von multimedialen Arbeitsplatzrechnern und multimedialen Kommunikationsformen bestimmt sein werden. Mittlerweile haben die zunächst spekulativen Büro-Szenarien durch professionelle Applikationen an Kontur gewonnen. Die technischen Lösungsansätze sind anwendbarer geworden; Fragen nach der praktischen Realisierung von Telearbeit und Telekooperation sind in den Vordergrund gerückt.

Das Seminar versucht dem Zuhörer eine „gute Mischung" aus Berichten aus der akademischen und institutionellen Forschung und von Anwendungsplanern zu geben.

1 Einige Beobachtungen und Erläuterungen – Zur Einführung in das Thema des Seminars

I

Unter dem Sammelbegriff 'Telearbeit' ist ein ganzes Spektrum verteilter Arbeitsformen zu verstehen. Neben der Nutzung von Telearbeit im kleineren Maßstab durch Heimarbeitsplätze reicht die Palette über die Errichtung und den Betrieb von sogenannten Telehäusern (wo eine Gruppe 'Telearbeiter' einen Dienstleistungsmix – wie z.B. ein Dokumentationsbüro – anbietet) hin zur Realisierung von größeren firmenspezifischen Lösungen wie der Errichtung von kleineren Niederlassungen und Ausgliederungen (von ganzen Betriebsbereichen) in die Region.

Wie allgemein bekannt, beruht der Erfolg der (insbesondere der PKW-basierten) individuellen Mobilität der Pendler-Arbeitnehmer zu einem großen Teil auf der systematischen Verdrängung und Verschleierung der betriebswirtschaftlichen Kostenwahrheit dieser Mobilität. Aufgrund der Externalisierung der spezifischen

Kosten war es für die Unternehmen in der Vergangenheit sehr billig, die Arbeitnehmer täglich zur Arbeitsstelle – zum Beispiel in zentrale Verwaltungsgebäude und Produktionsstätten – kommen zu lassen.

Die Folge war eine sehr starke Zentralisierung von industriellen und Verwaltungstätigkeiten. Es entstanden typische Regionalisierungen der wirtschaftlichen Leistungsfähigkeit: Das bekannte 'Wohlstandsgefälle' zwischen Wirtschaftszentren (mit knappen Wohnraum) und ländlichen Regionen (mit hoher Wohnqualität) konnte nur durch eine verstärkte Arbeitnehmermobilität kompensiert werden. Auch sehr große, überregional tätige Unternehmen unterhalten heute kaum mehr als 30 bis 50 Niederlassungen mit eigener qualifizierter Verwaltungsinfrastruktur im Bundesgebiet. Umgekehrt wurde der Anreiseweg für die Arbeitnehmer immer länger: Ein täglicher Aufwand von 2 bis 3 Stunden für den Arbeitsweg erscheint für die Bewohner strukturschwacher Gebiete zur Erreichung eines qualifizierten Arbeitsplatzes mittlerweile unumgänglich.

II

Nunmehr tritt durch neuere verkehrs- und tarifpolitische Entwicklungen die diesbezügliche Kostenwahrheit für die Arbeitnehmer deutlicher hervor, nicht nur durch monetäre Effekte, wie die geplante Autobahngebühr, sondern auch durch die immer größere Belastung infolge Überlastung der Verkehrswege und durch Staus fast unkalkulierbar gewordener Anfahrtszeiten. Derartige 'stillschweigende' Erhöhungen der effektiven Arbeitszeit stehen einer erstrebenswerten Humanisierung der Arbeitswelt entgegen.

Abhilfe kann hier durch die Einrichtung von Telearbeitsplätzen in Satellitenbüros geschaffen werden: Dies bedeutet für die betroffenen Verwaltungen und Unternehmen lediglich, statt weniger größerer nunmehr viele kleinere 'Niederlassungen' und Repräsentanzen in der Region zu unterhalten. Eine solche Organisationsform des Unternehmens ist in einigen Branchen – zum Beispiel in der Versicherungswirtschaft oder in der Mineralölbranche – ohnehin eine traditionelle Form der Arbeitsorganisation – weil sie der Erhöhung der Kundenbindung an die Unternehmen dient. Allerdings war der Einsatz von Telearbeit bislang vor allem an spezielle Organisationsformen gekoppelt.

Die steigenden Immobilienkosten für Büroräume in den Ballungszentren lassen die Bereitschaft zur Einrichtung von Satellitenbüros ebenfalls wachsen. Die Lukrativität vieler kleinerer Niederlassungen für Unternehmen, und auch für deren Beschäftigten steigt.

III

Es ist hingegen auch andererseits klar erkannt worden, daß man 'Telearbeit' – quasi als Phänomen – nicht 'per se' einrichten kann. Es bedarf natürlich

- der konkreten Nachfrage nach den spezifischen betrieblichen Organisations- und Arbeitsformen, sowie
- der entsprechenden Wettbewerbsbedingungen (das sind: politische und wirtschaftliche Rahmenbedingungen),

welche wiederum die Nachfrage nach den unterstützenden Technologien und nach Beratungsleistung zur Einrichtung telearbeitsgerechter Arbeitsformen induzieren. Eine solche Nachfrage kann nur vor dem Hintergrund konkreter ökonomischer Chancen und bislang unbefriedigter ökonomischer Nachfragen entstehen. Letztere dürfen nicht nur von seiten der Unternehmen und der regionalpolitisch Verantwortlichen vermutet werden, sondern sind gezielt nachzuweisen und zu wecken.

Für die zunehmende Verteilung von Arbeit im Sinne von Telearbeit steht die notwendige Technologie mittlerweile zur Verfügung. In einer ganzen Reihe von Projekten liefen und laufen entsprechende Erprobungen.

IV

Der entscheidende Schritt zur Umsetzung und Implementierung von Telearbeit und zur Errichtung von Satellitenbüros kann durch die systematische Weitergabe entsprechender organisatorischer und technologischer Erfahrungen bezüglich der Einführung von Telearbeit in die betroffenen Regionen getan werden; das Ziel ist letztlich immer, die Arbeitstellen näher an die Arbeitnehmer zu bringen, und damit die Attraktivität der Region zu erhöhen und die negativen Begleiterscheinungen erzwungener Mobilität zu reduzieren.

V

Die Fragestellungen bezüglich der Nutzungserwartung an Telearbeit-unterstützende Systeme führen zu spezifischen Marketing- und Technologietransferproblemen.

Die Seminarbeiträge zeigen, daß sich der wesentliche Nutzen der multimedialen Applikationen nur realisieren läßt, wenn die Einführung der Technologien mit entsprechenden organisatorischen Änderungen im Unternehmen einhergeht.

2 Überleitung und Dank

Die folgenden Beiträge illustrieren die dargelegten Beobachtungen. Es ist insbesondere begrüßenswert, daß damit ein gelungener Querschnitt durch die derzeit aktuellen 'Telearbeitsprobleme' gegeben werden kann.

Den Autoren sei an dieser Stelle für die Erstellung der Beiträge für das Seminar „Multimedia - Arbeitswelt I - Perspektiven der Telearbeit" herzlichst gedankt.

Telearbeit und Telekooperation:
Formen und Modelle, Szenarien und Bedarf

Trendszenarien für innovative Anwendungslösungen
verteilter Leistungserstellung

Arbeitsgruppe BTÖV*

1 Einführung

Mit dem Beschluß der Bundesregierung, wesentliche Regierungs- und Verwaltungsfunktionen zwischen Berlin und Bonn aufzuteilen, hat die Frage der technischen Unterstützung von Kooperation und Kommunikation eine neue Bedeutung erfahren. Die neuen Telekooperationstechnologien eröffnen dabei Chancen für eine bessere Organisation der Arbeit. Zukünftig wird es möglich sein, schneller, flexibler, effizienter und effektiver über größere Entfernungen zu kommunizieren und zusammenzuarbeiten.

1.1 Definition

Unter Telekooperation wird hier die synchrone und asynchrone Zusammenarbeit zwischen örtlich/räumlich verteilten Stellen bzw. Personen verstanden. Typischerweise werden die verwendeten Materialien (oder deren mediale Repräsentation) im Computer gespeichert und/oder übertragen. Die Zusammenarbeit wird durch elektronische Kommunikation unterstützt. Beispiele für Materialien sind Akten, Berichte, Verträge und Konstruktionszeichnungen, die editiert, bewertet oder abgestimmt werden. Beispiele für elektronische Kommunikation sind Telefongespräch, Videokonferenz und elektronische Post. Voraussetzung sind moderne Informations- und Kommunikationssysteme.

---

* Dieser Beitrag ist Teilergebnis eines Forschungsprojektes im Rahmen des BERKOM-Programmes. Das Projekt "Bedarf für Telekooperation in öffentlichen Verwaltungen (BTÖV)" wird mit Unterstützung der DeTeBerkom (Berlin) gemeinsam von BIFOA (Köln), Fraunhofer-IAO (Stuttgart), KPMG Unternehmensberatung GmbH (Frankfurt) und Universität Hohenheim (Stuttgart) durchgeführt.
Autoren dieses Beitrages sind Brigitte Baldi (KPMG), Werner Brettreich-Teichmann (IAO), Karin Gräslund (Univ. Hohenheim), Rainer Hofmann (KPMG), Peter Konrad (BIFOA), Helmut Krcmar (Univ. Hohenheim), Joachim Niemeier (IAO), Gerhard Schwabe (Univ. Hohenheim), Dietrich Seibt (BIFOA).

Alle bisherigen Erfahrungen zeigen, daß es für den erfolgreichen Einsatz neuer Technologien nicht ausreicht, daß die Technologien zur Verfügung stehen. Vielmehr müssen die Technologien und ihr Einsatz bedarfsgerecht gestaltet werden. Hierzu müssen die Rahmenbedingungen bekannt sein und den Akteuren auf Anwender- und Anbieterseite Handlungsempfehlungen gegeben werden.

1.2 Szenarien, Methoden, Bedarf und Gestaltungsempfehlungen

Basisinformation für die Entwicklung und Anwendung neuer Lösungen im Kontext der Telekooperation liefern dabei Anwendungsszenarien (Bild 1). Anwendungsszenarien ermöglichen

- die Abgrenzung von alternativen Entwicklungspfaden der Telekooperation,
- eine Anforderungsdefinition für Methodik und Gestaltungsempfehlungen sowie
- eine Eingrenzung der Faktoren, die für den zukünftigen Bedarf verantwortlich sind.

Bild 1: Verwendungszusammenhang der Telekooperationsszenarien

Der folgende Beitrag konzentriert sich auf die Darstellung von neun unterschiedlichen Telekooperationsszenarien: Zweipunkt-Szenario, Multipunkt-Szenario, Telekooperation in einmaligen erfolgs- und zeitkritischen Geschäftsprozessen, wiederkehrende zeit- und erfolgskritische Geschäftsprozesse, flächendeckendes organisationsweites Szenario, flächendeckendes partnerschaftsweites Szenario, Telekooperation on Demand, globales Infrastrukturszenario sowie Szenario "gemeinsames virtuelles Büro".

Um den vorgegebenen Rahmen nicht zu sprengen, werden diese Szenarien nicht hinsichtlich aller Facetten abgehandelt, sondern anhand wesentlicher Merkmale und beispielhafter Anwendungen aus dem Bereich der öffentlichen Verwaltung charakterisiert. Überschneidungen sind zwischen diesen Szenarien natürlich möglich, da sie weniger zur Klassenbildung gedacht sind, sondern Trend- und Entwicklungsaussagen zusammenfassen sollen. Die Beschränkung auf die öffentliche Verwaltung in diesem Beitrag soll auch den Leser nicht daran hindern, - mit ein wenig Phantasie - die Szenarien auf andere Anwendungsbereiche zu übertragen.

2 Telekooperationsszenarien

2.1 Zweipunkt-Szenario

Das Zweipunkt-Szenario betrachtet Telekooperation aus dem eingeschränkten Focus einer Punkt-zu-Punkt-Verbindung zwischen zwei Partnern. Typische Inhalte einer Kooperation im Zweipunkt-Szenario sind Abstimmungsvorgänge wie Terminabsprachen oder die gemeinsame Bearbeitung einer Vorlage (z.B. Texte, Konstruktionszeichnungen) beispielsweise im Rahmen der Amtshilfe. Die Kontaktaufnahme erfolgt in der Regel spontan. Von Fall zu Fall können die Beteiligten wechseln; die kurzandauernden Kooperationen unterliegen keinen ausgedehnten Vorschriften oder Ablaufbeschreibungen.

Das Zweipunktszenario setzt natürlich voraus, daß die beiden Partner über Endgeräte verfügen, mit denen sie zusammenarbeiten können. Dabei reicht das Spektrum von einfachen Fax-Verbindungen bis hin zu Joint-Editing- und Desktop-Videoconferencing-Systemen. Je nach Anwendung bestimmen die unmittelbare Arbeitsumgebung der zwei Partner und die zu bearbeitenden Materialien die technische Ausstattung.

2.2 Multipunkt-Szenario

Das Multipunkt-Szenario stellt eine Verallgemeinerung des Zweipunkt-Szenarios dar. Synchrone Aktivitäten, vergleichbar mit denjenigen aus dem Zweipunktszenario, wie die Abstimmung einer Presseerklärung, müssen um "Management"aktivitäten, wie Vergabe von Rederechten oder die simultane Verteilung und Protokollierung von Aufgaben, ergänzt werden. Zusätzlich müssen asynchrone Aktivitäten zur Sitzungsnach- und -vorbereitung am betroffenen Arbeitsplatz unterstützt werden (z.B. Protokollerstellung und -verteilung). Ein typisches Anwendungsfeld ist die Durchführung von gemeinsamen Besprechungen beipielsweise in interministeriellen Arbeitsgruppen zwischen Bonn und Berlin. Grundsätzlich läßt sich dieses Anwendungsszenario auf alle verteilten Organisationseinheiten wie Verbandsgemeinden etc. übertragen, aber auch auf die Kommunikation von übergeordneten zu nachgeordneten Dienststellen (z.B. zwischen Kultusministerium und Oberschulämtern, Oberschulämtern und Schulen).

Ergänzend zu den technischen Anforderungen des Zweipunkt-Szenarios müssen hier neben der Multipoint-Vermittlungstechnik Endgeräte verfügbar sein, die Partner aus mehreren Standorten gleichzeitig am Bildschirm darstellen könnnen.

Über den eingeschränkten, vom Kontext weitgehend unabhängigen Arbeitsplatzfocus der bisher vorgestellten Szenarien hinaus kann ein Szenariotyp beschrieben werden, der sich mit der Nutzung der Telekooperation in Prozessen beschäftigt (Bild 2).

2.3 Telekooperation in einmaligen erfolgs- und zeitkritischen Geschäftsprozessen

Das hier beschriebene Anwendungsszenario bezieht sich auf die Unterstützung von einzelnen erfolgs- und zeitkritischen Geschäfts- bzw. Verwaltungsprozessen. Derartige Prozesse betreffen in der Regel unstrukturierte oder teilstrukturierte Aufgaben, sind abgehoben von Routineabläufen und können mit Projekten verglichen werden. Der Akzent auf einmalige erfolgs- und zeitkritische Prozesse konzentriert das Szenario auf ein spezifisches Spektrum an Anwendungen beispielsweise bei der Bewältigung von Naturkatastrophen (Koordination von Hilfsmaßnahmen), die Einsetzung parlamentarischer Untersuchungsausschüsse, aber auch für den Entwurf und die Durchsetzung von Gesetzen und Verordnungen, die einem besonderen Entscheidungs- oder Erwartungsdruck unterliegen (z.B. Verschärfung von Gesetzen nach Katastrophen oder höchstrichterlichen Fristsetzungen). Weitere Beispiele sind die Vorbereitung und Durchführung von bedeutenden Ereignissen, internationalen Ausstellungen und Veranstaltungen (z.B. Gipfeltreffen, Messen, Sportveranstaltungen).

In jedem dieser Fälle müssen für einen absehbaren Zeitraum externe Experten ad-hoc hinzugeschaltet werden, Entscheidungen und Abstimmungen durch geeignete Unterstützungswerkzeuge beschleunigt und eine Vielzahl von Daten (z.B.

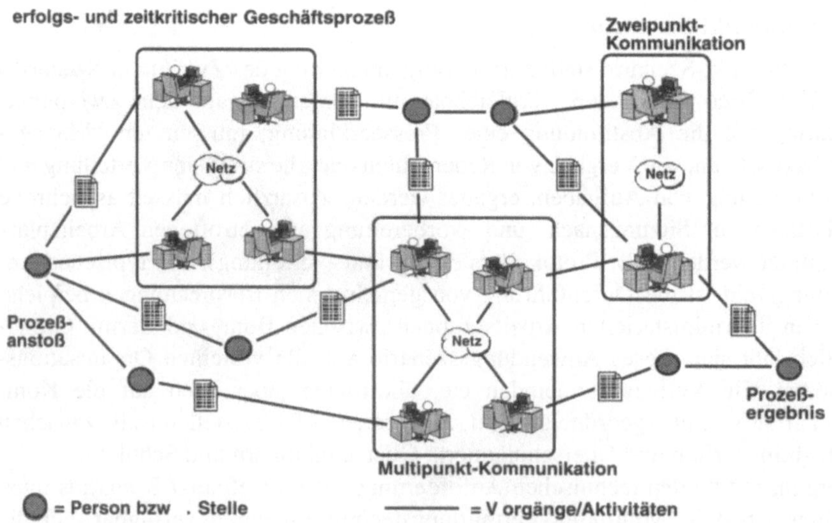

Bild 2: Telekooperation in erfolgs- und zeitkritischen Geschäfts- und Verwaltungsprozessen unter Berücksichtigung von Zweipunkt- und Multipunktkommunikation

aus juristischen Datenbanken) eingeholt und verarbeitet werden. Der Anstoß eines erfolgs- und zeitkritischen Prozesses ist in der Regel ein externes, ad-hoc auftretendes Ereignis (z.B. Katastrophe). Ebenso ist der Anstoß und Ablauf der einzelnen Vorgänge und Aktivitäten von vielen, meist nicht vorher bestimmbaren Faktoren abhängig (z.B. Art und Reihenfolge der zu erarbeitenden Ergebnisse, unerwartete Einsprüche oder geänderte externe Anforderungen/ Entwicklungen).

Häufig dominiert die synchrone Telekooperation. Eine Vielzahl von direkten Abstimmungen kann mittels Zweipunkt- und Multipunkt-Sitzungen durchgeführt werden. Asynchrone Telekooperation zum Austausch und zur Weiterbearbeitung von Informationen und Dokumenten findet vor und nach den synchronen Aktivitäten statt, ist aber in diesem Szenario eher von untergeordneter Bedeutung.

Die hohe Ablaufflexibilität kann nur erreicht werden, wenn leistungsfähige Telekooperationsstationen, die modular aufgebaut und flexibel integrier- und aufrüstbar sind, bereitgestellt werden. Diese Desktop-Multimedia-Telekooperationssysteme müssen am Arbeitsplatz oder mobil zur Verfügung stehen. Häufig ist es sinnvoll, aufwendiges und teueres Equipment den Beteiligten nur temporär für die Zeitdauer des Projektes zur Verfügung zu stellen.

2.4 Wiederkehrende zeit- und erfolgskritische Geschäftsprozesse

Viele Prozesse bzw. Vorgänge in der Verwaltungsarbeit wie Haushaltsentwürfe, die Erstellung amtlicher Mitteilungsblätter oder die Flächennutzungsplanung kehren periodisch oder auch nur in unregelmäßigen Abständen wieder, und jedesmal zeigt sich von neuem, daß die zur Verfügung stehende Zeit knapp bemessen ist oder daß entweder Bürger oder andere Kunden ein Interesse an einer verkürzten oder besseren Abwicklung haben. Zeitkritisch können diese Prozesse deshalb sein, weil sie innerhalb vorgegebener zeitlicher Fristen durchzuführen sind und keine Fristveränderung aufgrund faktischer oder rechtlicher Restriktionen möglich ist; erfolgskritisch sind diese Prozesse beispielsweise, weil sie zu den Kernbestandteilen der Staatstätigkeit gehören oder aufgrund anderer politischer Zielstellungen von wesentlicher Bedeutung sind (z.B. öffentliche Wohlfahrt, Sicherung ökonomischer Ressourcen).

Beispielhaft läßt sich dieses Szenario an der Flächennutzungsplanung illustrieren. Datenbestände und Dokumente unterschiedlicher Ämter (Ordnungsamt, Umweltbehörden, Wirtschaftsförderung, Landwirtschaftsämter ...) und unterschiedlicher medialer Aufbereitungsform (Grafiken, Statistische Daten, Fotos, Video ...) müssen gesammelt, aufbereitet, kommentiert (verbale und schriftliche Annotationen) und in einem stufenweisen Prozeß mit den Gebietskörperschaften abgestimmt werden. Dabei handelt es sich i. d. R. um einen teilstandardisierten Prozeß, dessen Ablaufstruktur häufig durch Verordnungen oder Gesetze festgelegt ist.

Die Beteiligten in diesem Szenario sind sehr heterogen: es kann Unterstützungstätigkeiten wie Datenerfassung genauso umfassen wie Fachspezialisten (Planer, Dokumentare ...) und Managementfunktionen (Amtsleiter, Abgeordnete). Damit gekoppelt sind nicht nur unterschiedliche hierarchische Rollen, sondern auch eine verschiedene Komplexität der Aufgaben und Tätigkeiten, der zu bearbeitenden Objekte und der hierfür benötigten Werkzeuge. Beispiele sind

- nicht formalisierte Aufgaben, die problemlösungs- oder entscheidungs-orientiert sind und der synchronen und asynchronen Abstimmung bedürfen;
- teilweise formalisierte Aufgaben und teilstrukturierte Prozesse, die Anteile von nicht formalisierten Aufgaben enthalten, jedoch in vorgegebene Ablaufschemata eingepaßt sind (z.B. durch Formulare, Dokumententypen ...);
- formalisierte Aufgaben, die in der Regel immer wiederkehrend und in gleicher Art und Weise erledigt werden.

Das beschriebene Telekooperationsszenario ist ein klassisches Anwendungsfeld von Workflow-Technologien. Hierbei liegt der Schwerpunkt neben Werkzeugen zur gemeinsamen Bearbeitung (u.a. Joint-Editing-Systeme) und Desktop-Video-Systemen auf der Steuerung und Kontrolle des gesamten Dokumentenzyklus von der Konzeption über die Erstellung bis hin zur Abnahme des Dokumentes.

Alternativ zu den beschriebenen prozeßorientierten Szenarien ist eine infrastrukturelle Vorgehensweise bei der Einführung und Nutzung der Telekooperation denkbar, die im folgenden dargestellt wird (Bild 3).

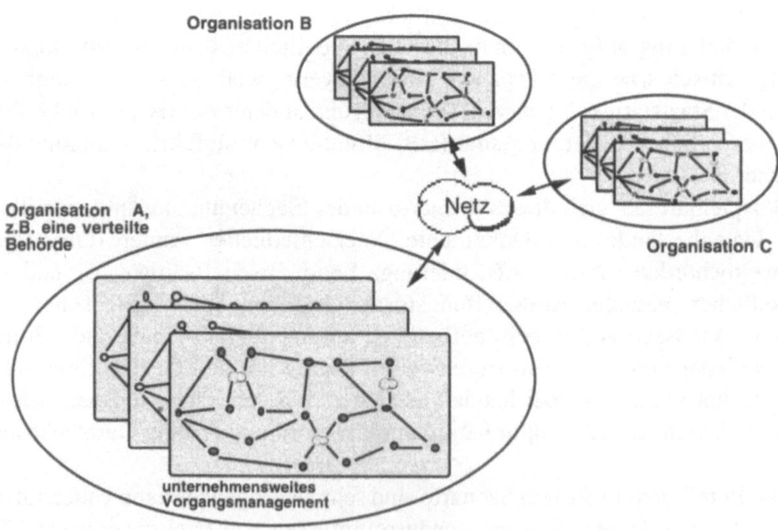

Bild 3: Telekooperation in flächendeckenden Strukturen

2.5 Flächendeckendes organisationsweites Szenario

Das flächendeckende organisationsweite Anwendungsszenario zielt auf die organisationsweite, alle Abteilungen und Bereiche einer (verteilten) Organisation umfassende Nutzung der Telekooperation. Es wird angestrebt, ein bestimmtes Niveau der Technikinfrastruktur für die organisationsweite Unterstützung aller Verwaltungstätigkeiten einer Organisation zu implementieren. In Ergänzung zu den bisherigen Szenarien werden die Mitarbeiter verteilter Organisationen dadurch in die Lage versetzt, ohne vorhergehenden Installationsaufwand oder Klärungsbedarf gemeinsame Besprechungen durchzuführen, Akten und andere Informationen anzufordern, zu bearbeiten und weiterzuleiten oder Prozesse und Vorgänge zu verwalten und abzustimmen.

Um die Chancen der flächendeckenden Einführung effektiv nutzen zu können, sind in der Regel tiefgreifende Veränderungen der internen Abläufe und Prozesse durchzuführen. Dieser enorme Aufwand ist regelmäßig nur dann sinnvoll, wenn die Kooperation der Mitarbeiter innerhalb der Organisation einen außergewöhnlich hohen Stellenwert hat; beispielsweise kann dies in Sonderbehörden des Umwelt- oder Gesundheitsbereiches der Fall sein.

Im Unterschied zu den bisher beschriebenen Szenarien ist das flächendeckende organisationsweite Szenario verbunden mit

- einer bedeutenden Erhöhung der mit dem System verbundenen technischen und organisatorischen Komplexität,
- einem beträchtlich erhöhten technischen, organisatorischen und finanziellen Aufwand und
- einem größerem Zeitbedarf für die Umsetzung in der Organisation.

Darüber hinaus steigen auch die Anforderungen an die Funktionalität (Unterstützung formalisierter und strukturierter Vorgangsketten ebenso wie ungeplanter ad-hoc-Aktivitäten) sowie an die Sicherheit und Zuverlässigkeit der Techniksysteme. Zudem ist eine Integration mit den betrieblichen Anwendungssystemen notwendig, um Medienbrüche, Inkonsistenzen in Datenbeständen und Doppelarbeiten zu vermeiden.

2.6 Flächendeckendes partnerschaftsweites Szenario

Das flächendeckende partnerschaftsweite Szenario geht davon aus, daß mehrere Organisationen beschließen, ihre Zusammenarbeit umfassend mit Telekooperation zu unterstützen. Ein mögliches Beispiel wäre eine vollständige Vernetzung von Regierungspräsidien mit den Landratsämtern und/oder Kommunen. Dabei werden beispielsweise Daten aus unterschiedlichen Verwaltungsprozessen wie Bauanträge, Haushalts-/Budget- oder Planungsunterlagen sowie statistische Informationen ausgetauscht, persönlich oder schriftlich kommentiert und Entscheidungen herbeigeführt.

Viele bzw. möglichst alle Geschäftsprozesse zwischen mindestens zwei Organisationen sollen durch ein einheitliches Kommunikationsnetzwerk verbunden werden. Damit diese Kooperation gelingen kann, müssen eine Reihe von Voraussetzungen erfüllt sein:

- Einheitliche Kooperationsformen: Die Vorstellungen darüber, wie Zusammenarbeit stattzufinden hat, müssen miteinander kompatibel sein.
- Einheitliche Sprache: Im internationalen Rahmen müssen die Beteiligten sich auf eine gemeinsame Sprache einigen oder es müssen Übersetzungsdienste eingeschaltet werden.
- Verhandlungen notwendig: Bevor einzelne Mitglieder der jeweiligen Partnerorganisation zusammenarbeiten können, müssen sich die Organisationen insgesamt darauf einigen, ob und wie zusammengearbeitet werden kann (bestimmte Prozeduren, Abrechnungsmechanismen ...).
- Infrastrukturen: Die Partnerorganisationen müssen sich auf gemeinsame Standards, Schnittstellen, Austauschformate etc. verständigt haben.

2.7 Telekooperation on Demand

Bei Telekooperation on Demand handelt es sich im Kern um ein Szenarienbündel, das Anwendungen aus den Bereichen benutzergesteuerter Verteilkommunikation und virtueller interaktiver Kiosksysteme umfaßt (Bild 4). Im Unterschied zu klassischen Varianten der Verteilkommunikation (Fernsehen) wird dem Benutzer die Möglichkeit gewährt, den zu verteilenden Kommunikationsinhalt individuell zu beeinflussen. Zur Erläuterung kann hier das Beispiel der Kontaktaufnahme mit einem virtuellen Service-Desk dienen. Ein Unternehmen, das beabsichtigt, in Baden-Württemberg ein neues Zweigwerk zu gründen, recherchiert in der Datenbank des Amtes für Wirtschaftsförderung der Stadt Stuttgart über mögliche Gewerbeflächen (incl. Bild- und Video-Darstellungen), über Förderprogramme des Landes, über die Wirtschaftsstruktur und Prognosen über den mittleren Neckarraum sowie über die wissenschaftliche und kulturelle Infrastruktur. Eine spezielle Hotline ermöglicht die Hinzuschaltung eines Experten aus dem Amt für Wirtschaftsförderung, der für Nachfragen zuständig ist und bei Bedarf einen örtlichen Bauträger per Desktop-Video hinzuschalten kann.

Die Kooperation in diesem Szenario ist dominiert von der Asymmetrie der vorhandenen bzw. nachgefragten Wissens-/Informationsbestände (Kooperation von Person zu Knowledge-Base). Die vom Benutzer an die Informationsquelle zu übermittelnden Abrufinformationen sind im Vergleich zur angeforderten bzw. gespeicherten Datenmenge eher gering, können aber im Verlauf der Kontaktaufnahme stark ansteigen bis hin zur synchronen Kommunikation mit den Experten.

Anwendungsfelder sind nahezu alle auf dem Markt angebotenen Informationsdienste. Neben den klassischen Marktsegmenten der Information Broker wächst hier ein neues Potential durch interaktives Video und Video on Demand. Darüber hinaus wachsen zunehmend Stand-Alone-Systeme am POI/POS (Point-of-Information/Point-of-Sale) zu vernetzten Systemen zusammen. Beispiele sind hier öffentliche Help Desks, Stadtinformationssysteme, Museumsführer, Verwaltungsführer etc. oder auch verwaltungsinterne (und externe!) Auskunftssysteme beispielsweise für den Zugriff auf Protokolle, Gerichtsentscheidungen etc. Deutlicher

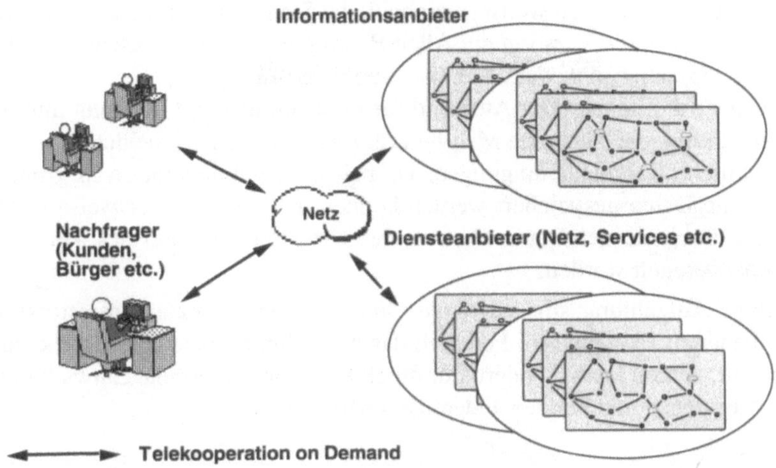

Bild 4: Telekooperation on Demand

als in den bisher beschriebenen Szenarien wird hier ein Schwerpunkt auf den Bürger als Kunde gelegt mit entsprechenden Konsequenzen für Endgeräte und Infrastrukturen.

Die Technikunterstützung für Telekooperation on Demand wird derzeit sowohl aus der Datenbanktechnologie (Videoserver, Multimediadatenbanken) als auch aus der Netzentwicklung (Internet, ATM) vorangetrieben.

2.8 Globales Infrastrukturszenario

Das globale Infrastrukturszenario nimmt die derzeitige Verbreitung des Telefons zum Vorbild: Alle Behörden und Unternehmen sind mit Telekooperationstechnologie ausgerüstet. Es stehen jedem Mitarbeiter in einer Institution eine Reihe von Diensten zur Verfügung, über die er mit jedem anderen Mitarbeiter in einer anderen Institution Verbindung aufnehmen kann. Bearbeitet beispielsweise ein Sachbearbeiter in einem Umweltamt die Genehmigung für eine Fabrikansiedlung, so kann er spontan per Bildtelefon und Application Sharing mit anderen Behörden wie dem Wasserwirtschaftsamt kooperieren. Eine flexible Videokommunikation mit dem Antragsteller sowie mit externen Gutachtern wäre ebenso möglich, wie die abschließende Zustellung des Bescheides per elektronischer Post.

Wesentliche Voraussetzungen dieses Szenarios sind es, daß jede Organisation oder Behörde davon ausgehen kann, daß alle Kooperationspartner 1. über Telekooperationstechnologien verfügen und 2. diese kompatibel sind. Die Vorteile dieses Szenarios sind offensichtlich: Die Erreichbarkeit und Mobilität von Mitarbeitern wird drastisch erhöht (bis hin zu Mobile Office und Teleheimarbeit). Verschiedene Organisationen können schneller und flexibler reagieren und Kosten sparen (z.B. durch internationale Arbeitsteilung). Dieses Szenario ist deshalb dazu geeignet, ein Endziel der Entwicklung zu beschreiben. Hierfür sind jedoch eine Reihe von Rahmenbedingungen zu erfüllen:

- Standards: Es müssen weltweit einheitliche Standards vereinbart werden.
- Flächendeckende Versorgung: Allen Beteiligten muß der Anschluß an das Telekooperationsnetzwerk technisch möglich sein.
- Preiswerter Zugang: Der Aufwand für Investitionen und Nutzung muß so niedrig sein, daß sich eine Mehrheit für die Nutzung entscheidet.
- Rechtliche Rahmenbedingungen: Da bei der Telekooperation in großem Umfang Daten gespeichert werden können, müssen beispielsweise rechtliche Probleme des Datenschutzes, des Urheberrechts und des Vertragsrechts geregelt werden.

Mit dieser Aufzählung sind auch die Grenzen eines globalen Infrastrukturszenarios benannt: Es bleibt ein Fernziel, das nicht durch einzelne Marktakteure allein erreicht werden kann, sondern nur durch eine kontinuierliche Entwicklung, die ihren Ausgangspunkt bei den anderen Szenarien hat.

2.9 Szenario "Gemeinsames virtuelles Büro"

Als Kontrast zu den bisher geschilderten Szenarien soll hier abschließend ein neuer Typ von Szenario vorgestellt werden.

Stellen Sie sich vor, sie befinden sich in einem normalen Büro mit Schreibtisch und Besuchertisch. Stellen Sie sich weiterhin vor, an allen wichtigen Stellen, an denen sich ein Besucher aufhalten kann, befinden sich ein Videomonitor und eine Videokamera. Ein Besucher kann nun virtuell in dieses Büro eintreten, indem er mittels eines kleinen Monitors über der Tür durch den "Türschlitz" schaut und überprüft, ob er stört. Er kann dies daran erkennen, ob die "Tür" (symbolisiert durch eine Ikone) offen, halbgeöffnet oder verschlossen ist. Da die Tür halboffen ist, "klopft" der Besucher elektronisch an und tritt ein. Nach einer Begrüßung wird kurz das Anliegen vorgestellt und dann "bewegt" sich der Besucher an den Besuchertisch und wird dort an einem Monitor angezeigt. Besucher und Büroinhaber können nun wie gewohnt (auf die gleiche Distanz etc.) am Besuchertisch oder im Dialog vom Besuchertisch zum Schreibtisch weiterdiskutieren. Beschließen beide, etwas im Detail am Computer gemeinsam zu erarbeiten, dann bewegt sich der Besucher an einen dritten Monitor am Schreibtisch. Sobald Sie fertig sind, "verläßt" der Besucher den Raum wieder. Wenn die Beteiligten auf Dauer zusammenarbeiten wollen, beschließen sie, nicht nur die Applikationen im Vordergrund gemeinsam zu nutzen, sondern auch Hintergrundinformationen zu teilen: Beide stellen einander gegenseitig sog. "Schlüssellochbilder" zur Verfügung, die automatisch alle 5-10 Minuten aufgenommen werden und dem jeweils anderen am Monitor zeigen, was der Partner im Augenblick macht. Zusätzlich können auch Geräusche übertragen werden. Ähnliche Szenarien lassen sich für Sitzungsräume oder Gemeinschaftsküchen entwickeln. Die Beziehung zwischen Vordergrund und Hintergrund ist deshalb so wichtig, weil beide den Gesamtkontext der Kooperation bilden, sich gegenseitig bedingen und ihre Funktion tauschen können.

Das besondere an diesem Szenario ist, daß die sozialen Regeln nicht-technischgestützter Kooperation weitgehend in Kraft bleiben. Die Herausforderung im

Design von gemeinsamen virtuellen Büros besteht allerdings darin, die Audio-Videoverbindungen so in die Büroumgebung zu integrieren, daß sie sich flexibel an den Arbeitskontext anpassen können (z.B. durch neue Eingabemedien und Sensoren). Ein Beispiel für ein neuartiges Eingabemedium ist die "Türmaus", die erfaßt, ob die (physische) Tür offen, halboffen oder geschlossen ist und diese Kontextinformation dem Telekooperationspartner zur Verfügung stellt.

Dieses Szenario ist überall dort von Bedeutung, wo die soziale Komponente der Zusammenarbeit von übergeordneter Bedeutung ist. Schon heute werden z.B. in den Finanzämtern Lohnsteuerjahresausgleiche räumlich verteilt bearbeitet. Bisher muß dem Bürger, falls sein Antrag auf Lohnsteuerjahresausgleich nicht am gleichen Ort bearbeitet wird, trotzdem ein Ansprechpartner vor Ort benannt werden, der sich bei Rückfragen in die Materie einarbeiten muß. In einem gemeinsamen virtuellen Büro hätte der Steuerzahler in seinem Finanzamt direkten Zugang zu seinem räumlich entfernten Sachbearbeiter. Sachbearbeiter an verschiedenen Orten könnten auch ein gemeinsames virtuelles Büro teilen und dadurch jeweils darüber auf dem laufenden bleiben, was der andere gerade macht, um in der Lage zu sein, sich gegenseitig zu vertreten und Auskünfte zu erteilen.

Die technischen Bausteine für ein virtuelles gemeinsames Büro sind verfügbar: Für die Aufnahme und Wiedergabe von Bild und Ton können separate Computermonitore und Fernseher oder Desktop-Videosysteme verwendet werden. Im optimalen Fall sollten die Büros über ATM miteinander verbunden sein; einige Funktionalitäten lassen sich bereits über LAN oder ISDN realisieren.

3 Abgrenzung der Anwendungsszenarien

Welchen Zugang findet nun ein potentieller Anwender zu diesen Szenarien? Wie kann er sie im Einzelfall nutzen? Ohne an dieser Stelle eine abschließende Klassifikation aufstellen zu wollen, wurde zu diesem Zweck eine Übersicht entwickelt, die über Schlüsselfragen eine Unterscheidung der Szenarien ermöglicht und dem Anwender ein Auswahlraster für seine spezifischen Problemstellungen zur Verfügung stellt. Die wesentlichen Aussagen von Bild 6 lassen sich an dieser Stelle nochmals kurz zusammenfassen:

A	Soll das Anwendungsszenario den sozialen Kontext/das soziale Umfeld als den Schwerpunkt der Gestaltung berücksichtigen?	Ja	M	B
		Nein	M	C1
B	Szenariotyp „Sozialer Kontext"			*Szenario gemeinsames virtuelles Büro*
C1	Soll das Anwendungsszenario auf bestimmte Organisationen bzw. Partnerschaften zwischen Organisationen begrenzt sein?	Ja	M	C3
		Nein	M	C2
C2	Besteht ein „symmetrisches" Kommunikations- und Kooperations-Verhältnis zwischen den Kooperationspartnern?	Ja	M	*Globales Infrastruktur-szenario*
		Nein	M	*Szenario Telekoopera-tion on Demand*
C3	Ist eine flächendeckende Ausstattung mit Telekooperationssystemen in der Organisation/ Partnerschaft vorgesehen?Ja	M		*flächendeckendes organisationsweites Szenario und flächen-deckendes partner-schaftsweites Szenario*
		Nein	M	C4
C4	Ist das Anwendungsszenario auf einen bestimmten Typ von Geschäfts-prozessen begrenzt/ausgerichtet?	Ja	M	C5
		Nein	M	C7
C5	Ist das Anwendungsszenario auf erfolgs- und zeitkritische Geschäfts-prozesse begrenzt/ausgerichtet?	Ja	M	C6
		Nein	M	C7
C6	Ist das Telekooperationssystem für einen einmaligen erfolgs- und zeitkritischen Geschäftsprozeß zu schaffen?	Ja	M	*Szenario einmalige erfolgs- und zeitkritische Geschäftsprozesse*
		Nein	M	*Szenario wieder-kehrende erfolgs- und zeitkritische Geschäfts-prozesse*
C7	Ist das Telekooperationssystem lediglich für Zweipunkt-Kooperationen zu schaffen?	Ja	M	*Zweipunkt-Szenario*
		Nein	M	*Multipunkt-Szenario*

Bild 6: Übersicht zur Abgrenzung der Telekooperationsszenarien

Das Szenario "Gemeinsames virtuelles Büro" adressiert vor allem die Übertragung von sozialem Kontext, während die anderen Szenarien ihren Schwerpunkt auf der ziel- bzw. zweckorientierten Übertragung von Informationen haben. Eine zweite Unterscheidung betrifft die Reichweite und die Symmetrie der Kooperationspartner: während das globale Infrastrukturszenario von einer weltweiten Vernetzung und Kompatibilität der Telekooperationstechnologie bei gleichberechtigten Kommunikationspartnern ausgeht, beschreibt das Szenario Telekooperation on Demand den Prozeß der Bereitstellung von Informationen auf der einen Seite und des Zuganges zu diesen Informationen auf der anderen Seite (Asymmetrisches Kooperationsverhältnis). Unterhalb dieser beiden Szenariotypen sind die beiden ebenfalls infrastrukturell angelegten Szenarien flächendeckend organisationsweit und flächendeckend partnerschaftsweit angesiedelt. Die Besonderheit des partnerschaftsweiten Szenarios ist die Vernetzung von unterschiedlichen Organisationen in stabilen Kommunikationspartnerschaften. Bei den prozeßorientierten Szenarien liegt demgegenüber der Schwerpunkt auf den unmittelbaren Kommunikationsbeziehungen entlang einer Prozeßkette: "Wer kommuniziert tatsächlich mit wem, wie und zu welchem Zweck?" Dabei kann unterschieden werden zwischen einmaligen und wiederkehrenden Prozessen. Einen gezielten Focus auf den einzelnen Arbeitsplatz und die Kooperation zwischen zwei oder mehreren Personen legen das Zweipunkt- und das Multipunkt-Szenario. Ihre Reichweite ist zwar begrenzt, dafür ist ihre Realisierung voraussichtlich um so einfacher.

Diese Anwendungsszenarien ermöglichen eine Orientierung in der Vielzahl von unterschiedlichen Anwendungsmöglichkeiten der Telekooperation. Es ist damit ein erster Schritt zu mehr Transparenz für Anwender und Anbieter getan. Für den zukünftigen Erfolg von Telekooperationsanwendungen wird aber mehr noch als dieses Orientierungswissen der Erfolg oder Mißerfolg von Pilotprojekten entscheiden, für die zur Zeit im Rahmen der hier vorgestellten Szenarien weitere Module für die konkrete Umsetzung erarbeitet werden (Methoden, Bedarfsschätzungsmodell, Gestaltungsempfehlungen).

Kurzfassung

Die neuen Telekooperationstechnologien eröffnen Chancen für eine bessere Organisation der Arbeit. Zukünftig wird es möglich sein, schneller, flexibler, effizienter und effektiver über größere Entfernungen zu kommunizieren und zusammenzuarbeiten. Der Beitrag beschreibt im Kontext der Telekooperation neun Szenarien mit dem Schwerpunkt auf der öffentlichen Verwaltung: Zweipunkt-Szenario, Multipunkt-Szenario, Telekooperation in einmaligen erfolgs- und zeitkritischen Geschäftsprozessen, wiederkehrende zeit- und erfolgskritische Geschäftsprozesse, flächendeckendes organisationsweites Szenario, flächendeckendes partnerschaftsweites Szenario, Telekooperation on Demand, globales Infrastrukturszenario sowie Szenario "gemeinsames virtuelles Büro".

Das Projekt BTÖV: Bedarf für Telekooperation in öffentlichen Verwaltungen

Arbeitsgruppe BTÖV[1]: Brigitte Baldi (KPMG), Werner Brettreich-Teichmann (IAO), Karin Gräslund (Univ. Hohenheim), Dirk Hoyer (KPMG), Peter Konrad (BIFOA), Helmut Krcmar (Univ. Hohenheim), Joachim Niemeier (IAO), Gerhard Schwabe (Univ. Hohenheim), Dietrich Seibt (BIFOA).

Die neuen Technologien für die Telekooperation – speziell multimediale Teledienste – eröffnen Chancen für eine bessere Organisation der Arbeit. Zukünftig wird es möglich sein, schneller, flexibler, effizienter und effektiver über größere Entfernungen zu kommunizieren und zusammenzuarbeiten. Deshalb werden seit dem Bundestagsbeschluß über die Aufteilung der Hauptstadtfunktionen zwischen Bonn und Berlin die Möglichkeiten der Technikunterstützung des "Informationsverbundes Bonn - Berlin (IVBB)" und darüber hinaus der Telekooperation zwischen geographisch verteilten Verwaltungen, Ämtern, Ministerien etc. nicht nur intensiv diskutiert, sondern in konkreten Pilotprojekten vorangetrieben.

1 Das Projekt BTÖV

Alle bisherigen Erfahrungen zeigen, daß es für den erfolgreichen Einsatz neuer Technologien nicht ausreicht, Techniksysteme zur Verfügung zu stellen. Vielmehr müssen die Technologien und ihr Einsatz bedarfsgerecht gestaltet werden. Hierzu müssen Rahmenbedingungen bekannt sein und den Akteuren auf Anwender- und Anbieterseite Handlungsempfehlungen gegeben werden.

Bedarf für den Einsatz von Telekooperation ist dabei nicht zufällig aufzudecken, sondern es ist zu klären,
- welche unterschiedlichen Einsatzfelder für Telekooperation sinnvoll sind,
- welche Faktoren den Bedarf beeinflussen,

---

[1] Dieser Beitrag ist Teilergebnis des Forschungsprojektes "Bedarf für Telekooperation in öffentlichen Verwaltungen (BTÖV)" im Rahmen des BERKOM-Programmes. Das Projekt wird mit Unterstützung der DeTe-Berkom (Berlin) gemeinsam von BIFOA (Köln), Fraunhofer-IAO (Stuttgart), KPMG Unternehmensberatung GmbH (Frankfurt, Berlin) und Universität Hohenheim (Stuttgart) durchgeführt.
Kontakt über: KPMG Unternehmensberatung GmbH,
Olof-Palme-Straße 31, 60439 Frankfurt am Main.

- wie Telekooperation methodisch unterstützt werden kann und
- wie konkrete Vorhaben durchgeführt und die notwendigen Techniksysteme gestaltet werden können.

Zu diesem Zweck unterstützt die DeTeBerkom im Rahmen des Anwendungsbereiches Bürokommunikation das Projekt BTÖV – Bedarf für Telekooperation in öffentlichen Verwaltungen – mit folgenden Inhalten:

A. BTÖV-Methodik für die bedarfsgerechte Gestaltung von Telekooperation in der öffentlichen Verwaltung: Existierende Methoden zur Unterstützung der Entwicklung und des Einsatzes neuer Technologien werden analysiert und bewertet. Besonders berücksichtigt werden Projekte und Beispiele, die in der Praxis erfolgreich sind. Aus den verschiedenen Methoden-Modulen und den zusätzlich gewonnenen Kenntnissen wird eine integrierte Methodik erarbeitet, die speziell auf die Bedürfnisse der Telekooperation und der öffentlichen Verwaltungen abgestimmt ist.

B. Bedarfsschätzungsmodell für Telekooperation im Bereich der öffentlichen Verwaltung: Relevante technische, ökonomische sowie sonstige Einflußfaktoren für Telekooperation in der öffentlichen Verwaltung werden in einem qualitativen Bedarfsschätzungsmodell beschrieben. Aus dem Bedarfsmodell läßt sich der Handlungsbedarf für Service- und Systemanbieter sowie Hersteller ableiten. Auf der Basis des qualitativen Modells wird versucht, den Bedarf für Telekooperation unter Berücksichtigung der besonderen haushaltsrechtlichen Gegebenheiten der öffentlichen Verwaltung quantitativ abzuleiten.

C. Gestaltungsempfehlungen samt Verfahrenshinweisen für die Einführung der Telekooperation in der öffentlichen Verwaltung: Anhand der für die öffentlichen Verwaltungen relevanten Anwendungsszenarien werden u. a. konkrete Empfehlungen zum Vorgehen, zur Anforderungsanalyse, zum Systemdesign, zur Auswahl und Beschaffung von Komponenten und zur Einführung und organisatorischen Implementierung von Telekooperationssystemen erarbeitet. Die Empfehlungen bieten potentiellen Anwendern der Telekooperation praktische Hilfestellungen und Vorschläge für den Systementwicklungsprozeß und für die Gestalt des zu entwickelnden Telekooperationssystems.

Derzeit liegen das erste Release der BTÖV-Methodik und des qualitativen Bedarfsschätzungsmodells sowie die Beschreibung der Anwendungsszenarien vor. Das Projekt begann Mitte 1994 und soll Mitte 1996 abgeschlossen werden.

2 Fallbeispiel

Als Beispiel für den Einsatz der Ergebnisse des BTÖV-Projekts auf der Anwenderseite soll hier das Verwaltungsprodukt "Baugenehmigung" in der öffentlichen

Verwaltung einer Kommune unter Berücksichtigung auch der entsprechenden Stellen des Landes herangezogen werden. Eine Baugenehmigung ist die Erklärung – Baufreigabe – der Bauaufsichtsbehörde, daß dem vom Bauherrn beabsichtigten Bauvorhaben – dargestellt im Bauantrag – nach geltendem öffentlichen Recht keine Hindernisse entgegenstehen.

Um die Komplexität des Produktes zu ermessen, seien neben der federführenden Institution des Bau-/Wohnungsaufsichtsamts beispielhaft einige durch Stellungnahmen beteiligte Stellen genannt: das Bau- und Wohnungswesen mit Stadtplanungs-, Tiefbau-, Vermessungs- und Grünflächenamt, der Bereich Finanzen und Wirtschaft mit Wohnungs- und Grundstücksamt, das Rechtsamt, die Feuerwehr, die Baustatik, Denkmalschutz- und Naturschutzbehörden. Je nach Art des Bauvorhabens müssen zahlreiche Grundlagen berücksichtigt werden, z.B. Baugesetz, Bauordnung, Wärmeschutzverordnung, Denkmalschutzverordnung sowie diverse Normen und Verwaltungsvorschriften, z.B. zur Nachbarschaftsanhörung.

Die verschiedenen Aspekte werden in den örtlich/räumlich verteilten Stellen geprüft, entsprechende Stellungnahmen werden erstellt und laufen bei der federführenden Instanz zusammen. In einigen Situationen kommt es zu Widersprüchen zwischen verschiedenen Stellungnahmen, die durch Rückfragen und zusätzliche Informationen geklärt werden müssen, bevor die Baufreigabe - ggf. unter Auflagen – erteilt oder abgelehnt werden kann.

Wie kann ein potentieller Anwender von multimedialen Telediensten im Bau-/Wohnungsaufsichtsamt die Ergebnisse des Projekts BTÖV einsetzen?

Anhand der in der Methodik vorgeschlagenen Vorgehensweise wird analysiert, wie mit Hilfe von Telekooperation in diesem Fall zeitliche und/oder qualitative Verbesserungen erreicht werden können. Dies kann z.B. in der Abstimmung zwischen zwei Stellen – Stellungnahme des Stadtplanungsamts – oder im gesamten Geschäftsprozeß Baugenehmigung möglich sein. Zur Unterstützung u.a. der Identifikation konkreter Fälle stellt BTÖV eine Reihe von Anwendungsszenarien zur Verfügung.

3 BTÖV-Methodik

Die BTÖV-Methodik muß einerseits, um die bedarfsgerechte Gestaltung der Telekooperation in der öffentlichen Verwaltung umfassend zu unterstützen, ein breites Schema bieten und andererseits für einen konkreten Fall die Auswahl und Kombination geeigneter Methodenbausteine ermöglichen. Die Methodenbausteine sind dabei in Form von Schritten gegliedert, die sich wiederum in die einzelnen Phasen eines Telekooperationsprojekts gliedern lassen.

Die *Phase Identifikation der Handlungsfelder* umfaßt die Schritte Szenarien ermitteln und bewerten, Erfolgsfaktoren und Büroprodukte identifizieren, Geschäftsprozesse identifizieren.

Die *Analysephase* besteht aus den Schritten Kooperationsstruktur analysieren, Arbeitsplatz und Gruppe analysieren und Kosten-Nutzen-Ist ermitteln.

In der *Phase Design* werden als Schritte angeboten: Sollkonzept entwerfen und simulieren, Designkonzept entwerfen und Kosten-Nutzen-Soll bewerten.

Die abschließende *Umsetzungsphase* beinhaltet die Schritte Umsetzung planen, Beschaffen und Komponenten integrieren, Organisatorisch implementieren und Erproben, Konsolidieren und Aneignung gestalten.

Das konkrete Telekooperationsprojekt wird selten alle Methodenbausteine des Standardvorgehens in ihrer ganzen Tiefe durchlaufen, sondern Schwerpunkte setzen. Dabei gilt es einen sinnvollen Pfad durch die Vorgehensweise zu finden. Mögliche sinnvolle Pfade werden auf der Basis der Anwendungsszenarien in den Gestaltungsempfehlungen aufgezeigt werden.

4 Anwendungsszenarien

Ein Anwendungsszenario stellt prototypisch eine Klasse von konkreten Fällen dar. Überschneidungen zwischen Anwendungsszenarien sind möglich, da sie Trend- und Entwicklungsaussagen zusammenfassen. Die Anwendungsszenarien wurden nicht für eine disjunkte Trennung anhand scharfer Merkmale definiert. Derzeit sind neun Anwendungsszenarien beschrieben, die sich in fünf Gruppen einordnen lassen.

- Aufgabenorientierte Szenarien: Zweipunkt-Szenario und Multipunkt-Szenario.
- Geschäftsprozeßorientierte Szenarien: Szenario "Einmalige erfolgs- und zeitkritische Geschäftsprozesse", Szenario "Wiederkehrende erfolgs- und zeitkritische Geschäftsprozesse".
- Flächendeckende Szenarien: Organisationsweites Szenario, Partnerschaftsweites Szenario.
- On-Demand-Szenarien: Asymmetrische Telekooperation on Demand, Globales Infrastruktur-Szenario.
- Szenario "Gemeinsames virtuelles Büro".

Der potentielle Anwender des Fallbeispiels ordnet seinen konkreten Fall jetzt einem Anwendungsszenario zu. Denkbar wäre, daß er für eine erste Erprobung multimedialer Teledienste und unter Kostengesichtspunkten zunächst ein Zweipunkt-Szenario für die beiden hauptsächlich betroffenen Stellen des Bau-/Wohnungsaufsichtsamts und des Stadtplanungsamts ansetzt. Der Geschäftsprozeß Baugenehmigung könnte dann genau bei der Abstimmung dieser beiden Stellen – Stellungnahme des Stadtplanungsamts – durch Telekooperation unterstützt werden. Nach der Umsetzung kann die dann vorhandene Technologieunterstützung natürlich auch für andere Kontexte als den der Baugenehmigung eingesetzt werden.

Alternativ oder auf dem Zweipunkt-Szenario aufbauend wäre der Einsatz des Anwendungsszenarios "Wiederkehrende erfolgs- und zeitkritische Geschäftsprozesse" möglich, der alle normalerweise in die Baugenehmigung einzubeziehenden Stellen umfaßt.

Über das Fallbeispiel hinausgehend wäre der Einsatz des "Flächendeckenden Partnerschaftsweiten Szenarios" denkbar, der alle oben genannten Stellen und Behörden umfaßt und nicht den Schwerpunkt auf die Unterstützung eines bestimmten Geschäftsprozesses – hier Baugenehmigung – legt.

Von der Entscheidung für das Zweipunkt-Szenario ausgehend kann der Anwender den Gestaltungsempfehlungen folgen und eine Analyse des Technologiebedarfs und der organisatorischen Auswirkungen sowie der Kosten-Nutzen-Relation durchführen. Stellt er nach der Analyse fest, daß der Einsatz von Telekooperation sinnvoll erscheint, wird er – evtl. anhand eines vorgezeichneten "Standard"-Designs – in die Umsetzungsphase eintreten.

Neben der direkten Anwenderunterstützung ermöglichen die Anwendungsszenarien
- die Orientierung und Abgrenzung von alternativen Entwicklungspfaden des Technologieeinsatzes,
- die Anforderungsdefinition für einen praxisorientierten Zugang zur Formulierung und Anwendung der Methode, des Bedarfsschätzungsmodells und der Gestaltungsempfehlungen und
- eine Eingrenzung der Faktoren, die für den Bedarf relevant sind.

Im weiteren wird auf die Faktoren eingegangen, die Bedarf speziell für Telekooperation in öffentlichen Verwaltungen beeinflussen.

5 Bedarf

Ziel der Bedarfsschätzung ist es, zu den beiden Dimensionen Anwender und Markt Aussagen zu treffen. Die Dimension Anwender sucht dabei eine Antwort auf die Frage "Welchen Bedarf an Telekooperation(stechnologie) hat der Anwender?". Bei der Dimension Markt stellt sich die Frage "Welchen Bedarf werden die Anwender am Markt realisieren?". Eine Untersuchung der folgenden Faktorenbündel soll zu beiden Fragestellungen Hinweise auf Antworten liefern.
- Stand der Technologie,
- Stand der Diffusion,
- Code of Practice,
- Organisatorische Potentiale,
- Wissenstransfer,
- Kosten der Telekooperation,
- Soft- und Hardware-Ergonomie,
- Rolle, Position und Verhalten innerorganisatorischer Akteure,
- Rechtlicher Rahmen,
- Standardisierung,
- Wettbewerb,

- Substitutionschancen,
- Individuelles und gesellschaftliches Umfeld,
- Internationalisierung,
- Ausgaben- und Einnahmensituation der öffentlichen Hand,
- Gesamtwirtschaftliche Entwicklung.

Jedes Faktorenbündel beinhaltet selbst wieder eine Reihe von Einzelfaktoren. Die Faktorenbündel stehen z.T. in enger Beziehung zueinander, z.B. unterstützen sie sich gegenseitig (Diffusion und Wissenstransfer). Diese Abhängigkeiten und die direkte und die indirekte Wirkung der Faktorenbündel auf den Telekooperationsbedarf sind im Bedarfsschätzungsmodell dargestellt. In Anlehnung an die Anwendungsszenarien wird eine Vereinfachung und Beschränkung auf die starken Faktorenbündel zur besseren Handhabbarkeit der Schätzung angestrebt.

6 Ausblick

Im Rahmen der weiteren Arbeiten im Projekt werden neben der Erstellung der noch fehlenden Teile – quantitatives Bedarfsschätzungsmodell und Gestaltungsempfehlungen – die bereits existierenden fortgeschrieben, ggf. vereinfacht und anhand von Best Practice Fällen konsolidiert.

Das multimediale Verwaltungsbüro: Erprobungsprojekte der DeTeBerkom

Johannes Ewers
DeTeBerkom GmbH, Voltastr. 5, 13355 Berlin

1 Das Verwaltungsbüro als Einsatzgebiet für Multimedia-Kommunikation

Der Medienrummel um die Themen 'Multimedia' und 'Information Highway' verdeckt den Blick auf die weniger spektakulären, dafür aber konkreten Entwicklungen auf diesen Gebieten.

Die Bürokommunikation in öffentlichen und kommerziellen Verwaltungen hat das Potential für einen breiten Einsatz von Multimedia-Technologie. Besonders interessante Anwendungen ergeben sich durch die Kombination von Telekommunikation und Multimedia.

Ziel ist es, räumliche und funktionelle Trennungen zu überwinden. Dabei geht man von der Idee aus, daß immer mehr Firmen oder Behörden an weit verteilten Standorten angesiedelt sind, trotzdem aber gemeinsam handeln und miteinander kooperieren müssen. Die Kommunikationsbarriere, die sich durch die Entfernung der Partner aufbaut, soll durch neuartige, multimediale Technologie (z.B. Videokonferenz am Arbeitsplatz, Joint Viewing, Joint Editing) durchbrochen werden.

Der Einsatz wird aber nicht allein von der Technologie bestimmt, sondern von der Akzeptanz durch den Anwender und durch den erkennbaren Nutzen. Aus Umfragen ist bekannt, daß Anwender auch in wirtschaftlich kritischen Zeiten bereit sind, in neue Technologien zu investieren, wenn Kosten und Nutzen klar definiert werden können. Multimedia-Anwendungen müssen hier noch aufholen, um den Nutzen klar zu beschreiben. Ursachen für dieses Defizit sind :
- mangelndes Wissen der Anwender,
- irreführende Informationen der Anbieter,
- ein unübersehbares und verwirrendes Angebot der Hersteller,
- konkurrierende Standards, Formate und Plattformen,
- schwierige Bedienung und hoher Schulungsaufwand,
- Einbettung in ein komplexes und organisatorisches Umfeld und
- Kompetenzstreit zwischen DV- , TK- und Fachbereichen.

Häufig ist es auch so, daß der effiziente Einsatz von innovativen Multimediatechniken erst im Anschluß an eine Umstrukturierung der Firmenorganisation oder beim Erschließen neuer Arbeitsfelder möglich ist.

2 Erprobung im BERKOM-Projekt EMTEK

DeTeBerkom, eine Tochtergesellschaft der Deutschen Telekom AG, untersucht in praxisnahen Erprobungen den Einsatz innovativer Technologien in verschiedenen Anwendungsbereichen (Büro, Publishing, Medizin, Marketing ..). Im Bereich 'Bürokommunikation in der Verwaltung' werden Projekte mit unterschiedlichen Schwerpunkten (Technik, Anwendung, Standards ..) zusammen mit Partnern aus der Industrie und mit Anwendern durchgeführt. Ziel ist die Definition neuer Produkte oder Dienstleistungen (Teleservices) für die Telekom.

Das Projekt EMTEK erprobt den Einsatz multimedialer Teleservices bei einer branchenorientierten Projektgruppe der KPMG-Unternehmensberatung. Dieses Umfeld eignet sich besonders gut zur Erprobung, da hier viele Prozesse ablaufen, die einen hohen Grad von Flexibilität und Abstimmung erfordern. Die neue Technik wird zur Unterstützung der Kommunikation zwischen den Standorten Berlin und Frankfurt eingesetzt. Dazu wird eine Kooperationsumgebung mit jeweils 6 Arbeitsplätzen an beiden Standorten aufgebaut. Die multimedialen Teledienste werden mit Elementen der SNI Büroproduktpalette kombiniert. Eingesetzt werden PCs und Macs als Arbeitsstationen mit einer Unterstützung durch einen zentralen Server. Die klassischen Arbeitsplatzfunktionen werden um folgende neue Funktionen ergänzt :

- Videokonferenz am Arbeitsplatz (2- und Mehrpunktkonferenz),
- Gleichzeitiges, gemeinsames Beabeiten von Dokumenten an verschiedenen Standorten mit Standardanwendungen (Word, Exel, Powerpoint),
- Einbindung von Papierdokumenten über Fax oder Scanner und
- Unterstützung von festen Arbeitsstationen und Laptops

Die technische Realisierung wird von der Sietec GmbH, einer SNI-Tochter, übernommen.

Als Ziel des Projektes EMTEK wird nicht primär die klassische Entwicklung eines Telekom-Endgerätes gesehen (Technologie), sondern der Aufbau einer Know How Basis, die es der Telekom erlaubt, komplexe Lösungen für Anwenderprobleme kompetent anzubieten (Anwendung). Die Erfahrungen aus dem Projekt beziehen sich deshalb auf folgende Bereiche :

- Gestaltung und Funktionalität von Arbeitsplätzen,
- Gestaltung von übergreifenden Arbeitsprozessen,
- Organisationsformen und 'Business Reengineering',
- Sicherheits-, Zuverlässigkeits- und Qualitätsaspekte,
- Kosten/Nutzen Analyse,
- Architektur von Multimedia-Endgeräten im Büro,
- Architektur zentraler Komponenten für Arbeitsgruppen,
- Workgroup/Telekooperationsmodelle und Standards,
- Lokale und 'Wide Area' / Schmalband- und Breitband-Vernetzungen und
- Verfügbarkeit und Entwicklungsstand technischer Komponenten.

Das Projekt durchläuft die folgenden Phasen:

Bedarfsanalyse. Die Anforderungen des Geschäftsbereichs 'Banken' der KPMG Unternehmensberatung als Anwender werden sowohl aus der technischen Sicht der einzusetzenden Systeme und Kommunikationsdienste, als auch aus der anwendungsorientierten Sicht der geforderten Problemlösungen untersucht. Als Ergebnis liegen eine Beschreibung der Arbeitsabläufe und eine Analyse der vorhanden Ausrüstung und technischen Infrastruktur vor.

Konzeption der technische Lösungsplattform. Auf Basis der Analyse wird eine technische Planung für das Bürokommunikationssystems der Erprobungsgruppe aufgestellt. Die Planung berücksichtigt die technische Plattform, die im Rahmen verschiedener BERKOM-Projekte und Arbeitskreise konzipiert wurde. Dabei ist die 100% Erfüllung der Anwenderanforderungen das wesentliche Ziel. Die Planung wird mit den Anwendern intensiv abgestimmt.

Diese Phase hat gezeigt, daß noch erheblicher Entwicklungsbedarf besteht, wenn leistungsfähige, stabile, funktionsfähige und offene Lösungen in einer heterogenen Rechnerwelt gesucht werden.

Die Videoconferenz wird durch H.320-Codecs und eine Multipoint-Conference-Unit realisiert. Das Application Sharing wird parallel zur Videokommunikation mit dem Produkt JANUS III der Firma BERCOS durchgeführt.

Erprobung. Das geplante System wird Ende März 1995 implementiert und installiert. Die Erprobung der Lösung an 12 Arbeitsplätzen, davon jeweils 6 in Frankfurt und Berlin, läuft ab April 1995. Zum Zeitpunkt des Dritten Deutschen Multimedia Kongresses im Juni 1995 liegen erste Ergebnisse vor.

Unterstützung. Die Anwender werden durch umfassende Schulung und Beratung bei der Systemeinführung und Erprobung unterstützt, um eine echte Nutzung sicherzustellen.

3 Anforderungen an die Kommunikationsnetze

Multimedia-Kommunikation stellt große Anforderungen an das zugrundeliegende Übertragungsnetz. Dabei kann zwischen dem Austausch von Multimedia-Dokumenten und der kontinuierlichen Übertragung von Sprach- und Videodaten unterschieden werden. Beiden Formen der Kommunikation ist eines gemeinsam: sie übertragen große Datenmengen, die eher im Megabyte- als im Kilobyte-Bereich liegen. Multimedia-Kommunikation verlangt also nach Netzen mit hoher Übertragungsrate. Die ATM (Asynchroner Transfer Mode)-Technologie und das darauf aufbauende, geplante Breitband-ISDN der Telekom werden diese Anforderungen erfüllen.

4 Fazit

Multimedia-Anwendungen brauchen Zeit zur Entwicklung und werden sich nicht von heute auf morgen durchsetzen. Die Euphorie der ersten Stunde wird sich legen und einer ruhigeren Phase Platz machen. Der Ausbau oder die Ablösung bestehender Netze bietet die Chance, MM-Anwendungen zu berücksichtigen. Der Trend zu niedrigeren Preisen bei höherer Leistung wird die Entscheidung für den Einsatz erleichtern.

Hersteller und Anwender, die sich frühzeitig mit den Chancen, aber auch den Risiken, dieser neuen Technologien auseinandersetzen, haben die Möglichkeit, ihre Marktpotentiale zu stärken. Etwas Geduld und Ausdauer sind allerdings notwendig.

Hersteller, die vom Multimedia-Kommunikationsmarkt profitieren wollen, müssen einen langen Atem haben. Der Markt befindet sich in einer Aufbruchphase, die durch viele unkoordinierte Nischenlösungen gekennzeichnet ist. Konkurrierende Hersteller kämpfen mit ihren speziellen Protokollen, Schnittstellen und Produkten um die ersten Anwender. Die komplexe Technik erfordert hohe Einsätze bei der Entwicklung, sowohl auf der Seite von Multimedia als auch bei den Netzwerken.

Allen Herstellern ist anzuraten, sich in Arbeitsgruppen (s. ATM Forum) zusammenzuschließen, um gemeinsame Strategien und Verfahren zu verabreden. Nur so kann eine breite Anwendungsplattform geschaffen werden, die am Ende allen nutzt. DeTeBerkom bietet dazu mit ihren Multimedia-Teleservice-Arbeitskreisen eine Anregung.

Anwender sollten nüchtern überlegen, wie sie Multimedia-Kommunikation in ihrem Unternehmen einsetzen können. Zeitkritische, komplexe Vorgänge, die eine enge Abstimmung erfordern, sind ein erster Anwendungsbereich. Anwender müssen aber darauf achten, daß sie offene, zukunftsweisende Lösungen wählen, die sie nicht in die Abhängigkeit einzelner Hersteller bringen.

Tele-Servicecenter im ländlichen Raum

Christoph Graß
HLT Gesellschaft für Forschung Planung Entwicklung mbH,
Regionalbüro Kassel , Kurfürstenstraße 7, D-34117 Kassel

1 Chancen für den ländlichen Raum

„Im Gelben Haus laufen künftig alle Informationsstränge zusammen", so überschrieb die Frankfurter Allgemeine Zeitung im Juni 1992 ihren Artikel über das Modellprojekt des Landes Hessen in der Stadt Schotten im Vogelsbergkreis. In der Kleinstadt Schotten mit rund 10.000 Einwohnern entstand im ehemaligen, denkmalgeschützten Schulgebäude mit gelber Fassade das erste Tele-Servicecenter in Hessen. Mit dem Konzept der Tele-Servicecenter versucht die hessische Landesregierung, die Attraktivität des ländlichen Raumes zu erhöhen und das Gefälle zur wirtschaftsstarken Rhein-Main-Region zu mildern. Die neuen Informations- und Kommunikationstechniken (IuK-Techniken) eröffnen dem ländlichen Raum neue Möglichkeiten. Der Aufbau von Telekommunikationsnetzen bietet die Möglichkeit, an Kommunikationsstränge im Ballungsraum angeschlossen zu werden, um damit entfernungsbedingte Lagenachteile auszugleichen. Da der Ausbau von Telekommunikationsnetzen nachfrageorientiert erfolgt, kann nur durch entsprechende Nachfragebündelung die Voraussetzung für einen raschen Anschluß an das Netz geschaffen werden. Dies läßt sich durch die Einrichtung von Tele-Servicecentern sicherstellen.

Ziele der Tele-Servicecenter sind, die Aus- und Weiterbildungsmöglichkeiten der Bevölkerung auf dem Lande zu verbessern, die Wettbewerbskraft der ansässigen kleinen und mittleren Unternehmen zu stärken und neue, interessante Arbeitsplätze vor Ort zu schaffen.

Das mittlerweile (zumindest in den alten Bundesländern) flächendeckend zur Verfügung stehende ISDN-Netz der Telekom bietet größtmögliche Anwendungsbereiche, so daß in den Tele-Servicecentern verstärkt Telearbeitsplätze eingerichtet werden können. Dabei handelt es sich eben *nicht* um die kritisierten, vielfach zur Vereinzelung führenden *Tele-Heimarbeitsplätze*, sondern um Arbeitsplätze in unmittelbarer Nachbarschaft zum eigenen Wohnstandort. Die Tele-Servicecenter sind als selbständige Unternehmen mit eigener Personalpolitik tätig. Durch die Möglichkeit der Telearbeit wird Arbeit zu den Menschen transportiert und nicht der Mensch zur Arbeit. Das bedeutet weniger Pendlerverkehr und Umweltbelastung sowie geringere Kosten. Außerdem können mit dezentraler Telearbeit in Tele-Servicecentern Dienstleistungen im ländlichen Raum kostengünstiger bereitgestellt werden als in den Ballungsgebieten, in denen Arbeitsplätze immer teurer werden.

Zur Effizienzsteigerung ist ein Verbund von Tele-Servicecentern mittels Datenfernübertragung wünschenswert. Denkbar sind auch Börsensysteme und Direktvermarktung, die Nachfrager und Anbieter zusammenbringen sowie der Aufbau von Diskussionsforen zwischen Teilnehmern, ohne daß diese dafür zusammentreffen müssen. Die geschilderten IuK-Techniken stellen ein wichtiges Instrument zur Stärkung eigenständiger Regionen in Europa dar. Um diese Entwicklung zu unterstützen, sieht die EU-Kommission gerade in ländlichen Gebieten einen Bedarf an entsprechenden Telekommunikationssystemen und -dienstleistungen in den 90er Jahren.

Die HLT Gesellschaft für Forschung Planung Entwicklung mbH erhielt vom Hessischen Ministerium für Wirtschaft, Verkehr, Technologie und Europaangelegenheiten den Auftrag, ein Konzept und eine Detailplanung für ein Modellprojekt Tele-Servicecenter „Gelbes Haus Schotten" zu entwickeln. Die aus dem Modellprojekt und anderen realisierten Projekten sowie aus einer Grundlagenstudie[1] für das Bundesministerium für Raumordnung, Bauwesen und Städtebau gewonnenen Erkenntnisse bei Planung, Realisierung und Betrieb wurden von der HLT im Auftrag des Hessischen Wirtschaftsministeriums für ein Handbuch ausgewertet[2].

2 Modell des Tele-Servicecenters

Bei der Planung von Tele-Servicecentern muß von den jeweiligen örtlichen Gegebenheiten ausgegangen werden. Daher sind die Dienstleistungsschwerpunkte bei den einzelnen Tele-Servicecentern sehr unterschiedlich. Sie reichen vom rein kommerziell betriebenen Schulungszentrum für IuK-Technik bis hin zur Bibliothek mit Café. Jedes Tele-Servicecenter muß durch eine Kernfunktion geprägt sein, die von den ortsspezifischen Gegebenheiten und Besonderheiten ausgeht. In Schotten war es z.B. eine neue Bibliothek. Für die Anwendungsförderung der IuK-Techniken kann es sich um unterschiedliche Kristallisationskerne handeln: In einem Kurort wird die Anknüpfung anders sein als in einem Ort mit gewerblichem Schwerpunkt.

Die möglichen *Dienstleistungen* in einem Tele-Servicecenter Abbildung 1.

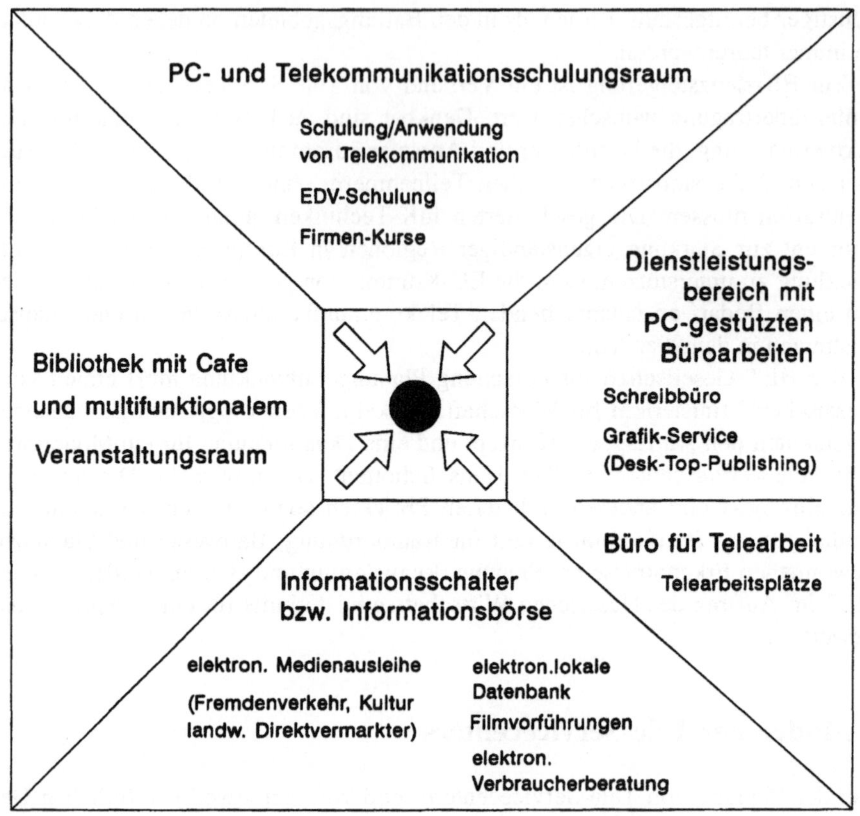

Abb. 1: Mögliche Dienstleistungen in einem Tele-Servicecenter
Quelle: HLT 1993

Das Tele-Servicecenter in Schotten vereinigt unter seinem Dach: ein *Schulungs- und Dienstleistungszentrum* für die neuen IuK-Techniken *sowie eine moderne Bibliothek.*

Das „Gelbe Haus" ist heute also ein Dach für zwei völlig autarke Einrichtungen mit einem privatwirtschaftlichen Bereich („Profit-Center") und einem öffentlichen Bereich (Abbildung 2).

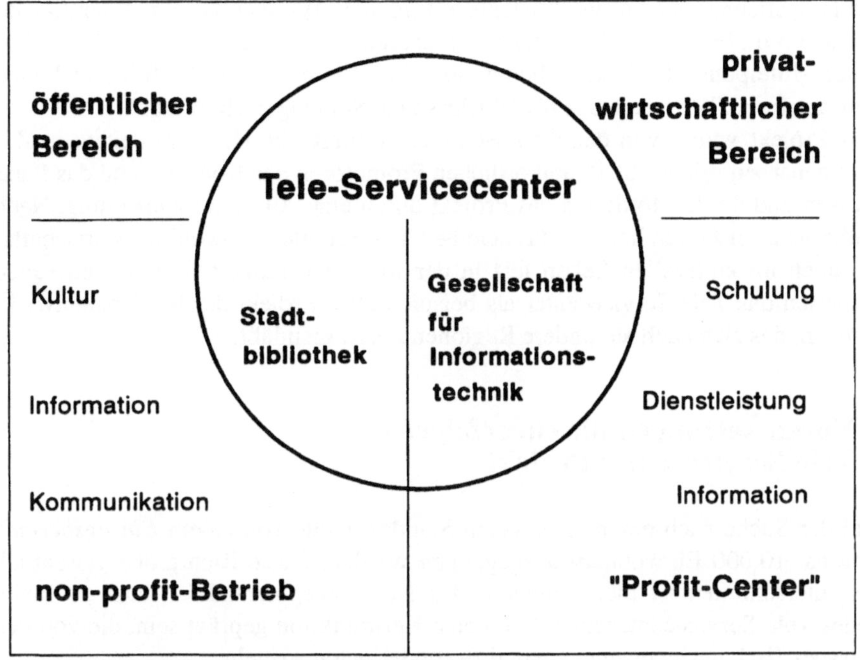

Abb. 2: Das gelbe Haus Schotten: Tele-Servicecenter mit öffentlichem und
privatwirtschaftlichem Bereich.
Quelle: Gelbes Haus Schotten 1992

Die *Gesellschaft für Informations- und Kommunikationstechnik Schotten mbH*
betreibt das Schulungs- und Dienstleistungszentrum und befaßt sich mit Schulung und Ausbildung in moderner Computertechnologie, mit Software-
Entwicklung, Projektmanagement und perspektivisch mit Telearbeit. Zum Kundenkreis der Gesellschaft gehören inzwischen nicht nur mittelständische Betriebe
aus der Region, sondern auch namhafte Großunternehmen aus dem Rhein-Main-
Gebiet.

Insbesondere mit der Anerkennung als Autorisiertes Trainings-Centrum von
AutoCAD gelang der Durchbruch als professionelles Dienstleistungsunterneh-
men mit einer hochwertigen technischen und personellen Infrastruktur.

Die *moderne Bibliothek* der Stadt Schotten machte sich schnell einen Namen
als eine der modernsten, benutzerfreundlichsten und innovativsten öffentlichen
Bibliotheken Deutschlands. Neben den klassischen Print-Medien werden audiovisuelle und elektronische Medien angeboten: Videos, CD's, Musikcasetten,
Literaturcassetten, Computerprogramme (Public Domain und Shareware). Die

Schlagwortsuche sowie die Ausleihe erfolgen EDV-gestützt. Ein Literaturcafé sowie ein multifunktionaler Veranstaltungsraum runden das Bild als neuer kultureller Mittelpunkt der Stadt Schotten ab. Die Öffnungszeiten der Bibliothek sind benutzerfreundlich: werktags bis 19 Uhr sowie Sonntag nachmittags[3].

Das Projekt wurde von der Stadt Schotten initiiert, die HLT erarbeitete in Zusammenarbeit mit der Stadt und örtlichen Promotoren das Konzept, und das Land Hessen und die EU förderten das Projekt durch eine Anschubfinanzierung. Nach mehr als zwei Jahren hat sich das „Gelbe Haus Schotten" sowohl im Wirtschafts- als auch im kulturellen Leben fest in der Region verankert. Bundesweit sehen Experten das Tele-Servicecenter als beispielhaftes Projekt der Regionalentwicklung an, das sich auch auf andere Regionen übertragen läßt.

3 Voraussetzungen für ein erfolgreiches Tele-Servicecenter Projekt

Bei der Suche nach einem geeigneten Standort sollte von einem *Einzugsbereich* von ca. 10.000 Einwohnern ausgegangen werden. Diese Richtgröße wesentlich zu unterschreiten ist nicht sinnvoll, das Nachfragepotential ist dann zu klein. Jedes Tele-Servicecenter muß durch eine Kernfunktion geprägt sein, die von den ortsspezifischen Gegebenheiten und Besonderheiten ausgeht.

Bei einem geplanten Angebot von kommerziellen Dienstleistungen, z.B. dem Aufbau eines IuK-Technik-Schulungsraumes mit PC-Kursen und Seminaren, sind die *Abschätzung des Marktes und die Analyse der Wettbewerbssituation* besonders wichtig. Dies gilt insbesondere im Hinblick auf bestehende vergleichbare Einrichtungen, Dienstleistungsbüros oder Schulungszentren sowie deren Markt bzw. Zielgruppen. Letzten Endes ausschlaggebend für den Erfolg eines kommerziellen Tele-Servicecenters wird es sein, ob es der Geschäftsführung gelingt, sich ihren Markt durch einzelne „Schlüsselaufträge" und deren Referenzwirkung zu erschließen.

Eine der entscheidendsten Aufgaben zu Beginn der Planungen ist die Suche nach geeigneten „Mitstreitern" vor Ort, denn lokale und regionale *Promotoren* sind für die Verwirklichung des Projektes unerläßlich. Selbst objektiv günstige Rahmenbedingungen nützen nichts, wenn vor Ort das Projekt nicht mitgetragen wird. Es empfiehlt sich, *Berater* von außen heranzuziehen, die bereits einschlägige Erfahrungen auf den Gebieten Planung, Realisierung und Betrieb eines Tele-Servicecenters besitzen.

Die Wahl der geeigneten *Trägerschaft* bzw. Rechtsform für ein Tele-Servicecenter ist ein wichtiger Punkt bei der Planung, weil sie als konstituierende Entscheidung langfristige Strukturen festlegt. Für ein kommerzielles Tele-Servicecenter empfiehlt sich die Rechtsform der GmbH, es gibt aber auch Tele-Servicecenter, die als eingetragener Verein tätig sind. Eine öffentliche Trägerschaft empfiehlt sich, wenn Aufgaben wahrgenommen werden sollen, die vorwiegend im öffentlichen Interesse liegen, für die Gesamtbevölkerung von Nutzen sind und die naturgemäß Subventionsbedarf haben.

Bei der *Finanzierung* kommen öffentliche Fördermittel, private Geldgeber (Sponsoren) und eigene Einnahmen in Frage. Bei den meisten Tele-Servicecentern sind Mischfinanzierungen notwendig. Ein kommerzielles Tele-Servicecenter soll sich nach einer Anschubfinanzierung von ca. 3 Jahren selbst tragen.

Die *stufenweise Realisierung* eines Telehaus-Projektes hat sich bewährt, da hierdurch kurz-, mittel- und langfristige Ziele im Dienstleistungsangebot in Abschnitten verwirklicht werden können. Eine solche Vorgehensweise kann sich an Prioritäten orientieren; Ressourcen sowie Finanzmittel können besser geplant, koordiniert und verteilt werden.

Tele-Servicecenter oder Telehäuser werden *inzwischen in alten wie in neuen Bundesländern* betrieben oder befinden sich im Aufbau. Sie könnten in Zukunft eine Plattform für multimediale Anwendungen darstellen und hierdurch dem ländlichen Raum die neuen Entwicklungen bei den IuK-Techniken näherbringen.

---

[1]Klaus-Stöhner , Ulrich; Graß, Christoph: Nachbarschaftsladen 2000 und Tele-Servicecenter für den ländlichen Raum: Grundlagenstudie. HLT Gesellschaft für Forschung Planung Entwicklung mbH, HLT-Report Nr. 257, Wiesbaden 1989 (unveränderter Nachdruck 1991)

[2]Das Handbuch „Tele-Servicecenter im ländlichen Raum" kann im hessischen Wirtschaftsministerium, Referat Presse- und Öffentlichkeitsarbeit, Fr. Krämer, Postfach 3129, 65021 Wiesbaden, Tel.: 0611/815-2026 angefordert werden.

[3]Eisenburger , Peter: Gelbes Haus Schotten: Informationstechnik, Dienstleistung, Bibliothek. Zeitung Nr.2, Oktober 1994, S.1

Multimediale Formen der Telekooperation und der Teleheimarbeit: – Forschungsbeiträge – Anwendungserfahrungen – Anwenderziele

Heinz Thielmann
Gesellschaft für Mathematik und Datenverarbeitung (GMD)
Institut für Tele-Kooperations-Technik
Rheinstraße 75, D-64295 Darmstadt

1 Einführung und Überblick

Telekooperation und Teleworking sind wesentliche Schrittmacher auf dem Weg in das viel zitierte Zeitalter der multimedialen Informationsgesellschaft. Technik und Technologien sind verfügbar. Es fehlen aber die geeigneten Prozesse für eine breite Umsetzung in zielgruppenorientierte Anwendungen und nachhaltige Wachstumsmärkte. In Zeiten einer Marktsättigung versagen die üblichen Abläufe Forschung-Entwicklung-Produkt-Marketing-Vertrieb-Anwendungen. Diese klassische Wertschöpfungskette muß in einen neuen Wertschöpfungskreis zusammengebunden werden mit dem Ziel des

- Anwender-Einflusses auf die Forschung (bedarfsorientiert),
- Forschungseinflusses auf die Anwendung (aufklärungs-orientiert).

Wesentliche Barrieren für einen ganzheitlichen Ansatz zum "time-to-market" sind

- fehlende Praxis-Orientierung der Forschung über Anwender-Bedürfnisse,
- fehlende Kenntnis und Aufklärung der Anwender über technische Möglichkeiten,
- fehlende Kommunikation im Zusammenspiel Forschung-Hersteller-Anwender.

Die meisten öffentlichen Diskussionen über "Multimedia" und "Informations-Highways" werden derzeit unqualifiziert geführt, indem

- Techniker über Anwendungen reden, die noch keinen Markt darstellen,
- Politiker über Marktpotentiale und Arbeitsplatzpotentiale reden, ohne den Umsetzungsprozeß zu kennen,
- Pilotprojekte "herbeigeredet" werden, denen möglicherweise eine tiefe Ernüchterung folgt.

Wir müssen weg von der Gefahr der "Mode-Trends" und hin zu realistischen Evolutionsschritten im Markt der Multimedia-Anwendungen. Vergleicht man die historische Entwicklung der Informations- und Kommunikationstechnik und ihrer Anwendungen, so sind folgende Marktsegmente zu differenzieren

- Persönliche Kommunikation,
- Geschäftliche Kommunikation,
- Unterhaltungs-Kommunikation,
- Heim-Kommunikation mit geschäftlichem oder persönlichem Inhalt

sowie deren Mischformen. In der Regel begannen wirklich erfolgreiche Innovationen in der geschäftlichen Kommunikation und diffundierten schrittweise in die anderen Marktsegmente (z.B. Telefon, Telefax, PC, ...).
Für die Multimedia-Anwendungen bedeutet dies:

- ganzheitliches, gemeinsames Erschließen des geschäftlichen Bereichs,
- Nutzung vorhandener Infrastrukturen wie z.B. ISDN, Datennetze, Corporate Networks, Internet,
- Übergang zu ATM im Inhouse-Bereich und Zugang zu Backbone-Netzen.

Die Nutzung der Multimedia-Angebote wird erst nach dem Durchlaufen einer Erfahrungskurve in den Consumer-Bereich erfolgen.

Daher sind multimediale Formen der Telekooperation und des Teleworking im geschäftlichen Bereich entscheidende Faktoren in der Marktentwicklung. Pilotprojekte in diesem Umfeld sind weniger spektakulär, aber um so wichtiger für gemeinsame Erfahrungen und Erkenntnisse für den Handlungsbedarf. Untersuchungsfelder sind hier u. a. :

- Organisationsformen von verteilten, virtuellen Unternehmen,
- Benutzeroberfläche (Mensch-Maschine-Interface),
- Sicherheits-Aspekte (Zugangs-Berechtigung, verbindliche Telekooperation),
- Datenbank-Zugriff und Datenbank-Management,
- interaktive, virtuelle Telepräsenz-Szenarien,
- Verfügbarkeit, Qualität und Akzeptanz,
- persönliches und gruppen-spezifisches Zeitmanagement,
- sozio-ökonomische und juristische Konsequenzen,
- branchen-spezifische Prozeß-Abläufe.

Hier zeigen praxisnahe Ansätze zwischen konkreten Anwender-Gruppen, innovativen Multimedia-Unternehmen im Bereich der klein- und mittelständischen Unternehmen (KMU's) und der Forschung größte Aussicht auf Erfolg.

2 Innovations-Projekte und Vorgehensweise

Auf Initiative des GMD-Instituts für Tele-Kooperations-Technik in Darmstadt wurden im Oktober 1994 in Darmstadt und Nürnberg, gemeinsam mit den jeweiligen IHK's, Innovations-Initiativen im ganzheitlichen Ansatz gestartet:

- insgesamt ca. 80 kleine und mittelständische Unternehmen (KMU's) aus dem Multimedia-Software-Bereich,
- Anwender aus verschiedenen Branchen,

- Forschungseinrichtungen wie GMD-Institute, Fraunhofer-Institute etc.,
- Hochschulen, Fachhochschulen,
- Wirtschaftsministerien in Hessen und Bayern.

Ziel war die Formulierung und Umsetzung anwendungsspezifischer Multimedia-Projekte gemeinsam mit konkreten Anwendern, getrieben von KMU's als innovativen Unternehmen, unterstützt durch anwendungs-orientierte Forschungseinrichtungen. In mehreren anwendungs-spezifischen Projekt-Runden wurden gemeinsam 20 Projekte definiert mit hohem Umsetzungs-Potential und Markterfolg, vorausgesetzt, der Know-How-Transfer aus der Forschung und die Anschub-Finanzierung für die KMU's und Anwender können schnellstmöglich organisiert werden. Nachfolgend werden einige Projekt-Skizzen dargestellt:

2.1 Verteiltes Management digitaler Bilder im Verlagswesen

Das projektierte Vorhaben zielt auf die Entwicklung und Etablierung einer Dienstinfrastruktur für den Austausch von digitalen Druckvorlagen zwischen Werbe-/Bildagenturen und Verlagen.

Der Einsatz der im Rahmen dieses Projekts avisierten Mehrwertdienste für das Bildmanagement ermöglicht die Beibehaltung des digitalen Mediums von der Erzeugung der Information (Agentur) bis zum Herantragen an den Kunden (i.e. Verlage). Die derzeit übliche Vorgehensweise zur Veröffentlichung von Werbeanzeigen und -kampagnen (Erstellung von Einzelvorlagen, Versand per Kurier usw.) kann dadurch effizient verbessert werden.

2.2 Multimedia-Telekooperation im Verlagswesen

Durch den Einsatz moderner Informations- und Komunikationstechnologien sollen Austausch und Bearbeitung von digitalen Dokumenten zwischen heterogenen Systemumgebungen verbessert werden.

Das Thema des Projekts wird in zwei Arbeitspakete unterteilt:

- Digitale Übertragung von Druckunterlagen zur zentralen Reproduktion mit
  - Informationserfassung und Übertragung zur zentralen Reproduktion,
  - Transformation der Daten in eine dem Zielmedium (Zeitung, CD-ROM, Datenbank) angepaßten Form,
  - Transport der aufbereiteten Daten zum Benutzer,
  - Definition der benötigten Schnittstellen und Protokolle
- Digitale Partnerschaft zwischen Kreation und Produktion mit
  - einheitlichem Austausch von Daten in allen Bearbeitungszuständen (digitale Photographie, Layout, Seitenaufbau, Satz, Repro, Proof),
  - digitalem Druck,
  - Herstellung von CD-ROMs,
  - Anbieten von Online-Diensten (z.B. in Datenbanken),
  - zwischenbetrieblichem Colormanagement.

2.3 Telekooperation im Produktentwicklungsprozeß der Automobil- und Zulieferindustrie durch Unterstützung mit multimedialer Informations- und Kommunikationstechnik

Durchgängiger Kommunikations- und Informationsfluß im Betrieb. Hierzu Aufbau eines vernetzten Kommunikations- und Informationssystems mit Mitteln der Multimediatechnik. Ziel: Informationen allen an der Produktentwicklung und Fertigung beteiligten Mitarbeitern (innerbetrieblich und - soweit notwendig - außerbetrieblich) zugänglich zu machen.

Recht auf Informationsaustausch mit der Beantwortung von Fragen: z.B.: Sind Informationen, Anfragen, Fehlerberichte, Verbesserungsvorschläge etc. eingegeben, so müssen diese von den angesprochenen Fachabteilungen innerhalb einer Antwortfrist beantwortet werden. Zur Anpassung dieser Kommunikationssoftware an die existierende betriebliche Kommunikationsstruktur wird eine flexible Toolbox geschaffen.

2.4 Interaktive Multimedia-Dokumentation auf digitalen Netzen für Pharma-Forschung, Entwicklung und Zulassung

Ziel ist die Erstellung und der Austausch von Multimedia-Dokumentation in Forschung, Entwicklung und Zulassung. Schon heute, in der Phase des stärkeren Einsatzes elektronischer Hilfsmittel, treten erhebliche Mediensprünge in der gesamten Prozeßkette der Entwicklung eines Medikamentes auf. So wird für Photos und ähnliche Dokumentationsmittel (Röntgenfilme, Chromatogramme etc.) z.Zt. auf Papier oder papierähnliche Informationsträger zurückgegriffen. Solche Mediensprünge müssen absehbar digitalelektronisch unterstützt werden, da sie zu Reibungs- oder Informationsverlusten führen und damit zwangsläufig zu Zeitverlust in der Entwicklung und Akzeptanzverlust bei Behörden.

Erweiterte multimediale Apsekte wie Video und Audio ermöglichen wesentlich verbesserte Dokumentationsmethoden, die z.Zt. primär wegen technischer Probleme kann genutzt werden.

Die Realisierung muß nutzenorientiert das firmenspezifische technische und organisatorische Umfeld berücksichtigen.

2.5 Elektronischer Bibliothekszugang mit intuitiv gestalteter Oberfläche

Hierzu wird ein integriertes Endbenutzersystem entwickelt, das

- dem Benutzer über eine intuitiv anwendbare Benutzeroberfläche mittels sog. Metaphorischer Bildelemente den Online- und/oder Offline-Zugriff auf den OPAC der Bibliothek ermöglicht und dabei auch Online-Bestellungen oder mindestens Vormerkungen unterstützt und
- gegebenenfalls kombiniert ist mit einem Stadtinformationssystem.

Das System zielt insbesondere auf den nicht speziell mit dem Umgang von Informationssystemen vertrauten Bibliotheksbenutzer: ihm wird ein leichter elektronischer Zugang zu Bibliotheksdiensten ermöglicht. Damit erschließen sich öffentliche, kommunale Bibliotheken einen Nutzerkreis, nämlich die privaten PC-Nutzer.

2.6 Multimediale Anwendung zur Bedienerschulung und Ferndiagnose bei oberflächenorientierter Software

KMU-Software&Service-Unternehmen sollen hinsichtlich der professionellen Vermarktung und Betreuung ihrer Produkte unterstützt werden und damit die Voraussetzung schaffen, daß aussichtsreiche Entwicklungsergebnisse nicht an der Markteinführung und -durchdringung scheitern.

Es soll also nicht die Produktentwicklung selbst gefördert, sondern, basierend auf bereits weitgehend fertigen Softwareprodukten, deren Markteinführung mit Multimedia-Mitteln unterstützt werden.

- Durchführung einer Erhebung hinsichtlich des Marketing- und Vertriebsqualifikationsbedarfs in Software- und Systemhäusern,
- Ableitung praxisnaher Weiterbildungsmaßnahmen und umsetzungsorientierter Weiterbildungsformen,
- Vorbereitung und Durchführung entsprechender Seminare,
- Multimediale Aufbereitung der Inhalte für kostengünstiges und zeitindividuelles Lernen via Video und CD-ROM,
- Bereitstellung der multimedialen Inhalte via Mailbox, Video on demand und distance learning.

2.7 Weltweite Handels- und Kooperationsanbahnung für KMUs mit Hilfe interaktiver, multimedialer Leistungspräsentation und multifunktionaler Recherchemöglichkeiten in Weitverkehrsnetzen

Die derzeitige wirtschaftliche Situation und die Ausrichtung unserer Wirtschaft auf den Export zwingen viele kleine und mittelständische Unternehmen verstärkt nach Kooperationspartnern zu suchen. Angestrebt werden

- strategische Allianzen im Inland, um den Aufwand für Entwicklung, vor allem aber für die Produktverwertung zu reduzieren,
- Handels- und Kooperationspartnerschaft im Ausland, um neue Märkte zu erschließen, zur Zeit vor allem im Raum Südostasien.

Gerade KMUs haben oft innovative Produkte anzubieten, weisen jedoch Schwachpunkte im Marketing auf: Die adäquate Unternehmens- und Produktdarstellung wird sträflich vernachlässigt, die Anbahnung von Geschäftskontakten ist nicht effektiv genug, ein Forum zur oft notwendigen permanenten Präsenz vor Ort fehlt.

Die Abhilfe heißt: Multimediale Präsentation über zentrale Server und zeit- und ortsunabhängige Recherchemöglichkeiten über Weitverkehrsnetze.

2.8 Regionale Wirtschafts- und Standortinformationen auf dem WWW

Eine leere digitale Kartengrundlage mit Grenzen und davon separate, aber mit der Karte verknüpfbare Dateien mit ortsbezogenen Inhalten soll digital in einem für WWW geeigneten Format vorliegen; sie soll aus unterschiedlichen, schon vorhandenen digitalen Karten bzw. aus deren Formaten (ATKIS, digitale Satellitendaten) abgeleitet werden.

Die Kartengrundlage soll im Endstadium für ganz Europa und für den Bereich von Landes- bis Grundstücksgrenzen, vorher aber schon für einzelne Regionen und für einzelne Maßstabsbereiche verwendbar sein.

Bei der Kartengrundlage soll der Maßstab bzw. die Art der darzustellenden Objekte vom Benutzer frei wählbar sein (Länder, Regionen, Kreise, Gemeinden, Bebauungspläne). Sie soll mit Dateien mit ortsbezogenen Inhalten verknüpfbar sein.

Die Dateien mit ortsbezogenen Inhalten können unterschiedliche Arten von Aussagen enthalten, z.B.:

* flächenbezogene Angaben wie Einwohnerzahlen, Steuersätze, ausgewiesene Gewerbe- oder Naturschutzgebiete,
* anschlußbezogene Angaben wie Verkehrsanbindungen, Ver- und Entsorgungsanlagen,
* wirtschaftsbezogene Angaben wie Beschäftigtenzahlen, Branchengliederung,
* institutsbezogene Angaben wie Adressen von Verwaltungen, Kammern und sonstigen Ansprechpartnern.

Dateien mit ortsbezogenen Inhalten können sich auf die verschiedensten Themen beziehen wie Wirtschaftsförderung, Tourismus, Kultur, Umweltschutz u.a..

3 Sicherheit und Verbindlichkeit der Telekooperation

Telekooperation und Teleworking setzen neue Formen der "Rechts-Verbindlichkeit" mit multimedialen Mitteln voraus. In Deutschland treibt die TeleTrusT-Vereinigung die Lösung dieser Themen voran.

Die Mitglieder von TeleTrusT Deutschland bearbeiten in den Arbeitsgruppen mit interessierten Fachpartnern folgende Aufgaben oder initiieren ihre Behandlung in geeigneten Gremien:

* Untersuchung und Weiterentwicklung von zuverlässigen Methoden zum Schutz der Informationsübertragung, -verarbeitung und -speicherung;
* Förderung kooperativer und offener Systementwicklung durch die Veröffentlichung gemeinsamer technischer Spezifikationen;
* Förderung der Nutzbarkeit einer einheitlichen offenen Sicherungstechnik für Anwendungen;
* Zusammenarbeit mit Netzbetreibern, mit nationalen und europäischen Regierungsstellen und mit Standardisierungsgremien zur Förderung offener Sicherheitsstandards;
* Klärung juristischer und organisatorischer Fragen der digitalen Zertifikation von Benutzer-Eigenschaften;
* Einrichtung von Zertifizierungsinstanzen und Untersuchung ihrer rechtlichen und gesellschaftlichen Aspekte;
* Zusammenarbeit mit internationalen TeleTrusT -Vereinigungen und anderen für die TeleTrusT -Ziele relevanten Organisationen.

4 Beiträge der Forschung

Unter dem Schlagwort "Informationsgesellschaft" werden Szenarien entwickelt, die deutlich machen, wie sehr eine integrierte Informations-, Kommunikations und Medientechnik unser aller Leben und Arbeiten verändern kann und wird. Dieses Potential zu realisieren, ist gemeinsame Aufgabe von Forschung und Entwicklung, von Wissenschaft und Industrie.

Für die Wissenschaft heißt das Anwendungsorientierung, Ausrichtung von Forschungsinhalten am Bedarf von Wirtschaft und Gesellschaft, aber auch Interdisziplinarität. Hierzu bedarf es eines intensiven Dialogs zwischen Forschern und Anwendern. Dabei sind Sprach- und Denkbarrieren zu überwinden, die zwischen den beteiligten Disziplinen oder auch zwischen Forschern und Entwicklern entstanden sind.

Anwendungsorientierung allein reicht aber nicht aus. Hinzu kommen muß Transfer. Forschungsergebnisse müssen - wie andere Produkte auch - verpackt und verkauft werden. Denn letzlich entscheiden auch hier Kunden, welche Ideen oder Entwicklungen sinnvoll sind und welche nicht.

Multimedia in der Aus- und Weiterbildung

Multimedia in der Aus- und Weiterbildung: Entwicklungsstand und Perspektiven

Gudrun Häfele und Ulrich Glowalla
Universität Gießen, Fachbereich Psychologie
Otto-Behaghel-Str. 10/F, 35394 Gießen

Die in diesem Seminar vorgestellten multimedialen Lernsysteme unterscheiden sich in zweifacher Hinsicht. Erstens werden ganz unterschiedliche Wissensgebiete behandelt: Physik, Medizin, Flugsicherung, Veränderungsprozesse in Unternehmen sowie Kosten- und Ertragsdenken im Einzelhandel. Zweitens werden unterschiedliche Zielgruppen angesprochen: Die Systeme richten sich an Lernende in Schule und Universität oder an Teilnehmer beruflicher Weiterbildungsmaßnahmen.

Trotz dieser beiden Unterschiede überwiegen die Gemeinsamkeiten. Erstens werden in zunehmendem Maße unterschiedliche Medien eingebunden. Zweitens wird versucht, mit den Lernsystemen die kontextspezifische Wirklichkeit möglichst realitätsnah abzubilden und drittens wird angestrebt, das Lernen in die Arbeitswelt zu integrieren. Alle drei Aspekte stellen unseres Erachtens potentielle Vorteile der Wissensvermittlung mit multimedialen Lernsystemen dar. Darauf gehen wir im folgenden etwas ausführlicher ein.

1 Der Einsatz von Multimedia zur Wissensvermittlung

Die heute gegebenen technischen Möglichkeiten, auf derselben Plattform ein Video abzuspielen, Animationen und Simulationen zu starten und sich parallel dazu einen erklärenden Text anzuhören, eröffnen neue Möglichkeiten zur Gestaltung von Lernumwelten. Kurz gesagt: Es können völlig neuartige und sehr anspruchsvolle Lernsysteme entwickelt werden. Um dieses Potential zu realisieren, müssen drei Anforderungen umgesetzt werden: (1) der Einsatz mehrerer Medien (Multimedia), (2) die realitätsnahe Abbildung der Wirklichkeit mittels Video, Animationen und Simulationen und (3) die Integration von Lernen und Arbeiten.

1.1 Einsatz verschiedener Medien

Die Integration verschiedener Medien auf derselben Plattform läßt sich immer besser realisieren. Dies gilt insbesondere für die Einbindung dynamischer Medien. Die synchrone Nutzung von Graphiken und Bildern, 3-D Animationen, Videoaufnahmen und gesprochenen Erläuterungen auf einer Plattform kann in vielen Disziplinen zu einem deutlich effizienteren Wissenserwerb beitragen. Am Beispiel des Erwerbs diagnostischer Fertigkeiten wollen wir dies erläutern.

- **Erwerb diagnostischer Fähigkeiten.** Um an Hand von Ultraschallbildern des Herzens eine Diagnose zu stellen, bedarf es umfangreicher Kenntnisse. Neben der Kenntnissen über die Funktionsweise des Herzens muß der Diagnostiker in der Lage sein, auf den Ultraschallbildern diese Funktionsweise zu erkennen, was keineswegs trivial ist. Der Erwerb dieser Fähigkeiten kann mit Hilfe eines multimedialen Lernsystems gefördert werden. In solch ein System lassen sich Videoaufzeichnungen von Ultraschalluntersuchungen einbinden, die von Experten erläutert werden. Animationen können darüber hinaus helfen, bestimmte idealtypische Funktionsweisen zu visualisieren und anschließend im Realvideo zu betrachten. Kann dieses Lernsystem in ein Ultraschallgerät eingebunden werden, ist sogar der direkte Vergleich von Anschauungsmaterial und realem Fall möglich. Auf diese Weise wird Lernen und Arbeiten integriert.

1.2 Einsatz realistätsnaher Simulationen

Bei den im Seminar vorgestellten Lernsystemen werden verstärkt Simulationen eingesetzt, um komplexe Zusammenhänge zu veranschaulichen. Der Einsatz von Simulationen bietet eine ganze Reihe von Vorteilen, die wir an Hand einiger Beispiele erläutern wollen:

- **Bedienung eines komplexen Computersystems.** Um ein komplexes Computersystem wie beispielsweise eine Integrierte Controller Workstation zur Flugüberwachung bedienen zu können, bedarf es theoretischer Erläuterungen und eines umfangreichen Trainings. Gelingt es, ein Lernsystem zu entwickeln, daß die Funktionalität und das Verhalten dieses System weitgehend nachbildet, so kann der Lernende das Verhalten und die Bedienung des Systems gefahrlos kennenlernen und falls erforderlich bis zur Perfektion einüben.
- **Methoden der Erkenntnisgewinnung kennenlernen und verstehen.** Will man beispielsweise physikalische Phänomene erläutern, so ist ihre experimentelle Demonstration ein wichtiger Bestandteil der Wissensvermittlung. Simuliert man diese Experimente am Computer, so bietet dies dem Lernenden die Möglichkeit, den Ablauf eines Experiments ohne apparativen und mit gerin-

gem zeitlichen Aufwand zu manipulieren. Auf diese Weise kann der Lernende die Beobachtungsfaktoren direkt manipulieren und die Auswirkungen dieser Manipulationen sofort betrachten.

- **Handlungskompetenz erwerben.** Sollen Auszubildende oder Berufseinsteiger typische Aufgaben ihres zukünftigen Berufsalltags verstehen und bewältigen können, so ist der Erwerb von Handlungskompetenz eine notwendige Voraussetzung. Zum Erwerb von Handlungskompetenz ist wiederum das Kennenlernen und Einüben adäquater Handlungen notwendig. Um richtiges Handeln zu üben, bietet es sich an, Fallbeispiele durchzuspielen. Werden die Fallsimulationen in einem multimedialen Lernsystem realisiert, so kann ein Lernender unterschiedliche Handlungsmöglichkeiten ausprobieren und direkt Rückmeldungen über die Konsequenzen dieser Handlungen erhalten. Darüber hinaus kann die Interaktion mit anderen beteiligten Personen realitätsnäher nachempfunden werden, beispielsweise durch eingespielte Telefongespräche etc..

Das Üben und Ausprobieren in simulierten Situationen reicht sicherlich in den seltensten Fällen aus, um in realen Anwendungssituationen richtig zu handeln. Multimediale Lern- und Übungssysteme sind aber auf jeden Fall geeignet, Lernende auf effiziente Weise auf den „Ernstfall" vorzubereiten.

2.3 Integration von Lernen und Arbeiten

Sind multimediale Lernsysteme auf CD-ROM oder online verfügbar, können sie potentiell an jedem beliebigen Ort eingesetzt werden. Auf diese Weise kann die Weiterbildung am Arbeitsplatz geschehen oder gar zu Hause. Diese Flexibilität eröffnet neue Lernmöglichkeiten.

Multimedia-Lernsysteme bieten die Möglichkeit, direkt am Arbeitsplatz Weiterbildungs- und Qualifizierungsmaßnahmen durchzuführen. Training-on- the-job ist hier das zentrale Schlagwort. Ein großer Vorteil dieser Methode besteht unseres Erachtens darin, daß der Zeitraum zwischen Wissenserwerb und Umsetzung des erworbenen Wissens im relevanten Kontext sehr kurz ist. Stellt ein Lernender beim Anwenden des neu erworbenen Wissens fest, daß er noch Wissenslücken hat, die die Umsetzung verhindern, kann er diese Wissenslücken sehr schnell schließen. Idealerweise ist nur ein Umschalten vom Arbeitsmodus in den Lernmodus notwendig. Auch ermöglicht Training-on-the-job, daß man dann ein Trainingselement bearbeitet, wenn es von der eigenen Arbeitsbelastung sinnvoll ist. Individuelleres Weiterbilden wird auf diese Weise möglich. Diesen Vorteil bietet auch das Lernen im privaten Bereich. Man kann seine Zeit frei einteilen und individuelle Stärken und Schwächen angemessen berücksichtigen.

Kurz gesagt: Multimediale Lernsysteme werden immer flexibler nutzbar, so daß sie fast wie Printmedien überall zum Einsatz kommen können, wobei sie gegenüber Printmedien Vorteile in der Funktionalität bieten.

3 Die Beiträge des Workshops im Überblick

Im folgenden werden wir die Referate des Workshops „Multimedia in der Aus-
und Weiterbildung" kurz vorstellen.

- In dem Referat von Matthias Wüllenweber (ChessBase, Hamburg) wird eine
  umfangreiche Programmfamilie zur Physik namens „Albert" vorgestellt. Die
  einzelnen Programme ermöglichen den Lernenden, Experimente am Computer zu simulieren. Auf diese Weise werden physikalische Phänomene anschaulich demonstriert. Besonderer Wert wurde auf die leichte Bedienbarkeit
  der Programme gelegt, was durch eine konsistent standardisierte Oberflä-
  chengestaltung gelang.
- Gernoth Grunst, Thorsten Fox, Klaus Quast (GMD-Institut für Angewandte
  Informationstechnik, St. Augustin) und Dierk Redel (Zentrum für Kinderheilkunde, Universität Bonn) stellen szenische Enablingsysteme zur Echokardiographie vor. Ziel dieser Systeme ist es, Medizinstudenten mit der Ultraschalluntersuchung des Herzens vertraut zu machen. Da die Interpretation von
  Ultraschallbildern keineswegs einfach ist, wird der Interpretationsprozeß
  zunächst in Teileelemente zerlegt, die in einzelnen Trainingselementen vermittelt werden. Hierzu werden Videoaufnahmen realer Untersuchungen und
  Animationen eingebunden. Das Lernsystem kann in das Ultraschallgerät eingebunden werden, so daß am Arbeitsplatz beispielsweise graphische 3-D-
  Animationen diagnoserelevanter Abschnitte betrachtet werden können.
- In dem Referat von Gerald Knabe (Q-Team Dr. Knabe, Korschenbroich) und
  Hanspeter Moser (swisscontrol, Bern) wird ein Lernsystem für Flugverkehrs-
  leiter vorgestellt, das in die Bedienung des neuen Flugsicherungssystems
  ADAPT einführt, das bei der schweizerischen Flugsicherung eingesetzt wer-
  den soll. Das Lernsystem kann direkt am Arbeitsplatz eingesetzt werden, was
  erhebliche Vorteile bietet. Da die Entwicklung von ADAPT während der
  Entwicklung des zugehörigen Lernsystems noch nicht abgeschlossen war,
  konnten aus der CBT-Entwicklung auch interessante Rückschlüsse für die
  Gestaltung des Systems ADAPT gezogen werden.
- Volker Tietgens (Concept!, Wiesbaden) stellt das Lernprogramm Change
  Management vor, dessen Inhalt der Umgang mit Veränderungsprozessen in
  Unternehmen bildet. Ein Ziel der Programmentwicklung war es, ein Lernpro-
  gramm zu erstellen, daß gleichzeitig auch als Arbeitsinstrument genutzt wer-
  den kann. Der Anwender kann also zwischen Lernmodus und Arbeitsmodus
  wählen. Dies bietet u.a. die Möglichkeit, gerade erworbenes Wissen direkt im
  Arbeitsfeld umzusetzen.
- In dem Referat von Hans Freibichler (FTS, Heidelberg) und Christian
  Thorsten Mönch (FH Rheinland-Pfalz, Abteilung Worms) wird ein Lernsy-
  stem zum Kosten- und Ertragsdenken im Einzelhandel vorgestellt. Bei der
  Entwicklung dieses Lernsystems wurde besonderer Wert darauf gelegt, daß

weniger die traditionellen Wissensinhalte zur Kostenrechnung vermittelt werden, sondern Lernende an Hand von Fallsimulationen Handlungskompetenz erwerben sollen.

Bereits im Vorfeld möchten wir allen Vortragenden und beitragenden Autoren dafür danken, daß sie das Seminar mitgestalten. Wir freuen uns schon heute auf die Diskussion der Referate und ihrer Implikationen für die weitere Entwicklung.

Literatur

Freibichler, H., & Mönch, Ch. Th. (1995). Multimediale Fallsimulationen zum „Kosten- und Ertragsdenken im Einzelhandel". *Im vorliegenden Band.*

Grunst, G. Fox, T. Quast, K.-J., & Redel, D. A. (1995). Szenische Enablingsysteme - Trainingsumgebungen in der Echokardiographie. *Im vorliegenden Band.*

Knabe, G., & Moser, Hp. (1995). Multimedia in der Ausbildung am Beispiel der schweizerischen Flugsicherung. *Im vorliegenden Band.*

Tietgens, V. (1995). Change Management - Arbeiten und Lernen mit einem Programm. *Im vorliegenden Band.*

Wüllenweber, M. (1995). Physik sehen - verstehen - erleben mit der Lernsoftware „Albert". *Im vorliegenden Band.*

Physik sehen - verstehen - erleben
mit der Lernsoftware „Albert"

Matthias Wüllenweber
ChessBase GmbH
Mexikoring 35, D-22297 Hamburg

1 Lernsoftware im Fach Physik

1.1 Sinn und Unsinn physikalischer Lehrsimulationen

Experiment und mathematisches Modell stellen die grundlegenden Erkenntnis-methoden der Physik dar. Experimente als apparative Anordnungen mit denen ein zu beobachtender Vorgang unter reproduzierbaren Bedingungen künstlich isoliert und willkürlich ausgelöst werden kann, beantworten Fragen an die Natur. Abstrakt-mathematische Modelle sind dagegen Relationsgefüge zwischen physikalischen Größen, die vielleicht gar nicht unmittelbar beobachtet werden und sich anschaulicher Deutung entziehen. Die Schaffung von Modellen hat Erklärung und Vorhersage experimenteller Beobachtungen zum Ziel und bedeutet den wesentlichen Bestandteil der Theoriebildung.

Die Physik ist ein außerordentlich dankbares Feld für die Entwicklung von Lernsoftware, weil didaktische Präsentation von physikalischen Experimenten am Bildschirm direkt auf den zugrundeliegenden mathematischen Modellen aufbauen kann. Ein Beispiel: Will man das Experiment „Schräger Wurf" auf dem Rechner darstellen, gibt es zwei prinzipielle Wege. Erstens könnte man für verschiedene Abwurfgeschwindigkeiten und -winkel Videoaufzeichnungen des Realexperimentes anbieten. Der Erkenntnisgewinn wäre gering. Eine Verbesse-rung bestände in der animierten Darstellung des Experimentes im Stile der traditionellen Physik-Lehrfilme, die z.B. durch Einzeichnung der Wurfbahn einen Schritt hin zur Vermittlung des mathematischen Hintergrundes versuchen könnte.

Der zweite Weg, bei dem auf dem Bildschirm eine Animation angeboten wird, deren Ablauf sich aus den zugrundeliegenden Bewegungsgleichungen ergibt, ist dagegen in radikaler Weise computergerecht. Jeder irgend sinnvolle Parameter und jede Anfangsbedingung kann variiert werden. Alle im Modell verwendeten physikalischen Größen stehen der Beobachtung offen. Der Rechner simuliert das Realexperiment.

Lernsoftware, die Experimente als animierte Computersimulationen darstellt, hat gegenüber der Natur Vorteile. Der apparative Aufwand entfällt, was nicht nur dezentrale Auseinandersetzung mit den Systemen, z.B. zu Hause, erlaubt, sondern auch in einer typischen Unterrichtssituation interaktives Experimentieren nahelegt, das angesichts der sonst vorhandenen technischen Rahmenbedingungen allein schon mit den Aufmerksamkeitsspannen von Schülern oder Studenten in zeitlichen Konflikt geriete. Weiterhin läßt die Simulation die unmittelbare Auseinandersetzung mit den wichtigen physikalischen Grundgrößen zu. Die in der Software ad hoc durch einen attraktiven Plot zu beantwortende Frage „Wie sieht der zeitliche Verlauf der kinetischen Energie aus?" erfordert am Experimentiertisch längere Meßreihen und Berechnungen, falls sie überhaupt mit den vorhandenen Mitteln praktisch beantwortbar ist. Offenkundig ist weiterhin der Sinn bei Experimenten z.B. aus der mikroskopischen Physik, die in der Lehre nicht praktikabel sind, oder bei Idealisierungen wie „reibungsfreie Schwingung".

Auch im Vergleich mit anderen Medien können sich Lehrsimulationen in der Physik positiv profilieren. Gegenüber dem Buch, das physikalische Modelle in Form von Abbildungen und mathematischen Herleitungen darstellt, gilt das Konfuzius-Wort: *„Ich vergesse, was ich sehe - ich erinnere, was ich lese - ich verstehe, was ich selbst ausprobiere"*. Eigenständiges Experimentieren am Bildschirm soll im Idealfall aus der Vielfalt der Einfluß- und Beobachtungsmöglichkeiten physikalische Intuition fördern.

Flexibilität und Eleganz von in einer Lernumgebung simulierten Experimenten bergen jedoch auch Gefahren. Zunächst besteht für Lehrende die Versuchung, sich den Tücken real existierender Versuchsaufbauten („Physik ist, wo es nie gelingt") durch Flucht in die vollkommene Welt des animierten Modells zu entziehen. Weiterhin bezahlen Schüler und Studenten den aus der Vielfalt von Beobachtungsmöglichkeiten und direktem Umgang mit den physikalischen Grundgrößen erzielten Intuitionsgewinn mit Verzicht auf die Erfahrungen, die Aufbau und Justierung eines echten Experimentes bringen, sofern sie diese selbst vornehmen können. Und schließlich bedeuten Lernen und Experimentieren am Rechner nur die Beantwortung von Fragen an die Theorie, nicht an die Natur. Das Experiment könnte ja Mängel der Theorie aufdecken.

1.2 Anforderungen der Praxis

Die Natürlichkeit, mit der sich physikalische Lerninhalte auf dem Rechner graphisch umsetzen lassen, ließ auf diesem Gebiet bereits eine Vielzahl von instruktiven und einfallsreichen Softwareprojekten verschiedenen Anspruchs entstehen. Untersucht man die Frage, warum deren Impakt auf die offizielle Lehre bislang so gering geblieben ist, ergibt sich ein Anforderungskatalog für praktische Nutzbarkeit.

Lernsoftware ist aus der Sicht von Schülern und Studenten „Einweg-Software". Auch wenn ein Lehrer oder Hochschullehrer die Programme immer wieder verwendet, so muß für den Lernenden selbst der Einarbeitungsaufwand in ökonomischem Verhältnis zu bei einmaliger Anwendung erzieltem Nutzen stehen. Daraus ergibt sich als erste Anforderung an die Programmoberfläche eine radikale Standardisierung über alle Modelle hinweg, damit einmal gelernte Bedienungselemente Gültigkeit behalten.

Weiterhin soll die Oberfläche flexibel sein in der Hinsicht, daß der Anwender selbst entscheiden kann, welche Größen er gerade auf dem Bildschirm beobachten möchte. Das Programm muß hier genügend Freiräume bieten, um ein echtes Experimentiererlebnis mit neuen Erkenntnismöglichkeiten zu schaffen.

Wichtig ist die konsequente Führung des Anwenders durch vorgegebene Musterexperimente und die theoretische Darstellung des jeweiligen physikalischen Hintergrunds. Das Programm sollte Aufgaben stellen, die durch Bildschirmexperimente gelöst werden können.

2 Die Programmfamilie „Albert"

2.1 Konzept und technische Realisierung

Albert stellt eine Familie von 41 Programmen unter Windows dar. Jedes Programm behandelt ein einzelnes physikalisches Modell, und das Niveau variiert von der einfachen Mechanik bis zur Quantenphysik. Bei der Entwicklung von Albert wurde versucht, den im vorherigen Abschnitt beschriebenen Anforderungen gerecht zu werden. Dabei stand im Interesse minimaler Einarbeitungszeit die scharfe Standardisierung der Programmoberflächen im Vordergrund. Wer etwa konkret am Beispiel der Federschwingung die Aufnahme einer Resonanzkurve durchgeführt und dabei die Albert-Funktion „Versuchsserie" kennengelernt hat, wird nach gleichem Muster die Transmissionskurve einer Quantenstreuung aufzeichnen können.

Sofern fachlich sinnvoll, steht im Mittelpunkt aller Programme die animierte Darstellung eines idealisierten Versuchsaufbaus. Diese Animationen unterscheiden Albert von herkömmlichen Physiksimulationen, die das Modell in der Regel als Ensemble von Funktionsplots der Beobachtungsgrößen zeigen. Jedes Albert-Modul bietet dem Anwender eine Liste der verfügbaren Anfangsbedingungen, Parameter und Beobachtungsgrößen. Je nach Typ dieser Größen stehen die üblichen Plotmöglichkeiten zur Verfügung.

Wichtiger Bestandteil des Albert-Pakets sind die unter Verwendung des Windows-Hilfesystems erstellten Dokumentationen, die ausgehend von einer Erläuterung des physikalischen Hintergrundes die relevanten Formeln darstellen und in ihrem Hauptteil konkrete Experimentieranleitungen liefern. Diese Experimentieranleitungen vermitteln in günstigen Fällen eigenständige Erarbeitung physikalischer Zusammenhänge. Die Kraft des Ansatzes zeigt sich dann, wenn es gelingt, im Wechselspiel von animiertem Versuchsaufbau und simultaner Beobachtung der physikalischen Größen Gesetzmäßigkeiten „live" erlebbar zu machen. Alle Anleitungen sind mit Kontrollfragen durchsetzt, deren Antwort per Mausklick erscheint, um bewußte Auseinandersetzung mit dem Modell zu erzwingen.

Die Standardisierung der Albert-Oberfläche wurde durch einen objektorientierten Ansatz in der Sprache C++ ermöglicht, der das Bestreben nach konsistenter Bedienung unterstützt und den Entwicklungsaufwand spürbar reduzierte.

Albert ist seit Anfang 1994 auf dem Markt und in der deutschen Version derzeit ca. 800 Mal an Universitäten und Schulen installiert. An den Universitäten wird das System offenbar vorwiegend praktikumsbegleitend eingesetzt und den Studenten zum Selbststudium auf Institutsrechnern angeboten. In den Schulen scheint Albert eher als Demonstrationsmedium parallel zum traditionellen Experiment zum Zuge zu kommen. Alle Hamburger Gymnasien verwenden das System in der Sekundarstufe II.

2.2 Ausgewählte Beispiele

Am Beispiel dreier typischer Programme der Albert-Familie soll kurz konkretisiert werden, wie Animationssoftware „Sehen - Verstehen - Erleben" im Fach Physik vielleicht unmittelbarer als alle anderen Medien vermitteln kann.

Der Mach'sche Kegel. Dieses einfache Programm behandelt die Ausbreitung von Schallwellen, die von einem bewegten Objekt ausgehen. Die Animation zeigt ein kleines Flugzeug, dessen Geschwindigkeit von Null bis Mach Zwei geregelt werden kann. Überschreitet der Flugkörper die Schallgeschwindigkeit, wird auf dem Bildschirm im Muster der Schallwellen der Mach'sche Kegel sichtbar. Damit kann vermutlich auch Anwendern ohne physikalische Vorbildung die Ursache des Überschallknalls in wenigen Sätzen eindringlich gemacht werden.

Gekoppelte Schwingungen. Gekoppelte Schwingungen werden unter Albert durch eine Darstellung zweier mit einer Feder verbundener Pendel realisiert. Gekoppelte Schwingungen sind nicht nur in der Physik ein wichtiges Grundmodell, so daß dieses Programm verschiedene prinzipielle Phänomene wie Energieübertragung und Fundamentalfrequenzen zeigt. Dabei tritt eine für Albert typische Freiheit des Experimentierens auf: Der Anwender kann Parameter wie die Erdbeschleunigung und Reibung auf Null setzen und aus dem Verhalten des Systems im schwerefreien Raum neue Einsichten gewinnen.

Der Tunneleffekt. Obwohl vielleicht wichtigstes „Alltagsphänomen" der Quantenmechanik, ist der Tunneleffekt doch dem gesunden Menschenverstand sehr fremd, so daß gerade, wenn Quantenphysik ohne den mathematischen Formalismus erklärt werden soll, formidable didaktische Probleme entstehen. Albert versucht, durch animierte Darstellung der Streuung von Wellenpaketen an Potentialbarrieren Anschaulichkeit zu erzeugen. Gelingt es, dem Anwender das Konzept der Wahrscheinlichkeitsinterpretation eines Wellenpaketes verbal zu vermitteln, so kann der Tunneleffekt mit Hilfe dieses Programmes ohne den mathematischen Stacheldraht plakativ gemacht werden. Wer dagegen mit dem Formalismus vertraut ist, findet lebendige Beispiele für die Konzepte Unschärferelation oder Welle-Teilchen-Dualismus.

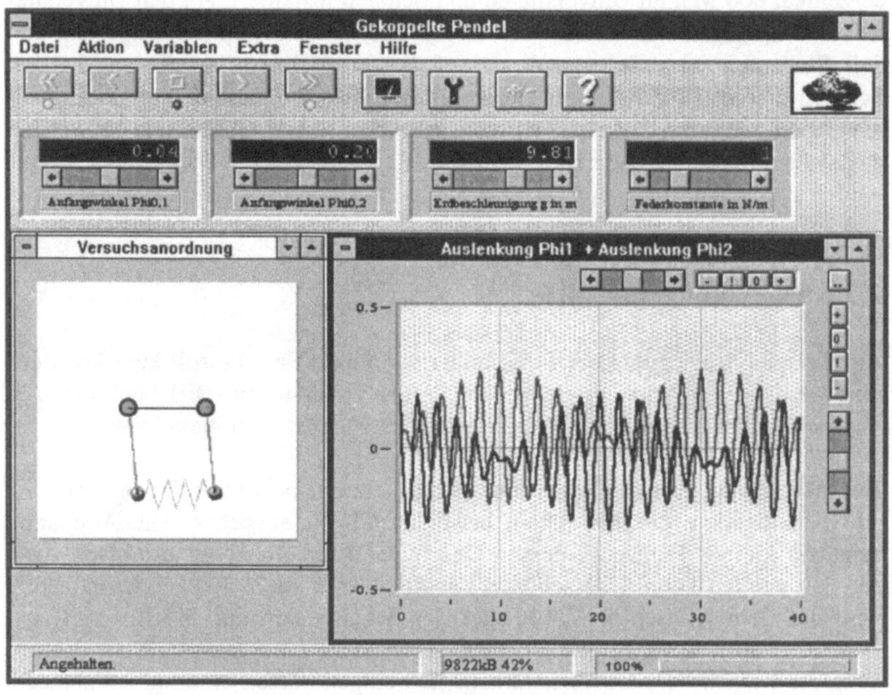

Abb. 1. Gekoppelte Pendel unter Albert

2.3 Eigene Entwicklung unter Albert: Die Programmierumgebung „PhysCAL"

Gerade für Physikstudenten ist es wichtig, physikalische Modelle auch direkt anhand von kleinen Programmen zu verstehen und frühzeitig selbst numerische Programmiertechniken zu erlernen. Erfolgt die Programmierung in einer verbreiteten Hochsprache, so stellt sich stets das Problem der zeitraubenden Oberflächenentwicklung. Für Albert wird deshalb die Programmierumgebung PhysCAL angeboten. Dabei handelt es sich um ein integriertes Entwicklungssystem, das aus der Albert-Oberfläche, einem Editor und einem kleinen PASCAL-

Compiler besteht. PhysCAL steht für „Physics Computing in Alberts Language" und entbindet durch automatische Bereitstellung aller Plot- und Eingabemöglichkeiten der Albert-Oberfläche den Programmierer von der mühsamen graphischen Gestaltung der Ein- und Ausgabe. Dies ermöglicht Konzentration auf die physikalischen Algorithmen und will damit nicht nur die Erstellung kleiner Programme zu Lehrzwecken fördern, sondern vor allem Studenten erlauben, ohne großen Zeitaufwand die Veranschaulichung eines physikalischen Modells durch eigene Programmierung zu realisieren.

Szenische Enablingsysteme - Trainingsumgebungen in der Echokardiographie

G. Grunst[1], T. Fox[1], K.-J. Quast[1] und D.A. Redel[2]
[1]GMD - Institut für Angewandte Informationstechnik, 53754 Sankt Augustin
[2]Zentrum für Kinderheilkunde, Universität Bonn

1 Computervisualisierungen in der medizinischen Ausbildung

Das Problemfeld „medizinische Ausbildung" ist geprägt durch die Diskrepanz einer theoretisch vorklinischen und einer praxisorientiert klinischen Ausbildungsphase. Die Lerninhalte sind im Sinne des Aufbaus reflektierter Erfahrungen [1] nahezu unverbunden. Informatik verstanden als kooperative Problemlösewissenschaft kann hier einen spezifischen Beitrag zur Verbesserung der Situation leisten. Veranschaulichungstechniken, wie interaktives Multimedia und Virtuelle Realität, sind geeignet, theoretische und praktische Elemente medizinischer Expertise fallbezogen erfahrbar zu machen.

Ein problemangemessenes und kognitiv adäquates Vermittlungskonzept setzt jedoch voraus, daß die wesentlichen Aspekte der realen Expertise bzw. notorische Verstehensprobleme und Versagensgründe bekannt sind. Das Projekt SCENE hat zum Ziel, für den Bereich der Echokardiographie, also für Ultraschalluntersuchungen des Herzens, solche bedarfsgerechten Trainings- oder „Enablingsysteme" zu entwickeln. Zu diesem Zweck werden zunächst interaktionsanalytische Untersuchungen ([2],[3],[4]) realer Diagnosen und Fallbesprechungen durchgeführt.

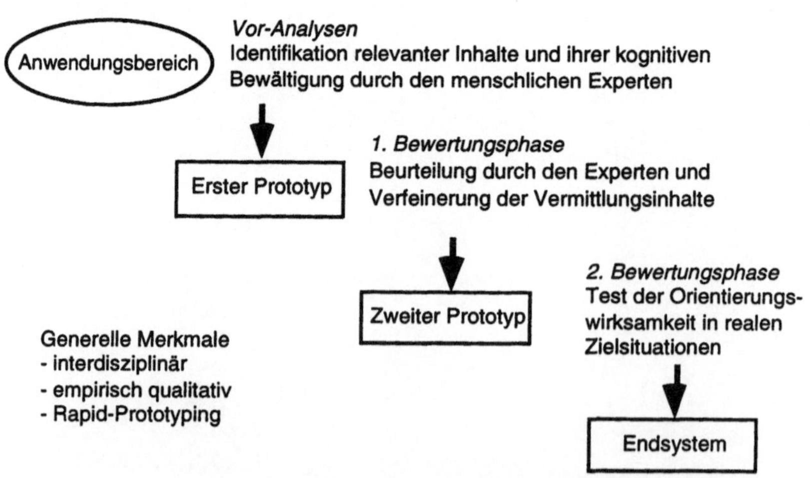

Abb. 1. Vorgangsmodell der partizipativen Systementwicklung

Die Analyseergebnisse leiten einen partizipativ-interdisziplinären Entwicklungs-
prozeß an. Von Medizinern und Psychologen gemeinsam als wesentlich
erkannte Zusammenhänge und zugeordnete Hilfsvorstellungen erfahrener Ärzte
werden nach Diskussionen mit Multimedia Designern und Informatikern in
geeignete Veranschaulichungen durch interaktive 3D Graphiken und Animationen umgesetzt. In Design-Evaluation-Redesign Zyklen werden zunächst
Grobentwürfe realisiert, deren Unzulänglichkeiten mit den Zielanwendern
erörtert werden. Diese Evaluationen fördern häufig noch tiefere Einsichten in die
vom Experten tatsächlich angewandten Mentalen Modelle zutage.

Das folgende Transkript gibt ein typisches Beispiel dafür, welche räumlich
dynamischen und anschaulich funktionalen Vorstellungen des kardiologischen
Experten (E) hierbei elizitiert [4] werden:

```
E:  Es könnte theoretisch sein, daß - wenn die Klappe aufgeht - die Chordae
    erschlaffen. Verstehen Sie, was ich meine?
N:  Ja. Natürlich, ja, ja.
E:  Daß sie, daß sie durchhängt. So'n bischen, daß man sie so'n bischen
    krüngelig zeigt, wenn die aufgeht. Aber die Chordae sind nun nicht dafür
    da, - sozusagen - in Diastole was zu steuern, nur in Systole. Aber sobald
    die Klappe beginnt, sich zu schließen, ja?, werden die Chordae wieder
    gespannt.
N:  Mhm, mhm.
E:  Und dann bewegen sich die Papillarmuskeln in dem Maße, in dem sich die
    Chordae bewegen. Mit anderen Worten, die Ventrikel wird kürzer, dadurch
    wird der Abstand.. äh die Ventrikel wird kürzer, die Klappe muß zubleiben.
    Theoretisch würde die Klappe jetzt nach hinten durchschlagen, weil die
    Chordae gleichlang bleiben muß. Mit anderen Worten, in dem Maß, in dem die
    Ventrikel kürzer wird, müssen die Papillarmuskel auch kürzer werden, um
    das Gespann zu halten.
N:  Ja.
E:  Wichtig ist, daß in Diastole die Chordae schlaff sind. Wie so'n Zügel am
    Pferd, der ganz locker ist, 'n bischen wellig würd ich die zeichnen in
    Diastole. Das wär toll. Dann ist die Sache also echt realistisch. Hat
    keiner so richtig gesehen bisher, aber so muß man sich das vorstellen.
N:  Mhm.
E:  Man sieht halt im Echo, wenn man in kurzer Achse ist, sieht man die
    Chordae als Punkte. Sieht man, wie die hin und herfliegen, flippern in
    Diastole, in Systole sind die ganz stramm.
```

In erfolgreich verlaufenden tutoriellen Interaktionen mit Studenten hinterlegt der
medizinische Experte durch vergleichbare Metaphern abstrakte Wahrnehmungen
mit anschaulichem Sinn. Analysen realer Diagnosen zeigen zudem, daß derartige
Leitvorstellungen dem Experten die intuitive Interpretation von Ultraschallbildern ermöglichen. Sie sind eine Voraussetzung der Erkennung pathologischer
Veränderungen des Herzens im Ultraschall.

Die im Transkript deutlich werdenden Mentalen Funktionsmodelle sind
jedoch nicht die einzigen Formen kognitiv verdichteter Erfahrungen, die im Verhalten des Experten festzustellen sind und in der Ultraschalldiagnose eine Rolle
spielen. Im Gegensatz zum Anfänger ist er unmittelbar - also ohne längere
Überlegungsschritte - dazu in der Lage, die schallkopfabhängigen Ansichts-
winkel eines Ultraschallbildes zu erfassen und Bilddetails geometrisch korrekt
zuzuordnen. In den Interaktionsanalysen werden diese Unterschiede vor allem in
der verzögerungsfreien Benennung der sichtbaren Strukturen deutlich. Der
Anfänger hat sehr oft Schwierigkeiten, über die räumlich strukturelle Einord-
nung des Ultraschallbildes hinaus auch noch die Relevanz des Gesehenen für die

Diagnose bestimmter Herzkrankheiten zu erfassen. Die aufeinander aufbauenden kognitiven Anforderungen scheinen zu kumulativen Desorientierungen zu führen.

Ein diesem kognitiven Anforderungsprofil gerecht werdendes Enablingkonzept muß versuchen, Teilelemente der Expertise zu isolieren und in gesonderten Trainingseinheiten zu vermitteln. Durch selbstgesteuertes Üben sollen Erfahrungen gesammelt und zu automatisierten Wahrnehmungs- und Verhaltensmustern verdichtet werden können.

2 Die multimedialen Trainingssysteme EchoTutor und 4D Heart Explorer

Der *EchoTutor* ist der erste Prototyp computertechnischer Unterstützungssysteme für die Echokardiographie, der aus der Kooperation der GMD und der Abteilung für Kardiologie der Universitätskinderklinik Bonn hervorgegangen ist. Durch eine Verbindung von einfacher, interaktiver 3-D Graphik, Animationen und Videosequenzen von Ultraschallaufnahmen erfährt der Arzt auf anschauliche Weise, wie diagnostisch relevante Schallebenen eingestellt werden, und bekommt Orientierungshilfen zur Identifikation von Strukturen in den gewonnenen Bildsequenzen. Außerdem werden räumliche Zusammenhänge von Bildebene und Schnittebene im Herzen anschaulich visualisiert und z.B. erlaubt, die notwendigen mentalen Rotationen [6] der im Ultraschall gezeigten Anschnittsbilder des Herzens einzuüben. Sie sind eine Voraussetzung der schallkopfabhängigen räumlichen Interpretation von transthorakalen Echobildern in den diagnostischen Normpositionen.

Im *4D Heart Explorer* lassen sich detailreiche Visualisierungen des schlagenden Herzens in Form interaktiver Animationen aufrufen. Das Herzmodell läßt sich mit der Maus drehen und aus unterschiedlichen Winkeln betrachten. Durch die Wahl verschiedener Transparenzgrade und Detaildarstellungen können Außen- und Innenstruktur des Herzens, die Kammer-, Klappen- und Hämodynamik (Blutfluß) intuitiv erkundet werden.

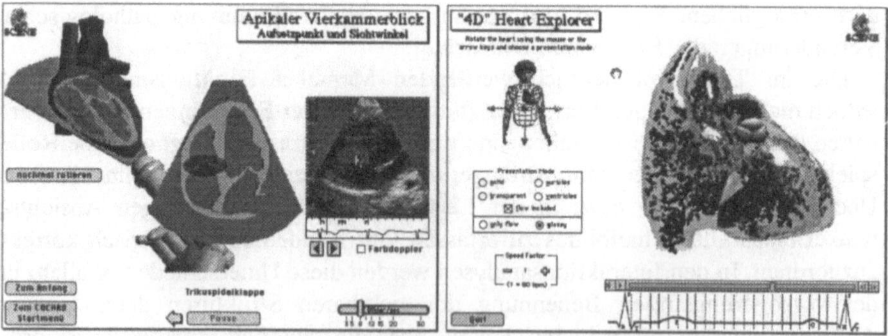

Abb. 2. Multimediale Trainingsszenarien *EchoTutor* und *4D Heart Explorer*

Als Macintosh Programme lassen sich die Trainingsmodule auf dem Ultraschall-gerät CFM 800 in den Anwendungskontext einbinden. So kann der untersuchende Arzt z.B. graphische 3-D-Visualisierungen diagnoserelevanter Anschnitte abrufen und typische Ultraschallfilme mit den aktuell am Patienten gewonnenen Bildern vergleichen.

3 Das interaktive Simulationssystem EchoSim

Der auffälligste Unterschied zwischen Anfänger und Routinier in der Echokardiographie besteht jedoch in der Souveränität, mit der der Schallkopf in die untersuchungsrelevanten Normpositionen gebracht wird. Die hierfür notwendige effiziente Auge Hand Steuerung kann nur praktisch eingeübt werden. Das Simulationssystem *EchoSim* erlaubt dem Lernenden, an einem Übungsmodell die Positionierungen zu trainieren.

Die Steuerung des virtuellen Ultraschall erfolgt durch einen realen Schallkopf, an dem ein Polhemus Fastrack befestigt ist. Dieses Eingabeinstrument aus dem Technikarsenal der Virtuellen Realität erlaubt die kontinuierliche Bestimmung von Ort, Neigung und Rotation des Schallkopfs zur Steuerung der graphischen Entsprechung in der Computerszene. Zugeordnete Fenster zeigen einschlägige Ultraschallfilme. Übergänge durch Schwenks und Rotationen können interaktiv durchgeführt werden. Außen- und Innenansichten des schlagenden Herzens bieten dabei visuelle Kontrollen zur Positionierung des Ultraschalls.

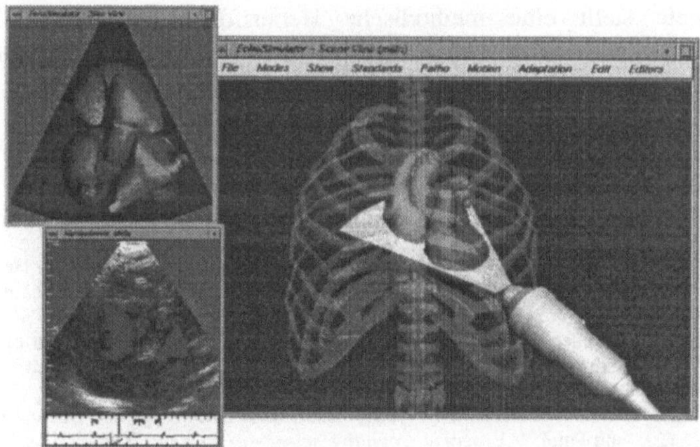

Abb. 3. Virtuelle Ultraschalluntersuchung im Simulator EchoSim

Bei allen Veranschaulichungen wird versucht, Facetten des Mentalen Herzmodells kardiologischer Experten zu erfassen. Von dieser Zielsetzung her bestimmt sich die Kornfeinheit der Modellierungen. Es wird dabei nicht notwendig der Realitätsanspruch verfolgt, wie er in anatomischen Darstellungen angestrebt wird.

4 Weiterentwicklungen der Trainingsumgebungen

Um die SCENE Trainingsmodule in Richtung eines diagnostischen Enablingsystems zu erweitern, muß das Spektrum der Erscheinungsformen normaler und pathologischer Herzdetails einbezogen werden. Vergleichend werden Beispiele realer Ultraschallbilder und die parallelen Ansichten pathologischer Varianten des 3D Herzmodells präsentiert werden.

Den Pathologien zugeordnet sollen in Animationen Muster von Diagnoseschritten demonstriert werden, durch die bestimmte Herzkrankheiten verifiziert werden können. Sachlogische Zusammenhänge zwischen den feststellbaren pathologischen Details werden so veranschaulicht, daß sich in der Exploration der Trainingseinheiten ein mosaikartiges Verständnis des Krankheitstyps aufbaut.

Die heterogenen Wissens- und Erfahrungszusammenhänge sollen sich zu einem vernetzten System diagnostischer Beurteilungskompetenz verbinden, das fallspezifisch aktiviert werden kann. Die technische Umsetzung wird durch ein hypermediales Netz adaptiv angebotener Orientierungen erfolgen [7].

Die bisherigen Anaylsen und Entwicklungen zeigen, daß Trainingssysteme aufbauend auf interaktiven 3-D Szenen und Animation als Medium geeignet sind, zumindest einen Teil des schwer faßbaren Erfahrungswissens von Domänenexperten abzubilden und damit vermittel- und erfahrbar zu machen. Die bisherigen Evaluationen im Projekt SCENE waren als qualitative Rekonstruktionen der Nutzung des Enablingsystems angelegt. Die quantitative Absicherung der hier festgestellten Orientierungswirksamkeit komplexer multimedialer Vermittlungskonzepte stellt eine methodische Herausforderung an die Medienpsychologie dar, die Kriterien der Validität und Reliabilität Rechnung tragen will.

Literatur

[1] Schoen, D.A. (1990): *Educating the Reflective Practitioner*. San Francisco,Oxford: Jossey-Bass Publishers.

[2] Fox, Th.; Grunst, G.; Quast (1994): HyPLAN: A Context-Sensitive Hypermedia Help System. In: Oppermann, R.: *Adaptive User Support*, Hillsdale, New Jersey: Lawrence Erlbaum Associates, S.126-193.

[3] Hammond, K.R.; Frederick, E.; Robbilard, N. & Victor, D. (1989): Application of Cognitive Theory to the Student-Teacher Dialogue. In: Evans, D.A. and Patel, V.L. (eds.): *Cognitive science in medicine*. Cambridge, Mass., London: MIT Press, S.173-256.

[4] Patel, V.L.; Evans, D.A. & Groen, G.J. (1989): Biomedical Knowledge and Clinical Reasoning. In: Evans, D.A. and Patel, V.L. (eds.): *Cognitive science in medicine*. Cambridge, Mass., London: MIT Press, S.53-112.

[5] Rehbein, J. (1980): *Hervorlocken, Verbessern, Aneignen. Diskursanalytische Studien des Fremdsprachenunterrichts*. Bochum: mimeo.

[6] Metzler, J. & Shepard, R.N. (1974): Tranformational Studies of the Internal Representations of Three Dimensional Objects. In: Solso, R.L. (Hrsg.): *Theories of Cognitive Psychology: The Loyola Symposium*. Hillsdale, NJ: Lawrence Erlbaum Associates.

[7] Fox, T. (1993): *Kognitiv ergonomische Benutzerschnittstellen - Entwicklung interaktiver 3D-Visualisierungen und multimedialer Simulationen: Das Tutor-System COCARD zur Einführung in Ultraschall-Untersuchungen des Herzens*. Sankt Augustin: GMD-Studie Nr.218.

Multimedia in der Ausbildung am Beispiel der schweizerischen Flugsicherung

Gerald Knabe[1] und Hanspeter Moser[2]
[1] Q-Team Dr. Knabe Gesellschaft für Informations- und Qualifikationssysteme mbH, Brauereistrasse 11, D-41252 Korschenbroich
[2] swisscontrol schweizerische Aktiengesellschaft für Flugsicherung
Schwarztorstrasse 61, Postfach, CH-3000 Bern 14

1 Ausgangslage

Die technischen Flugverkehrsleitsysteme sind an ihre Leistungsgrenze gelangt, so auch das schweizerische, das in den nächsten Jahren erneuert wird. Mit dem neuen Flugsicherungssystem, das den Namen ADAPT (**A**ir **T**raffic **M**anagement **D**ata **A**cquisition **P**rocessing and **T**ransfer) trägt, soll das heutige durch ein voll integriertes, auf modernster Technologie basierendes, offenes System ersetzt werden.

ADAPT wird in verschiedenen Schritten verwirklicht und erstreckt sich über einen Zeitraum von mehreren Jahren. Die erste Etappe wird dem Flugverkehrsleiter neue Gestaltungsmöglichkeiten für die Darstellung der Luftlage und der notwendigen Informationen bringen.

Die weitere Nutzbarmachung der Informatik verspricht eine signifikante Produktivitätssteigerung. Aber auch ergonomische Aspekte - wie die verbesserte Darstellung auf dem Radarschirm - werden berücksichtigt. Zudem erlauben automatisierte Hilfsfunktionen dem Flugverkehrsleiter, Überlastfunktionen zu vermeiden.

Nebst den Zielen, wie die mittelfristige Erhöhung der Produktivität und eine wesentlich verbesserte Schnittstelle Mensch/Maschine, soll ADAPT die europäische Integration und die Vernetzung mit den Nachbarstaaten sicherstellen.

1.1 Ausbildungsbedarf

Die geschilderte Ausgangslage führte für ADAPT-01 zu einem Ausbildungsbedarf von acht Tagen pro Flugverkehrsleiter, dies bei 300 Flugverkehrsleitern, aufgeteilt auf Genf und Zürich. Die geplanten acht Tage setzten sich aus einem Tag Theorie sowie aus sieben Tagen Simulation zusammen.

Die Personalsituation bei den Flugverkehrsleitern ist sehr angespannt. Aus betrieblichen Gründen können deshalb nicht ohne weiteres größere Gruppen abgezogen und ausgebildet werden. Also wurde nach einer Möglichkeit gesucht, die Flugverkehrsleiterinnen und Flugverkehrsleiter flexibler einzusetzen, um die benötigte Zeit für die Ausbildung in Gruppen zu kürzen. Eine weitere Rahmenbedingung war, daß der Einsatz der Simulatoren erst für einen späteren Zeitpunkt vorgesehen war.

Um die geschilderten Probleme lösen zu können, wurde nach Alternativen gesucht. Computer Based Training bot sich als Lösung an.

1.2 Zielsetzung

Das Ziel war, die Simulation mittels CBT um zwei auf fünf Tage zu verkürzen und die Flugverkehrsleiter/innen mit der Philosophie ADAPT und den wichtigsten Funktionen des neuen Systems vertraut zu machen. In einem ersten Schritt wurden aufgrund der spezifizierten Echtsystemangaben mögliche sinnvolle Funktionen für ein Ausbildungsprogramm ausgewählt.

1.3 Rahmenbedingungen

1.3.1 Einsatzmöglichkeiten

Der Luftverkehr nimmt tendenziell stark zu. Gleichzeitig ist die Personalsituation sehr angespannt. In dieser Situation kann kein Personal für Ausbildungszwecke freigestellt werden. Auch können nicht Leistungen abgebaut werden, indem weniger Sektoren geöffnet werden oder gewisse Sektoren weniger lang geöffnet werden, um Flugverkehrsleitern die Möglichkeit zur Einarbeitung in das neue System zu geben. Ein solcher Schritt würde die Sicherheit gefährden.

Kurzfristige Abwesenheiten, z.B. auch aus Krankheitsgründen, haben große Auswirkungen auf den täglichen Ablauf der Arbeit. Um drastische Maßnahmen wie Einschränkungen des Flugverkehrs zu verhindern, werden täglich Reservetouren eingeplant, damit diese Controller kurzfristig an nicht besetzten Arbeitsplätzen eingesetzt werden können.

Wenn keine Personalausfälle an einem Tag zu beklagen sind oder nicht so viele, wie Reservetouren zur Verfügung stehen, entsteht eine geringe Unterbelastung des Personals. Die freigewordenen Kapazitäten lassen sich nun ideal mit einer individuellen Schulung verbinden, wie CBT sie bietet.

Ein weiterer Pluspunkt ist, daß diese Ausbildungszeit den Einsatzplan nicht zusätzlich belastet. Da das CBT Programm während mehrerer Monate eingesetzt werden kann, finden alle Flugverkehrsleiter genügend Zeit, das Programm zu nutzen, was im erwähnten Fall einer Einsparung von Ausbildungszeit gleichkommt.

1.3.2 PC-Erfahrung

Durch eine Umfrage bei den Flugverkehrsleitern wurde rasch klar, daß rund 25% PC-Anfänger waren, was beispielsweise zu der Entscheidung führte, ein computergestütztes Programm zum Erlernen der Mausbedienung zu integrieren.

1.3.3 Wirtschaftlichkeit

Eine Kosten-Nutzen-Analyse ergab, daß sich die hohen Investitionen, welche ein solches Programm erfordert, trotzdem lohnen. Die Hauptgründe sind: Verkürzung der Ausbildung am Simulator um zwei Tage, Einsparung von Ausbildungszeit durch den Einsatz der Reserve, Einsparung von Lehrkräften.

1.4 Vorgehen

1.4.1 Projektvergabe

Nach Ausschreibung des Projektes und der Wahl der entsprechenden Partner wurde mit der Erstellung des Drehbuches begonnen. Als Grundlage dienten die Spezifikationen des Echtsystems. Das System selbst wurde erst später in Auftrag gegeben.

Nach Abnahme der Drehbücher erfolgten die Programmierung, die Testphase und schließlich der Einsatz bei den Flugverkehrsleitern.

1.4.2 Auswertung

Die ersten Übungen, wie Maustraining und einfache Funktionen, kamen sehr gut an. Dieser Erfolg ermutigte, weitere und immer komplexere Lektionen zu erstellen. Für die beiden jüngsten Lektionen sind auch Ton und bewegte Bilder eingesetzt worden. Diese beiden Lektionen haben gezeigt, daß der Einsatz von bewegten Bildern und Ton die Motivation, mit CBT zu arbeiten, fördern und somit den Lernerfolg positiv beeinflussen, zumal im Lernprozeß dadurch mehrere Sinnesorgane angesprochen werden. Denn das ist auch im Alltag der Fall.

Das Programm wird nicht nur zur Ausbildung von Flugverkehrsleitern eingesetzt, sondern auch zur Einführung für das mit dem Unterhalt betraute Personal.

Zusammenfassend kann bis heute der Schluss gezogen werden, daß sich der Einsatz von CBT für dieses Projekt gelohnt hat.

2 Realisierung

2.1 Beteiligte Firmen

Die Realisierung wurde von einer internationalen Arbeitsgemeinschaft durchgeführt. Die EDUMEDIA AG in Basel übernahm die Hauptlast für die Ausarbeitung des Detailkonzepts. Q-TEAM Dr. Knabe in Korschenbroich bei Düsseldorf übernahm die technische Realisierung.

Um die Distanz zwischen der Schweiz und Deutschland zu überbrücken, wurden Daten und Programme zunächst mit einem High-Speed Modem zwischen den beteiligten Partnern und dem Auftraggeber ausgetauscht, später via ISDN.

2.2 Risiken

2.2.1 Spezifikation des Echtsystems

Das Echtsystem war noch nicht abschließend definiert, als mit der Ausarbeitung der Konzepte für das CBT begonnen wurde. Bis in die letzten Phasen der Programmierung hinein mußten laufende Änderungen berücksichtigt und umgesetzt werden.

2.2.2 Schwierigkeitsgrad

Um den Bedarf an Simulator-Ausbildungsplätzen zu reduzieren, mußten möglichst viele Komponenten des geplanten Echtsystems bereits im CBT-Programm als simulierte Funktionalitäten zur Verfügung gestellt werden. Dies stellte eine besondere Herausforderung dar. Denn für das Echtsystem waren besonders leistungsstarke Workstations vorgesehen. Das CBT sollte deren Funktionalität möglichst weitgehend und in gleicher Geschwindigkeit dergestalt nachbilden, daß die Flugverkehrsleiter daran das Verhalten und die Bedienung ihrer zukünftigen Integrierten Controller Workstation ausprobieren und üben konnten. Dieses Ziel wurde vollkommener erreicht als erwartet.

2.3 Design

2.3.1 Prozeßdesign

Zwischen den beteiligten Firmen wurden ein Prozeßdesign und ein Datenaustauschformat abgestimmt, mit dem die von EDUMEDIA erarbeiteten Abschnitte des Detailkonzepts elektronisch übermittelt und automatisch für die Weiterbearbeitung bei Q-TEAM mit Hilfe des Autorensystems IICL verwendet werden konnten.

Die zunächst begonnnene Erstellung der Dateien mit Microsoft Excel erwies sich jedoch unter dem später aufkommenden Zeitdruck bei der Konzepterarbeitung als zu aufwendig. Deshalb wurde von den Konzeptautoren später ein Textverarbeitungssystem benutzt. Dadurch erhöhte sich jedoch der Programmieraufwand bei Q-TEAM.

Als das Prozeßdesign abgestimmt wurde, wurde das Ausmaß der Gestaltungsunsicherheit bei dem noch nicht programmierten und auch noch nicht beauftragten Echtsystem stark unterschätzt. Auch die Komplexität mancher Simulationen war bei Beginn der Arbeit noch nicht vorherzusehen. Das führte dazu, daß der vorgesehene Zeitplan für das erste CBT nicht eingehalten werden konnte und ein ungeheurer Zeitdruck entstand, weil der Beginn der Trainingsmaßnahmen nicht über einen bestimmten Fixpunkt hinweg aufgeschoben werden konnte.

Daraufhin wurde das Prozeßdesign mehrfach überarbeitet, bis schließlich realistische Strukturen und Vorgaben und die wachsende Erfahrung trotz teilweise weiter gestiegener Komplexität erlaubten, mit vernünftigem Aufwand und kürzeren Zeitvorgaben dennoch ohne allzugroßen Druck die Termine zu halten. Im Verlauf der Abnahme der letzten Teilaufträge waren keine wesentlichen Nacharbeiten mehr erforderlich.

2.3.2 Lernerführung

Flugverkehrsleiter sind es gewöhnt, auch unter großem Zeitdruck souverän und konzentriert eigenverantwortlich zu entscheiden. Entsprechend sollte die Lernerführung gestaltet werden. Das war umso wichtiger, als die gestellten Lernziele ein ungewöhnlich festes Einprägen vorsahen. Es ging nicht nur darum, die neuen Verfahren zu verstehen und darüber reden zu können, sondern darum, die Wahrnehmung der Signale und die Bedienung des zukünftigen, durch die Anforderungen der Arbeitsaufgabe begründet, per se multimedialen Workstation-Arbeitsplatzes zu verinnerlichen und zur Routine werden zu lassen. Dazu sollten die Flugverkehrsleiter auch als Lerner einen hohen Grad an Selbstbestimmung für die Gestaltung des Lernprozesses und der Selbstkontrollmechanismen haben.

2.3.3 Technisches Design

Eine Besonderheit des technischen Designs lag darin, daß sowohl Texte als auch Grafiken, Audiofiles und Videos vollständig, Programmcode teilweise mit Hilfe einer integrierten Datenbank des Laufzeitsystems von IICL, dem eingesetzten Autorensystem (Nachfolgesystem: „Dr. Knabe's Q-Tools"), verwaltet wurden. Dadurch wurde die Pflegbarkeit der geschaffenen CBTs wesentlich erleichtert.

Angesichts der häufig einzuarbeitenden Systemänderungen war das ein ganz besonders wichtiges Design-Element.

Zur weiteren Erleichterung der Datenpflege wird heute ein großer Teil der Daten auf einem zentralen Server bereitgestellt.

Häufig wird bei der Überprüfung der Programmierwürdigkeit eines Lehrgebietes darauf abgestellt, daß die Inhalte möglichst lange konstant bleiben. Wir haben gerade die umgekehrte Erfahrung gemacht. Bei entsprechendem Design ist die Pflegbarkeit elektronisch verwalteter Wissensbasen besser, zuverlässiger und preisgünstiger als konventionell auf Papier verteiltes Wissen - und es ist effizienter nutzbar.

3 Zukunft

Die hohe Akzeptanz und intensive Nutzung des CBT durch die Flugverkehrsleiter hat auch bei den Entscheidungsträgern der swisscontrol zu einer sehr positiven Einschätzung des Mediums geführt. Weitere Entwicklungen sind geplant.

Der kanadische Hersteller des Echtsystems hat ebenfalls Vorteile von den Vorerfahrungen mit der Erstentwicklung der benötigten Funktionalitäten im Rahmen des CBT-Projekts gehabt. Viele Funktionen konnten im vorhinein von den Flugverkehrsleitern erprobt werden. Die von ihnen gewünschten Änderungen wurden teilweise ebenfalls wieder im CBT getestet, bevor ein endgültiger Designentscheid für die Workstationprogrammierung getroffen wurde.

Dieser Effekt, usprünglich nicht beabsichtigt, kann in zukünftigen Projekten geplant werden.

Change Management -
Arbeiten und Lernen mit einem Programm

Volker Tietgens
Concept! GmbH
Kreuzberger Ring 20
D-65205 Wiesbaden

1 Vorteile kombinierter Lern- und Arbeitsprogramme

Interaktive Multimedia-Programme ermöglichen, was Theoretiker und Anwender aus der Praxis sich schon lange wünschten: Ein Standard-Programm, das Lernen und Arbeiten zugleich ermöglicht.

Der Nutzen eines derartigen Programms ist offensichtlich: Unternehmen engagieren sich mit hohen Investitionen bei der Fortbildung ihrer Mitarbeiter. Das läßt sich an der Zahl der eingerichteten Selbstlernzentren und den geplanten Vorhaben in solche Bildungseinrichtungen ablesen. Ebenso werden Seminare und Workshops in hohem Maße in Anspruch genommen. Dem immer wieder von Experten beobachteten Phänomen, daß auf diese Weise erarbeitetes Wissen nach kurzer Zeit verblaßt, zumindest nicht mehr in der angestrebten Qualität präsent ist, kann nun begegnet werden. Die Kombination aus Lern- und Arbeitsprogramm macht Lerninhalte dort verfügbar, wo sie gebraucht werden: am Arbeitsplatz. Zusätzlich enthält ein solches Programm Instrumente und Werkzeuge, die im Arbeitsalltag einsetzbar sind. Ihre Verfügbarkeit steht in konkretem Bezug zum Lerninhalt und zeichnet sich durch ihre Relevanz für die Arbeit aus.

2 Das Programm "Change Management"

Das Programm "Change Management" beschäftigt sich mit dem vielschichtigen und umfangreichen Thema "Veränderungsprozesse in Unternehmen". Es konzentriert sich inhaltlich auf die wichtigsten Schritte, die es in einem Veränderungsprozeß zu berücksichtigen gilt. Dabei bietet es einen fundierten und präzisen Überblick zum Thema, erhebt jedoch nicht den Anspruch einer umfassenden Dokumentation der wissenschaftlichen Entwicklung von Theorien, Diskussionsforen und dergleichen. Im Vordergrund steht die Orientierung an der Praxis. "Change Management" richtet sich an den Anwender, der sich über das Thema einen schnellen, fundierten Überblick verschaffen, anschließend das Wissen prak-

Abbildung 1: Lernen und Arbeiten – "Change Management" ermöglicht beides in einem Programm

tisch anwenden will und dafür einen Instrumentenkoffer braucht. "Change Management" bietet diese Möglichkeit, ist Lernmedium und Assistent zugleich. Deshalb ist es geeignet für Führungskräfte unterschiedlicher Ebenen zum täglichen Einsatz, aber auch für Seminarleiter und Unternehmensberater, die das Programm in ihre Arbeit integrieren können.

2.1 Inhalt und Struktur von "Change Management"

Die relevanten Schritte von Veränderungsprozessen stellt das Programm in einer Kapitelstruktur zur Verfügung, die dem Benutzer eine leichte Orientierung ermöglicht. In den direkt anwählbaren Kapiteln erschließt sich das Thema "Change Management" über

1. die Planung von Veränderungsprozessen,
2. deren Umsetzung,
3. die zu erwartenden Reaktionen, mit denen in einem Veränderungsprozeß zu rechnen ist,
4. die am häufigsten auftretenden Konflikte,
5. die Einflüsse, die auf einen geplanten oder bereits in der Ausführung befindlichen Veränderungsprozeß von unterschiedlichen Seiten einwirken können und
6. das Coaching von Mitarbeitern.

Zusätzlich werden kapitelübergreifend universelle Hilfsmittel angeboten, deren Einsatz themenunabhängig möglich ist. Dabei handelt es sich um Arbeitsmittel für die Vorbereitung und Durchführung von gruppenrelevanten Übungen, die ein unternehmensspezifisches Thema simulieren und damit zum Beispiel für die Entscheidungsfindung von Bedeutung sind. Auch Kreativitätstechniken wie zum Beispiel *brain storming* werden behandelt.

2.2 Der Einsatz von "Change Management" im Lernmodus

Die modulare Struktur des Titels macht den Wechsel vom Standard-Lernprogramm zum Arbeitsprogramm und zurück möglich. Der Anwender entscheidet per Mausklick, wie er das Programm nutzen möchte: zum Lernen oder zum Arbeiten. Wählt er das Lernprogramm aus, werden ihm die in Kapitel unterteilten Inhalte in einer relativ linearen Struktur angeboten. Der Anwender selektiert die in weitere Unterkapitel segmentierten Inhalte und bestimmt so individuell den zu erarbeitenden Lerninhalt. Eine Lernsequenz bietet Informationen, die nacheinander abgearbeitet werden können.

Jede Lernsequenz ist nach einem einheitlichen Muster aufgebaut: Der Informationspräsentation, je nach Komplexität des Themas auf mehreren Seiten ausgeführt, folgt das Angebot, sich ein themenspezifisches Beispiel beziehungsweise Instrument anzusehen. Die Beispiele beziehen sich direkt auf den vorher dargestellten Inhalt und veranschaulichen ihn durch ihren Praxisbezug. Die Präsentation der Instrumente dient dem Zweck, dem Anwender ein themenspezifisches, für die Arbeitspraxis relevantes Instrument vorzustellen. Dem Lerner wird es in seiner Funktion und Handhabung präsentiert, wobei mit einem beispielhaften Inhalt demonstriert wird.

Von wesentlicher Bedeutung ist bei dieser Struktur des Lernprogramms, daß der Lerner selbst entscheidet, ob er sich den bereits präsentierten und erarbeiteten Themeninhalt noch anhand eines Beispiels vertiefend verdeutlichen läßt, ein Instrument kennenlernen möchte oder mit der Lernsequenz aus dem nächsten Unterkapitel fortfährt. Der Forderung nach der Gestaltung eines individuellen Lernweges kann so entsprochen werden. Auch im Lernprogramm bleibt dem Lerner durch die kapiteleigene Menüstruktur die Entscheidungsfreiheit, welchen Themenausschnitt er aus diesem oder einem anderen Kapitel bearbeiten möchte. Hierbei ist von Bedeutung, daß die Lernsequenzen in sich geschlossen sind und inhaltliche Interdependenzen durch Querverweise transparent gemacht werden.

Diese Art der Lerninhaltpräsentation orientiert sich an den Bedürfnissen der Zielgruppe, für die dieses kombinierte Lern- und Arbeitsprogramm erstellt wurde.

"Change Management" richtet sich an Führungskräfte unterschiedlicher Ebenen und Tätigkeitsbereiche. Hier wird bewußt eine breite Zielgruppendefinition vorgenommen, da in praktisch jedem Unternehmen Veränderungsmanagement erfolgt. Jeder, der eine wie auch immer geartete Veränderung an Mitarbeiter oder Vorgesetzte kommunizieren möchte, die Veränderung planen und umsetzen muß, benötigt fundiertes Know-how und das entsprechende Instrumentarium zur Realisierung des Vorhabens oder zur Problemlösung.

Der Anspruch dieser Zielgruppe an das Erlernen von Inhalten weist ein besonderes Charakteristikum auf: Lernen wird als Informieren verstanden. Information beziehungsweise Lerninhalt soll knapp und präzise formuliert und anschaulich aufbereitet zur Verfügung stehen. Dieser Forderung wird im gesamten Programm konsequent entsprochen. Der Einsatz verschiedener Medien erfolgt nicht auf der Grundlage "Hauptsache zeigen, was technisch alles möglich ist", sondern folgt stets der inhaltlichen Relevanz, der Illustrationsfunktion und Wahrnehmungsoptimierung für den Anwender.

Die Multimedialität von "Change Management" findet ihre Basis in den Medien "Text", "Grafik", "Animation" und "Audio". Eine besondere Funktion kommt dem Audio zu. Es unterstützt die Bearbeitung des auf dem Bildschirm präsentierten Inhalts dahingehend, dem Anwender den Lerninhalt durch eingängige Audio-Texte intensiver zu vermitteln. Innerhalb der Beispiele hebt das Audio Charakteristisches hervor, sorgt für Plastizität. Wird es bei der Präsentation der Instrumente eingesetzt, hat es erläuternde Funktion. Der Ton ist selbstverständlich vom Anwender ausschaltbar, er kann ihn sich dann zum Lesen auf den Bildschirm rufen. Jederzeit ist das Audio wiederholbar, seine Quantität ablesbar, der Sprechertext kann zu beliebigen Zeiten für eine Pause unterbrochen und anschließend fortgesetzt werden.

2.3 Der Einsatz von "Change Management" im Arbeitsmodus

"Change Management" bietet dem Anwender einen zusätzlichen Nutzen: Das Anwenden des Gelernten oder des bereits vorhandenen Know-hows zum Veränderungsmanagement in der täglichen Arbeit. Im Arbeitsmodus stellt das Programm die Inhalte anders strukturiert zur Verfügung. Die Linearität des Lernmodus wird komplett durch eine Matrix-Struktur ersetzt. Im Vordergrund steht hierbei, Inhalte und Beispiele schnell zu finden. Zusätzlich wird ein umfangreiches inhaltliches Instrumentarium angeboten, das den Anwender in seiner Arbeit unterstützt.

Die Struktur unterscheidet sich auf dem Interaktionsniveau von der des Lernprogrammteils. Der Anwender findet nun eine dreiteilige Unterkapitelstruktur vor, die sich in "Themen", "Instrumente" und "Beispiele" gliedert. Jedes Unterkapitel ist einzeln ansteuerbar und gibt den Zugriff auf ein Pull-up-Menü mit den einzelnen Themenbezeichnungen des spezifischen Kapitels frei.

2.3.1 Ein Beispiel

Der Anwender des Arbeitsmodus befindet sich im Kapitel "Konflikte" und wählt aus dem Menü "Instrumente" das Schlagwort "Kräftefeldanalyse" aus. Er möchte eine Übersicht erstellen, welche Kräfte auf seinen aktuellen Veränderungsprozeß einwirken und mit dieser Analyse ihre hindernden oder unterstützenden Funktionen herausfinden und darstellen. Bei der Erarbeitung dieser Analyse reflektiert der Anwender die Bedeutung von Konfliktursachen für seine spezielle Situation. Um sicher zu gehen, daß er sich an die einzelnen Konfliktursachen genau erinnert, ruft er aus dem Menü "Themen" das Schlagwort "Konfliktursachen" auf. Die ihm angebotenen Bildschirmseiten beinhalten die gewünschten Informationen, die er in diesem konkreten Fall nur zum Auffrischen seines Wissens benötigt. Er wendet sich wieder der Kräftefeldanalyse zu, deren Status trotz des Exkurses in die "Themen" erhalten geblieben ist. Für den Fall, daß dem Anwender bei der Erarbeitung der Kräftefeldanalyse ein Beispiel hilft, wählt er dieses aus dem Menü "Beispiele" nach dem gleichen Verfahren aus.

Abbildung 2 verdeutlicht die Funktionsweise des Arbeitsmodus. Neben dem gezielten Zugriff auf die einzelnen Inhaltssegmente dürften die Anwender den Instrumenten sicherlich das größte Interesse entgegenbringen.

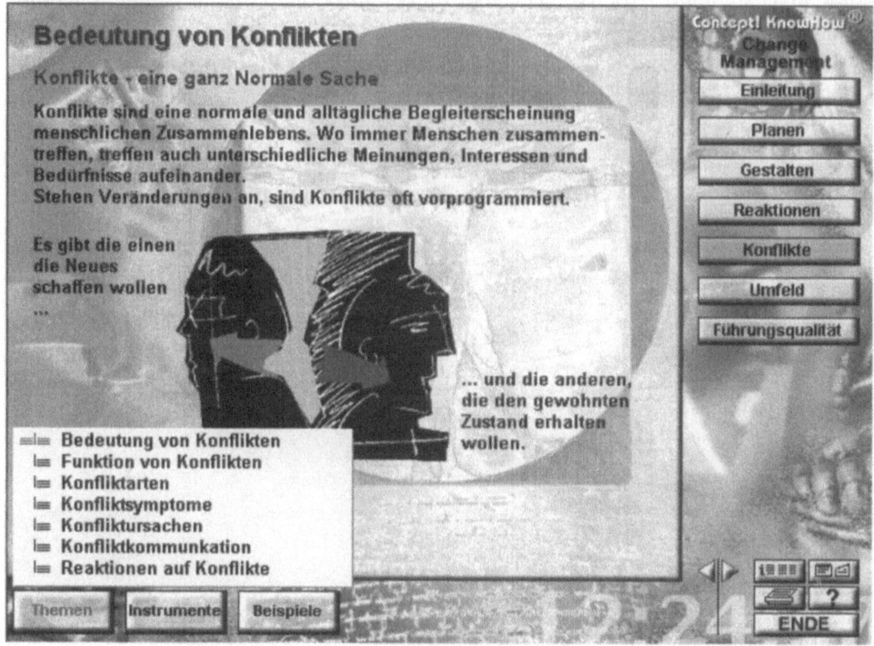

Abbildung 2: Die Matrix-Struktur im Arbeitsmodus ermöglicht direkten Zugriff auf Kapitel, Themen, Instrumente und Beispiele.

Dem Anwender werden interaktiv bedienbare Werkzeuge angeboten, mit denen er wichtige Schritte von Veränderungsprozessen in seiner spezifischen Unternehmenssituation abbilden kann. Die Instrumente sind den einzelnen Kapiteln zugeordnet. Jedes Instrument wird in seiner Funktion, Handhabung und seinem effektivsten Einsatzgebiet vorgestellt und auf einer weiteren Programmseite als Muster angeboten. Diese Mustervorlage füllt der Anwender mit den Inhalten aus, die er aus seiner Situation ableitet. Jedes Instrument fordert vom Anwender Interaktion, eine Reflektion über seine Situation im geplanten oder aktuellen Veränderungsprozeß. Er kann jede Vorlage speichern und sich so ein individuelles Nachschlagewerk anlegen. Diese "Werkzeug"funktion ist einsetzbar für die Vorbereitung von Maßnahmen und das Aufzeigen von unternehmensspezifischen Situationen. Sie ist geeignet, Veränderungsprozesse in Einzelheiten zu dokumentieren. Komplexe Verhältnisse werden dadurch transparent.

3 Fazit und Ausblick

Das Programm "Change Management" ist ein Schritt in eine neue Richtung des Selbstlernens und der Integration von multimedialem Lernen und Arbeiten in den Arbeitsprozeß. Zugleich ist "Change Management" Nachschlagewerk am multimedial ausgestatteten Arbeitsplatz. Über diese Funktionen hinaus bietet "Change Management" die CBT-üblichen Standards, die im Verlauf der Entwicklung auf ihre Praktikabilitität und Relevanz geprüft wurden. Druckfunktionen, Notizblock und Notizkartei, Lesezeichen und passwortgeschützte Datensicherung sind nur einige davon.

Der Titel "Change Management" ist das erste Produkt der Lernprogrammreihe "Concept! KnowHow". Weitere Titel sind in Vorbereitung.

Multimediale Fallsimulationen zum „Kosten- und Ertragsdenken im Einzelhandel"

Hans Freibichler[1] und Christian Thorsten Mönch[2]
[1] Teach- und Softwareentwicklung, Heidelberg
[2] Fachhochschule Rheinland-Pfalz, Worms

1 Ausgangslage

Bei der Entwicklung von interaktiven Lernsystemen wird derzeit die verfügbare Multimedia-Technologie genutzt bis hin zur Einbindung digitaler Videos. Auch haben sich mit dem Siegeszug von Windows und OS/2 graphische Oberflächen durchgesetzt. Anders sieht es mit dem Instruktionsdesign aus, da hier oft traditionelle tutorielle Konzeptionen dominieren.

2 Konzeption eines handlungsorientierten Lernsystems

In einem Pilotprojekt zum Thema „Kosten- und Ertragsdenken", das von der Zentralstelle für Berufsbildung im Einzelhandel Köln unter Förderung durch das Bundeswirtschaftsministerium durchgeführt wurde, wurde neben moderner Technologie (digitalisierte Bilder und Audio auf CD-ROM) vor allem auf aktuelle Design-Ansätze Wert gelegt, die handlungsorientiertes Lernen betonen.

Ausgangslage war die konkrete Zielsetzung der Qualifizierung von Nachwuchskräften im Einzelhandel. Es ging hier vor allem darum

- das Denken in Kostenkategorien zu schärfen,
- die Bedeutung von Ertragsgesichtspunkten bei Entscheidungen zu verdeutlichen,
- die Nutzung moderner Kommunikationstechniken anzuregen,
- vernetztes Denken zu fördern,
- die Kooperation der im Entscheidungsprozeß Beteiligten zu unterstützen und
- zur Analyse von Rahmenbedingungen der Entscheidungen beizutragen.

Die Umsetzung dieser Lernziele erfolgt dabei in einer Kombination verschiedener Methoden:

- Simulationen betrieblicher Entscheidungen auf verschiedenen Ebenen (z.B. Optimierung der Kalkulation und der Disposition, Sortiments- und Marketingentscheidungen),
- Informationszugriff auf betriebliche bzw. überbetriebliche Datenbestände und Datenbanken (z.B. Warenwirtschaftssystem, Bilanz sowie Gewinn- und Verlustrechnung, Betriebsvergleiche) und
- Lernsequenzen in den betriebswirtschaftlichen Kernbereichen der Kalkulation und Preisbildung, des Marketings und der Warenwirtschaft.

Diese neuartige Kombination wird am besten in dem Begriff *Fallsimulation* beschrieben:

Die Lernenden erfahren eine komplexe Situation in einem realen Betrieb und verfolgen diese aktiv über eine bestimmte Zeitdauer hinweg. Sie werden dabei nicht schrittweise geführt, sondern müssen weitgehend selbständig praxisrelevante Aufgaben erfüllen, um den Fall zu lösen:

- Informationen vielfältiger Art beschaffen,
- Hypothesen bilden und vorläufige Entscheidungen treffen,
- Aktionen planen und ausführen (z.B. bestellen, kalkulieren),
- Informationen und Aktionen beurteilen und
- Entscheidungen treffen und durchspielen.

Neben der Ausbildung dieser anspruchsvollen "Denkfähigkeiten" geht es auch um die Darstellung und Einübung arbeitsplatznaher Techniken wie etwa der Informationsbeschaffung, Arbeits- und Zeitplanung, Verarbeitung von Informationen (Notizen machen), Benutzung technischer Hilfsmittel (Taschenrechner, Tabellenkalkulation, Textverarbeitung u.a.). Die Kostenrechnung wird nicht isoliert, sondern ganzheitlich eingeführt.

Damit werden die Hauptakzente einer handlungs- und kompetenzorientierten Qualifikation, die in den neuen Ausbildungsordnungen im kaufmännischen Bereich sowie in den aktuellen Weiterbildungskonzepten des Einzelhandels gesetzt werden, konsequent angegangen.

Es ergeben sich deutliche Unterschiede zu traditionellen tutoriellen Lernprogrammen:

Es sollen nicht die traditionellen Wissensinhalte der Kostenrechnung dargestellt und gelehrt werden, wie es in den einschlägigen Lehrbüchern und allen beschafften und analysierten CBT-Programmen geschieht. Es soll vielmehr Handlungskompetenz vermittelt werden, die auf die eigene Arbeitswelt, Aufgaben und Probleme übertragbar ist.

Es sollen nicht in vorgegebenen Schritten Wissensinhalte dargestellt und über Fragen und Aufgaben eingeübt werden, sondern der Lernende soll weitgehend selbstgesteuert ausgehend von einer komplexen Fallbeschreibung Informationen suchen, Hypothesen aufstellen, Entscheidungen treffen und Bewertungen vornehmen. Das bedeutet, daß die sog. höheren kognitiven Ebenen angesprochen sind, die sonst weitgehend vernachlässigt werden. Anstelle des Instruktionsparadigmas werden konstruktivistische Designkonzepte realisiert.

Die Einsatzmöglichkeiten des Lernsystems sind auf die konkreten Rahmenbedingungen und Organisationsformen der Weiterbildung im Einzelhandel ausgerichtet: Das Lernsystem soll sowohl für das Selbststudium geeignet sein als auch für den Lehrgang bzw. das Seminar. Das Lernsystem erfüllt durch die offene Struktur des Informationsabrufs und des Durchspielens verschiedener Lösungswege die notwendigen Voraussetzungen für den Einsatz für unterschiedliche Zielgruppen mit jeweils spezifischen Zielsetzungen (z.B. Optimierung von Entscheidungen in einer Gruppe gegenüber explorativem Vorgehen in einer anderen Gruppe). Durch diese Struktur wird der Dozent in einer aktiven Rolle in das Lernsystem eingebunden; er hat wesentliche Steuerungsfunktionen und die Funktion des Moderators bei der Diskussion alternativer Ansätze und Ergebnisse.

3 Beispielsequenz

Das Bildschirmlayout und die Benutzeroberfläche müssen den skizzierten Zielsetzungen und methodischen Ansätzen entsprechen. Die Lernenden bewegen sich bei der Bearbeitung der Fallsimulationen auf 4 Ebenen, die in 4 getrennten Bildschirmfenstern dargestellt sind:

Fallfenster	Datenfenster
Lösungsfenster	Allzweckfenster

Abb. 1. Bildschirmlayout

- *Fallfenster*: Hier erscheint die „Story" des Falls mit der Beschreibung der Ausgangssituation, der Aufgaben und Fragestellungen. Hier erfolgt auch die visuelle Darstellung der handelnden Personen, der betrieblichen Situation und der vom Lernenden durchzuführenden Aktionen.
- *Datenfenster*: Über dieses Fenster hat der Lernende Zugriff auf alle relevanten Informationen wie z.B. über Markt, Betrieb, Personal, Warenwirtschaft. Eine wesentliche Aufgabe besteht darin, daß der Lernende die für seine Problemlösung erforderlichen Daten definiert und findet.
- Ganz entscheidend für die Ausbildung des Kosten- und Ertragsdenkens ist das *Lösungsfenster*, in das der Lernende die wesentlichen Aktionsergebnisse, Hypothesen und Denkschritte einträgt. Damit wird ein reflektierendes, gezieltes, eigenverantwortliches Denken und Arbeiten unterstützt, wie es in neueren konstruktivistischen Ansätzen in den Vordergrund gestellt wird.
- Der Lernende verfügt in dem Lernsystem über verschiedene Werkzeuge wie Notizbuch, Lexikon, Taschenrechner, die in einem *Allzweckfenster* genutzt werden.

Anhand der Fallstudie 1 zum Thema Verkaufsförderung, die in der Branche Glas, Porzellan, Keramik und Haushaltswaren spielt, soll die Konzeption des Lernsystems veranschaulicht werden.

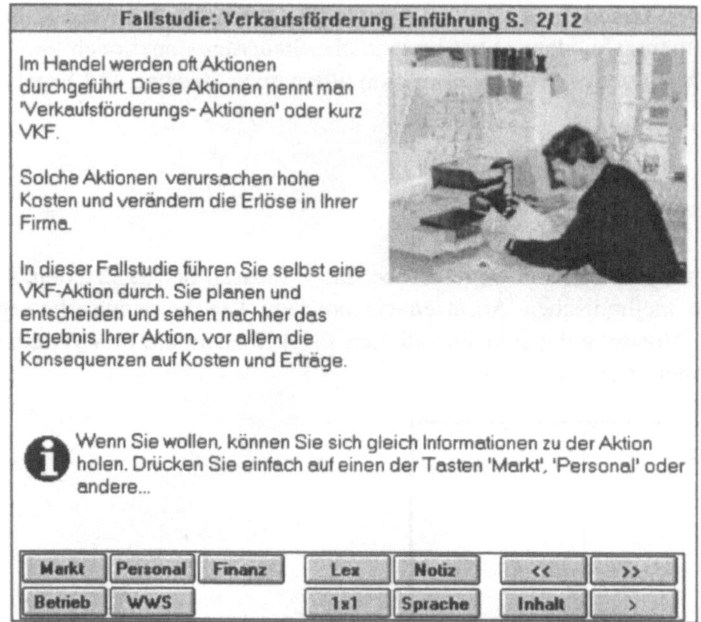

Abb. 2. Fallstudie Verkaufsförderung

Dies ist ein Beispiel für die Einführung des Lernenden in das Problem der Verkaufsförderung: In der Fallsimulation geht es darum, eine Verkaufsförderaktion konkret zu planen, Mengen zu disponieren, über Aktionspreise zu entscheiden und Verkaufsfördermaßnahmen wie z.B. Anzeigenschaltung, Einsatz von Verkaufspersonal u.a. vorzusehen und durchzuführen.

Unter den vielen Informationen, die der Lernende für die Lösung des Problems benötigt, wird er auch Daten über den Lieferanten suchen, mit dem er die Aktion durchführt. Weiterhin wird er nach Messenotizen suchen, nach Konditionen, die ihm dieser Lieferant zugesagt hat, u.a.m.

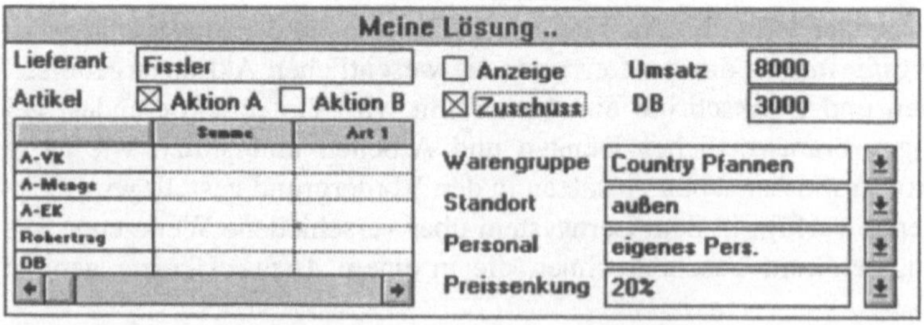

Abb. 3. Lösungsfenster

Im Verlauf des Durchspielens der Fallsimulation werden vom Lernenden nacheinander Teilentscheidungen getroffen, die in dem Lösungsfenster dokumentiert werden und laufend zu ergänzen sind. In dem hier dokumentierten Stadium hat sich der Lernende für einen bestimmten Lieferanten und eine konkrete Aktion A entschieden, in der er Country-Pfannnen mit 20% Preisreduktion anbieten will. Es soll ein Umsatz innerhalb der Aktionswoche von DM 8.000 bei einem Deckungsbeitrag von DM 3.000 erreicht werden. Als Standort ist eine Plazierung im Außenbereich des Geschäfts und die Stellung eigenen Personals vorgesehen. Diese Vorgaben können im Verlauf der Fallsimulation jederzeit abgeändert und ergänzt werden. Des weiteren steht ein Notizbuch zur Verfügung.

Fallstudie: Verkaufsförderung Kalkulation S. 5/ 6

Kalkulationsblatt | Hilfe | Laden | Speichern

Kalkulieren Sie die VKF-Aktion nun in 5 Schritten.
Schritt1: Holen Sie sich aus dem WWS die Werte für 6 VKF-Artikel. Klicken Sie zuerst auf 'Artikel' im Kalkulationsblatt. Danach klicken Sie in der WWS-Datei auf den Artikel, den Sie übernehmen wollen. Wenn Sie 6 Artikel ausgewählt haben, drücken Sie auf die Schritt-Taste.

	Summe	C-20cm-nieder	C-28cm-nieder	C-24cm-hoch
Normal-EK		34,00	48,00	48,00
Normal-VK		75,00	105,00	105,00
N-Menge		2,50	2,22	2,80
N-Umsatz		187,00	233,00	294,00
Aktions-EK		30,60	43,20	43,20
Aktions-VK		35,00	100,00	100,00
A-Menge		10,00	10,00	10,00
A-Umsatz	5050,00	350,00	1000,00	1000,00
Rohertrag	2629,00	44,00	568,00	568,00
Anzeigekosten	111,00			
Personalkosten	111,00			
Zuschuß	111,00			
DB	2518,00			

| Markt | Personal | Finanz | Lex | Notiz | << | >> |
| Betrieb | WWS | | 1x1 | | Inhalt | > |

Abb. 4. Kalkulationsblatt

Die Fallsimulation erfordert, daß viele Entscheidungen objektiv und nachvollziehbar getroffen werden, d.h., daß bei der Kalkulation einer Verkaufsförderaktion das Planergebnis auf der Ebene des Deckungsbeitrages ermittelt werden muß. Dabei muß der Lernende z.B. auf die Warenwirtschaftsdaten der Aktionsartikel Bezug nehmen und die Ergebnisse bisheriger Aktionen analysieren.

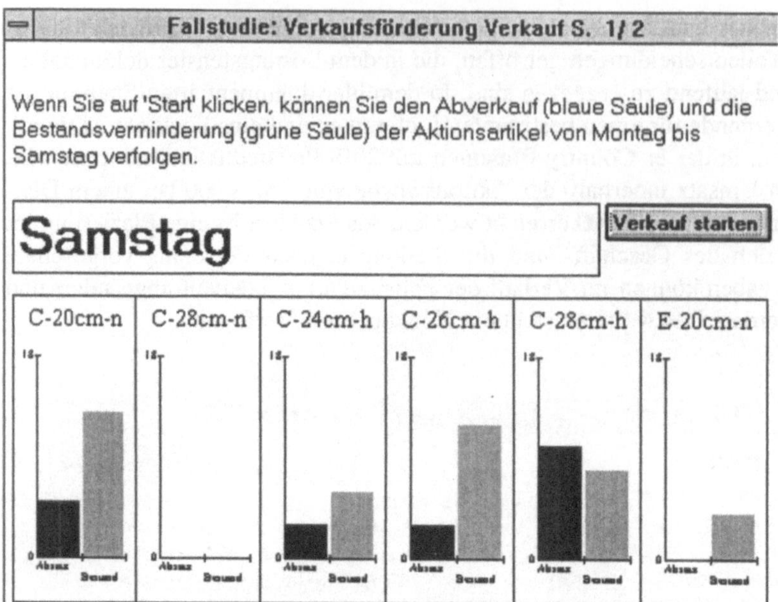

Abb. 5. Tägliche Artikelbewegungen

Auf der Basis der zuvor vorgenommenen Entscheidungen wird die Verkaufsförderaktion in der geplanten Woche simuliert. Es wird in einer tageweise angezeigten Grafik sichtbar, wieviel verkauft wird und wie die Bestandsmenge sinkt. Am Samstag ist der Erfolg oder Mißerfolg erkennbar: Bei einem Artikel war die disponierte Menge unzureichend, bei zwei weiteren Artikeln sind noch erhebliche Bestände vorhanden. In der darauf folgenden Analyse kann der Lernende sein eigenes Vorgehen aufarbeiten und in der Gruppe Optimierungsmöglichkeiten diskutieren. Dies kann in einem Seminar mit Unterstützung durch einen Trainer/Dozenten erfolgen, und zwar in einer ähnlicher Weise, wie dies bei Planspielen geschieht.

Die Fallsimulation spiegelt, wie das eben skizzierte Beispiel zeigt, die komplexe Realität betrieblicher Entscheidungen wider. Das Datenmaterial wurde von Einzelhandelsbetrieben zur Verfügung gestellt und ist damit authentisch. Ähnliches gilt für die Bilder. Der Praxisbezug wird weiter unterstützt durch digitalisiertes Audio; beispielsweise kann der Lernende ein simuliertes Telefongespräch mit dem Lieferanten führen.

4 Technische Realisierung

Das Lernsystem setzt PCs mit folgenden Leistungsmerkmalen voraus:

PC mit einem Prozessor ab 386; Windows ab der Version 3.1; Hauptspeicher
4 MB.
Grafikkarte zur Darstellung fotorealistischer Bilder mit mindestens 256 Farben;
Grafikauflösung mindestens 800 x 600 Punkte.
Audiowiedergabe mit einer Audiodigitalisier-Karte (abschaltbar).
CD-ROM Laufwerk.

Das Lernsystem ist mit Visual Basic realisiert worden. Autorensysteme wie
Toolbook oder Authorware Professional schieden aus, da mit ihnen weder eine
Tabellenkalkulation noch die skizzierte Oberfläche zu realisieren war.

5 Erfahrungen aus dem bisherigen Einsatz

Das Lernsystem ist bisher in einer ersten Version an zahlreiche Bildungszentren
des Einzelhandels sowie größere Einzelhandelsbetriebe ausgeliefert worden.
Bisherige Erfahrungen zeigen, daß die Konzeption der handlungsorientierten
Fallsimulationen auf großes Interesse stößt. Dies gilt auch bei solchen Personen
und Institutionen, die bisher eher skeptisch gegenüber computergestützten Lernprogrammen eingestellt waren.

Es hat sich in der umfangreichen Erprobung und im realen Einsatz gezeigt,
daß eine Bearbeitung der Fallstudien in Kleingruppen wesentlich günstiger ist
als in der sonst üblichen Einzelarbeit. Die unterschiedlichen Vorkenntnisse und
vielfältigen Erfahrungen der Lernenden können in die Gruppe eingebracht und
dort diskutiert werden.

Weiterhin hat sich gezeigt, daß der Branchenbezug der einzelnen Fallsimulationen nicht nachteilig ist, wenn Lernende aus anderen Branchen kommen. Es
wurde im Gegenteil deutlich, daß die Konfrontation mit anderen Bedingungen
(z.B. die branchenüblichen Spannen) zu fruchtbaren Diskussionen anregt.

Besonders positiv wurden die umfangreichen und aktuellen Betriebs- und
Marktinformationen aufgenommen, die sonst in Lernprogrammen nicht zur
Verfügung stehen.

Über die Realbilder wird die Betriebswelt mit den handelnden Personen authentisch abgebildet. Digitalisiertes Audio bringt Leben in die sonst nüchternen
betriebswirtschaftlichen Themen. Komplexe, vernetzte Zusammenhänge lassen
sich verständlich in einer auditiven Kommentierung von Schemata darstellen.

Online Publishing

Elektronische Fachinformation: Quo vadis?

Bertram Gallus
Carl Heymanns Verlag KG
Luxemburger Straße 449, 50939 Köln

1 Einführung

Elektronische Fachinformation hat wie Fachinformation im allgemeinen vielfältige Aspekte. Ihr gemeinsames Band ist in aller Regel die wissenschaftliche oder professionelle Nutzung. Für den Anwender ist die Verfügbarkeit von Fachinformation unabdingbare Voraussetzung beruflicher Tätigkeit. Bislang basierte das System des Entstehens und des Weiterleitens von Fachinformation auf dem Aufbringen der Information auf einen Träger (Papier) und dem körperlichen Transport des Trägers zum Anwender.

Mit dem Entstehen elektronisch aufbereiteter Fachinformation veränderte sich das System der Verbreitung von Fachinformation. Zum einen entstanden zunächst durch die Fachinformationszentren große, online abrufbare Datenspeicher, zum anderen entstand etwa Mitte der achtziger Jahre mit der Entwicklung preisgünstiger PC-Systeme und neuer Datenträger für die Verlage als die klassischen Vermittler von Fachinformationen die Möglichkeit, statt des Papiers nunmehr einen neuen Träger zu verwenden. Nicht nur der Umstand, daß Datenbestände in elektronischen Publikationsformen wesentlich komfortabler recherchiert werden konnten, ließ es zu elektronischen Veröffentlichungen kommen, sondern auch die gegenüber dem Träger Papier wesentlich wirtschaftlichere Möglichkeit, größere Datenmengen aufzubringen, führte zu einem raschen Anstieg von CD-Veröffentlichungen in den letzten Jahren.

Mit der Online-Fachinformation in Netzwerken beginnt aber ein ganz neuer Abschnitt in der Geschichte der Fachinformation. Netzwerke zeichnen sich durch eine dezentrale Struktur aus. Datenbestände können auf einer Vielzahl von Rechnern aufgebracht werden und von einer Vielzahl von Rechnern abgefragt werden. Dies stellt einen Bruch mit der bislang eher zentralisierten Datenverwaltung und Datenvorhaltung dar, die bisher vorherrschend waren. Deshalb standen insbesondere größere Hosts im Mittelpunkt der Online-Fachinformation. Zu einem Massenmarkt hat sich diese zentralisierte Form der Fachinformationsdistribution allerdings nicht entwickeln können. Mit dem Entstehen von Netzwerken verändert sich diese Landschaft schlagartig. Im Umfeld netzwerkdistribuierter Fachinformation entsteht einer neuer Massenmarkt, der in weiten Bereichen an die Stelle des bisherigen Marktes der print-distribuierten Fachinformation tritt.

Zwei Faktoren dürften hierfür ausschlaggebend sein. Zum einen ist es die Abkehr von der trägergebundenen Distribution. Die mit der Notwendigkeit des körperlichen Transports verbundenen Hemmnisse haben ein System der Distribution und des Verfügbarhaltens entstehen lassen, das zwar sehr leistungsfähig war und noch ist, das aber angesichts des ständigen Anstiegs der Menge der zu distribuierenden Fachinformation immer mehr an die Grenze der Funktionsfähigkeit geführt hat. Das Bibliothekswesen - insbesondere die wissenschaftlichen Bibliotheken - hat in Deutschland schon seit langem über den aus dem Anstieg der Informationsmengen resultierenden Kostenanstieg geklagt.

Zum zweiten ist für das Entstehen eines Massenmarktes für Fachinformation ausschlaggebend, daß zunehmend eine Hardware- und Software-Infrastruktur entsteht, in der die Distribution netzwerkdistribuierter Information möglich wird, in Teilen bereits möglich ist.

Netzwerkdistribuierte Information ist daher mengenmäßig unbegrenzt, unmittelbar verfügbar und in einem breiten Geflecht von Informationsanbietern erhältlich.

Neue Märkte entstehen; es wird auch zu neuen Formen des Wettbewerbs der gewerblichen Informationsanbieter kommen. Es werden aber auch Fragen entstehen, die zum einen den Wirtschaftsstandort Deutschland im durch internationalen Wettbewerb sich auszeichnenden globalen Informationsmarkt betreffen, darüber hinaus werden aber auch eine Reihe methodischer Fragen entstehen. Wie werden wir zukünftig mit dem entstehenden Wissen umgehen? Wie werden wir absichern, daß entstandenes Wissen auch zukünftig noch verfügbar gehalten wird und die Möglichkeit besteht, auch in dreißig oder mehr Jahren noch darauf zuzugreifen?

Für Fachverlage, die sich in aller Regel nicht nur mit der Fachinformation befaßt haben, indem sie sie einfach gedruckt und an den Nutzer weitergeleitet haben, sondern indem sie Fachinformation ausgewählt, aufbereitet und nutzerspezifisch angeboten haben, öffnet sich hier ein neues Feld. Online-Fachinformationsdistribution ist daher für Fachverlage aus meiner Sicht nicht nur die Verwendung einer neuen Technik; es ist zugleich die Weiterentwicklung und auch Neuentwicklung von Methoden des Wissenstransfers. Wissenstransfer als gesellschaftspolitische Zielsetzung muß sich im elektronischen Medium zumindest an den Grundsätzen der Wissensdistribution messen lassen, die bislang Geltung haben.

2 Wirtschaftliche Rahmenbedingungen

Online Publishing ist wirtschaftliche Tätigkeit. Es ist durchaus mit der bisherigen verlegerischen Tätigkeit vergleichbar. Verlage hatten in der Vergangenheit und auch noch heute einen erheblichen Anteil an der Aufbereitung und Verbreitung von Fachinformationen. Sie werden diese Funktion, die gesellschafts- und kulturpolitisch gewollt ist, auch weiterhin innehaben.

Diese Aufgabenstellung der Verlage wird sich nicht ändern, auch wenn gelegentlich der Gedanke aufkommt, insbesondere in der wissenschaftlichen Fachinformation könne auf den Verlag verzichtet werden. Es sei darauf hingewiesen, daß es auch in der Vergangenheit den sogenannten Selbstverlag gegeben hat, und es wird ihn auch weiterhin geben.

Der Fachverlag zeichnet sich aber durch vielfältige Leistungen aus; hierzu gehört insbesondere auch das Bestehen im Wettbewerb der Informationsanbieter sowie ein effizientes Marketing, über das ein Selbstverlag nicht verfügen kann.

Wenn Verlage auch zukünftig diese Leistungsfähigkeit einbringen werden, dann wird dies nur möglich sein, wenn die wirtschaftlichen Rahmenbedingungen so ausgestaltet bleiben, daß Verlage in einem Wettbewerb der Marktteilnehmer untereinander ihre Veröffentlichungen zu angemessenen Preisen anbieten und verkaufen können.

Eine wesentliche wirtschaftliche Rahmenbedingung ist, daß die den Veröffentlichungen innewohnenden urheberrechtlichen Leistungen, aus denen sich im Prozeß der Aufbereitung der nutzerspezifische Mehrwert ergibt, Leistungsschutzrechte genießen. Die Wahrung des Urheberrechts und das dem Urheber und seinem Verlag zukommende Recht zur Verwertung dieser Leistung muß deshalb eine Forderung zur Sicherung eines auch zukünftig in Netzwerken funktionierenden Marktes sein.

3 Welches sind die Konzepte zukünftiger Publikationen auf dem Gebiet der Fachinformation?

3.1 Veränderte Produktionsbedingungen

Schon seit Ende der sechziger Jahre haben sich die Produktionsformen im Verlagswesen erheblich verändert. Digitalisierte Satzverfahren traten an die Stelle bisheriger Blei-Produktionstechniken. Aber erst mit dem Entstehen elektronischer Publikationen wurde die Frage nach der Verwendbarkeit der im Satzverfahren entstehenden Daten auch für andere Ausgabeformen gestellt.

Es entstand so zunächst eine Situation, in der Fachverlage zwar über erhebliche Mengen digitalisierter Veröffentlichungen verfügten, ihre Verwendung in anderen Ausgabemedien aber nur unter zusätzlicher hoher Kostenbelastung realisiert werden konnte.

Da Fachverlage ihre wirtschaftliche Basis aber immer noch zunächst in der Produktion von Print-Veröffentlichungen sahen, wurde es erforderlich, zu Produktionsverfahren zu gelangen, die die folgenden Anforderungen erfüllen:

Der zu generierende Datenbestand sollte:

a) das Printprodukt ermöglichen,

b) ohne weitere umfangreiche Bearbeitung auch in andere Ausgabesysteme integriert werden können,

c) nicht auf ein bestimmtes Ausgabesystem hin erstellt sein, also systemneutral sein, und

d) vom Verlag selbst oder von einem vom Verlag zu bestimmenden Weiterverarbeitungsbetrieb auf der Grundlage der systemneutralen Strukturen ohne weiteres weiterzuverarbeiten sein.

Kurz gesagt sollte der Verlag wieder Herr der den Veröffentlichungen zugrunde liegenden Datenbestände sein.

Verlage müssen aber bei der Generierung von Datenbeständen immer auch an die Anforderungen des jeweiligen Ausgabemediums denken. Es bedarf deshalb nicht nur einer formalen, typographischen Ausgabestruktur, sondern auch einer logischen Strukturierung des Publikationsmaterials. Formale und logische Struktur mag in vielen Fällen ineinander übergehen, doch gibt es je nach aufzubereitendem Material eine unterschiedliche Intensität und Tiefe der logischen Struktur.

Ein Fachverlag wird in einigen Jahren Veröffentlichungen auf mehreren Plattformen nur realisieren können, wenn der Fundus seiner Veröffentlichungen maschienenlesbar vorliegt und er daraus schöpfen kann.

Elektronische Veröffentlichungen, seien sie trägergebunden oder trägerlos, haben die Umstellung der Produktionsmethode zur Voraussetzung. Welches System der Verlag einsetzt, ist dabei zunächst unerheblich; wichtig ist nur, daß die beschriebenen Anforderungen erfüllt werden.

3.2 Verändertes Nutzerverhalten

Voraussetzung für das Entstehen eines neuen Online-Publikationsmarktes ist die Veränderung des Nutzerverhaltens. Wir sind dabei in einer ähnlichen Situation wie vor einigen Jahren, als Offline-Publikationen entwickelt wurden. Es entstand ein Angebotsmarkt, dem eine Veränderung des Nutzerverhaltens erst langsam folgte. Inzwischen aber haben sich die Nutzer auf Offline-Publikationen eingestellt und verwenden sie zunehmend. Interessant ist in diesem Zusammenhang, daß inzwischen auch Online-Anbieter, die eher den klassischen Hosts zuzurechnen sind, zusätzlich zu ihrem Online-Angebot auch Datenauszüge auf CD-ROM anbieten; daraus kann sehr deutlich eine Veränderung des Nutzerverhaltens abgeleitet werden.

Auch bei der Online-Publikation wird der Weg zum Massenmarkt erst noch geöffnet werden müssen. Aber ebenso wie bei den Offline-Veröffentlichungen sind die Prognosen eindeutig. Es erscheint übrigens bemerkenswert, daß die Prognosen zur Nutzung von Fachinformationszentren Anfang der achtziger Jahre sich dagegen nicht als zutreffend erwiesen hatten und nach unten korrigiert werden mußten. Dies zeigt, daß allein die Änderung der Distributionstechnik noch keine Änderung des Nutzerverhaltens hervorruft. Vielmehr bedarf es auch neuer Marketingformen und genauer Kenntnis des Nutzerverhaltens wie auch der Nutzererwartung.

Angesichts geringer Kenntnis des Nutzerverhaltens und auch der Veränderung des Nutzerverhaltens wird es notwendig werden, hierzu Markterhebungen vorzunehmen. Ein Fachverlag muß ebenso wie jedes andere Unternehmen prüfen, ob die von ihm geplanten Veröffentlichungen auf eine ausreichend große Nachfrage stoßen. Um hier zu mehr Planungssicherheit zu gelangen, könnten Markterhebungen, wie sie zur Zeit vom Börsenverein des Deutschen Buchhandels ins Auge gefaßt werden, sehr hilfreich sein.

3.3 Veränderte Techniken der Übermittlung

Online- oder auch netzwerkdistribuierte Fachinformation wird sich für einen Fachverlag nicht als eine bedeutsame Änderung erweisen, wenn er die technischen Produktionsverfahren bereits auf die Nutzung des digitalisierten Veröffentlichungsmaterials auf mehreren Plattformen eingestellt hat. Wir wissen, in welchem Umfang bisher bereits Fachinformationen online distribuiert werden; dabei sind sicher Unterschiede zwischen den einzelnen Fachbereichen gegeben; naturwissenschaftliche Fachinformationen sind bereits in der Vergangenheit im starken Umfang online übermittelt worden. In anderen Wissensbereichen befindet sich die Online-Übermittlung noch im Beginn.

Entscheidend für die neue Situation im Markt der online angebotenen Information ist aus meiner Sicht, daß Netzwerke entstanden sind und weiter entstehen, die multifunktional sind und deshalb nicht nur auf die Möglichkeit des Abfragens von Datenbeständen ausgerichtet sind. Diese Multifunktionalität führt auch dazu, daß Nutzer sich des Netzwerkes aus Gründen bedienen, die nichts mit den auch möglichen Publikationsangeboten zu tun haben. Datex-J, früher BTX, hat seinen Aufschwung auf jetzt ca. 70.000 Nutzer insbesondere nicht wegen vielfältiger Produktionsangebote erfahren, sondern insbesondere der Möglichkeiten des homebanking wegen.

Das Internet, als eines der frühen dezentralen Kommunikationssysteme, verdankt deshalb seine rasche Entwicklung ebenso wie bei Datex-J besonderen Funktionen wie E-Mail, Datentransport, der dezentralen Kommunikationsstruktur und dem Umstand, daß angebotene Informationen auf beliebig vielen Rechnern übermittelt werden können. Es ist damit zur zeit wohl eines der effizentesten Informationsdistributionssysteme.

Dies erscheint mir aber sogleich auch ein Grundproblem der Verwendung dieses Systems deutlich werden zu lassen. Fachinformationspublikation kann nicht nur bedeuten, Fachinformation über solche Netze ungeordnet, ohne erkennbare Qualifizierung und vor allem ohne nutzerspezifische Ausrichtung anzubieten. Der Umstand, daß die Vermittlung durch jedermann möglich wird, bedeutet nicht, daß es des professionellen Aufbereiters und Vermittlers nicht mehr bedarf.

Kommunikation oder Publikation? Wir geraten an die methodischen Fragen. Wenn die Grenzen zwischen Kommunikation und Publikation verschwimmen, werden wir uns fragen müssen, welche Informationen gesichert werden müssen. Bislang hat als Korrektiv im ausufernden Publikationsmarkt das Bestehen des Informationsangebotes im Wettbewerb mit anderen Informationsangeboten gedient; Informationsangebote, die vom Nutzer nicht abgenommen wurden, konnten sich wirtschaftlich nicht halten. Soll nun dieses Korrektiv fortfallen? Wie werden in einem solchen System einer nicht auf wirtschaftliche Vermarktung ausgerichteten Information Verbreitungsstrategien aussehen mögen?

Information hat ihren Preis; auch zukünftig werden Fachverlage als Informationsanbieter ihre Fachpublikationen auch in Netzwerken anbieten. Es wird aber darauf ankommen, zwischen Wissenschafts- oder Fachkommunikation und Publikation unterscheiden zu können. Dazu bedarf es klar definierter Publikationsbereiche, die für den Nutzer als Publikationsbereich identifizierbar ist.

Publikationsbereiche in Netzwerken sollten daher sich durch folgende Eigenschaften auszeichnen:

a) Authentizität,
b) Originalität,
c) Unveränderbarkeit,
d) Integrität und
e) Einhaltung von Qualifizierungsverfahren.

In Zusammenwirkung mit Bibliotheken sollte die Archivierung von Publikationen in Netzwerken sichergestellt werden; es kann wohl kaum gewünscht sein, daß zukünftig Bücher weiterhin durch Bibliotheken archiviert und bereitgehalten werden, vergleichbare Veröffentlichungen in Netzwerken jedoch in das bestehende System der Wissensarchivierung nicht einbezogen werden.

Deshalb gehört untrennbar zum Begriff der verlegerischen Publikation die Einbeziehung dieser Publikation in ein Bibliothekswesen, das sich den veränderten Publikationsformen ebenfalls anpassen muß.

Diesem Ziel dient auch der beabsichtigte Aufbau eines Kommunikationsservers bei einem der Wirtschaftsbetriebe des Börsenvereins des Deutschen Buchhandels. Mit ihm soll eine Möglichkeit der Vermarktung von Online-Verlagspublikationen geboten werden. Gleichzeitig sollen aber auch Fragen, wie Sicherheit in Netzwerken, Abrechnungssysteme und Standardisierungsfragen, in diesem Umfeld für das gesamte deutsche Verlagswesen und orientiert an der internationalen Entwicklung verfolgt werden.

4 Zusammenfassung

Die Vermarktung von Fachinformationen wird sich in wenigen Jahren deutlich auf die Distribution über Netzwerke verlagern. Soweit Informationsanbieter durch die auch auf solche Ausgabeformen ausgerichtete Datengenerierung Sorge getragen haben, wird dies technisch keine wesentliche Veränderung mit sich bringen.

Mit dem Internet sowie den weiteren teilweise im Aufbau befindlichen Netzen entsteht ein neues Distributionssystem, das von den Fachinformationsanbietern genutzt werden sollte. Es wird dabei nicht in erster Linie auf die technischen Fragen ankommen, sondern darauf, mit welchen Marketingmethoden von den Fachinformationsanbietern der neue Markt eröffnet wird.

Das Entstehen dieses neuen Marktes und der für das Entstehen notwendige Wettbewerb der Informationsanbieter sollte nicht durch Veränderung der bisherigen wirtschaftlichen Rahmenbedingungen behindert werden.

Fachinformationsanbieter sollten sich den mit den neuen Publikationsformen ergebenden Fragen im Sinne einer gemeinschaftlichen Aufgabenstellung zuwenden. Kriterien für die Qualifizierung als Publikation müssen ebenso geschaffen werden, wie möglichst einheitliche Abrechnungssysteme, und das Verhältnis zum Bibliothekswesen bedarf einer Klärung.

Die Finanzierung und andere „Eigenarten" elektronischer Fachinformationstitel

Mike Röttgen
Bertelsmann Fachinformation, Carl-Bertelsmann-Str. 270, 33311 Gütersloh
Tel.: 0 52 41/80 58 71 - Fax 0 52 41/7 98 48 - Email: roettgen@bertelsmann.de

1 Einleitung

Das Fachinformationsgeschäft hat einige spezifische Unterschiede im Vergleich zu elektronischen Konsumententiteln. Ein Unterschied ist die Gesamtsumme der Kunden in einer speziellen Zielgruppe, die als Nischenmarkt zu bezeichnen ist.

Zum anderen ist es wichtig zu wissen, daß das Fachinformationsgeschäft sehr oft ein anzeigenfinanziertes Geschäft ist. Dies bedeutet die Herausforderung für die Fachinformationsverlage, elektronische Titel kosteneffizient herzustellen und gute Konzepte zu finden, um Anzeigen in ihren elektronischen Titeln zu integrieren.

Eines der Hauptprobleme ist die medienunabhängige und strukturierte Speicherung von Informationen. Erst wenn wir Lösungen dafür im technologischen und organisatorischen Umfeld haben, sind wir in der Lage, elektronische Titel kosteneffizient zu produzieren. Der zweite Kernpunkt ist das Anzeigengeschäft. Wir, die Verleger, haben sicherzustellen, daß wir unseren Anzeigenkunden eine attraktive Plattform für deren Anzeigen anbieten können. Eine auf PC basierende Anzeige ist einer Fernsehwerbung sehr viel ähnlicher, als eine gedruckte Anzeige es je sein kann. Das bedeutet, daß wir eine sehr gute Möglichkeit haben, unsere elektronischen Aktivitäten in den nächsten Jahren auszuweiten.

2 Die medienneutrale und strukturierte Speicherung von Informationen

2.1 Was bedeutet medienneutral?

Was wir brauchen, ist eine Technologie, die uns dabei hilft, unsere Inhalte auf jeder Art von Medium zu veröffentlichen: Papier, Disketten, CD-ROM`s und Online. Der einzige Weg dazu führt über Datenbanken, meist relationale Datenbanken. Es gibt einen weiteren großen Vorteil bei der Speicherung unserer Inhalte auf solchen Datenbanken. Wir können sie als Archiv nutzen und somit die Informationen jederzeit wieder abrufen, wenn wir sie benötigen. Nachdem alle Informationen auf einer Datenbank gespeichert sind, ist zusätzlicher Umsatz möglich. Cross-selling-Produkte und Spin-off-Produkte sind dann für jede Art von Medium sehr leicht zu produzieren.

2.2 Was sind strukturierte Daten und wie erzeugt man sie?

Ein Artikel, der für eine Fachzeitschrift geschrieben wurde, ist meist digitalisiert, das heißt, er ist auf einem PC gespeichert. Jedoch besteht er nur aus einem langem Textfluß. Was wir brauchen, um einen solchen Text elektronisch weiterverarbeiten zu können, ist die logische Struktur dieses Artikels. Was ist eine Überschrift, ein Vorspann, ein Zwischentitel und was ist der normale Fließtext im Dokument?
Das gleiche gilt für Kataloginformationen. Diese sehr häufig in Tabellenform veröffentlichte Fachinformation ist geradezu prädestiniert, um sie auf Datenbanken zu speichern und von dort aus weiterzuverarbeiten.

Deshalb benötigen wir geeignete Datenmodelle, um sie auf Datenbanken abzubilden. Meines Erachtens ist dies eine grundsätzliche Anforderung, um im Electronic-Publishing-Geschäft erfolgreich zu sein.

3 Die Integration von Werbung in elektronischen Verlagsprodukten

3.1 Der Aspekt "Multimedia" in der Fachinformation

Die Strukturierung von Daten ist der einzige Weg, die einmal gespeicherten Informationen wiederzufinden. Sofern dies hinreichend realisiert ist, finden wir ideale

Voraussetzungen vor, um elektronische Fachinformation zu entwickeln und letztendlich auch zu verkaufen, da es eine Zweit- oder Drittnutzung der Substanz bedeutet.

Sobald wir in der Lage sind, unsere traditionellen Inhalte mit neuen, multimedialen Elementen zu verbinden, können wir einen neuen Standard mit interessanten Produkten für unsere Zielgruppen setzen. Video-, Audio-, 3-D- und animierte Anzeigen ermöglichen neue Perspektiven in der heutigen Informationsgesellschaft.

Hier scheint uns die "Erlebniskomponente" ein zentrales Element bei der Entwicklung multimedialer Fachinformationsprodukte. Wenn es uns gelingt, die benötigten Informationen nicht nur schnell und einfach zur Verfügung zu stellen, sondern dieser Vorgang dem Konsumenten auch noch Spaß bereitet, wird auch der wirtschaftliche Erfolg dieser Produkte nicht ausbleiben. Wir müssen nur konsequent nutzen, was uns die technologische Plattform bietet.

3.2 Die wirtschaftlichen Aspekte bei der Entwicklung elektronischer Fachinformation

Wir erfahren immer wieder, daß es sehr schwierig ist, nur durch die Information selbst neuen Umsatz zu generieren, obwohl es gute und für die jeweilige Zielgruppe nützliche Daten auf Diskette oder CD-ROM gibt. Zeitschriften werden zum großen Teil durch Anzeigen finanziert. Das bedeutet, daß wir unseren Anzeigenkunden eine attraktive Plattform anbieten müssen, die die Integration elektronischer Anzeigen zur Normalität werden läßt.

Mit allen Vorteilen, die in 3.1 aufgeführt sind, sollte es einfach sein, wirklich neue Strategien für Fachinformationsverlage zu erstellen, die eine mittel- und langfristige Wettbewerbsfähigkeit sicherstellen.

Auch die unter 2.1 und 2.2 erörterten technologischen Aspekte spielen bei der wirtschaftlichen Betrachtung des Themas keine unwesentliche Rolle. Solange wir für jeden elektronischen Titel eine gewaltige Investitionssumme für die Aufbereitung der Daten/Informationen benötigen, wird die Weiterentwicklung dieser Produkte eher behindert als gefördert.

4 Der Zusatznutzen in einem elektronischen Fachinformationstitel

4.1 Wird ein Zusatznutzen benötigt?

Diese Frage kann nur mit einem eindeutigen Ja beantwortet werden. Daten/Informationen von einem Medium (Papier) auf ein anderes (z. B. CD-ROM) zu überführen, ist vor allem im Fachinformationsgeschäft der Kardinalfehler schlechthin. Anders als bei einem Konsumertitel, bei dem Dinge wie Spaß und Unterhaltung sehr viel mehr Bedeutung haben als die Information selbst, müssen wir sicherstellen, daß die elektronische Fachinformation einen großen Zusatznutzen hat.

Diesen Zusatznutzen müssen wir auch gegenüber dem Nutzer transparent machen. Erst wenn es uns gelingt, dem Nutzer zu vermitteln, warum ihm unser Produkt bei der Befriedigung seiner Informationsbedürfnisse hilft, können wir auch weiterhin erfolgreich am Markt operieren.

4.2 Wie stellen wir den Zusatznutzen sicher?

Wie bereits mehrfach dargestellt, gibt es mehrere Fähigkeiten, die einen elektronischen Titel sehr nützlich machen. Außerdem können wir Titel herstellen, die zusätzliche Informationen gegenüber dem Printprodukt haben. Wenn wir die Stärken des Computers in unser Produkt integrieren, wie z. B. das Berechnen komplexer Formeln, können wir äußerst erfolgreiche Titel herstellen.
Neben der Retrievalfähigkeit bei großvolumigen, textorientierten Archivlösungen gibt es eine Vielzahl an Möglichkeiten, das zu entwickelnde Produkt mit dem gewünschten Zusatznutzen auszustatten. Dieser muß jedoch im Vorfeld definiert werden, und es muß unbedingt überprüft werden, ob er auch tatsächlich einen Nutzen für die jeweilige Zielgruppe darstellt. Erst wenn dies sichergestellt ist, kann mit der Produktion eines Titels begonnen werden.

5 Zusammenfassung

Wenn traditionelle Fachinformationsverleger sich die oben angeführten Themen zunutze machen, werden sie keine Probleme im zukünftigen elektronischen Geschäft haben. Es ist gleichzeitig eine Herausforderung und eine gute Möglichkeit, das Kerngeschäft zu erweitern. Noch wichtiger als die Geschäftsfelderweiterung erscheint mir die Absicherung des eigenen Marktanteils. Wenn es erst mal „ganz normal" ist, Fachinformation elektronisch zu konsumieren, müssen die Verlage, die bislang die Papierprodukte herstellten, auch die elektronischen Alternativprodukte bereitstellen. Tun sie es nicht, werden es branchenfremde Wettbewerber tun. Gerade durch die bereits vorhandene und im Regelfall sehr gute Beziehung zum Kunden hat der Verlag die allerbesten Voraussetzungen, um auch weiterhin erfolgreich verlegerisch, wenn auch im zunehmenden Maße elektronisch, tätig zu sein.

Was wir für eine Übergangszeit brauchen, ist kreative und fachliche Unterstützung beim Produzieren elektronischer Titel, um sich dadurch das benötigte Know-how für die Zukunft anzueignen.

Wenn die Verleger für all diese Bedingungen sensibel sind, werden sie ihr Geschäft wie gehabt weiterführen können. Wenn nicht, werden sich sehr viele Wettbewerber in ihren Markt drängen, und sie werden sehr bald erste Umsatz- und Ergebnisrückgänge zu verzeichnen haben.

Multimedia – Arbeitswelt II

Erfahrungen mit der Anwendung von Multimedia in der Arbeitswelt

Ralf Cordes, Bosch Telenorma, Frankfurt
Eric Schoop, Lehrstuhl für Informationsmanagement, TU Dresden

1 Technik

Die Integration von Medien in Verbindung mit zunehmender Multifunktionalität von Arbeitsplatzsystemen hält an sehr unterschiedlichen Stellen Einzug in unsere heutige Arbeitswelt. Die Multimedia CD-ROM als Werbeträger, als interaktiver Produkt-/Dienstleistungskatalog oder als Trägermedium interaktiver Lernprogramme in der schulischen und beruflichen Aus- und Weiterbildung sind uns mittlerweile geläufig. Das Bildtelefon auf dem Schreibtisch oder komplexe Videokonferenzsysteme finden aufgrund der steigenden Verfügbarkeit von Kommunikationsnetzen mit geeigneter Bandbreite und Übertragungsgeschwindigkeit verstärkt Anwendung als audiovisuelle Kommunikationswerkzeuge für standortübergreifende ad-hoc Besprechungen oder dienen als Ersatz logistisch aufwendiger und kostenintensiver Arbeitstreffen. Der vernetzte Multimedia-PC ermöglicht neben der audiovisuellen, synchronen Kommunikation auch kooperatives Arbeiten in Teams, deren Mitglieder über große Distanzen verteilt sind. Mit dem Austausch elektronischer Post, dem Zugriff auf weltweit verteilte, vernetzte Informationen und mit Möglichkeiten wie Document Sharing und Joint Editing dient er uns als Auffahrt zu den *Information Highways* der modernen Welt. Die gesamte Bandbreite der heutigen technischen Möglichkeiten wird künftig integraler Bestandteil multimedialer Arbeitswelten sein.

Die Entscheidung für Multimedia am Arbeitsplatz wird durch den Faktor Investitionssicherheit dominant beeinflußt. Die nachvollziehbare Dokumentation einer Effektivitäts- und Produktivitätssteigerung durch den Einsatz von Multimedia und die Aussicht auf kurze Amortisationszeiten des beschafften Equipments können diese Sicherheit erhöhen. Ein Rückgriff auf Standards – z.B. H.320 für Bildkommunikation oder SGML/HyTime als multimediales Dokumentformat – oder die Integrations- und Erweiterungsfähigkeit bestehender Netztechnologien wie herkömmliche Local Area Networks oder ISDN (Integrated Services Digital Network) sind ebenfalls Garanten für die Investitionssicherheit. Allerdings ist die heutige Multimedia-Landschaft noch geprägt von einer Vielzahl konkurrierender Quasi-Standards neben wenigen international verabschiedeten Standards, die mitunter noch auf ihre *Killer-Applikation* warten. Hinzu kommen sehr unterschiedliche Netzzugänge und nicht immer durchgängige Schnittstellenkonzepte für Anwendungen. Bedarfsorientierte, nachweislich erfolgreiche und somit zugkräftige Applikationen können jedoch heute schon den Weg in die hochintegrierte, multifunktionale Multimedia Arbeitswelt von morgen weisen.

2 Anwendung

Die Präsenz multimedialer Arbeitsplatzfunktionalität aus technologischer Sicht muß auf Anwendungsseite entsprechenden Flankenschutz erfahren, um die erhofften Rationalisierungspotentiale wie auch die zusätzlichen Nutzeffekte tatsächlich realisieren zu können. Der Einsatz von Multimediatechnik vermag zwar überalterten Geschäftsprozessen neuen Glanz zu verleihen, doch werden damit alleine die wirtschaftlichen Ziele eines modernen *Business Process Reengineering* verfehlt. Vielmehr müssen zusätzlich die organisatorischen und qualifikatorischen Rahmenbedingungen den neuen Erfordernissen, die sich aus dem Einsatz von Multimedia ergeben, angepaßt werden. Überzogen arbeitsteiliges Denken und schablonenhaftes Handeln entlang überdehnter Vorgangsketten – Taylor läßt grüßen – wirken sich häufig als Innovationsbremse und damit aus Aufgabensicht als Integrationshindernis aus. Kommt noch eine mangelnde Qualität der Interaktionsschnittstelle von multifunktionalen, medienintegrierenden Anwendungssystemen hinzu, läßt die Akzeptanz der Benutzer, bei denen mit zunehmender Position auf der Hierarchieleiter meist eine gegenläufige Expertise und Routine im Umgang mit informationsverarbeitenden Systemen einhergeht, zu Wünschen übrig. Mangelnde Nutzung und damit fehlender Nutzen voreiliger Installationen bei zu hohen Kosten sind dann die Folge.
Daß es auch anders gehen kann, sollen die Beiträge und Diskussionen in diesem Seminar zeigen. Im Mittelpunkt der vorgestellen industriellen Anwendungen in verschiedenen Teilbereichen heutiger multimedialer Arbeitswelten stehen die Wirtschaftlichkeit und die Nutzungsmöglichkeiten der neuen Technologie. Ausgehend von allgemeinen Vorteilen wie die Reduzierung von Reisekosten und von Zeiten bei der Entscheidungsfindung, wird anhand von Kosten-Nutzen-Analysen versucht, die strategische Bedeutung des Einsatzes neuer Techniken und Werkzeuge in der Multimediakommunikation und -information herauszuarbeiten. Hierbei wird auch versucht aufzuzeigen, wie gleiche Technologien – z.B. die CD-ROM – in verschiedenen Anwendungsszenarien völlig unterschiedlich genutzt und in komplexe Geschäftsprozesse eingebunden werden können.

3 Beiträge

Das Seminar wird eröffnet mit einem Beitrag von Ludwig Nastansky von der Universität Paderborn über kooperatives betriebliches Informationsmanagement. Im Mittelpunkt steht die gegenseitige Beeinflussung von aktuell diskutierten betriebswirtschaftlichen Organisationskonzepten wie Gruppenarbeit, Lean Management und Outsourcing auf der einen Seite mit einer flexiblen Informationsinfrastruktur auf Basis verteilter, multimedialer Systemarchitekturen und -plattformen auf der anderen Seite. Es wird an Anwendungsbeispielen der Groupware *Lotus Notes* aufgezeigt, daß der Einsatz von CSCW-Software mehr bedeutet als nur die Kombination hypermedialer Dokumente mit PC-gestützter, asynchroner Kommunikation. Erst die Verfügbarkeit leistungsstarker Replikationsmechanismen in einer verteilten Multimedia-Datenbank bietet die Voraussetzung für echtes interaktives *Information Sharing* im Arbeitsteam und stellt damit eine Herausforderung für herkömmliche, einzelplatzorientierte Multimedia-Anwendungen dar.

Im nächsten Beitrag stellt Raimund Mollenhauer die evolutionäre Erweiterung von multimedialen Arbeitswelten am Beispiel der international operierenden SAP AG vor. Hier wurde, beginnend mit der reinen Präsentation des Unternehmensprofils sowie der Produktpalette, ein durchgängiges Konzept wiederverwendbarer multimedialer Informationen für die SAP VISUAL CD-Edition geschaffen. Dieser Informationspool ist insbesondere für die selbstgesteuerte Produktinformation und -schulung geeignet, wobei der Benutzer durch individuelles Navigieren seine persönlichen "guided tours" durch die SAP Produktpalette vornehmen kann. Die damit gewonnenen positiven Erfahrungen forcierten den Einstieg in weitere Anwendungen der Multimedia Arbeitswelt wie *Personal Conferencing* in Hotline- und Diagnosebereichen sowie Informationsangebote auf dem Internet zur Unterstützung einer Vielzahl von Abrufdiensten *(Information on Demand)*.

Abschließend präsentiert Michael Hümmer den interaktiven multimedialen Katalog von Klöckner-Möller. Er zeigt, daß die Unternehmung mit diesem CD-ROM- basierten Katalog zunächst einmal ein flexibles, zielgruppenorientiertes Produkt im Umfeld des Investitionsgütermarketings und der Unternehmenskommunikation besitzt. Damit verbunden ist eine gegenüber dem herkömmlichen, papierbasierten Katalog deutlich günstigere Kostensituation. Der CD-ROM Katalog führt zu einem deutlich erhöhten Kundennutzen, wie repräsentative Vorstudien ergeben haben, und realisiert durch seine Integration in eine ganzheitliche elektronische Auftragsabwicklung deutliche betriebswirtschaftliche Rationalisierungseffekte. In einem anschließenden Szenario wird der Weg zum interaktiven, multimedialen *Teleshopping* gewiesen.

Um den Dialog zwischen Herstellern und Anwendern neuer multimedialer Informations- und Kommunikationstechnologie zu vertiefen und die Thematik abzurunden, wird im Anschluß an die drei Fachbeiträge in einer Paneldiskussion das Thema "Multimediale Arbeitswelten – Nur Nutzen für Hersteller und Berater?" ausführlich diskutiert.

Architekturen und Plattformen für kooperatives betriebliches Informationsmanagement unter Integration multimedialer Datentypen -

Die Groupware Herausforderung für hypermediale Dokumente und asynchrone Kommunikationsformen

Ludwig Nastansky
Universität GH Paderborn, Wirtschaftsinformatik,
Warburger Str. 100, D-33098 Paderborn

1 Zwei Schwachstellen in der derzeitige Nutzung multimedialer Datentypen in betrieblichen Informations- und Kommunikationssystemen

Der Slogan "be interactive" ziert das Poster des diesjährigen deutschen Multimedia Kongresses '95. Eine Fülle der in den verschiedenen Workshops diskutierten Visionen und Perspektiven zum Multimediaeinsatz (z.B. Interactive Services, Interaktives Fernsehen, Perspektiven der Telearbeit) stützt sich in der Tat auf die Interaktion zwischen Multimediasystem und Nutzern als wichtige, wenn nicht zentrale Aufbaukomponente multimedialer Systeme - zumindest zeitweilig, wie etwa beim Interaktiven Fernsehen. Interaktivität in dieser oder jener Ausprägung und Aktivitätsstufe liegt auch den meisten der vorgestellten Prototypen aus den Forschungslabors oder innovativen Lösungen aus der noch in den Kinderschuhen steckenden Industrie zugrunde; erwähnt seien hier etwa Training und Ausbildung, CD ROM basierte Kataloge, Angebote für Unterhaltung und Freizeit.

Gemeinsam ist allen diesen Ansätzen in gewisser Weise, daß bisher kaum durch computergestützte Interaktivität unterstützte Medientechnologien durch eine Übertragung auf Computerplattformen für die typischen Interaktionsformen computergestützter Manipulation geöffnet werden. Die von den Anwendern, im Sinne von Konsumenten, derzeit als besonders attraktiv angesehenen interaktiven "Bearbeitungs"möglichkeiten erstrecken sich vor allem auf wahlfreie und flexible Zugriffsmöglichkeiten. Diese erlauben, unterstützt durch Hypertextarchitekturen und flexible Steuerungskonzepte an den computergestützten Frontends, Informationen in Kontexten zu präsentieren, die durch bislang übliche Papiermedien, Fernsehen, Video oder HiFi-Konsumententechnologien in dieser Form, Qualität, Informationsdichte, Flexibilität und Leichtigkeit des Zugangs nicht möglich waren. Dagegen ist die "Bearbeitung" multimedialer Datentypen, im Sinne ihrer Generierung und Herstellung in vielfältigen Ausprägungen und Kombinationen, als Graphik, (still) Image, Ton, Sprache sowie (full motion) Video beim heutigen Reife-

und Infrastrukturgrad des Multimediabereichs bisher mehr ein Thema der professionellen Anwender, der Entwickler, Hersteller oder Informationsanbieter. Insofern ist sicherlich mit breiter Zustimmung zu rechnen, daß mit dem Slogan "be interactive" bei Multimedia derzeit vor allem Nutzer als Konsumenten der von dritter Seite produzierten Multimediaapplikationen gemeint sind.

Die angesprochene Zweiteilung zwischen Informationskonsumenten einerseits und Informationserstellern andererseits steht in starkem Kontrast zur nunmehr mehr als drei Dekaden währenden Infrastrukturentwicklung in der Bearbeitung und Verwendung von Informationen, denen die bisher vor allem genutzten Datentypen Text, formatierter Text oder strukturierte alphanumerische Daten zugrundeliegen.

Gerade in den selbstverständlichen betrieblichen Computeranwendungen unterschiedlichster Ausprägung, angefangen bei Host-basierten Transaktionssystemen, bis zu Tool-zentrierten Office-Systemen, ist die Unterscheidung zwischen "Konsumenten" von Informationen und "Anbietern" bzw. "Bearbeitern" inzwischen wenig sinnvoll. Für betriebliche Anwendungen sind Produktivität bzw. "value-added" Paradigmen selbstverständlich, bei denen regelmäßig computerbasierte Informationen im Zuge ihres Zugriffs auch betriebswirtschaftlich werterhöhend weiterverarbeitet werden. Diese "Weiterverarbeitung" kann in den unterschiedlichsten Ausprägungen erfolgen, z.B. durch Kommunikation (Weiterversenden, Übergabe an papierbasierte Arbeitsflüsse), Veredeln (Überarbeitung und Fertigstellung eines Dokumentes), Einstellen in Archivumgebungen, Aufnahme einer Transaktion (Auftrag, Buchung), Erstellung eines Reportes aus Datenbank-basierten strukturierten Daten, Vorlage für eine Arbeitsgruppe, Aufbereitung für einen speziellen unternehmerischen Entscheidungskontext, u.v.a.m. (siehe Beispiel Abb. 1). Entsprechend ist die derzeitige Infrastruktur betrieblicher Informations- und Kommunikationssysteme gerade dadurch geprägt, daß (nach der Zeit der Batch-Systeme) mehr oder weniger alle betrieblichen Nutzer "interactiv" in laufend wechselnden Rollen als Konsumenten wie Produzenten von Informationen tätig sind - wenn auch im Bereich "klassischer", nicht multimedialer Datentypen.

<u>Schwachstelle Spezialistentum bei Konsumenten und Erstellern:</u> Zusammengefaßt haben multimediale Anwendungen derzeit also noch eine starke Ausprägung von Spezialistentum auf der Ersteller- / Generierungsseite. Der damit gegebene Reifegrad steht einer gleichberechtigten und selbstverständlichen Nutzung multimedialer Datentypen in betrieblichen Anwendungen im Augenblick entgegen.

Aus der Sicht der betrieblichen Nutzung ist, damit eng zusammenhängend, ein weiteres Merkmal bisheriger multimedialer Anwendungen anzusehen: Dies ist ihre weitgehende technische und konzeptionelle Isolation von der bisher verfügbaren Infrastruktur für betriebliches Informationsmanagement in privatwirtschaftlichen wie öffentlichen Organisationen. Daß sich, glücklicherweise, z.B. Digital Video inzwischen auch auf den üblichen Industriestandard-Arbeitplätzen in annehmbarer Qualität und bei durchaus attraktivem Kostenprofil sowohl herstellen wie auch abspielen läßt, ändert nichts an diesem Infrastrukturproblem. Fraglos besteht derzeit noch, bezogen auf vielerlei Kriterien, eine breite Infrastrukturlücke

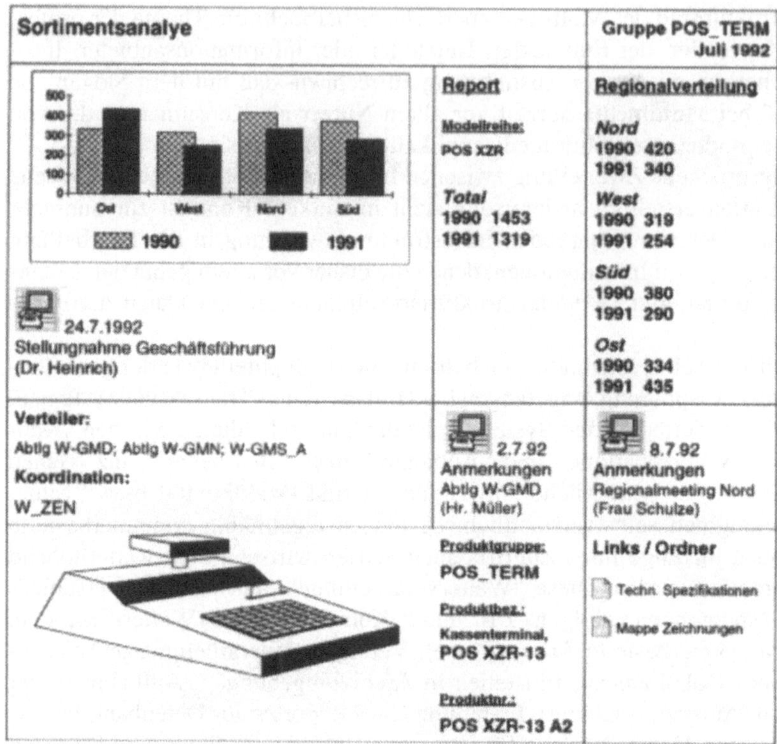

Abb. 1: Beispiel eines Corporate MM Informationsobjektes für betriebswirtschaftliches Controlling

zwischen der technisch machbaren wie auch betriebswirtschaftlich wünschenswerten Nutzung multimedialer Anwendungen einerseits und der selbstverständlichen Integration multimedialer Datentypen als einer weiteren Ausprägung digitaler Datentypen in die bestehenden betrieblichen Informations- und Kommunikationssysteme andererseits.

<u>Schwachstelle Insellösung:</u> Ein weiteres Merkmal derzeitiger multimedialer Anwendungen ist entsprechend ihre starke Ausprägung als Insellösungen. Diese sind charakterisiert durch hardware-, software- und applikationstechnische Individualitäten, Sonderakzentuierung der erstellten (innovativen) multimedialen Anwendung und vor allem auch die Abtrennung der bisher geübten "klassischen" medientechnologischen Unterstützung wichtiger Geschäftsprozesse, die sich prinzipiell für den Einsatz multimedialer Konzepte durchaus eignen.

Angesichts der Entwicklungsdynamik bei Hardware- und Softwaresystemen sowie des begleitenden hochinnovativen Applikationsumfeldes, welche die derzeitige Multimediaszene prägen, sind diese beiden Schwachstellen nicht verwunderlich. Ziel dieses Beitrags ist, Entwicklungsschritte und Architekturmerkmale

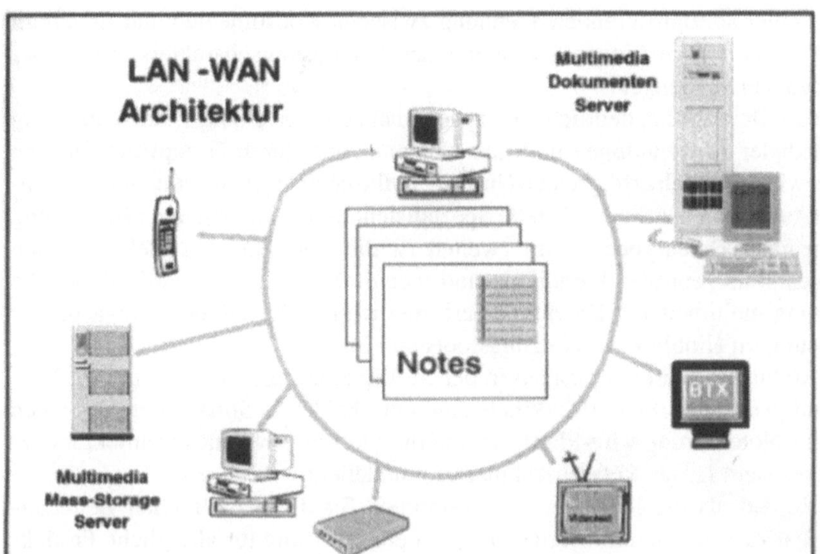

Abb .2: Groupware-orientiertes Dokumentenmanagement für Corporate MM Informationsobjekte

für betriebliche Informations- und Kommunikationssysteme aufzuzeigen, die zu
einer selbstverständlichen Integration und Nutzung multimedialer Anwendungen
im innerbetrieblichen Rahmen notwendig sind. Erst die Realisierung dieses Infra-
strukturaufbaus ermöglicht dann in einer daran anschließenden Phase auch die produktive überbetriebliche Nutzung auf den sich explosionsartig entwickelnden
elektronischen Märkten.

2 Zwei Infrastrukturanforderungen für die breite betriebliche Nutzung multimedialer Datentypen: Groupware und Dokumentenorientierung

In innerbetrieblicher Sicht sind zu diesem Infrastrukturaufbau vielerlei inkremen-
tale Anpassungen und Weiterentwicklungen notwendig wie aber auch Maßnahmen, die für manche Organisation eher als Strukturbruch anzusehen sind. Der Ver-
fasser möchte in seinem Beitrag zwei Architekturanforderungen hervorheben, die
sowohl in den Bereich der inkrementalen Änderung wie auch den des Struktur-
bruchs fallen. Beide Anforderungen scheinen derzeit kaum im Zentrum der Diskussion von innovativen multimedialen Anwendungen zu stehen und sind doch als
entscheidende Infrastrukturmerkmale für eine erfolgreiche und selbstverständliche
Integration multimedialer Systemkomponenten in betriebliche Informations- und
Kommunikationssysteme anzusehen. Beide Aspekte berühren auch die o.a. beiden
Schwachstellen und Erfahrungsschnappschüsse der aktuellen Multimediaszene,

also die einer spezialisierenden Trennung zwischen Konsumenten und Erstellern multimedialer Informationen sowie die des Insellösungscharakters derzeitiger Multimediaanwendungen.

Ziel dieses Beitrags ist, deutlich zu machen, daß zum einen eine Teamzentrierung multimedialer Anwendungen und ihre Unterstützung durch Groupware für eine betriebswirtschaftlich erfolgreiche Nutzung multimedialer Anwendungen notwendig ist (Auflösung der Schwachstelle Spezialistentum in Nutzung und Generierung multimedialer Datentypen). Zum zweiten ist die Betonung des elektronischen Dokuments als zentrales Paradigma und technisches "Containerobjekt" für die Einbettung multimedialer Datentypen erforderlich (Auflösung der Schwachstelle Insellösung im Hinblick auf Nutzungstools und Inhalte).

Beide Architekturmerkmale haben in der Multimediawelle bisher kaum im Vordergrund gestanden. Beide Merkmale sind entscheidende Strukturdeterminanten der Lotus Notes Groupware-Plattform, die für alle Beispiele und Architekturskizzen dieses Beitrags als Referenzrahmen zugrundeliegt.

"Teams" sind als die logischen Bezugsrahmen für die betrieblichen Benutzergruppen anzusehen, deren Mitgliedern die Verantwortung für alltägliche Produktion, Weiterverarbeitung, Archivierung, Nutzung und insbesondere auch Kommunikation betrieblicher Informationen unter Einbeziehung multimedialer Datentypen zukommt. Die aktuelle Groupwarediskussion und die Vielfalt von innovativen betrieblichen Anwendungen auf Groupwarebasis haben erst kürzlich den Blick für das enorme Produktivitätspotential verteilter, teamorientierter Applikationsarchitekturen geschärft.

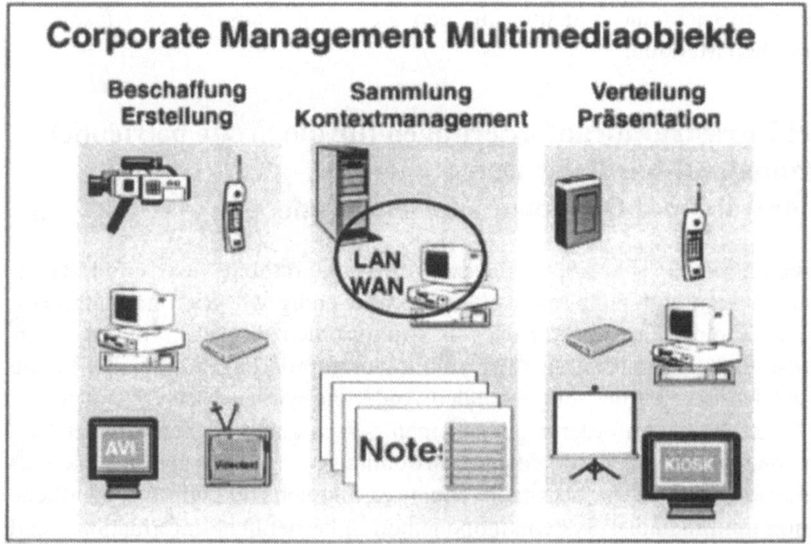

Abb. 3: Generierungs- und Distributionsumgebung für Corporate MM Informationsobjekte

Alle Argumente dieser aktuellen Groupwarediskussion gelten verstärkt, wenn es um die Öffnung betrieblicher Informations- und Kommunikationssysteme auch für multimediale Datentypen geht. Insbesondere sei hier die radikale Kommunikationszentrierung Groupware-basierter Anwendungen hervorgehoben: Multimediale Datentypen erlauben eine grundlegende Verbreiterung der Medienbasis und Kanäle für die Kommunikation betrieblicher Informationen, innerbetrieblich wie auch vor allem betriebsübergreifend in Richtung der Märkte, bei Kunden und Zulieferern. Multimediale Anwendungen können deshalb auf breiter Front in der betrieblichen Nutzung nur erfolgreich sein, wenn sie in eine leistungsfähige, teamgetriebene und (client-server) verteilte Kommunikationsinfrastruktur eingebettet sind (siehe Abb. 2). Die erstmalige Erstellung und die vielfältigen Weiterverarbeitungsformen multimedialer Datenobjekte werden entsprechend im Arbeitsfluß einer arbeitsteiligen und produktiven Teamstruktur abgewickelt, der nicht die scharfe Trennung zwischen Konsumenten und Erstellern von Informationen zugrundeliegt (siehe Abb. 3). Groupware muß im Rahmen der diese Bearbeitung begleitenden Kommunikationsprozesse nicht nur synchrone Kommunikationsformen (im Hinblick auf die Kategorien Zeit und Ort), sondern vor allem auch asynchrone Kommunikationsformen unterstützen (siehe Abb. 4).

Die Betonung des elektronischen "Dokuments" als zentralem konzeptionellen Träger multimedialer Informationen im betrieblichen Kontext mag derzeitig ein wenig abwegig oder vielleicht gar skurril erscheinen. Dies ist verständlich angesichts der verschiedenen Strömungen, die im Augenblick die Multimediaszene dominieren. Zum einen ist hier die schon angeführte applikationstechnische Konzentration auf Anwendungsdesign für Endkonsumenten zu nennen. Weiterhin wird

Abb .4: Zeit - Ort Modell für für Corporate MM Informationsobjekte

- vernünftigerweise, um überhaupt erst einmal die neuartigen Optionen deutlich zu machen - ein hohes Kreativitätspotential in innovative Multimedia-Appliaktionen gesteckt, bei denen die individuellen Nutzungswerkzeuge mehr oder weniger untrennbar mit den Informationsinhalten gekoppelt sind (typisch für den Medienträger CD ROM). Schließlich liegt eine enorme Dynamik multimedialer Ansätze im Bereich der öffentlichen Netze, u.a. Internet mit dem World Wide Web oder Interaktives Fernsehen.

Angesichts dieser aktuellen Schwerpunkte im Aufbruchsumfeld von Multimedia-Anwendungen muß aber deutlich gemacht werden, daß diese aktuellen Diskussionen nur am Rande grundlegende Architekturfragen nach der notwendigen betrieblichen Infrastruktur berühren, die erst eine Öffnung innerbetrieblicher Informations- und Kommunikationssysteme in Richtung einer selbstverständlichen Integration auch multimedialer Datentypen ermöglicht.

Das "Dokument" ist dabei die logische Einheit für die Einbettung multimedialer Information in den Erstellungs-, Diskussions-, Weiterverarbeitungs-, Revisions-, Annotations-, Sicherungs-, Aktualisierungs-, Disseminations-, Vorgangsbearbeitungs-, Workflow- oder Archivierungsphasen von betrieblichen Informationen. Weiterhin stellt das "Dokument" im Groupwarekontext die notwendigen differenzierten Mechanismen für Zugriffsmanagement, gezielte Vertraulichkeitssteuerung oder Kontexteinbettung bereit. Das (derzeit teils durch Rituale überladene) Starten einer isolierten Multimediaapplikation wird durch den generischen Kontext "Bearbeitung eines Dokuments" ersetzt. Basierend auf objektorientierten Ansätzen werden dann bei der Dokumentenbearbeitung die entsprechenden Werkzeuge (Bearbeitungseditoren oder Viewer) in einem integrierten, inhalts- und nicht Werkzeug-orientierten Zusammenhang benutzertransparent bereitgestellt: z.B. die gewohnten Feldeditoren für die "klassischen" Datentypen (Text, alphanumerische Einträge), Sprachannotationseditoren für in das Dokument eingebettete Sprachobjekte, Link-Mechanismen für Aktivieren eines Anrufbeantworters im Telefonsystem, Video-Viewer mit synchronisiertem Ton-Playback für fertige Video-Clips und Link zur Aktivierung der Ansicht und Aufnahme eines bestimmten Fernsehkanals (siehe Beispiel Abb. 5; oben Abb. 1).

Diese Integrationsaspekte werden in der bisherigen Aufbruchsdiskussion von multimedialen Anwendungen eher als sekundär angesehen: Im Vordergrund steht mehr die innovative Multimedia-Anwendung an sich, nicht aber die notwendige betriebliche Vorgangsbearbeitungsinfrastruktur. Verfügbarkeit, Qualität und Produktivität dieser Infrastruktur sind aber entscheidend, um eine multimediale Anwendung insgesamt überhaupt erst hervorzubringen und produktive Arbeitsflüsse auf breiter Front für die in die Anwendung eingehenden unterschiedlichsten multimedialen wie auch "klassischen" Datentypen zu ermöglichen. Groupware-Plattformen, wie etwa Lotus Notes, werden hier eine entscheidende Rolle spielen, die betriebliche Nutzung multimedialer Datentypen aus ihrem derzeitigen, noch esoterischen Nischendasein in eine produktive, selbstverständliche Nutzung zu überführen.

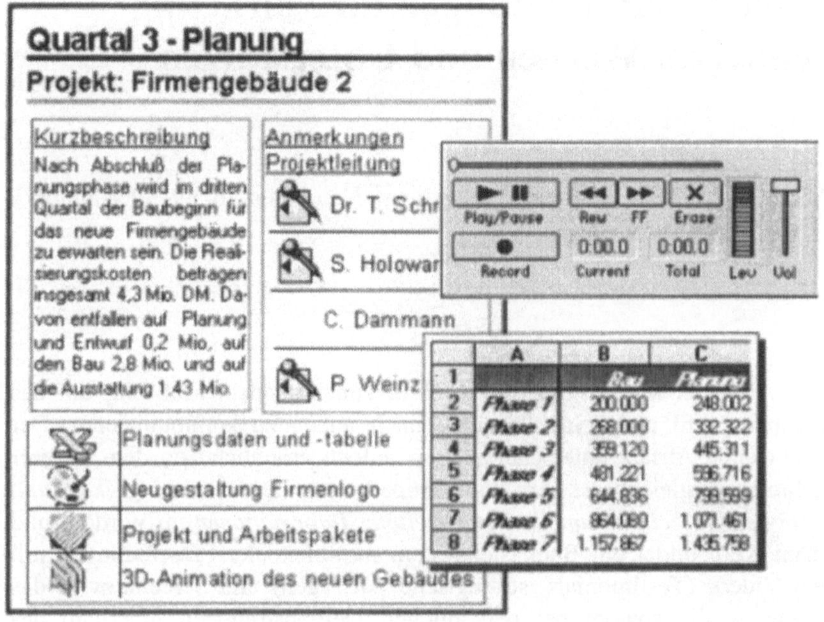

	A	B	C
1		Bau	Planug
2	Phase 1	200.000	248.002
3	Phase 2	258.000	332.322
4	Phase 3	358.120	445.311
5	Phase 4	481.221	586.716
6	Phase 5	644.836	798.599
7	Phase 6	864.080	1.071.461
8	Phase 7	1.157.887	1.435.758

Abb. 5: Beispiel eines Corporate MM Informationsobjektes für Planungsaufgaben

Literatur

Fischer, J. u.a.: Bausteine der Wirtschaftsinformatik. Hamburg (S+W Verlag) 1995, Teil B.

Nastansky, Ludwig (Hrsgb.): Multimedia und Imageprocessing. Halbergmoos (AIT Verlag) 1992.

Schicker, Till: Informationspräsentation in Multimediasystemen. Hamburg (S+W Verlag) 1994.

Seidensticker, Franz-Josef: Informationsmanagement am Managerarbeitsplatz mit Hypermedia-Konzepten. Hamburg (S+W Verlag) 1990.

Vallone, Clino: Der vernetzte Manager. Zürich 1992.

Multimedia Anwendungen im Marketing
Informieren, Werben und Unterstützen

Raimund Mollenhauer
SAP AG, Marketing Technologie Management, Neurottstr. 16, 69190 Walldorf

Die SAP AG setzt Multimedia seit 1993 in zunehmendem Maß ein, um das Unternehmensprofil und seine Produkte nach außen zu kommunizieren. Der hierbei gewählte Ansatz unterscheidet sich jedoch erheblich von dem anderer Unternehmen vergleichbarer Art und Größe, weil die *Durchgängigkeit und Wiederverwendbarkeit multimedial aufbereiteter Informationen* im Vordergrund steht. Den Kern bildet ein Baukastensystem multimedialer Präsentationen mit digitalen Videos (Testimonials, strategische Aussagen) und Screenmovies des SAP Systems, die sowohl bei persönlichen Demonstrationen innerhalb des Vertriebszyklus oder bei Veranstaltungen, als auch bei der Selbstinformation eines Interessenten via CD-ROM zum Einsatz kommen. Mit einer Vielzahl von CD ROMs aus der SAP VISUAL CD-Edition der SAP werden Technologie, Applikationen, Service, Kundenerfolg und neuerdings auch Geschäftsprozesse als Referenzmodelle den SAP Interessenten zugänglich. Alle Dateien auf diesen CD-ROMs liegen in Standardformaten vor. Dies ermöglicht die Weiternutzung für eigene Zwecke - eine von Partnern, aber auch von Kunden für das „interne Selling" gern genutzte Möglichkeit. Mit unterschiedlichen Navigationen wird SAP dem Anspruch „Discover and Explore" gerecht, damit auch Neulinge in der SAP Welt leichten Zugang finden. Multimediale Kommunikation mittels Personal Conferencing und Internet-Services eröffnen seit 1995 neue Möglichkeiten in den Bereichen Remote-Service und -Consulting sowie Information on Demand.

Der Vortrag zeigt anhand von Beispielen Anspruch und Realität des von SAP eingeschlagenen Weges. Seine Kerninhalte werden in der nachfolgenden Auswahl von Vortragsabbildungen wiedergegeben.

Multimedia Anwendungen im Marketing
... passend zur Kommunikation unserer Marktposition

1.
Client / Server-Anwendungen
Umsatz von Anwendungssoftware - weltweit
Gesamtumsatz in Europa
MMSTRA_D.PPT (Raimund Mollenhauer) Mar'95 / 3

Multimedia Anwendungen im Marketing
... passend zu unseren strategischen Erfolgsfaktoren
Kunden und Produkte
Success stories / Referenzkunden
umfassende betriebswirtschaftliche Funktionalität
modernste Technologie
Personal
hochmotiviert
innovativ
Prozesse
schlanke SAP-Organisation
Partner
strategische Allianzen
Technologie, Entwicklung, Beratung
Profitabiliät
F + E Aufwand ca. 25% des Umsatzes
kontrolliertes Wachstum
Informieren und Werben
Know-How Transfer
Weltweite Teamarbeit
Kosteneffiziente Kommunikation
MMSTRA_D.PPT (Raimund Mollenhauer) Mar'95 / 4

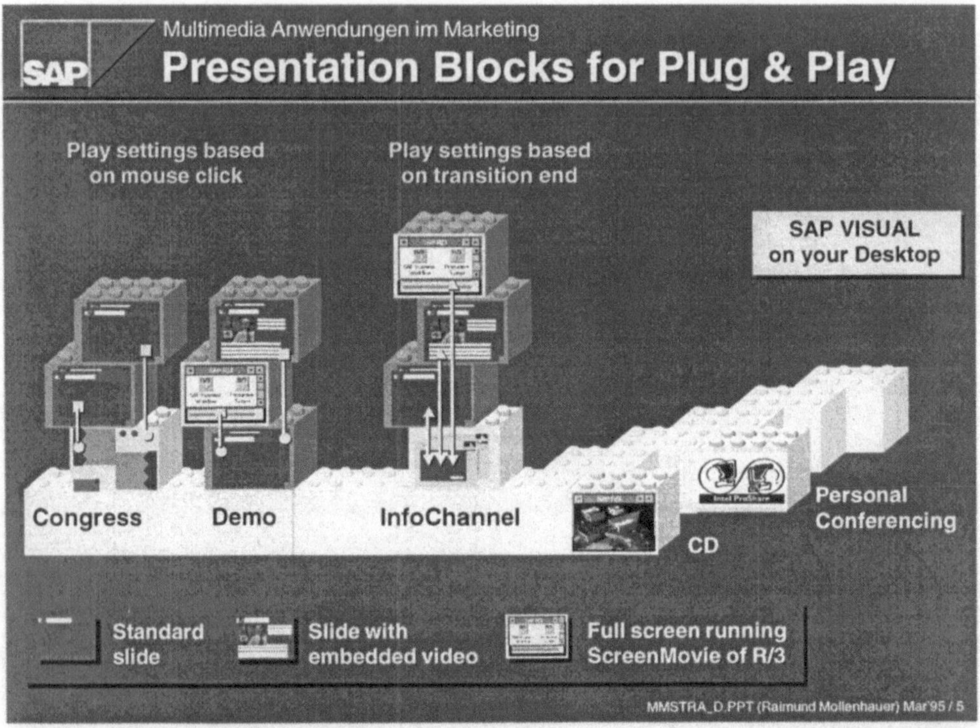

Multimedia Anwendungen im Marketing
Presentation Blocks for Plug & Play
Play settings based on mouse click
Play settings based on transition end
SAP VISUAL on your Desktop
Intel ProShare
Congress
Demo
InfoChannel
CD
Personal Conferencing
Standard slide
Slide with embedded video
Full screen running ScreenMovie of R/3
MMSTRA_D.PPT (Raimund Mollenhauer) Mar'95 / 5

Multimedia Anwendungen im Marketing
CD als Sampler mit 2-level Shell
Top Level
Kiosk Shell (MM Viewer)
Welcome, Highlights Trailer, Menu mit Topics
SAP INTERNAL
Meta Data
MM Viewer Seiten + Explorer Fenster
Topic spezifisch: Navigation, View, LookUp
Real Data
"Native Data Files" (.PPT, .DOC/.MVB, .AVI, .SCM)
Kostenfreie Viewer/Player auf jeder CD
NDC = "Native data collection" Assemblierungs Methode
Jede Datei separat nutztbar (Re-)usability
MMSTRA_D.PPT (Raimund Mollenhauer) Mar'95 / 8

	SAP VISUAL Event sampler	SAP VISUAL SPECIAL	SAP VISUAL R/3 Demo	SAP INTERNAL
Interessenten				
Kunden	Presentations and more (4 major events '95), Success Clips (2 per year)	Topics sampler or special target group sampler (if start volume > 3 000)	Demo In the Box (Release triggered)	
Business Partner				
Sales, Marketing, Consultants				Sales & Marketing presentations and clips
SAP Personal				Multimedia Production Guide / Material

Multimedia Tools / Daten:

64 MB   13 MB

29 MB   65 MB   64 MB

3 MB

- Persönliches Handout, "on request/check" (company, competitor list), DEUTSCH
- "Get a taste of business process driven R/3 Release 2.2" (212 Prozeßmodelle, 95 Screenmovies, Dokumentation)
- 1 CD im Bundling mit 4-Seiten Flyer (Startauflage 3 000)

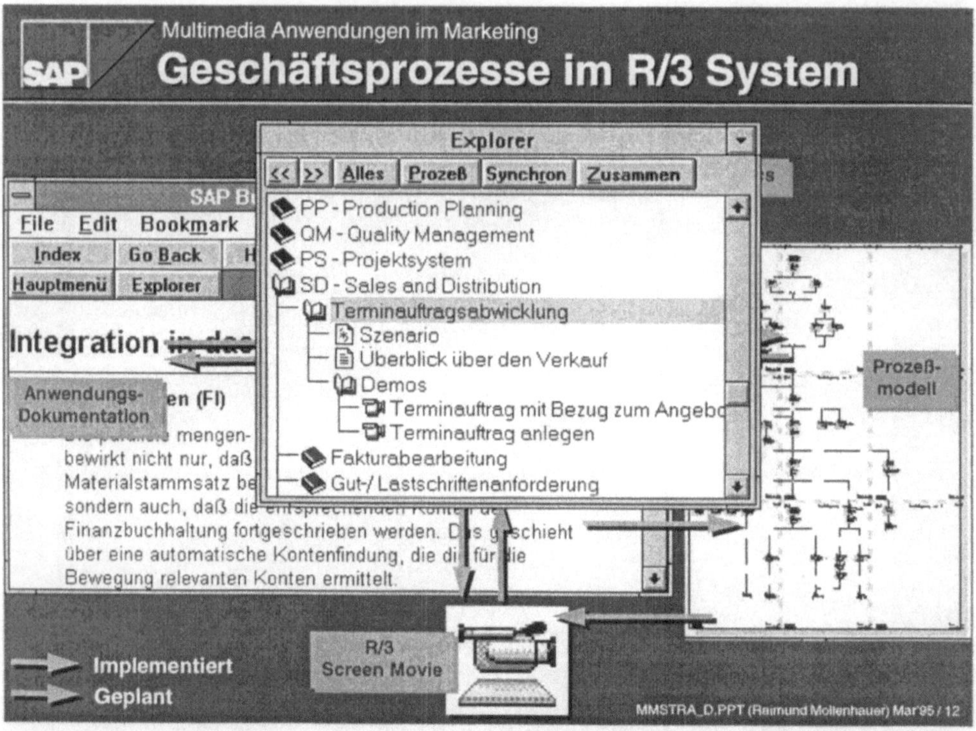

Multimedia Anwendungen im Marketing
Geschäftsprozesse im R/3 System
Explorer
<< >> Alles Prozeß Synchron Zusammen
PP - Production Planning
QM - Quality Management
PS - Projektsystem
SD - Sales and Distribution
Terminauftragsabwicklung
Szenario
Überblick über den Verkauf
Demos
Terminauftrag mit Bezug zum Angebo
Terminauftrag anlegen
Fakturabearbeitung
Gut-/ Lastschriftenanforderung
SAP B
File Edit Bookmark
Index Go Back H
Hauptmenü Explorer
Integration in das
Anwendungs-
Dokumentation
en (FI)
mengen-
bewirkt nicht nur, daß
Materialstammsatz be
sondern auch, daß die
Finanzbuchhaltung fortgeschrieben werden. Das geschieht
über eine automatische Kontenfindung, die di für die
Bewegung relevanten Konten ermittelt.
Prozeß-
modell
R/3
Screen Movie
Implementiert
Geplant
MMSTRA_D.PPT (Raimund Mollenhauer) Mar'95 / 12

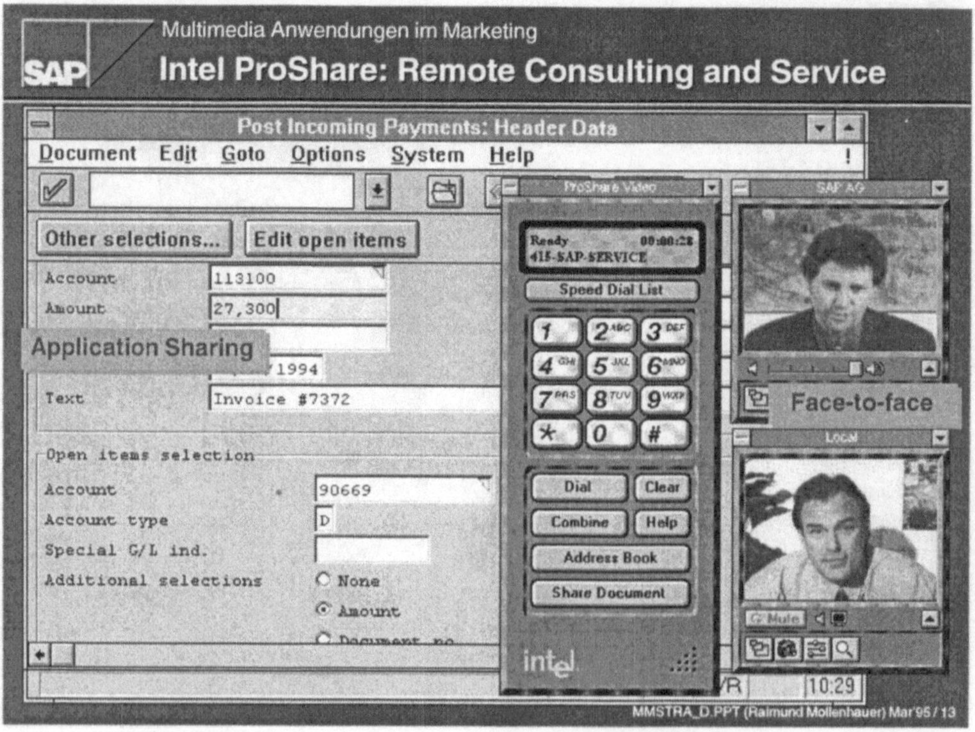

Multimedia Anwendungen im Marketing
Intel ProShare: Remote Consulting and Service
Post Incoming Payments: Header Data
Document Edit Goto Options System Help
Other selections... Edit open items
Account 113100
Amount 27,300
Application Sharing
1994
Text Invoice #7372
Open items selection
Account 90669
Account type D
Special G/L ind.
Additional selections None
Amount
Document no.
ProShare Video
SAP AG
Ready 00:00:28
415-SAP-SERVICE
Speed Dial List
1 2ABC 3DEF
4GHI 5JKL 6MNO
7PRS 8TUV 9WXY
* 0 #
Dial Clear
Combine Help
Address Book
Share Document
intel
Face-to-face
Local
Mute
10:29
MMSTRA_D.PPT (Raimund Mollenhauer) Mar'95 / 13

Auf dem Weg zum Teleshopping:
Der elektronische Katalog auf CD-ROM

Michael E. Hümmer
Leiter Unternehmensentwicklung / Werbung, Klöckner-Moeller, Bonn
Hauptverwaltung, Hein-Moeller-Straße 7-11, 53115 Bonn

Vorbemerkung

Der nachfolgende Artikel wurde als computergestützter Multimedia-Vortrag im Rahmen der Vortragsreihe "Multimedia-Arbeitswelt II: Anwendungserfahrungen" konzipiert. Wie in jeder neuen Medienform, so leitet auch die multimediale Darstellungsform ihre medienspezifischen Gestaltungsgrundlagen zunächst aus den bekannten, klassischen Gestaltungslehren für Text, Bild, Ton und Film sowie den dort tradierten Grammatiken (von der Typographie bis hin zu den Spannungsbögen in der Spielfilmdramaturgie) ab. Erst ganz allmählich entstehen dann, ausgelöst durch den normativen Zwang „gutgestalteter" praktischer Anwendungen, eine neue, medieneigene Grammatik, eine neue Medien-didaktik und Medienlogik. In dieser inhaltlich-gestalterischen Reifungsphase befindet sich Multimedia heute. Kommt dann auch noch eine strukturierte, computergestützte Interaktionsmöglichkeit hinzu, sprengt dieses neue Medium alle bisher geltenden ablauforientierten und damit „linearästhetischen" Gestaltungsregeln.

Es gilt, neuartige multimediagerechte Beeinflussungs-und Steuerungselemente zu entwickeln: Die klassischen Piktogramme und Sinnbilder, zur Zeit noch in jeder interaktiven Medienproduktion als Buttonbeschriftung und Hinweis-Icon in rauhen Mengen zu finden, wirken „abgelutscht" und werden, wie immer mehr Multimedia-Enthusiasten bemerken, eigentlich auch „völlig idiotisch, weil wenig medienkonform" eingesetzt. Wer drückt, wie sinnbildlich per Button vorgemacht, schon tatsächlich seinen Bildschirm ein, um zum nächsten Screen zu gelangen? Zunehmend werden neue, medienkonformere Funktions-und Verweissysteme entwickelt und erprobt: Intuitive, auch von Laien schnell erfaßbare Programmoberflächen, spielerisch-experimentell bedienbare Auswahlscreens, „postsequentielle" Fenstertechniken, Navigationshilfen für die cognitive Bewältigung von Hypersprüngen, graphische Retrievalsysteme etc.

Es ist müßig, neue, medienspezifische Gestaltungsansätze in einer althergebrachten (Literatur-)form simulieren und in ihrer Wirkung demonstrieren zu wollen. Daher soll an dieser Stelle weniger über die inhaltlich-gestalterischen als vielmehr über die ökonomischen und entwicklungstechnischen Rahmenbedingungen und Anwendungserfahrungen berichtet werden, die sich auf den

Produktionsprozeß sowie die Markteinführung eines elektronischen Kataloges in der Praxis beziehen.

1 Katalogsituation Klöckner-Moeller

Klöckner-Moeller vertreibt als namhaftes Unternehmen der Elektrotechnik Niederspannungsschaltgeräte sowie Komponenten und Systeme zur Automatisierung und Energieverteilung über den Elektrogroßhandel an Endkunden im Elektroinstallationsbereich (Handwerk). Darüber hinaus werden Großkunden (OEMs, Planungsbüros, Industriekunden) über ein dichtes eigenes Vertriebsnetz betreut. In beiden Vertriebskanälen werden die Produkt- und Bestellinformationen über umfangreiche Kundenkataloge an die Kundschaft weitergegeben. Der jährlich erscheinende Hauptkatalog beinhaltet ca. 35.000 Produkte, die in Text und Bild unter Angabe der technischen Daten und Preise ausführlich vorgestellt werden. Die deutschsprachige Auflage dieses Werkes beträgt 180.000 Stk. Bei einem Seitenumfang von 1.200 Seiten wird der Gestehungspreis inclusive eines gestanzten Griffregisters im Vierfarben-Rollenoffsetdruck mit ca. 10 DM pro Exemplar kalkuliert. Für die notwendigen Verpackungs-, Handling- und Portokosten kommen durchschnittlich weitere 5 DM hinzu, so daß jedes unentgeltlich verteilte Exemplar 15 DM im Kundeneinsatz kostet.

Der Hauptkatalog erscheint als Vollkatalog in fünf Sprachen. Zudem werden Auszugskataloge mit ca. 300-seitigem Umfang in acht weiteren Sprachen gedruckt und über Tochtergesellschaften und Auslandsniederlassungen verteilt.

Neben dem Hauptkatalog werden sechs weitere Fachkataloge aufgelegt. Diese enthalten die Systemprogramme zur Automatisierung und Energieverteilung. Die Fachkataloge sind mehrjährig gültig. Aktuelle Preise werden den zentral registrierten Fachkatalogempfängern jährlich in Form separater Preislisten zugeschickt. Bei einer durchschnittlichen Lager-Nachdruckauflage von 20.000 Stk./Katalog und einem Gesamtumfang aller Fachkataloge von 1.304 Seiten ergibt sich für den Fachkatalogbereich ein ähnlich hoher Gesamtaufwand wie für den Hauptkatalog. Unternehmensintern werden die Kataloge, den jeweiligen Produktsortimenten entsprechend, dezen-tral durch unterschiedliche Redaktionsteams inhaltlich betreut und redigiert.

Der Zwang zu immer differenzierterer, zielgruppenorientierter Darstellungsweise ließ das jährlich projektmäßig zu bewegende Katalogaufwandsvolumen unter Beibehaltung der bisherigen, gewohnten Printkatalogstrukturen extrem anwachsen. Neben der Entwicklung der Produktionskosten fielen in verstärktem Maße die Organisationskosten für die Distribution der Kataloginformation sowie die nicht unerhebliche Bindung von Personalkapazitäten und damit häufig von dringend benötigten Know-How-Resourcen (aus den Entwicklungsabteilungen) ins Gewicht.

Dies alles führte bereits zu Beginn des Jahres 1992 zu der Entscheidung, die Chancen für zukünftige Katalogproduktionen auf volldigitalisiertem Wege auszuloten, um damit frühzeitig inhaltliche, technisch-ökonomische und marketing-organisatorische Alternativen zu den klassischen, analogen Print-medien aufzubauen. Da sich zum damaligen Zeitpunkt auch eine zu-nehmende Digitalisierung der Druckvorstufen (DTP-Redaktion, Satz u. Litho-erstellung) abzeichnete, lag der Gedanke nahe, bei der Konzeption eines PC-gestützten Multimedia-Kataloges mögliche Synergien zu zukünftigen digitalen Pro-duktionsprozessen im Printbereich schon im Vorfeld zu berücksichtigen.

2 Projektentwicklung

Nach einer umfangreichen Projektstudie, deren Ergebnisse in Form einer Multimedia-Technologieprognose, eines Feasibility-Tests sowie einer an-schließenden Rentabilitätsberechnung der Unternehmensleitung im Herbst 1992 präsentiert wurde, fiel die Entscheidung, einen elektronischen Katalog auf Multimediabasis zu entwickeln. Die Eckdaten des mehrjährig angesetzten Entwicklungsvorhabens wurden in einem detaillierten Projektphasenplan dokumentiert. Um die ohnehin bereits knappen Redaktionskapazitäten im Hause nicht zusätzlich zu belasten, entschloß man sich, projektbezogen eine externe Redaktion zu bilden, die in enger Zusammenarbeit mit den Multimedia-An-wendungsprogrammierern neue, unternehmenseinheitlich strukturierte Produkt-profile (Multimedia-Datenbankdokumente) für alle Sortimentsprogramme erarbeitete. Besonderer Wert wurde auf eine sorgfältig abgestimmte, bild-schirmoptimierte S-VGA Produktgraphik gelegt, für die projektbezogen ebenfalls ein externes Graphikerteam gebildet wurde.

Mitte 1994 waren alle Pre-Tests zur Erprobung und Realisierung der rechnergestützten Katalogfunktionalität (interne und externe Programm-schnittstellen, Medieneinbindung, Telekommunikationskanäle, etc.) abge-schlossen. Das Projekt erhielt in der Folge unternehmensstrategischen Status und wurde anschließend den wichtigsten Marktpartnern im Elektrogroßhandel und auf Industriekundenseite intern vorgestellt.

Im Oktober 1994 erfolgte, parallel zur Aussendung des (Print-) Haupt-kataloges 1995, die Produktionsfreigabe für den elektronischen Katalog 1996. Damit lief ein umfangreiches Qualifizierungsprogramm für den elektronischen Katalog (EK) an, das seinen Niederschlag in diversen einsatz- und ziel-gruppenspezifischen Kundenakzeptanztests fand. Zu diesem Zweck wurde vorab eine Test-CD-ROM mit der Beta-Version des EK produziert. Die Demoversion ging einem repräsentativ ausgewählten Kundenkreis (über 2000 Personen) zusammen mit einem Fragebogen zur Beurteilung zu.

Auf der Hannover-Messe (HMI) 1995 erfolgte dann die Erstvorstellung vor einem breiten Publikum. In einer interaktiven, unterhaltsam-informativ angelegten Messe-Präsentation (Multimedia-Show mit anschließenden Publi-kumsspielen) wurden die wichtigsten, neuen Katalogfeatures den Messe-standbesuchern eindrucksvoll nahegebracht:

3 Kundenvorteile

- Systematische Nutzerführung über hierarchische Menüs und übersichtliche Auswahlhilfen (Produktkonfiguratoren),
- Schneller Produktzugriff über Suchbegriffe, Typenbezeichnung und EAN-/ Bestellnummern,
- Einfache und sichere Generierung von Stücklisten, Angebotsanforderungen und Bestellungen,
- Datenausgabe wahlweise als Print-Ausdruck, als Fax , als E-Mail oder als Datentransfer in kundeneigene Programme.

Weitere Kundenvorteile:
- Projektbezogene Datenspeicherung,
- Einlesen und Bearbeiten von CAE-Stücklisten,
- Generieren von Standardbestellungen (Nachbestellungen etc.),
- Einfache Produktdokumentation in Wort und Bild über diverse, vordefinierte Layoutformate (in SW-und Color),
- Norm-Schnittstellen zu kundeneigenen Warenwirtschaftssystemen,
- Übernahme von Texten und Bildern über Clipboard in alle Anwendungsprogramme unter Windows,
- Setzen und Abspeichern von „Lesezeichen",
- Komfortable, kontextsensitive Bedienungshilfen.

4 Kosten-/Nutzenbetrachtung

Die in der eingangs erwähnten Projektstudie prognostizierte Entwicklung des Multimedia-Marktes ging Anfang 1992 von einer stetig wachsenden Verbreitung der damals gerade neu definierten Multimedia-Abspielplattform unter MS-Windows (MPC 1, bzw MPC 2) im konsumernahen Bereich aus. Wegen der abzusehenden großen normativen Wirkung dieser „Quasi-Standards" wurde auch ihre Durchsetzungsfähigkeit für den Business-to-Business-Bereich (gegen OS2-,Unix- und die damals im Multimedia-Produktionsbereich favorisierten Mac-Systeme) prognostiziert. Unter der Annahme linear fallender Preise für Offline-Massenspeicheranwendungen ab 1993 konnten im direkten Kostenvergleich zwischen den Produktions- u. Distributionskosten von Print- und neuen elektronischen Medien folgende Eckwerte für den zukünftigen Break-even vorausgesagt werden:

Gesamtauflage (Print & Elektronic):   180.000 Stk
Substitution von Printkatalogen durch CD-ROM: 30.000 Stk
Stückpreis CD-ROM verpackt, incl. Bedruckung und Beipackzettel: ca.7.- DM
Verbreitungsgrad von CD-ROM-Laufwerken in der Zielgruppe: 13-17 %
Streufaktor:
genutzte Kunden- zu Interessenten-Exemplare: 1: 4 bis 1: 7.

5 Ausblick

Wie der Sonderausgabe des renommierten „multiMEDIA"-Brancheninformationsdienstes zur Milia '95 zu entnehmen ist, präferiert der deutsche Markt bezüglich der Multimedia-Abspielplattformen heute ganz eindeutig die DOS/ Windows-Schiene. Mac's sind sowohl im Konsumer- als auch im Heimbürobereich als Abspielplattform „praktisch unbekannt".

Nach eigenen, durch begleitende Repräsentativ-Umfragen bestätigten, Marktuntersuchungen, betrug der Verbreitungsgrad von CD-ROM-Laufwerken in der Klöckner-Moeller-Kundschaft, bedingt durch den verhältnismäßig hohen Anteil von „Automatisierungskunden", im Juni 1994 bereits über 18 % und steigt exponential an. Da auch die Produktionskosten für eine Komplett-CD inzwischen unter die 5 DM Grenze gefallen sind, erweisen sich elektronische Kataloge auf CD-ROM schon jetzt als wirt-schaftlich sinnvoll und bei entsprechender Zielgruppenabdeckung als ökonomisch (und im übrigen auch ökologisch) tragfähig.

Dabei sind die vielfältigen zusätzlichen Nutzungs- und Rationalisierungspotentiale, die sich konkret aus dem weiteren Einsatz der digitalen Informationstechnik in der direkten inhaltlich-orientierten Kundenkommunikation in Werbung, Marketing und Vertrieb ergeben, (siehe Abb. 1 und 2) noch nicht erfaßt.

Zudem zeichnet sich im weiteren inhaltlichen Ausbau der geschäftlich eingesetzten Multimedia-Kommunikation eine neue Qualität der Kunden- und Lieferantenbeziehungen ab, die rein technisch durch die individualisierte Bereitstellung und Übertragung von Text, Bild, Ton und Video im Online-Verfahren gekennzeichnet ist und letztendlich im Konzept eines freien, interaktiven „Teleshoppings" ihren Niederschlag findet. Dabei wird es wegen der Individualisierung der Informationsinhalte und der Informationskanäle gleichgültig sein, welcher Art die Produkte oder Dienstleistungen sind, ob sie im Konsumgüter-, im technischen Gebrauchsgüter-, im Investitionsgüterbereich oder als ideelle Produkte im Dienstleistungssektor angeboten werden. Das revolutionäre Potential, das in dem Konzept eines freien, interaktiven Teleshoppings steckt, wird wechselweise auf jeder Seite, auf Anbieterseite ebenso wie auf Abnehmerseite, zur Zeit noch deutlich unterschätzt.

Voraussetzung für die neuen Formen der digitalen Online-Kommunikation ist jedoch die Beherrschung der heutigen, noch keineswegs ausgereiften Offline-Formen. Insofern rentiert sich jede heute ausgegebene, in Offline-Anwendungen investierte Mark doppelt, da sie gleichzeitig Start- und Wegegeld für den Eintritt in die sich abzeichnenden Online-Märkte darstellt.

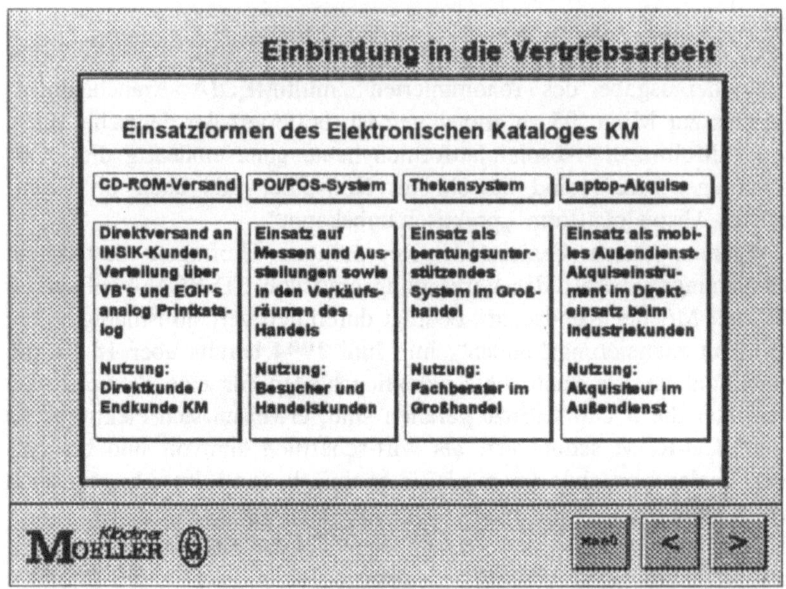

Abb. 1: Einsatzformen und Nutzergruppen des elektronischen Kataloges

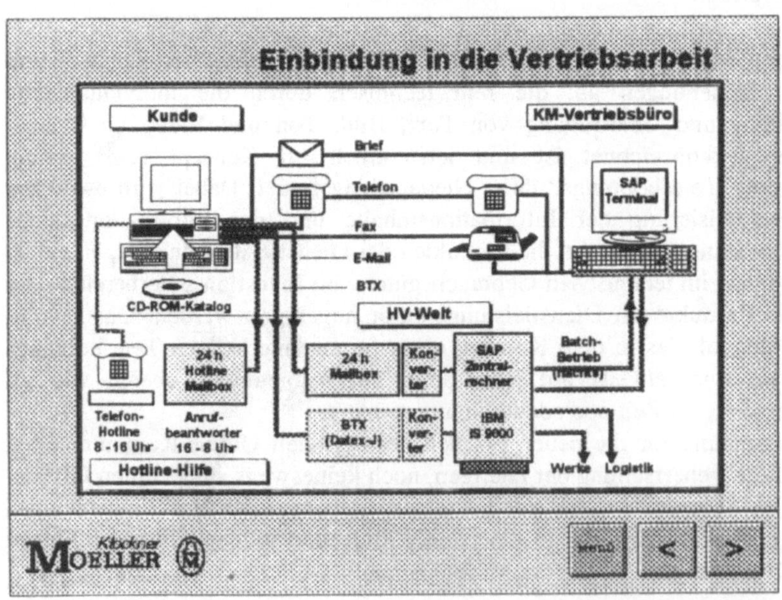

Abb. 2: Kommunikationskanäle beim Einsatz des CD-ROM- Kataloges

Teleservices

Der PC als Auffahrt zu Datenautobahn und mehr

Jens Bodenkamp
Director Corporate Business Development, Europe
Intel GmbH

1 Wachsende Prozessorleistung

Der Grund, warum ich heute zu Ihnen spreche ist, daß wir glauben, daß die PC Industrie, von der Intel ein Teil ist, und die Medienindustrie zusammen kommen werden, in einer Weise, die wir alle, uns eingeschlossen, nicht erwartet haben. Unerwartet, weil der PC und nicht der Fernsehapparat ein neues Medium, eine neue Plattform für Medienprogramme sein wird. Ich denke dabei nicht nur an den PC als Auffahrt zur Datenautobahn, sondern weit darüber hinaus ganz allgemein als die Grundlage für neue Medienprogramme.

Gordon Moore, einer der drei Gründer der Firma Intel, hat vor mehr als zwanzig Jahren die Vorhersage gemacht, daß die Halbleiterindustrie in der Lage sei, die Anzahl der Transistoren auf einem Chip bei einem gegebenen Preis alle 18 Monate zu verdoppeln. Mit doppeltem Transistorbudget läßt sich auch die Rechenleistung eines Mikroprozessors verdoppeln. Diese Vorhersage ging nach 20-jähriger praktischer Überprüfung der Richtigkeit als das "Mooresche Gesetz" in die Annalen der Halbleiterindustrie ein. Wir glauben, daß dieses Gesetz auch in der Zukunft seine Gültigkeit haben wird, wenigstens so lange, bis ich pensioniert bin. Nach diesem Gesetz verzehnfacht sich die Leistung eines PCs alle 5 Jahre; eine Leistungssteigerung um den Faktor 100 in nur zehn Jahren. Dieses Phänomen ist einzigartig. Es gibt kein anderes Beispiel von Produktivitätssteigerung in der Geschichte der Industrie, das mit der Leistungssteigerung von Mikroprozessoren vergleichbar wäre. Diese Tatsache ist die wahre Energiequelle des Informationszeitalters. Es ist das Rohmaterial, mit dem wir alle arbeiten.

Mit dem wachsenden Leistungsvermögen der Mikroprozessoren sind neue Industrien entstanden, oder alte Traditionen wurden gebrochen. Als der Mikroprozessor vor etwa 23 Jahren sein Debut gab, wandelte sich die Industrie, die sich mit der Entwicklung und Vermarktung von Taschenrechnern beschäftigte, von Grund auf. In den letzten 10 Jahren stellte der Mikroprozessor die gesamte Computerindustrie auf den Kopf. Der PC als kleiner Arbeitsplatzrechner befreite den Benutzer von der Tyrannei der Großrechner. Aus der vertikalen Formation von einigen großen Mainframe- und Minicomputerherstellern, die von der Hardware über das Betriebssystem bis zu den Anwendungsprogrammen jedes einzelne Stück selbst entwickelten, wurde eine demokratische, horizontal geschichtete Industrie mit wohldefinierten Schnittstellen. Es entstand eine Industrie, die sich mit dem Design von Anwendungssoftware beschäftigte, eine Industrie, die sich auf die Herstellung von PC Systemen konzentrierte, Akteure zur Herstellung von Werkzeugen traten auf, usw. Heute sind wir an dem Punkt angelangt, wo sich die Welt der Medien und der Medienindustrie verändern wird. Der Grund dafür sind nicht allein die auf dem Computer basierenden Werkzeuge, die diese Industrie benutzt, sondern die Plattform selbst, der PC, für den neue Produkte der Medienindustrie entwickelt werden.

Lassen Sie uns genauer anschauen, wo sich der PC heute befindet. Da ist zuerst einmal seine Verbreitung. In den Vereinigten Staaten besitzen mehr als ein Drittel aller Haushalte einen PC. In Europa waren es Ende 1994 etwas über 20% aller Haushalte, in denen ein PC benutzt wird. Diese Zahlen sind für viele von uns eine große Überraschung. Wenn vor drei bis vier Jahren jemand bei Intel behauptet hätte, daß es überhaupt einen Heimcomputermarkt gäbe, wäre diese Vorhersage auf taube Ohren gestossen. Man hätte argumentiert, daß jedermann froh sei, dem Computer in der Arbeit zuhause entfliehen zu können. Niemand würde sich je der Pein aussetzen, sogar daheim mit diesem Gerät umgehen zu müssen. Dieses Teufelswerk wurde nicht für den Konsumenten entwickelt. Die Benutzung eines PCs ist viel zu schwierig, seine Installation nur vom Experten durchzuführen. Tatsache jedoch ist, daß die Verbraucher PCs kauften; Weihnachten 1994 wie nie zuvor. Der PC war ganz oben auf der Wunschliste. Im letzten Jahr wurden in den Vereinigten Staaten allein etwa 6.5 bis 7 Millionen PCs an den privaten Verbraucher verkauft. In den drei größten Ländern Europas - England, Frankreich und Deutschland - werden es 1995 mehr als 16 Millionen sein. In den USA und in Europa lag der Durchschnittspreis eines PCs der Pentium®[1] Prozessor Klasse bei etwa $2000.00. Der Heim-PC wurde so ein signifikanter eigener Markt.

In Nordamerika wurde mehr Geld für PCs ausgegeben als für Fernsehapparate und Videorecorder zusammen. Der Trend in Europa und anderen Erdteilen ist derselbe. Europa z.B. mag hinter der Entwicklung in den USA ein bis zwei Jahre zurück sein. Es hinkt aber nicht hinterher. Im Gegenteil, es ist eher eine Aufholjagd zu vermelden, insbesondere in Deutschland.

Als Teil dieses Prozesses beobachten wir das Wachstum der Softwareindustrie und im besonderen das rasante Wachstum der Hersteller von Unterhaltungsprogrammen für den PC. Z.B. wurde in den USA allein im vierten Quartal 1994 mehr als eine halbe Milliarde Dollar für Unterhaltungssoftware auf CD-ROM ausgegeben. Bertelsmann hat 1994 etwa 10 Millionen CD-ROMs verkauft. Für 1995 erwartet man eine Steigerung um den Faktor 4 - also 40 Millionen. Es ist eine Tatsache, daß sich der Konsum von Unterhaltung auf CD-ROM im Vergleich zu 1993 im Jahre 1994 in den Vereinigten Staaten verdoppelt hat. Wahrscheinlich wird sich dieses Geschäft 1995 noch einmal ver-

---

[1] *Pentium Prozessor* ist ein eingetragenes Warenzeichen der Intel Corporation

doppeln. Diejenigen von Ihnen, die 1993 und 1994 auf der Frankfurter Buchmesse waren, werden diesen Trend bestätigen können. Eine ganze Halle - Halle 1 - wurde den elektronischen Medien 1994 zur Verfügung gestellt.

Ich tendiere dahin, das PC-Phänomen mit der historischen Entwicklung des Automobils zu vergleichen. Genauso wie wir dem Auto überall begegnen, werden wir dem Computer überall begegnen. Die vernetzte Computerplattform mit ihrer inhärenten innovativen Dynamik wird ein neues Medium erzeugen, mit dem wir überall umgehen werden. In jedem Haushalt wird mindestens ein Computer sein. Lassen Sie uns den Vergleich mit dem Automobil anstellen. Im Augenblick besitzen 88% aller Haushalte in den USA mindestens ein Auto. Wie konnte das geschehen? In den ersten 15 Jahren der Geschichte des Automobils kauften 59% der amerikanischen Bevölkerung ein Auto. Als dieser Boom anfing, gab es keine Straßen, so wie wir sie heute kennen. Es gab keine Autobahnen, keine Tankstellen, keine Straßenkarten. Man mußte fast sein eigener Mechaniker sein, um ein Auto fahren zu können. Es war eine schreckliche Erfahrung. Das Auto und das Benutzen eines Autos sind keineswegs intuitiv oder natürlich. Es gibt niemanden auf der Welt, der sich in ein Auto setzen kann, den Motor startet und einfach losfährt. Ich erinnere mich an meine ersten Fahrversuche.

Warum in Gottes Namen fahren wir trotzdem alle Auto? Weil das Autofahren eine emotionale Seite in uns anspricht, die sehr wichtig für uns ist. Kein vernünftig denkender Mensch hätte Autos und Autobahnen jemals auf dem Reißbrett geplant. Das Verkehrskonzept des rationalen Planers hätte sicherlich anders ausgesehen. Eine Hierarchie von umweltfreundlichen öffentlichen Gruppen- und Massenverkehrsmitteln wäre möglicherweise dabei herausgekommen. Wir wollten das Automobil, weil es uns etwas sehr kostbares gibt, nämlich Freiheit! Egal, was man uns auch immer erzählen wird: das Auto ist so verdammt praktisch! Das Auto hat unser Leben verändert. Der PC ist dabei, dasselbe zu tun. Er hat bereits und wird weiter die Art und Weise verändern, wie wir arbeiten, wie wir lernen, wie wir uns unterhalten und wie wir versuchen, unser Leben zu handhaben.

Das Auto ist überall, und genauso wird der PC überall sein. Beide sind schlicht Realität, die unsere Gesellschaft geändert haben und weiter ändern werden; besonders der PC, denn hier sind wir erst am Anfang.

Um die Jahrtausendwende werden mehr als 50% der Haushalte in Europa einen PC besitzen. Es gibt Dinge, die diesen Trend beschleunigen können und ich glaube, daß es eher 60 oder gar 70% der Haushalte sein werden, wo wir einen PC finden werden. Genauso wie wir fast alle Radios und Fernsehapparate im Hause haben, werden wir einen PC besitzen.

Der PC wird nicht, wie ich einmal gedacht habe, mit dem Fernseher verschmelzen. Er wird auch nicht Teil des Fernsehers werden. Die Funktion des Fernsehens wird eine weitere Funktion des PCs; genauso wie heute die Funktion Radio - sprich Audio - eine Funktion des Fernsehers ist. Wahrscheinlich wird es vielen von Ihnen schwer fallen, dieser Vorhersage zuzustimmen.

Lassen Sie mich deshalb kurz auf den PC selbst eingehen - wie er sich entwickelt hat, wo wir heute stehen und wie er sich weiter entwickeln wird. Ich habe bereits über die Tatsache gesprochen, daß sich die Rechenleistung des Gehirns des PCs mindestens alle 18 Monate verdoppelt. Im letzten Jahr gab es eine Art Bonus: Intel verdoppelte die Leistungsfähigkeit der Prozessoren in allen Preiskategorien. Wir werden dies in diesem Jahr wiederholen.

Die Verdopplung der Rechenleistung alle 18 Monate schlägt sich nicht unbedingt nieder zugunsten von Anwendungen - z.B. in der Unterhaltung, die für die Medienindustrie von Interesse sind. Alle Komponenten eines Systems müssen so auf einander abgestimmt sein, daß der Mikroprozessor sein ganzes Leistungsvermögen ausspielen kann. Hier hatten wir in der Vergangenheit Probleme mit der Busarchitektur des PCs. Alle Systemfunktionen waren an 10 Jahre alte Verkehrswege angeschlossen, auf denen die Bits und Bytes wie Autos in einem Stau saßen. Der AT-Bus insbesondere war für viele Funktionen ein Nadelöhr. Heute gibt es dieses Problem nicht mehr. Intel hat schon vor einigen Jahren im großen Konzert mit der PC-Industrie den PCI-Bus entwickelt. Alle neueren Systeme besitzen diese Datenautobahn. Ja, sogar Apple und IBM integrierten den PCI-Bus in die Architektur ihres PowerPC Rechners. Der PCI-Bus ist enorm schnell. Sein Effekt auf das PC System kann gar nicht hoch genug eingeschätzt werden. Diese Technologie macht bestimmte Anwendungen erst möglich.

Das interessanteste Produkt aus dem Unterhaltungsbereich möchte ich Ihnen jetzt demonstrieren. Ich möchte Sie mit Steve Lissel bekannt machen. Er ist der President der Firma Axis, die Firma die heute, ich betone heute, interaktives Fernsehen entwickelt hat. Das Video, was Sie jetzt sehen werden, ist digital und natürlich komprimiert. Zur Dekodierung brauchen Sie nichts weiter als so ein System wie dieses hier...

Der Prozessor ist ein Pentium Prozessor, der bei einer Taktrate von 90 Mhz arbeitet. Die durch Software dekomprimierten Bilddaten werden über den PCI-Bus an das Display-System des Rechners geleitet und dort an den Monitor weitergegeben.

Lassen Sie uns zunächst Steve Lissel zuhören und zusehen.

2 Demonstrationen

2.1 Steve Lissel Video-Clip:

"Was wir entwickeln wollten, war ein Produkt, in dem der Benutzer an der Gestaltung der Geschichte teilhaben kann. Der Benutzer ist die Hauptfigur, der die Ereignisse des Films und deren Ablauf bestimmt. Die Rechenleistung des Pentium Prozessors erlaubt es uns, im wesentlichen zwei Dinge zu verwirklichen, deren Realisierung bei geringerem Leistungsvermögen nicht möglich ist. Erstens konnten wir eine realistische Welt erzeugen, in der unsere Hauptfigur

agiert, und zweitens einen interaktiven Film schaffen, bei dem der Benutzer den Ablauf der Geschichte kontrolliert.

Mit "Under the Killing Moon" haben wir den Präzedenzfall definiert, von dem wir glauben, daß er alles beinhaltet, was einen interaktiven Film ausmacht. Es gab in der Vergangenheit einige Versuche. Keiner davon hat jedoch das erreicht, was wir ereicht haben. Die Kritiker und Verbraucher sagen uns, daß unser Produkt der erste wirklich interaktive Film ist.

Wir sind natürlich sehr glücklich über diesen Erfolg. Die Öffentlichkeit hat unser Produkt geradezu enthusiastisch aufgenommen. Als wir das Produkt freigaben, hat der Verkauf unsere wildesten Vorstellungen übertroffen. Nur drei Monate nach der Markteinführung waren wir in der Gewinnzone. Die Kritiken, die wir erhielten, waren phänomenal. Es wurde mehr über dieses Produkt publiziert als über jedes andere, daß wir kennen."

2.2 "Under the Killing Moon" Demonstration

Über die dramatisch voranschreitende innovative Entwicklung der PC Plattform hinaus gibt es ein weiteres bemerkenswertes Phänomen. Dabei handelt es sich um das Wachstum von Netzwerken. In den USA sind dies *America OnLine*, *Prodigy* und *CompuServe*. In Frankreich haben wir *Teletel* - besser bekannt unter dem Namen des Terminals: *Minitel* - und in Deutschland *Datex-J* oder *BTX*. Hinzukommen werden noch in diesem Jahr *Europa OnLine*. Im nächsten Jahr wird es eine Europäische Version des America Online Systems aus dem Hause Bertelsmann geben. Darüberhinaus gibt es das Netzwerk, daß eigentlich mehr ein Phänomen ist. Es umspannt die ganze Welt und heißt *Internet*. Angeblich gibt es 30 Millionen Benutzer dieses Netzwerkes, und die monatliche Wachstumsrate soll bei 10% liegen.

Diese rasante Entwicklung im Bereich der Netzwerke zeigt das große Interesse der Menschen, miteinander zu kommunizieren, den PC zu benutzen und mit Hilfe des Computers mit anderen Computern und deren Benutzern in Verbindung zu treten. Die Attraktivität der Netzwerke und der Wunsch, zu kommunizieren, ist meiner Meinung nach das Schlüsselelement zur Erzeugung eines neuen Mediums.

Ich möchte erwähnen, daß der interaktive Film "Under the Killing Moon" auf einer Technologie basiert, die sich seit einiger Zeit am Markt befindet. Nun, was gibt es aber in den Schubladen, was wird heute für die Zukunft entwickelt, um die Fähigkeiten des PCs zu erweitern angesichts der Tatsache, daß sich die Prozessorleistung alle 18 Monate verdoppelt. Hier ist nun eine weitere kleine Demonstration, die wir *"Sprite-Demo"* nennen. Diese Software befindet sich in der Entwicklung. Man kann sie nicht einfach kaufen, obwohl einige Entwickler in einigen Firmen Zugang zu dieser Technologie haben, um ihre eigenen Produkte zu entwickeln. Dies hier habe ich aus dem Labor sozusagen "mitgehen" lassen. Was wir hier sehen werden, sind kleine Videoclips im Hintergrund. Diese nennen wir wie gesagt Sprites. Das Besondere ist, daß wir sie über den Schirm bewegen können. Die Software lastet den Pentium Prozessor, der in unserem Fall mit einer Taktfrequenz von 90 Mhz arbeitet, mal gerade zu 10% aus. Diese Technologie benutzt den PC kaum. Sie ist einfach da!

2.3 Sprite Demonstration

In der Zeit um Weihnachten 1995 werden Standard PCs TV- Video abspielen können, bei hoher Qualität, mit einer Bildwiederholfrequenz von 25 oder sogar 30 Hz, die gesamte Fläche des Bildschirms ausnutzend. Die einzige zusätzliche Hardware, die man benötigt, ist der TV Tuner. Dieser wird in den PC eingebaut sein. Das System wird deshalb nicht wesentlich teurer, da so ein Tuner zu dieser Zeit für DM 20 zu haben sein wird. Zu Weihnachten in diesem Jahr werden wir 3D-Graphik sehen mit Video-Sprites. Wir werden 3D-Audio haben. Mit einem Wort: wir werden eine sehr mächtige Computerplattform für neue Formen der Unterhaltung haben.

Als nächstes möchte ich Ihnen zeigen, was man heute mit existierenden Computern und existierenden Netzwerken machen kann. Eine kleine Firma - EnterTV - hat diese Technologie entwickelt. Wir haben wieder einen kurzen Videoclip, in dem Keith Shaffer - der President von EnterTV - die Arbeit seiner Firma vorstellt.

2.4 Keith Shaffer - Video

"EnterTV ist die nächste Generation von On-line Diensten. Wir haben eine Software entwickelt, die es erlaubt, daß PC- Benutzer miteinander sprechen, anstatt sich am Computer elektronische Briefe zu schreiben oder sich unter Benutzung der Tastatur miteinander "Online" zu unterhalten. Die Welten, die wir mit Hilfe unserer Software auf den Schirm bringen können, sind dreidimensional. Nichts wird auf Papierstärke zusammengedrückt, um in zwei Dimensionen zu passen. Von "Chat-Corners" zu Spielen, von Lernen und Erziehung zu "Shopping", alles das wird sich ändern. Es wird interaktiver werden und robuster in der Umgebung. Wir wechselten vom Fernsehgerät zum Pentium Prozessor, als wir uns die Technologie anschauten, die wir benötigen, um einen Durchbruch zu erzielen mit Sprache und dreidimensionaler Graphik. Wenn wir an den Heimmarkt denken, dann erkennen wir, daß die Plattform mit der größten Installationsbasis heute ein Multimedia PC der Pentium Prozessor Klasse ist und in einem überschaubaren Zeitraum bleiben wird. Wir erwarten, daß es 10 Millionen Pentium Prozessor basierende Systeme in den Haushalten geben wird, wenn wir Ende 1995 Anfang 1996 unser Produkt an den Markt bringen werden.

Dies ist die Gelegenheit für Hollywood und Silicon Valley zu heiraten. Ich meine das im traditionellen Sinne. In vielen Fällen folgte Hollywood der Technologie. Heute ist der Zeitpunkt, wo sie eine partnerschaftliche Beziehung eingehen können und führen können. Das meint, daß grosse Studios, Plattenfirmen und Personen in Los Angeles, die im Film-, Recording- und TV-Geschäft sind, zusammenarbeiten sollten, um ein neues Medium zu schaffen, eine neue Gelegenheit für neue Hilfsmittel, die die Story, das Spiel, den Film, die TV- Serie erweitern werden."

2.5 EnterTV Demonstration

Eines der schwierigsten Probleme bei der Schaffung einer neuen Medienplattform ist das Problem der "letzten Meile". Einerseits haben wir einen ungeheuren Reichtum an Kreativität und Material. Insbesondere dieses Land besitzt eine hervorragende Kommunikationsinfrastruktur. Wie wir gesehen haben, ist der PC ein enorm leistungsfähiges, preiswertes und funktionstüchtiges Computersystem. Was noch fehlt, ist eine schnelle Kommunikationsverbindung in das Haus des Verbrauchers zu Preisen, die der Konsument leicht bezahlen kann. Der heutige Standard ist eine Übertragungsrate von 14.4 kbps. Um den kompletten Inhalt einer CD mit dieser Geschwindigkeit vollständig übertragen zu können, benötigen wir 105 Stunden.

Intel arbeitet mit großem Eisatz an der Lösung dieses Problems. Wir schauen in jede sich uns bietende realistische Möglichkeit, um Information mit hoher Bandbreite in und aus den Häusern der Verbraucher transportieren zu können. Wir haben Entwicklungsprogramme für das Breitbandkabelnetz, wir schauen in die Satellitenkommunikation und natürlich in die ISDN-Verbindung, die insbesondere in diesem Lande, so glaube ich, auch im Konsumentenbereich eine große Rolle spielen wird.

2.6 Internet Demonstration

Im Augenblick arbeiten wir in den USA, genauer, in Castro Valley, mit der Firma Viacom und in Philadelphia mit ComCast zusammen, um unsere Cable-Port Technologie zu testen, die das normale Breitbandfernsehkabel zur Übertragung von digitalen multimedialen Daten nutzt. Die Nettodatenübertragungsrate zum Heim-PC ist 27 Megabit/Sekunde und damit noch einmal schneller als die ISDN- Verbindung, die wir gerade benutzt haben. Genauer, diese Datenrate ist etwa 1000 mal schneller als die des analogen Modems. Die Transferzeit für den Inhalt einer CD-ROM reduziert sich auf der Basis dieser Technologie auf 3.4 Minuten.

Wenn man einen leistungsfähigen PC mit einem Netz dieser Geschwindigkeit koppelt, erzeugt das ein neues Medium, auf das Sie sich heute vorbereiten sollten. Denken Sie darüberhinaus daran, daß in weiteren fünf Jahren der PC wieder eine fünffache Leistungssteigerung erfahren wird und daß die Kommunikationsnetze erneut schneller geworden sind. Dann haben wir eine hochexplosive Kombination vorliegen, die Anwendungen ermöglichen wird, von denen wir heute noch gar keine Vorstellung haben.

Ich möchte Sie noch mit einer weiteren Person bekannt machen. Es ist Dan Mapes. Dan besitzt eine Firma in San Francisco - Cyclops 7. Er arbeitet an Spezialeffekten für Spielfilme.

2.7 Dan Mapes:

"Was wir am Anfang mit den früheren Maschinen machen konnten vor einigen Jahren, ist ein wenig Computergraphik für Musikvideos, und das war so ziemlich das Einzige. Dann im letzten Jahr haben wir an Tri-Star's neuem Film, "Hideaway" mit Jeff Goldbloom als Star, gearbeitet. Jetzt haben wir einen Vertrag mit Paramount und arbeiten an "Virtuosity", ein Film mit Brett Leonard als Regisseur und Denzel Washington und Kelly Lynch als Stars. Für diesen Film machen wir "high-end" Computergraphik. Effekte auf demselben Niveau wie "Jurrasic Park" und "Terminator II".

Computergraphik ist wirklich eine künstlerische Übung. Wir sind Künstler. Wir haben Ideen und Visionen in unseren Köpfen. Wir wollen sie da heraus haben und in eine Form gießen, so daß andere Menschen partizipieren und damit spielen und damit interagieren können. Also schauen wir nach Werkzeugen, die das wirkungsvoll tun können. Der Pentium Prozessor basierende PC läßt uns das auf eine Weise tun, die man sich leisten kann.

Hier können Sie sehen, wie wir digital eine Rose erzeugen; von einem Gitternetz, daß wir zur wahren Gestalt der Rose auflösen. Um so etwas vor einigen Jahren tun zu können, brauchten Sie mindestens eine Workstation für fünfzigtausend Dollar. Heute machen wir das mit einem Computer, den Sie um die Ecke im Computerladen für zweitasusendfünfhundert Dollar kaufen können. Wir schließen sie in einem Netzwerk zusammen. Damit werden sie extrem leistungsfähig. Leistungsfähiger als die fünfzigtausend Dollar Workstation war. Diese Rechner sind extrem erschwinglich. Die Softwarebasis ist gigantisch und die kreative Fähigkeit ist allein durch unsere eigene Vorstellung begrenzt."

Dan Mapes besitzt, wie gesagt, eine Firma in San Francisco, die mit Pentium Prozessor basierenden PCs Spezialeffekte erzeugt, die schon in so vielen Spielfilmen zu sehen waren. Plattform, Werkzeuge, Hochgeschwindigkeitsnetzwerke und Kreativität erzeugen eine Situation, in der der Künster mit einem Publikum zusammenkommen kann. Sie können gleichzeitig im selben Raum sein. Ja, es ist so, daß viele, die glauben, zum Auditorium zu gehören, nun in der Lage sind, ihrer eigenen Kreativität Ausdruck zu verleihen zusammen mit dem Produzenten. Jeder kann sein eigener Akteur werden.

Das mächtige Konzept von "virtuellen Gemeinden", mit denen sich Keith Shaffer und viele andere Firmen beschäftigen, die beschriebenen Entwicklungswerkzeuge, die enorm leistungsfähige und preiswerte PC Plattform und die Kommunikationstechnologien, die wir heute bereits haben und die weiter entwickelt werden, sie alle kommen in den nächsten 3 bis 5 Jahren zusammen. Dies ist ein neues Medium, und dieses neue Medium ruft und bittet um Ihre Kreativität schon heute.

Wir sind die Hersteller des Fundaments, von Basiswerkzeugen, und wir sind sehr stolz auf das, was wir geleistet haben. Wir wünschen uns sehr, daß Sie als Architekten das Gebäude auf dieses Fundament bauen, ein Theater, zu dem wir alle Zugang haben und uns daran erfreuen, was dort gespielt wird.

CD-ROM-Publishing

CD-ROM Publishing

Harald Neidhardt (1) und Jochen Schmalholz (2)
(1) Digital World Publishing GmbH, Wandsbeker Zollstr. 87-89, 22041 Hamburg
(2) Apple Computer GmbH, Gutenbergstr. 1, 85737 Ismaning

1 Einführung

Die Multimedia-Technologie ist einer der wesentlichen Grundpfeiler, auf denen die langfristige Unternehmensplanung von Apple basiert. Seit der Einführung der ersten Macintosh Modelle 1984 arbeitet Apple konsequent an der Weiterentwicklung der Medienintegration, um diese Technologien immer mehr Anwendern zur Verfügung stellen zu können. Mittlerweile hat Apple zahlreiche Multimedia-Produkte und -erweiterungen auf den Markt gebracht, mit denen die Einsatzmöglichkeiten des Personal Computers vervielfacht wurden und die Arbeit mit dem PC neue, kreativere Dimensionen erreicht. Das Engagement von Apple bei der Entwicklung und im Einsatz der Multimedia-Technologie wird auf vielfache Weise belegt: sowohl in der Hard- und Softwarestrategie des Unternehmens als auch durch die Partnerschaften und Allianzen, die Apple mit anderen Herstellern eingegangen ist.

Aufgrund der fortwährenden Entwicklung und Implementierung neuer Technologien in den Macintosh - angefangen mit der Integration der Audio-Technologie 1984 über innovative Systemsoftware-Erweiterungen wie QuickTime bis hin zu integrierten CD-ROM-Laufwerken, Kommunikationsfunktionen und anspruchsvollen Spracherkennungstechnologien - eroberte sich Apple eine Führungsposition in der Multimedia-Welt, die das Unternehmen bis heute behauptet.

2 Apple Multimedia Produkte

Multimedia erfordert entsprechende Hardware- und Softwarefunktionen, die es ermöglichen, unterschiedliche Medien wie Text, Grafik, Foto, Ton, Sprache, Animation und Video zu integrieren. Da Apple als einziger Computerhersteller nicht nur Hardware, sondern auch Systemsoftware und Peripheriegeräte entwickelt und herstellt, kann das Unternehmen sowohl eine vollständig integrierte Plattform für die innovativsten Multimedia-Anwendungen bereitstellen, als auch eine plattformübergreifende Strategie anbieten, die es dem Benutzer erlaubt, in heterogenen Computerumgebungen zu arbeiten. Zudem war Apple der erste Hersteller, der eine bedienerfreundliche Benutzeroberfläche realisierte. Eine im September 1993 durchgeführte Studie des renommierten Consumer Reports Institutes kommt zu dem Ergebnis, daß der Macintosh der am einfachsten zu handhabende Personal

Computer ist. Die einzigartige Kombination von modernster Technologie und einfacher Benutzung macht den Apple Macintosh zur idealen Plattform für den Einsatz von Multimedia. Diese Pluspunkte führten mit dazu, daß bereits 1992 weltweit mehr als 1000 Multimedia-Entwickler registriert wurden.

2.1 QuickTime

QuickTime ist ein Systemsoftwareprodukt von Apple, mit dem dynamische Medien wie Ton, Video und Animation auf unterschiedlichen Plattformen konsistent und nahtlos in eine Vielzahl von Anwendungen integriert werden können. QuickTime ist die einzige Architektur, die alle gängigen Industriestandards zur Bildkomprimierung unterstützt und sowohl für Macintosh, als auch für Windows PCs zur Verfügung steht. Mit seinen leistungsfähigen Funktionen zur Videoaufzeichnung und -komprimierung war QuickTime ein Wegbereiter für neue innovative Multimedia-Anwendungen. 1993 wurde QuickTime für Windows von der Software Publishers' Association als "die beste innovative Computeranwendung" ausgezeichnet. Ein Jahr zuvor hatte bereits QuickTime für den Macintosh die gleiche Auszeichnung erhalten.

QuickTime 2.0 für Windows unterstützt "full motion" (Bewegtbild-Videos), "full-screen video" (Ganzseiten-Darstellung) und MPEG (Motion Picture Experts Group). MPEG ist ein Standard für die Darstellung hochauflösender Videos. Während Videos auf Windows PCs früher lediglich in kleinformatigen Bildschirmfenstern ablaufen konnten, ist es mit QuickTime 2.0 für Windows jetzt möglich, diese in voller Bildschirmgröße abzuspielen. QuickTime 2.0 kann bereits auf 486er PCs mit 25 MHz und nur 4MB RAM eingesetzt werden, so daß auch Besitzer von Einstiegsmodellen Multimedia-Anwendungen nutzen können.

Mit den neuen Musik-Funktionen von QuickTime 2.0 ist es noch leichter als bisher möglich, Präsentationen mit Musik von CD-Titeln zu unterlegen, ohne daß dafür spezielle technische Kenntnisse notwendig sind. QuickTime 2.0 unterstützt MIDI und Sound-Karten - und synchronisiert MIDI-generierte Musikdaten mit digitalen Video- und Audio-Dateiformaten. Darüber hinaus verfügt QuickTime 2.0 über eine integrierte Audio-Komprimierungs-Technologie, so daß selbst Multimedia-Präsentationen mit Musikunterlegungen in CD-Qualität nur wenig Speicherplatz benötigen. Die umfangreichen Komprimierungs-Funktionen von QuickTime 2.0 machen es möglich, daß auch Anwender von PCs mit geringem Festplattenspeicher und ohne CD-Laufwerk Multimedia-Titel nutzen und abspielen können. So läßt sich zum Beispiel eine Präsentation mit 20 Dias, die hochauflösende Bilder sowie Musik- und Textdaten beinhaltet, mit QuickTime 2.0 für Windows derart stark komprimieren, daß sie auf eine Diskette mit 1MB paßt.

Führende Unternehmen und Institutionen wie American Airlines, 3M Corporation, Marriott Corp. und Carnegie-Mellon College of Fine Arts haben die Quick-Time Technologie in Programme integriert, die ein breites Anwendungsspektrum abdecken: von Schulung und Produktwerbung bis hin zur Videobearbeitung mit realistischen Bewegungsabläufen und interaktiver Wissensvermittlung.

2.2 QuickTime Virtual Reality (VR)

QuickTime VR ist eine Systemerweiterung, mit der Macintosh und Windows Benutzer Räume interaktiv mit Hilfe von Maus und Tastatur erkunden können. Allein durch die Maus-Bewegungen kann man sich durch Räume manövrieren, fast beliebig auf Objekte ein- und auszoomen und mit Hilfe von "Hot-Spots" einzelne Objekte genauer betrachten. Durch den innovativen Einsatz von 360° Panoramabildern können mit Hilfe der QuickTime VR Software diese Interaktionen sowohl auf der Basis von wirklichen Bildern, als auch von Computer Simulationen erfolgen. Der größte Unterschied zwischen QuickTime VR und anderen Virtual Reality Systemen ist die einfache Einbindung sowohl von Photos, als auch von Computer-gerenderten Bildern.

Experten gehen davon aus, daß QuickTime der plattformübergreifende Standard für Multimedia werden könnte - denn mit QuickTime für Windows können alle Multimedia-Nutzer (Autoren, Entwickler, Verleger und Produzenten sowie Macintosh und Windows PC Anwender) auf einfache Weise Dateien austauschen, dabei mit einer konsistenten Benutzeroberfläche arbeiten und eine Vielzahl modularer Komprimierungstechnologien zum Speichern der Multimedia-Daten verwenden.

2.3 Autorenwerkzeuge

Auf der Digital World '93 stellte die Apple Personal Interactive Electronics Division das erste einer Reihe digitaler Publishing-Werkzeuge vor, mit dem Entwicklern das Erstellen von Multimedia-Titeln erleichtert wird. Das Apple Media Kit ist die erste bedienerfreundliche Desktop-Autorenumgebung für die plattformübergreifende Multimedia-Entwicklung. Sie macht es möglich, den gesamten Produktionsprozeß zu standardisieren und zu rationalisieren. Mit Hilfe des Apple Media Tools - das Bestandteil des Media Kit ist - können verschiedene Elemente nahtlos zusammengefügt und interaktive Funktionen ergänzt werden, ohne daß ein einziger Programmcode geschrieben werden muß. Ebenfalls Bestandteil des Pakets ist die Programmier-Umgebung des Apple Media Tools, die sämtliche Funktionen enthält, die Entwickler benötigen, um Projektfunktionen, die mit dem Apple Media Tool entwickelt wurden, anzupassen und zu erweitern. Diese Programmier-Umgebung kombiniert die Vorteile einer objektorientierten Programmiersprache mit der einfachen Handhabung einer Scripting-Sprache und ermöglicht es zudem, Programmcodes zwischen Macintosh und DOS/Windows Personal Computern zu portieren. Das Apple Media Kit ist darüber hinaus eine der ersten Autorenumgebungen, die mit ScriptX kompatibel sind. Das Paket ist über die APDA (Apple Programmers' and Developers' Association) erhältlich.

2.4 ScriptX von Kaleida Labs

Kaleida Labs, das gemeinsame Tochterunternehmen von Apple und IBM, entwickelt Standard- und Lizenztechnologien für plattformübergreifende Multimedia-Produkte, die von der Datenverarbeitung mit Personal Computern über die Unterhaltungselektronik bis hin zu Kommunikationseinrichtungen reichen.

ScriptX, eine der ersten von Kaleida Labs entwickelten Technologien, besteht aus einer Scripting-Sprache für Multimedia und einer Reihe von Spezifikationen für Datenformate. ScriptX spielt eine Schlüsselrolle in der Multimedia-Strategie von Apple und ist so konzipiert, daß Multimedia-Titel, die mit ScriptX generiert werden, auf jeder Hardwareplattform wiedergegeben werden können, die ScriptX unterstützt. Hierzu zählen die derzeit wichtigsten Computersysteme sowie künftige Produkte in der Unterhaltungselektronik und der Computertechnologie. Diese plattformübergreifende Kompatibilität ist die ideale Basis für die Entwicklung innovativer Multimedia-Titel.

3 Aktuelle CD-ROM Trends

Im Vortrag werden aktuelle Marktdaten aus den USA im Vergleich zu Europa und der Bundesrepublik verglichen. Die Trends belegen den bekannten Boom von Multimedia PCs in privaten Haushalten in den USA und Europa sowie eine Übergangszeit, in der die CD-ROM Technologie die Businessmöglichkeiten im Onlinemarkt dominiert. Klar ist aber auch, daß die CD-ROM nur ein Übergangsmedium ist, bevor ein Durchbruch in der Verbreitung von Onlinediensten oder interaktivem TV erzielt wird. Wahrscheinlich ist der CD-ROM Boom länger als erwartet, und die Silberscheibe wird auch in der nächsten Zukunft in Kopplung mit Onlineservices als preiswerte Distributionstechnologie ihre Berechtigung haben.

4 Vor- und Nachteile von CD-ROMs

Die CD-ROM Technologie ist nicht gerade eine Neuheit, denn bereits seit einem Jahrzehnt ist sie bekannt als Datenspeicher und wurde als Audio-CD innerhalb kürzester Zeit ein Standard für schnelle, preisgünstige Replikation von Qualitätssoftware (auch im Sinne der Unterhaltungsindustrie).

4.1 Nachteile der CD-ROM

Im Vortrag wird beleuchtet, daß im Gegensatz zu vielen euphorischen Medienberichten über die Vorzüge der digitalen Vervielvältigungstechnologie nicht automatisch jede CD-ROM einen enormen Vorteil gegenüber herkömmlichen Medien bringt.

Die CD-ROM ist ein langsamer Datenträger, der erst mit größerer Verbreitung der quad-speed Laufwerke Ende 1995 / Anfang 1996 die schlimmsten Hürden der mechanischen Geräte überwinden wird. Billige 4-fach Speed Laufwerke werden neue Datenraten für digitales Video und effektive Suchroutinen erlauben, wie z.B. der für Ende 1995 angekündigte Multimedia Player mit TV Anschluß, der auf Apples Pippin Betriebsystem basiert und von der japanischen Firma Bandai als Lizenznehmer gebaut wird.

Die CD-ROM ist ein Datenträger mit wenig Speicherkapazität. Im Gegensatz zu früheren Annahmen hat die CD-ROM mit ca. 650 MB Speicherplatz zu wenig

Kapazität, um neue Stories mit digitalen Verknüpfungen per Hyperlinks und intensiver Nutzung von Fullscreen Videos (z.B. als QuickTime) zu gestalten.

Spielfilmlänge mit den angekündigten neuen Video CD Standards reicht noch nicht aus, um die Filmstory interaktiv zu vernetzen und evtl. auch noch mit verschiedenen (Happy-) Enden auszustatten. Höhere Kompressionsraten als der derzeitige Standard des cinepac oder MPEG 1 (nur mit Hardwareunterstützung) sind nötig, um brilliantes, digitales Video von CD-ROM oder später auch online mit neuen interaktiven Storyboards zu vermarkten.

CD-ROMs ersetzen noch nicht die Erstellung herkömmlicher Medien, wenn sie bereits erfolgreich sind, sondern bieten nur die Möglichkeit, neue potentielle Zielgruppen am Computerterminal zu erreichen.

4.2 Vorteile der CD-ROM

Die CD-ROM Technologie ermöglicht, neue Stories und neuen Content zu publizieren. Der Erfolg der Musik CD-ROMs von Peter Gabriel, den Residents oder Prince spricht für ein Interesse an Backgroundstories über Stars und die Verknüpfung von Merchandise-Produkten mit Inhalten aus der Welt der Musik. Bis dahin wartete man vergeblich auf die großen Namen, und nur am Rande waren kreative Ansätze für das neue Medium zu sehen. Neue Stories kommen zum Großteil aus der Welt der Kunst, der Musik und der Filmindustrie mit ihren Special Effects und nicht aus den Offices der Informatiker und Programmierer. Wir stehen derzeit an der gleichen Stelle vergleichbar mit der Entwicklung der Filmindustrie: erst wurde einfach Theater per Stativ aufgezeichnet, nicht zu denken an die modernen Special Effects der ILM und Silicon Graphics. Fast alle bestehenden CD-ROMs versuchen, alte contents zu recyclen, anstatt neue Möglichkeiten mutig zu präsentieren und mehr von den Technikern zu verlangen als die bestehenden Autorenwerkzeuge. Wir haben die Kamera noch nicht vom Stativ genommen!

CD-ROMs sind ökologisch sinnvoller als Papier und mit schnellen, preisgünstigen Vervielfältigungsmaschinen auch für Kleinstauflagen preislich interessant. Zeit- und kostenaufwendige Veredelungsverfahren, wie z.B. die Buchbindung und Transporte nebst Lagerhaltung, sind ökonomisch interessant zu gestalten und bieten auch Kleinverlegern eine neue Chance in gesättigten Märkten der herkömmlichen Medien.

CD-ROMs (sowie andere digitale Datenformate und auch Online Services) bieten die Möglichkeit der Interaktion des Users mit den angebotenen Inhalten und gestatten es in hohem Maße, ein persönliches, inhaltsbasierendes Produkt zu gestalten. Erst wenn der Anwender anfängt, wie in einem Lieblingsbuch bestimmte Stellen zu markieren oder mit eigenen Kriterien zu sortieren und vielleicht dann auch auszudrucken, erst dann hat die CD-ROM einen Schritt erreicht, als Medium eine tiefere Bedeutung für den Käufer zu erlangen. Wenn die User ihre persönlichen Daten (z.B. bei einem Reiseführer) mit dem Content des Verlegers oder Autors vermischen und so als persönliches Gut ansehen, hat der Verlag eine große Chance, elektronische Updates per CD-ROM oder Online Nachlieferung zu verkaufen und gewinnt treue Kunden.

5 Inhaltsaufbereitung für sinnvollen CD-ROM Einsatz

Wichtig für die Umsetzung des Materials für digitale Datenträger ist die rechtliche Absicherung des Projekts und aller seiner Urheber oder möglichen Antragsteller. In den USA haben bereits einige Verlage unwissentlich Rechte von Filmschauspielern oder anderen Darstellern und Musikurhebern verletzt, da sie ohne deren Erlaubnis oder die Einwilligung einer Verwertungsgesellschaft (wie z.B. der GEMA) Produktionen veröffentlicht haben. Der rechtliche Aspekt zwingt die Entwickler und Publisher zur Zeit noch zu starken Kompromissen in der Umsetzung der Inhalte. Wegen der rechtlichen Unsicherheit und der fehlenden Guideline für Vergütungssätze im digitalen Zeitalter ergeben sich zumeist unlösbare Probleme für Einzelprojekte. Hinzu kommen Hemmungen der Medienkonzerne (besonders der Musikindustrie und teilweise der Film- und Fernsehgesellschaften mit ihren amerikanischen Gewerkschaften), ihr Repertoire zu neuem Wert im digitalen Zeitalter zu erwecken.

Wenn diese Politik der Großkonzerne beibehalten wird, besteht die Gefahr für die Konzerne - und die Chance für neue Startup Companies, daß die alten Stars dieser Zeit nicht die digitalen Stars der neuen Zeit sein werden.

CD-ROMs funktionieren nach neuen und alten Strickmustern. Der Mensch ist ein emotionales Wesen und vergleicht die Darstellung auf dem Computerbildschirm mit bekannten Verhaltensmustern auf dem TV-Bildschirm, dem Kino und anderen Künsten wie der Musik und der Literatur. Die besondere Herausforderung besteht darin, die Möglichkeiten der neuen Technologie mit dem Bewährten der bekannten Medien zu verbinden. Es ist ein Trugschluß, daß der Computer User nur schnelle Suchalgorithmen oder interaktive Manipulation bis in die letzten Bits und Bytes von der CD-ROM erwartet. Für die meisten Business-to-Business Anwendungen mag dies vielleicht zutreffen. Für Publikumstitel mit einer breiten Ansprache und in Anlehnung an Filmstories oder Theaterdramaturgie gelten andere Gesetze. Erst wenn die User vor dem Bildschirm lachen und weinen wie im Kino oder wie bei einem guten Buch, haben die Entwickler und Verlage der Neuen Medienlandschaft einen Durchbruch erreicht. Bis dahin ist alles nur Fingerübung oder Filmen vom Stativ.

6 Kosten- Nutzenanalyse von elektronischen Datenträgern

Die Erstellung von modernen CD-ROMs wird bisher noch nicht von allen Auftraggebern in angemessener Form honoriert. Die Ursachen für diese Ausgangslage liegen sicherlich in der fehlenden Markteinschätzung der Verlage und ist gleichzeitig Grundlage für eine Chicken-and-Egg Situation. In den USA gelten Produktionsbudgets von über 1 Mio $ für CD-ROM Spiele als normal, um eine führende Marktposition zu erreichen. Führende Content CD-ROMs wie Lexikas (Microsoft Encarta) oder Musikproduktionen (z.B. Peter Gabriels Xplora1) werden über mind. 1 Jahr von 20 köpfigen Teams und mehr entwickelt und verschlingen ebenfalls Produktionsvolumen von 0,5 - 1 Mio $. In Deutschland starten Produktionsbudgets für CD-ROMs weit unter 300.000 DM und sind nur in Einzelfällen höher bei Titelproduktionen für eine Serie oder im Bereich Business-to-Business. Anhand von Beispielrechnungen aus der Praxis werden Projekte für CD-ROMs im Seminar kalkuliert. Hilfreich sind hier auch Marktforschungen der Zeitschrift Screen Multimedia aus dem MacUp Verlag, Hamburg.

7 Wege zum erfolgreichen Vertrieb von CD-ROM Titeln

Für den Siegeszug der CD-ROM Technologie gibt es noch zu wenig Successstories.

Das kuriose an dem Medium ist, daß es als Alternativmedium zu fast allen herkömmlichen Medien der verschiedenen Branchen akzeptiert wird bzw. im Aufbau ist. Für einen erfolgreichen Vertrieb der neuen Datenträger gilt es, die Kaufgewohnheiten der Kunden zu kennen und auch in untraditionellen Outlets die neuen Produkte anzubieten. Es kann noch keiner vorhersagen, ob die CD-ROM später dominierend im Buchhandel, in Computerläden, im Tonträgermarkt oder in welcher bekannten Abteilung in den Kaufhäusern vertreten sein wird. Bis dahin gilt es, den Vertrieb der CD-ROM über alle Kanäle zu verteilen.

Wichtig ist der Aufbau einer Kundendatei, und die Chance der Computerindustrie zu nutzen, den Produkten Kundenregistrierungskarten mit Userfeedback beizulegen. Die gewonnenen Erkenntnisse und die Adressen potentieller Kunden für weitere Verlagsprodukte sind in Zeiten immer schneller werdender Produktzyklen Gold wert.

So wie für die Lizensierung des Contents der CD-ROM Kooperationen unter den verschiedenen Medienunternehmen aus Ton, Bild, Film und Verlag am erfolgversprechendsten zu sein scheinen (falls man den Content nicht komplett allein besitzen), bietet sich auch eine enge Kooperation im Vertriebsbereich an. Im Austausch mit dem Titelkatalog der Anbieter aus dem neuen, zusätzlichen Vertriebsweg ergeben sich sinnvolle Synergien und gesteigerte Vertriebspotentiale, die man gemeinsam für die Lizensierung von neuen exklusiven Titeln als lokalisierte Version nutzen kann. Besonders im Marketing ergeben sich hier gute Möglichkeiten der Kooperation.

Als einer der wichtigsten Vertriebszweige für Komplettkataloge im Bereich Neue Medien haben sich Direkt Mail Angebote erwiesen. Solange eine Unsicherheit im Markt herrscht, welche Produkte über welchen Kanal zum Endkunden gelangen, hat der Kunde kein Problem, bequem und per Overnight Service sein neuestes Game oder die spezielle CD-ROM seines Geschmacks zu ordern. Die Kaufmuster der wachsenden Kundschaft der Direct Mail Anbieter geben einen wertvollen Hinweis auf Vertriebspotentiale von Neueinführungen oder Nachfolgeprodukten. Deshalb ist die Macht des Direkt-Mail Versands besonders im Aufkommen der neuen Online-Möglichkeiten für interaktives Shopping im Internet mit verschlüsselten e-cash Zahlungsverfahren nicht zu unterschätzen: denn der CD-ROM User hat einen PC und ist an neuen Medien interessiert. Welcher Schritt liegt näher, als über kurz oder lang direkte Online-Verbindung zum Hersteller oder dessen Direktvertrieb im Netz aufzunehmen - ohne die Zwischenstufe des Handels.

Multimedia in Film und Fernsehen

Ulrike Reinhard

PRO5, Ziegelhäuser Landstraße 45, 69120 Heidelberg

Tel. 06221 / 45 10 61, Fax 06221 / 45 10 63, e-mail: pro5@pk.she.de

Einleitung

Dieser Workshop beschäftigt sich mit den Möglichkeiten von Multimedia in Film und Fernsehen. Er setzt sich im einzelnen mit

-        Multimedia und *Netzen* (Peter Krieg, Alexander Gäfe),

-        der Frage nach (neuen) *Inhalten* von Multimediaproduktionen (Alexander Gäfe),

-        Multimedia als *Produktionstool* (Peter Krieg, Michael van Himbergen)

und

-        der Methodik, daß Produzenten, Regisseure und Kreativteams sich mit der Absicht zusammentun , *eine inhaltliche Idee* mehrfach multimedial zu verwerten (Jeffrey A. Diamond),

auseinander. Ich möchte im folgenden nicht auf die Beiträge im einzelnen eingehen, sondern versuche Gedanken, die allen Beiträgen zugrundeliegen, kurz aufzugreifen.

Multimedia in Film und Fernsehen

-        bedarf offener Systeme

-        erfordert neue Denkansätze und Vorgehensweisen

-       ist interdisziplinär und verwischt Grenzen

-       bedarf vor allem im Hinblick auf das Verständnis und die Akzeptanz beim Zuschauer/Konsumenten einer längeren Anlaufzeit.

Offene Systeme bedeuten nichts anderes, als daß jeder mit jedem - unabhängig vom Faktor Zeit - kommunizieren kann, beziehungsweise daß jederzeit Zugriff auf Produktionen besteht, sei es zum anbieten, abrufen oder bearbeiten. Das kann nur auf der Basis von Netzen geschehen.

Multimedia erfordert *neue Denkansätze*, denn es vermag mehr zu leisten als nur die Summe von Text, Ton und Bild vereint und kontrolliert durch den Computer. Wir müssen uns lösen von dem *additivem Charakter*, der vielen Multimedia Produktionen anhaftet, und uns an die *neuen Dimensionen* herantasten, die Multimedia bietet. Multimedia ist zu begreifen als ein dynamisches, möglicherweise sinnlich-haptisches Medium, das ohne die Interaktion zwischen Publikum und „Bühne" nicht lebt. Es denkt nicht in Folgen oder Seiten. Es ist die Gleichberechtigung von Ton, Text, Bild und Interface-Design, die idealerweise am selben Ort sowie gleichzeitig in einer Interaktion zwischen den Beteiligten entsteht. Hinzu kommt eine *ganzheitliche* Betrachtungsweise, die sich ja auch parallel in vielen anderen wissenschaftlichen Disziplinen ausbreitet. Nur wenige Produktionen - von der inhaltlichen Seite her betrachtet - haben dies bisher erreicht. Es erfordert *kreative, tolerante und interdisziplinäre* (Redaktions- und Produktions-)Teams, die bereit sind, Hierarchien zu vergessen und Grenzen aufzubrechen. Sie werden es ermöglichen, daß in die bisherige Diskussion um Homeshopping, Video on Demand, Netzwerkspiele, interaktive Gewinnspiele auch interdisziplinär aufbereitete Inhalte wie Aus- und Weiterbildung, lebenslanges Lernen, soziale TV-Sparten wie Kinder-, Behinderten- und Kranken TV - um nur einige zu nennen - ihren festen Platz finden werden. Hier werden wir neuen Qualitäten im TV- und Filmbereich begegnen, die bei den Zuschauern auch auf

Akzeptanz stoßen werden. Gerade für den öffentlich-rechtlichen Rundfunk bietet sich hier ein enormes Betätigungsfeld, um seinen Programmauftrag hinsichtlich Informations- und Integrationsfunktion vorbildlich zu erfüllen.

Mindestens genauso wichtig wie die „internen Teams" sind das Verständnis und die Akzeptanz beim Verbraucher. Parallel zu den vielfältigen Veröffentlichungen über Pilotprojekte und den Werbemaßnahmen der beteiligten Unternehmen fehlt eine breit angelegte Aufklärungskampagne über Chancen und Risiken des Ganzen nahezu gänzlich. Diese brauchen wir aber, um das Verständnis und dann auch Akzeptanz beim Verbraucher für dieses „neue Zeitalter" in Film und Fernsehen zu errreichen. Ein Teil dieser Kampagne kann sicherlich über die Medien direkt abgedeckt werden. Ein anderer Teil fordert sicher die Politiker und Meinungsbildner in der Öffentlichkeit.

Einige der hier aufgeführten Punkte - wie die nachfolgenden Beiträge zeigen werden - ist heute schon Alltag. Die Technik wird bald den Erfordernissen eines größeren Marktes genügen und dann ist die Zukunft gar nicht mehr soweit entfernt. Wir sollten sie verantwortungsbewußt mitgestalten. „Thoughts for Good!"

Broadband Networks As Production Tools
For Audiovisual Media

Peter Krieg, High Tech Center Babelsberg, Potsdam

1 Motion Pictures Production Process

The production process of motion pictures (and in many ways also of TV programs) since the beginnings of this industry has been organized in a peculiar way: Apart from the major studios which employed large constant teams, most collaborators in a film project came together just for the realisation of this project and dispersed afterwards. This structure has kept the film industry very flexible, but has also contributed to the rise of but a few true movie production sites like Hollywood, where talent and craft could find enough jobs over time to be able to settle there permanently. In many ways, this form of organisation today strongly reminds us of the "virtual corporation" that is rapidly becoming the business model of the future infobahn economy. When such diverse talents and crafts as in a motion picture production come together for such a relatively short period of time, communication is probably the major task in the process of transforming this diverse group into a critical mass of creativity...

It is for this reason that modern communication technologies have always been adapted quickly in film production. Therfore it is no surprise that broadband communication networks are rapidly being used in this field. Let me describe shortly some of the actual and anticipated uses.

2 Image Transport

In Germany, TV stations and post production facilities have already experimented with an experimental broadband optical fibre network called VBN - (Vermitteltes Breitband Netz) or Operator assisted broadband network. Because of high costs it´s use was limited and this limited use in turn did not cover the cost - so German Telekom recently ended the experiment. Currently, ATM trials are being set up to transport video sequences between TV stations and production facilities.

3 Video Document Sharing

This application will in future be one of the most attractive in media production. It will allow several people in different places to work cooperatively on a common video or sound sequence. This is especially important for a director working with his editor, or a special effect designer cooperating with the camera crew involved in live action shooting. When Steven Spielberg shot "Schindler's List" in Poland, he spent some of his evenings to work with the L.A. editor of "Jurassic Park" on the editing of this film. To achieve this, the video sequences where transmitted over satellite and cable so Spielberg and his editor could speak to each other and both view the same sequences simultaneously on their screens. With ATM becoming a standard and affordable network, such cooperations will become daily business in production and post production.

4 Rendering over Networks

Rendering is the computing process that turns 3D animation models into more or less realistic images. This process involves very computing intensive techniques like ray tracing, shading as well as the computation of movements, surfaces, textures and high resolution objects. With the advent of new 3D hardware and software that will soon turn even an average PC into a graphics workstation, and with the rising demand for high qualitiy, photo-realistic synthetic images, rendering will become a very popular high performance computer application. Broadband networks will allow to return rendered images over the net in near real time.

5 Virtual Studio

A virtual studio is currently being defined mostly as a blue box set with various backgrounds coming off a real time 3D animation computer. But a virtual studio can also be defined as an array of different devices in different locations linked together via broadband networks. Such a studio could be configurated for special jobs or to combine the best offers for a specific task. The virtual studio sites of the network-future will be located at sites with high investment incentives and low labor costs. They will be strictly infrastructure service providers offering hardware and software access to highly specialised providers of creative services and content producers. In this network-oriented business model the heavy-duty infrastructure is separated from the application. A new type of infrastructure facilities like the High Tech Center Babelsberg are currently developed along this strategy.

6 Bottlenecks

In order to realise the potential of broadband networks for media production some currently existing bottlenecks have to be opened. These are technical and economical. On the technical side one of the major obstacles is the lack of lossless compression techniques. For many applications, i.e. the transfer of 3 D animation, lossless compression is necessary because the images often have to be combined with other computer images and full transparency of the data structure may be involved. Also in the area of production data losses are to be avoided in general - a rule that does not necessarily apply to distribution.

Another bottleneck is cost. Today the transfer of a 300 GB D1 data cartridge from London to LA by courier service takes about 16 hours, representing a data rate of 5 KB /sec. Send two cartridges and you double that rate at a very low price of less than US$ 100 for the total package... To compete here the price for ATM transfers has to be reduced drastically from today's anticipated price structures. The telecom companies base their pricing on the cost of a normal voice call - and if a broadband line can carry the equivalent of 1000 voice calls, they consider the coast of 1000 voice calls as justified. This philosophy is probably the single most important hindrance for future broadband applications - but hopefully with the end of the telecom monopolies it will give way to a different and more realistic approach.

7 Conclusion

The availability of affordable broadband networks will change not only the way media are distributed and used, they will probably first of all change the ways in which they are being produced. Professional network service providers will offer easy to use frontends and will automatically route the user to the studios and devices that are most effective and economical for his task. We can expect media production and post production to develop radically new business and operational models: Affordable low-end workstations and portable devices (by then more powerful than today's high end work stations, of course) will be used to do the major part of the creative process - be it script visualisation, editing, 3D and 2D animation, interactive authoring or sound design, while high end mastering and high performance audiovisual computer centers will be accessed over the networks to finish the job in every quality, resolution and format desired. Broadband networks will thus become major tools of tomorrow's media production process - a development that most likely will preceed the public and consumer oriented, applications like interactive TV or Video-on-demand.

Schwarze Löcher auf Sendung

Alexander Gäfe
multiversum media lab gmbh, interactive multi media television
Planckstraße 7a, D-22765 Hamburg
phone +49 40 - 398808 0, alexander_gaefe@multiversum.com

1 Interaktive Fernsehsendungen – aber bitte mit Inhalt!

Zapp, von Kanal 1 auf Kanal 4 und gleich weiter auf Kanal 22. Dieses Zappen hat die Nation mit ihrer Fernbedienung schon gut im Griff. Ein Auswahlverfahren, das neben dem Programmwechsel auch oft zum Stimmungwechsel oder gar zu Katastrophen vor dem Fernseher führt. Ganz andere Katastrophen spielen sich innerhalb des Fernsehens ab, besonders unter den Auswahl-Sendungen oder lieber neudeutsch, „interaktiven" Fernsehsendungen.

1.1 Interaktiv – ein ungeschütztes Wort

Nach der Bedeutung dieses Wortes gefragt, gibt es entweder betretenes Schweigen oder minutenlange Beiträge über die wunderbaren Möglichkeiten von Interaktivität. Ganz besonders lang werden diese Beiträge, wenn es um das Fernsehen geht. Dabei hätte mir als Zuschauer ein einfaches "Auswahlmöglichkeit" oder "Einflußnahme" vielleicht auch die wirkliche Bedeutung des "Miteinander-Bestimmens" wesentlich weiter geholfen. Dem Wort 'interaktiv' scheint das gleiche Schicksal beschieden zu sein wie dem Leidensgenossen 'bio'. Jeder benutzt es, auch wenn der Zusammenhang nicht stimmt. Schlimmer noch, keiner kann es mehr hören.

Einfach nur ein Hype oder doch klares wirtschaftliches Interesse, das den Begriff Interaktivität aus den Medienlaboren über die Presse sogar bis in die Vorstandsetagen befördert hat? Es gibt unterschiedliche Antworten, aber das Resultat bleibt dasselbe: jeder möchte der Erste sein.

Somit werden Sendungen zusammengeschustert, die unter normalen Umständen niemals die Weihen einer Ausstrahlung erhalten hätten. Mit dem Label 'Interaktivität' versehen müssen sie ja Quotenrenner werden - so die blauäugige Annahme. Meist ist das Gegenteil der Fall.

Einfach nur Erster zu sein, reicht nicht aus in einem Bereich, bei dem der Zuschauer mehr Mitbestimmung verlangt, als bloß als eingeschaltet gemessen zu werden. Interaktives Fernsehen braucht neue Konzepte, und diese lassen sich nicht nach traditionellen Methoden von klassischen Produktionsfirmen erstellen. Es erfordert ein wesentlich umfangreicheres Team und mehr Zeit und Geld, das in die

Forschung investiert wird. Begriffe, die kommerziell ausgerichtete Sender - somit fast alle - sofort auf Distanz gehen läßt.

Doch was passiert ohne das Wissen über die Möglichkeiten der Eiflußnahme des Zuschauers auf die Sendung? Der Betrachter bekommt etwas vorgesetzt, von dem behauptet wird, es sei interaktiv, aber auf der Mattscheibe ließt jemand Briefe vor. Übertroffen wird dieses Maß an "interaktiv" von Sendungen, in denen Jugendliche bei Computerspielen gezeigt werden, und ein Moderatorenteam permanent von interaktiven Spielen quatscht. Sorry, schon mein altes Mühlespiel war dies, denn Spiele sind immer interaktiv und der "Goldene Schuß" als Spiel im Fernsehen war innovativer. Sicher eine nette Idee, um penetrant für CD-ROM Spiele zu werben, aber wer schaut sich freiwillig 30 Minuten schlechte Werbung an?

Es geht aber noch besser: Man nehme einen Film, drehe das Ende in zwei unterschiedlichen Fassungen, gebe dem Ganzen den Zusatz "interaktiv" und jetzt hat dem Zuschauer die "Stunde der Entscheidung" geschlagen - Auswahlfaktor: zwei. Bei Dieter Thomas Heck gab es am Ende einer jeden Hitparade auch immer etwas zu entscheiden und der Auswahlfaktor betrug hierbei immerhin zehn.

Das war in den 70ern, nur gab es das hübsche Wörtchen Interaktivität noch nicht.

1.2 Interaktiv – was kann es wirklich bedeuten?

Eine Frage, auf die es eine genauso konkrete Antwort gibt wie auf eine andere Frage, gestellt vor ungefähr 15 Jahren: "Welche Auswirkungen hat der Computer auf unser wirtschaftliches und soziales Leben?"

Es gibt sie nicht, die konkrete Antwort. Um sie zu erhalten, müssen wir zunächst die ersten Schritte gehen und nicht gleich die dritten und vierten. Die deutsche Bevölkerung hat kaum die Medienreife für den Bereich Fernsehen erlangt und steht beim Interaktiven TV vor einem sehr viel größeren Prozeß des Lernens. Dieser könnte durch das Fach Medienkunde an den Schulen erleichtert werden: Die Alphabetisierung des Fernsehzuschauers der Zukunft.

Wenn sich Anbieter und Nutzer auf ein gemeinsames Vokabular geeinigt haben, können sie sich auch miteinander verständigen. Daraus ließe sich ein "theoretisches Anwendermodell" entwickeln, eine Art Rezeptvorschlag für Sendungen, mitgestaltet vom Nutzer. Fernsehsendungen, die sich nicht über den Zuschauer stellen und ihn auch nicht permanent unterfordern, sondern die vom Betrachter individuell genutzt werden und somit seinem Bildungs- und Informationswunsch entsprechen.

Aber auch seinem gewünschten Grad an Entspannung und Vergnügen, denn Casablanca möchte kaum jemand interaktiv umgestalten.

2 Erste Ansätze – heute

Vor viele Konzepte haben Monopole und Fehlentscheidungen das Kupferkabel gelegt und somit technische Hürden aufgebaut. Um erste interaktive Sendungen gestalten zu können, bleibt den Planern und Produzenten nur das Telefon als Rückkanal, verbunden mit einer entsprechenden Minimierung der interaktiven Dienste innerhalb einer Sendung. Genau diese Minimierung kann neben der Herausforderung, eine technische Lösung des Problems zu finden, der Schlüssel des Erfolges in bezug auf Inhalte sein: Der Versuch in kleinen, für den Zuschauer nachvollziehbaren Schritten, Interaktivität in bestehende oder neue Sendungen einzubauen.

Das multiversum media lab versucht, dem Zuschauer bei einer vertrauten Sendung die Möglichkeit des Mitspielens zu ermöglichen. Jeder Benutzer hat hierbei die Wahl, aktiv zu werden, oder die Sendung in gewohnter Weise zu sehen. Ein Vertrautmachen mit dem neuen Medium Interaktivität erfolgt schrittweise.

In vollständig neu konzipierten Sendungen kann der Zuschauer nicht nur mitspielen, sondern auch mit allen weiteren Benutzern eine Art "Virtuelle Welt" bilden. Seine Entscheidungen beeinflussen eine Simulation, die sich nach den Werten der Zuschauer permanent verändert. Hierbei stellt diese Simulation wiederum die Spielsituation für Kandidaten in einer Lifeshow dar. Die Simulation hat zudem eine eigene Dynamik und ist somit nicht vollständig berechenbar.

Jeder Zuschauer hat einen individuellen Code, es gibt keine privaten Angaben außer einer Rufnummer. Ein Rechner hat die Codenummern zufällig ausgewählt und dem Anrufer zugeteilt oder in eine entsprechende Spiel(fern)bedienung integriert. Neben der Beeinflussung der Simulation kann der Zuschauer ein eigenes Spielekonto führen und hat somit die Chance, ebenfalls zu gewinnen.

Diese interaktive Anordnung ist als Grundmodell auf verschiedene Sendungen anwendbar und unter den gegebenen technischen Voraussetzungen zu realisieren. Hierbei erhält der Betrachter die Möglichkeit der direkten Einflußnahme auf den Verlauf der Sendung, und er hat die Chance, durch sein Wissen und/oder seine Geschicklichkeit persönlich zu profitieren. Jeder kann sich genausogut einfach nur die Sendung ansehen.

3 Möglichkeiten – morgen

Der folgenden Prognose möchte ich gerne ein Zitat von Ken Kesey voranstellen: "Man kann zählen, wie viele Kerne in einem Apfel stecken, aber nicht, wie viele Äpfel in einem Kern stecken."

Somit ist es leicht, die drei üblichen Möglichkeiten aufzuzählen, die immer im Zusammenhang mit Interaktivem Fernsehen genannt werden:

- Video on demand, - Netzwerkspiele, - Homeshopping. Damit hat zumeist die kreative Leistung der Anbieter ihren Höhepunkt erreicht.

Gehen wir bei den Möglichkeiten des Interaktiven Fernsehens von morgen einmal von der besten Ausgangssituation aus. Alle bundesdeutschen Haushalte sind mit ATM (Asynchronous Transfer Mode) und einer leistungstarken STB (SetTopBox) ausgestattet. Der gesamte Service beschränkt sich auf die bereits genannten Möglichkeiten. Unter diesen Bedingungen wird kaum ein Anbieter von Video on demand überleben können. Das Netz für einen Film zu einem Zuschauer für die

Dauer von über einer Stunde zu belegen, wird sich nicht rechnen, außer der Preis pro Film liegt deutlich über 30,- DM. Anders das Angebot von Spielen aus oder auf dem Netz. Hierbei benutzt man die Verbindung zu einem Server lediglich eine kurze Zeit und lädt das Spiel in seine STB. Bei Netzspielen werden lediglich Positionsveränderungen über das Netz transferiert, es besteht keine Dauerverbindung.

Die Möglichkeit des Homeshopping ist sicherlich die kommerziell interessanteste und in jedem Bereich denkbar. Ob ich mir hierbei Autozubehör, Unterhaltungselektronik oder Kleidung kaufe, hat auf die Schnittstelle keinen Einfluß. Und die Kosten für eine permanent bestehende Leitung wärend des Einkaufs lassen sich hierbei besonders gut auf die Produkte umlegen.

Aber sollten das wirklich alle Konzepte und Inhalte für Interaktives Fernsehen bleiben? Wie wird dieses neue Medium seiner Erwartung gerecht? Als Zuschauer möchte ich mehr. Ich möchte neben den Verkaufsangeboten mit diesem Medium arbeiten und es in meinen Alltag integrieren können. Ich möchte mich weiterbilden oder einfach nur informieren. Ich möchte von diesem Medium profitieren und einen wirklichen "added value" erhalten.

Somit sind Angebote gefragt, bei denen es mehr um Aus- und Weiterbildung -auch lebenslanges Lernen- geht. TV-Formate, die soziale Aspekte der Gesellschaft berücksichtigen, ob ich Kinder- oder Alten-TV einrichte und wie ich es gestalte. Daß ich mir als Anbieter die Mühe mache, Angebote für Randgruppen aufzunehmen und zusammen mit diesen zu erstellen. Wie wäre es mit Beratungsdiensten, beispielsweise Schreiben und Lesen lernen, Zuhause und ohne mich vor anderen zu schämen, weil ich vielleicht schon weit über Dreißig bin? Wie sieht es mit Anbindungen an das Internet oder das World Wide Web aus? Warum sollte ich mir nicht die Informationen via STB auf den heimischen Fernseher holen? Und warum nicht via Fernbedienung -gerne auch die Tastatur mit Infrarot- auf Post in meiner Mailbox antworten können? Oder CD-ROM über den Fernseher betrachten, wobei ich nicht alle CD-ROM´s über das Netz beziehen muß. Ein umsichtiger STB-Produzent wird mir bereits ein CD-ROM Laufwerk in meine SetTopBox gebaut haben. Werde ich mir meine digitalisierten Nachrichten nach meinem eigenen Interesse und meinen Schwerpunkten zusammenstellen können und kann ich diese dann auch vor- oder zurückspulen? Wird sich meine Bildschirmoberfläche meinen Sehgewohnheiten anpassen und werden meine Eltern oder Nichten die für sie optimale Einstellung an demselben Gerät vorfinden?

Dieses und weit mehr bedeutet Interaktives Fernsehen für mich.

4 Nur mit Querdenkern und Teams eine iTV-Zukunft

Beim iTV (full interactive TV) sind nicht nur neue Inhalte gefordert sondern auch neue Konzepte zu ihrer Finanzierung. Wie bereits die CD-ROM die Verlage aus ihrem Dornröschenschlaf gerissen hat, wird echtes Interaktives Fernsehen viele TV-Sender, Werbeagenturen und noch weitere Konzerne kalt erwischen, denn vorhandene Kommunikationskonzepte lassen sich nicht einfach übertragen.

Sicher sind die deutschen Testgebiete ein erster Schritt, um Erfahrungen zu sammeln. Leider kommen in alter Tradition erst die Fragen über die Infrastruktur und dann der deutsche Vergabemodus, um zu sichern, welcher Konzern für die Telekom die SetTopBox stellen darf. Welche Inhalte sinnvoll sind und daß sich die technischen Gegebenheiten hiernach und somit auch nach den Interessen der späteren Anbieter richten müssen, wird bei diesem Kommunikationsgeklüngel vergessen. Wem nützt zum Beispiel ein SetTopBox-System im CD-i Format, mit dem ich keine Anbindungen an andere Systeme schaffen kann. Es sind offene Systeme gefordert, die mit anderen kommunizieren können. Die Inhalte der Sendungen und die Wünsche der Anbieter müssen die Gestaltung der Systeme und deren Prozessoren bestimmen und nicht zum Teil veraltete Standards die Inhalte.

Die Anbieter sind gefordert, mit neuen Teams zusammenzuarbeiten, um neue Möglichkeiten anzubieten und durchzusetzen, auch gegenüber Netzbetreibern. Eine Umsetzung der eigenen Leistungen auf das neue Medium. Die Nutzung unkonventioneller Konzepte unter Berücksichtigung der tatsächlichen Bedürfnisse des Zuschauers, also nicht nur seiner wirtschaftlichen sondern gerade auch seiner sozialen. Nicht Wünsche nach Vormachtstellungen auf seiten der Netzbetreiber, oder Fastfoodproduktionen von Anbietern werden Interaktives Fernsehen durchsetzen.

Die alltagstauglichen Inhalte von iTV werden über dessen Akzeptanz beim Zuschauer entscheiden. Ein gesundes Maß an Unterhaltung, Information und wirtschaftlicher Nutzung. Sonst schau ich lieber auch in Zukunft einfach nur fern.

Intelligent Studio Applications of Multimedia

Michael Van Himbergen
MediaFusion, Inc.
2691 Hollyridge Drive
Hollywood, California 90068, USA
vanfusion@aol.com

"Multimedia", as used herein, refers to the generic domain comprising audiovisual front-end and human interface aspects of media systems and methodologies, rather than CD-ROM authoring tools or interactive platforms.

1 Yesterday

Multimedia, unlike film and television, is in its infancy. As broadly defined in this discussion, multimedia (sound/picture/data/GUI) was initially introduced into professional film and television post-production in the mid-1980's with the various "off-off line", quasi non-linear, film-to-tape, video editing systems created at CBS, Consolidated Film Industries and LucasFilm (EditDroid). These early systems utilized microcomputer control over video tape and/or video disc player/recorders to create video rough/fine cuts and edit decision lists which subsequently matched back to video masters or film negative.

At Zoetrope Studios, Francis Ford Coppola extended this early capability to the actual shooting process by employing the now legendary Electronic Cinema System. This propriety suite of tools combined "off-off line" editing with video animatic previsualizations, direct video-tap sequences, pre-recorded audio and production sound in order to collapse the artistic and technical distinctions between pre-production, production and post-production processes. Ideally, this early "multimedia" application enabled Coppola to shoot and edit films simultaneously. Unfortunately, Francis Ford Coppola was the only person skilled enough to actually put the system to use at the time.

2 Today

Not withstanding recent advances in desktop multimedia, non-linear editing, digital visual effects and digital audio techniques, there continues to exist a powerful tendency for film, video, computer graphics and digital image manipulation professionals to work within the specialized tools and medium they know best. Even so, there are numerous individuals in film and television who successfully utilize custom and of-the-shelf "multimedia" tools for editing, storyboarding, set design, sound design, visual effects, previsualization, project "pitching" and planning.

Currently, the most extensive and systematic use of multimedia in film and television is in special visual effects. This is due to the need to accurately match-up and composite multiple layers of complex imagery created over long periods of time utilizing live-action, models, miniatures, pyrotechnics, 3D computer graphic animation and 2D digital elements. The design and previsualization of camera moves, element "hook-ups", traveling mattes, model placement, effects animation, lighting cues and spatial relations to live action elements require immense amounts of pre-planning, testing and approvals.

The iterative chain of processes associated with designing and creating complex visual effects is the area most in need of help from multimedia authors and tool-makers. A typical flow of "data sets" in a complex visual effects sequence can be traced along the following interdepartmental path:

1) Art Dept.	= hand drawn storyboards
2) Previsualization Dept.	= electronic storyboards or CG simulation of environment and camera move
3) Main Unit	= live action photography of matching elements
4) CAD Dept.	= actual element design specifications in electronic files and blue prints
5) CAM Dept.	= laser cutting, machining, vacuform, etc., manufacture of physical objects
6) Model Shop	= physical construction or assembly of manufactured objects with added detail
7) Effects Editor	= creates paper "layout" sheet information of layered relationships & timings
7) Camera Stage	= motion control videographic testing and film photography of objects
8) CGI Dept.	= design, testing, animation, lighting rendering of matching objects & effects
9) Compositing Dept.	= digital compositing and film output of final multi-layer effects sequence

Carrying this chain out further to incorporate the visual effects into the main unit live action edited sequence:

10) Film Editor	= cuts visual effects shot into movie sequence
11) Composer	= scores to successively tighter cut sequences
12) Sound EX	= adds audio effects to successively tighter cut sequences
14) Audio Mixer	= mixes sound and music to final cut
13) Neg. Cutter	= conforms film original camera negative to final cut
14) Color Timer	= color corrects each scene in final master
15) Lab Release	= strikes color corrected master w/sound track and duplicates release prints

Surprising as it may seem, there is no systematic multimedia capability which enables filmmakers to effectively coordinate these complex processes. Every major studio, visual effects house, audio house and associated vendor utilize databases, paperwork systems and telephones to do the job. Slowly but surely, people are realizing that it need not be this way. Unfortunately, multimedia tools are, at this stage, usually custom written to perform one-of-a-kind operations and are rarely compatible with each other. Multimedia systems currently in use are almost exclusively "passive" in the sense that they represent objects, relationships, attributes, etc., which are phenomenologically actualized in another medium. What will ultimately be required are "active" systems which contain, transform and transmit the operational instruction sets of the actualizing medium. For instance, when previsualization of a complex sequence is designed and approved, the operational instructions for CAM processes, motion control camera moves, animation paths, lighting attributes, etc. are contained in the previsualization itself. This form of "active" cross-platform interoperability will signal the birth of the "Intelligent Studio".

3 Tomorrow?

Certainly small-scale and/or "simple" film and television projects can utilize multimedia tools to great benefit. These capabilities will only increase in the near future. But, the explosion of multiple media products emanating from large-scale film and television projects will complicate the above process a thousand fold. Multidimensional "content" properties which manifest products over a wide spectrum of media are now coming of age. Singular core content concepts will eventually be realized across the entire traditional and emerging "multimediographic" landscape:

Feature Film	On-Line Event
Television Special	Virtual Reality Experience
CD-ROM Title	Interactive Television "Show"
Video Game	Ridefilm
Soundtrack	Specialty Venue Film
Book	Live Performance
Toys	Theme Park Attraction
Music Videos	Platform X

Currently, this staggering panoply of media products are created in fragments, one after the other, by independent groups not associated with the original content creators or each other. For instance, the owners of the feature film sell the rights to the game, theme park attraction, album, etc. to independent developers who subsequently create, in isolation, an ancillary product utilizing little if any of the media assets of the original property other than the "name". As artists and producers become more and more adept with the full spectrum of media opportunities, they will rightfully, expand their active participation (and ownership) in the full product cycle created from their intellectual properties.

In order to focus, organize and execute this enormous amount of potential product, extremely sophisticated Intelligent Studio solutions will be required. Intelligent Studios will take three primary shapes:

1) large, centralized, integrated facilities
2) Small, distributed, virtual studios
3) Project-driven, ad-hoc combinations of (1) and (2)

Advances in compression, decompression, storage, parallel and distributed computing, broadband communication, display technology and related software breakthroughs will enable massive "back-end" fire power and transparent throughput capabilities. But, when the hardware is perfected, the underlying code revolutionized, storage capacity astronomical, systems architecture wide open, translation standards functioning, global audience hooked into the Web, out-of-home entertainment centers packed to capacity, financing for content flowing forth...what will make it all sing?

The intact vision of the artist and the depth of meaning in their work. Many artists and producers, who are happily non-technical, will need to make multimedia decisions without "knowing it".

The challenge for multimedia authors, tool smiths, GUI designers and ergonomic engineers is to address, simplify and expedite the power and functionality of the tools which artists will come to depend on. Visual effects, music, motionbase instructions, color correction, scalable compression, compositing, navigational parameters and more will need to be fused into simplistic, wholistic instruments. The key to harnessing these inevitable developments and actualizing global cross-platform distribution of content will be the ability of creative people to interact with complexity via the intuitive multimedia front end.

Given the interdisciplinary (and time critical) nature of film and television production, and the inevitable migration into the digital world of Intelligent Studios, multimedia applications have a critical role to play as "user seductive" front-ends to increasingly complex back-end environments of formats, techniques, programs, processes and machines. In a world of technical specialists, artistic generalists and cross-cultural consumers, multimedia may be the only common language.

Multimedia Content From Film and Television

Jeffrey A. Diamond
MediaFusion, Inc.
2691 Hollyridge Drive
Hollywood, California 90068, USA
jadiamond @aol.com

1 The Current Trend: "Shovelware"

The current trend in Feature Film and Broadcast Television production is to look beyond traditional distribution channels for additional ancillary products. Such traditional products as domestic and foreign release of feature film and video, sound track and merchandising (toys, clothing, posters) are being supplemented with multimedia products. Video based games, interactive games on CD-ROM, "behind the scenes" video for broadcast, "behind the scenes" interactive CD-ROM, and "how did they do that?" television broadcast programs are examples of the repurposeing of content into new multimedia formats.

Although every studio in Hollywood has entered the multimedia business (Time-Warner Interactive, 20th Centurey Fox Interactive, Viacom New Media, Universal Interactive Studios, Disney Interactive, Sony Imagesoft to name a few) most are practicing what the computer software and gaming industry has labeled "shovel-ware". Shovel-ware is the reformatting of content, after the delivery of the original product (film or video), onto a different multimedia platform, without consideration of how that material might be best utilized. This is, most definitely, a reaction, on the part of main stream Hollywood, to want to be part of the multimedia bandwagon, pushing products out the door and generating the perception of forward "new media" thinking.

2 A Real World Example: "Stargate"

Released in the wake of the successful feature film "Stargate" (MGM & Le Canal + 1994) was a typical example of shovelware multimedia products and television programming. During the production of the motion picture the rights were sold to various distributors or production companies for ancillary products. These products all took their cue from the feature film script which of course was developed with only one product in mind: the movie. In this case, similar to most scenarios in Hollywood today, the film is the center of the product line and all other products must spin from a linear story, after-the-fact.

A video game was developed loosely based on the imagery and storyline by a production company who accessed little or no elements from the film making process. They had purchased the right to the name and characters, not the film elements or other "working drawings, electronic or otherwise" for use in their product.

An interactive CD-ROM about the making of the motion picture was authored utilizing the film itself, archival "behind the scenes" footage and interviews and other topical information concerning the Egyptian/Alien theme of the movie.

Several television programs were developed, both full length and segments, concerning the making of the project. These television programs centered on the visual and special effects created for the film It is important to note that a good percentage of the visual effects were processed digitally (the author, along with Michael Van Himbergen were the Digital Visual Effects Producers for Stargate) and none of this data, stored by the production was utilized for other multimedia products.

There was also a novel developed from the script, published after the movie was released! This then is representational of present practices relating film content to multimedia products.

3 A Meaningful Story - Old Solution - New Methodology: Multimediography

As more sophisticated content-delivery systems (read multimedia platforms) come on-line, the question of viable content, or repurposing of content comes into play. The creative forces of international studios, independents and boutique artists have made it clear that the current wave of technical progress will be in vain without the fabric of compelling and meaningful stories that appeal to both special interest and global audiences (the consumer).

As entertainment producers and artist begin to understand how to manipulate various entertainment platforms to engage the consumer in more complex and additive modes of storytelling they begin to practice "Multimediography" This is multiple media choreographed to engage and include the audience in the process of storytelling (regardless of the platform of entertainment multimedia products). Multimediography differs from stories created exclusively for a single medium, such creative efforts are planned as a single synchronized product idea. The solution lies is squeezing better mileage out of content.

A multimediographic work embodies the parsimony principle by stretching multiple products from one idea. For instance, an independent film production company, who owns a story idea can develop a product line which is explicitly designed into a feature film, specialty format film, motion based ride experience, CD-ROM exploratory interactive, on-line access educational, or virtual reality experience and more. The story evolves from the world of the content. The multimediographic approach allows storytelling to link and unfold in a series of unique yet integrally related manifestations.

Of course, not every artist will make the leap into multimediography, and not all audiences/consumers will have the interest or disposable income to seek out multidimensional story experiences. However, once artists start using combinations of emerging tools and producers figure out how to market these multimediographic products, audiences will explore and embrace the revolution, being able to experience entertainment through their chosen multimedia, expanding the ancillary market for entertainment concept.

4 The Multimediographic Approach - Stargate

The feature film Stargate is about the discovery of a "gate" (through the stars!) to an alien planet where the culture is ancient Egyptian.   The world of the story is encapsulated in this description and describes a family of possible multimedia products both traditional and new which could be developed within this world.

The content is a sphere of the idea, within that sphere a linear story can be carved out - the feature film or television broadcast story. An exploration of this world, with the consumer "at the wheel" can be developed - an interactive multimedia product (CD-ROM, online etc). A location based entertainment product could be developed - possibly a ride through the gate creating a film tied to a motion articulated base. Luxor Las Vegas, an already existing location based entertainment attraction with an Egyptian theme, could have been a valuable tie to the "content" of the project as well.

Further preparation would have developed imagery and sequences that could be repurposed. Elements and images that were developed, or composited digitally can be manipulated for various resolutions from feature film to CD-ROM. Electronic storyboards and "previsualization" done in 3D for planning feature film shots could be applied as finished environments for a video based game, for example. Additional photography on set would have been done during time periods when the film crew was not working (Midnight to 4am and Sundays!) to be used for a motion ride film or interactive product.

A multimediographic methodology begins to take shape. Producers, directors and creative teams purposely build a group of multimedia products from one content idea. Production methodology and tools begin to develop which promote this prolific artistic process.

5 Technology - Digital Assets

The current movement for more and more digital image manipulation on feature film and television programs is leading to a significant portion of each project stored digitally. These digital assets build a library of imagery and sequences that can be repurposed for additional multimedia products.

The ability to translate all forms of media into a digital representation in combination with an evolution of digital tools brings the concept of multimedioagraphy much closer to a reality.

Thus content and storytelling, regardless of platform is what defines a compeling and successful entertainment product. The consumer will gain more and more control over how (and when) he or she experiences entertainment products. The mass market of Film and Television will be challanged by customized multimedia platforms which cater to the individual not the populous, the producer and content provider must now successfully not only tell a story, but choose the correct medium, linear, interactive, virtual, etc. to tell it!

Multimedia in der Medizin

Einführung 'Multimedia in der Medizin'

Claus O. Köhler
Deutsches Krebsforschungszentrum, Heidelberg
Im Neuenheimer Feld 280
69120 Heidelberg

Die meisten Menschen haben 'ihre fünf Sinne noch beisammen' und sind es auch gewohnt, diese im Umgang mit anderen Menschen und mit Systemen zu benutzen und zur Kommunikation einzusetzen. Im Umgang mit anderen Menschen ist das seit 'Menschgedenken' ganz natürlich, im Umgang mit Systemen jeglicher Art wird es erst jetzt ganz langsam selbstverständlich. Der Grund lag natürlich auch auch darin, daß bisher die dafür erforderliche Hard- und Software entweder garnicht oder nur zu unerschwinglichen Preisen vorhanden war.

Gerade im medizinischen Bereich ist jeder Einsatz von Präsentationsformen, die über die bisherige Darstellungen von Texten, Zahlenkolonnen und allenfalls Bildern (zwei-dimensional) hinausgehen, zu begrüßen und eine wesentliche Verbesserung der Voraussetzungen für Entscheidungsfindungen und Entscheidungsunterstützungen. Dem Menschen das Angebot zu machen, über Systeme alle seine Sinne anzusprechen und damit die fast unerschöpflichen Ressourcen seines Gehirns besser auszunutzen - schnellere und sichere Entscheidungen - ist für die Medizin heute schon fast eine unabdingbare Voraussetzung für die Produktion neuer Systeme zur bloßen Informierung, zur Entscheidungsunterstützung im diagnostischen und therapeutischen Bereich.

Das oben gesagte gilt natürlich in verstärktem Maße für die Personen und Personengruppen, die bisher entweder nicht oder nur in geringem Maße mit den Segnungen der modernen elektronischen Medien vertraut gemacht wurden: Im Gesundheitswesen sind hierunter in erster Linie Patienten und Pflegekräfte zu verstehen. Insbesondere für die Patienten müssen Informierungssysteme geschaffen werden, die sie in die Lage versetzen, ihre Entscheidungen zur Durchführung von diagnostischen und therapeutischen Maßnahmen unter wesentlich besseren Bedingungen zu treffen, als das bisher der Fall ist.

Aber auch für die Mediziner ist für die Unterstützung bei der Evaluierung eines schlagenden Herzens neben der visuellen EKG-Kurve das hörbare Phonokardiogramm bedeutsam. Das gilt insbesondere im Prozeß der Diagnosestellung, in dem dem Arzt neben etwaigen typischen 'Herzschlägen' aus einer Datenbank in einem zweiten offenen Bild das zu untersuchende Material dargestellt wird.

Was ist unter Multimedia in der Medizin insbesondere zu verstehen, und was sind die Vorteile, die einen Beteiligten am Gesundheitswesen - also auch den Patienten - dazu bringen sollen, Multimedia-Systeme zu benutzen? Die Verwendung von Informationen, die in einer multimedialen Form zur Verfügung stehen, bringt für den Benutzer erhebliche Vorteile im Hinblick auf schnellere Erfassung von Tatbeständen, im Hinblick auf die Gewinnung des tieferen Verständnisses, im Hinblick auf die Verknüpfung mit vorhandenem Wissen zu einer übergeordneten Entscheidung und im Hinblick auf die Kontrollfunktion in der Verknüpfung vorhandenen Wissens und neuer Information - Lernfunktion. Es soll hierbei aber auch betont werden, daß Multimedia eben nicht nur 'Bilder' oder 'Filme' sind, sondern daß Multimedia erst dann real zum Tragen kommt, wenn das Zusammenspiel von mindestens zwei Präsentationsformen gegeben ist.

Da der Mensch ein 'Augentier' ist - etwa 75 % der Eindrücke erfolgen über den Gesichtssinn, wird natürlich auch der Darstellung von Bildern in statischer und dynamischer Form besondere Aufmerksamkeit geschenkt. Dabei muß man in Betracht ziehen, daß auch einfachere Präsentationen auf Wunsch möglich sein müssen, um einer eventuellen 'Überforderung' entgegentreten zu können. Ganz besonderer Wert muß auf die Bedienung solcher Systeme gelegt werden. Wenn auch nur ein Benutzer ein einziges mal an der Komplexität der Bedienung scheitert, wird er ein auch noch so 'schönes' System nicht mehr benutzen. Wenn die 'Bedienung' mehr Zeit kostet, als die schnellere 'Erfassung' einbringt, wird der Gebrauch ineffizient.

Die jetzt schon vorhandenen, teilweise auch schon auf dem Markt erhältlichen Multimedia-Systeme im Bereich Medizin und Gesundheitswesen sind sicher noch nicht soweit 'fertig', daß es nichts mehr zu verbessern gäbe. Welches System ist das schon? Aber es sind gute Anfänge vorhanden, auf denen in den nächsten Jahren entsprechend aufgebaut und weiterentwickelt werden kann. Die in dieser Sektion vorgestellten Systeme stehen mehr oder weniger weit entfernt von einer benutzerfreundlichen, umfassenden, wirksamen und effizienten Anwendung, werden aber sicher in der nächsten Zeit ihre Feuertaufen bestehen. Feuertaufe heißt auch hier, der Einsatz in der Routine. Erst im täglichen Umgang mit Systemen sind die oben genannten Kriterien real zu überprüfen.

Die drei vorgestellten Systeme sind sicher ein guter Einstieg in die neue Welt der Multimedia-Systeme in der Medizin. Sie zeigen exemplarisch den Weg, den die weitere Entwicklung nehmen kann. Die Einbeziehung der Informierung von Patienten durch derartige Systeme, um sie in eine bessere Lage zu versetzen, Entscheidungen in Hinsicht auf diagnostische und therapeutische Verfahren zu treffen, ist ebenfalls in der Entwicklung, kann aber aus Zeitgründen hier nicht präsentiert werden.

Eine modellbasierte Multimediatechnik zur Erzeugung von dreidimensionalen medizinischen Atlanten

K. H. Höhne, A. Pommert, M. Riemer, Th. Schiemann, R. Schubert, U. Tiede
Institut für Mathematik und Datenverarbeitung in der Medizin (IMDM)
Universitäts-Krankenhaus Eppendorf, Martinistraße 52, 20246 Hamburg

1 Einleitung

Über Jahrhunderte gewannen Medizinstudenten ihr Wissen in Anatomie durch das Präparieren von Leichen, durch anatomische Präparate und Modelle sowie durch das Studium von Büchern und Anatomie-Atlanten. Bald nach dem Aufkommen von Multimedia-Techniken bot sich ihre Anwendung für die Präsentation und Vermittlung des räumlichen Wissens [1] über die menschliche Anatomie an. Die solchen Lehrsystemen zugrunde liegende Struktur ist jedoch immer noch die eines Buches, auf dessen Seiten, Stichworte und Bilder allerdings jetzt in beliebiger Form zugegriffen werden kann. Eine entscheidende Restriktion für die Visualisierung des Wissens durch solche Systeme ist die Tatsache, daß die Bilder immer vom Autor ausgesuchte vorgefertigte Ansichten sind, die in vielen Fällen für das Lernziel überhaupt nicht geeignet sind. Wenn es uns jedoch gelingt, ein *Modell* des räumlichen Wissens zu erzeugen, ist es möglich, beliebige visuelle Repräsentationen des räumlichen Wissens durch den Benutzer nach dessen Bedürfnissen spezifizieren zu lassen. Für die Visualisierung hat die medizinische Bildverarbeitung [2, 3] in Form der Volumenvisualisierung in den letzten Jahren geeignete Hilfsmittel zur Verfügung gestellt. Operationelle Modelle, die räumliches mit symbolischem Wissen verbinden und auch eine realistische Visualisierung erlauben, sind jedoch bisher nicht beschrieben worden. Bisherige Ansätze [4, 5] benutzen zur Visualisierung nur reine Oberflächen. Da bei solchen Modellen nur Hüllen, aber keine inneren Strukturen definiert sind, erlauben sie keine realistische Darstellung, insbesondere, wenn man wie bei einer Sektion Schnitte anbringen will. Der vorliegende Artikel beschreibt ein an unserem Institut entwickeltes raumfüllendes Modell und seine Implementation anhand eines dreidimensionalen Anatomie-Atlanten, sowie seine Anwendungsmöglichkeiten, die bis zu einer Anwendung in Umgebungen der „vituellen Realität" gehen.

2 Datenstruktur

Die grundlegende Idee ist, ein dreidimensionales Objekt wie den menschlichen Körper durch eine zweistufige Datenstruktur zu beschreiben (s. Abb. 1). Die

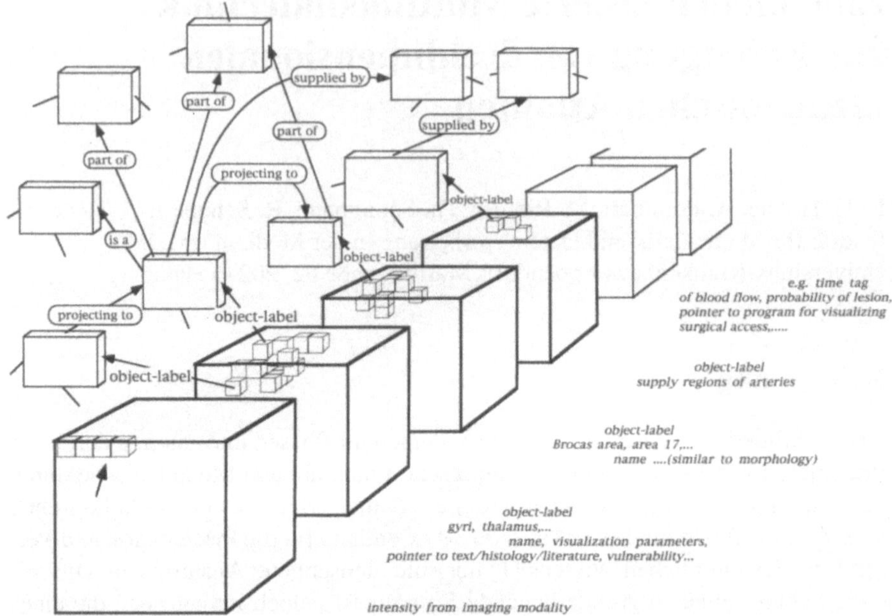

Abb. 1: Datenstruktur des 3D-Atlanten. Jedes Element des Bildvolumens enthält neben einem Dichtewert Attribute, die seine Zugehörigkeit zu terminalen Objekten in verschiedenen Wissensdomänen (hier: Struktur, Funktion, Blutversorgung) beschreiben. Die Beziehungen zwischen den terminalen Objekten sind in einem semantischen Netzwerk repräsentiert.

untere Ebene besteht aus einem diskreten Datenvolumen (typischerweise 256^3 Volumenelemente). Dieses wird vom lebenden Menschen gewonnen durch bildgebende Verfahren wie die Computertomographie oder die Kernspintomographie [6].

Neben dem Dichtewert, den das bildgebende Verfahren liefert, enthält jedes Volumenelement („Voxel") Attribute, die seine Zugehörigkeit zu einer semantisch definierten Region bezeichnen. Beim menschlichen Gehirn wären dies zum Beispiel

- Zugehörigkeit zu einer Struktur (z. B. linke vordere Schläfenwindung des Gehirns),
- Zugehörigkeit zu einem Funktionsgebiet (z. B. Hörzentrum),
- Zugehörigkeit zum Versorgungsgebiet eines Blutgefäßes.

Die *obere Ebene* der Datenstruktur ist eine Wissensbasis, die die Relationen zwischen den terminalen Regionen der unteren Ebene in Form von Bäumen und/oder Netzen enthält (wie z. B.: „die linke Schläfenwindung ist Teil des linken Schläfenlappens"). Diese ist in unserem Fall mit der Technik der semantischen Netzwerke realisiert.

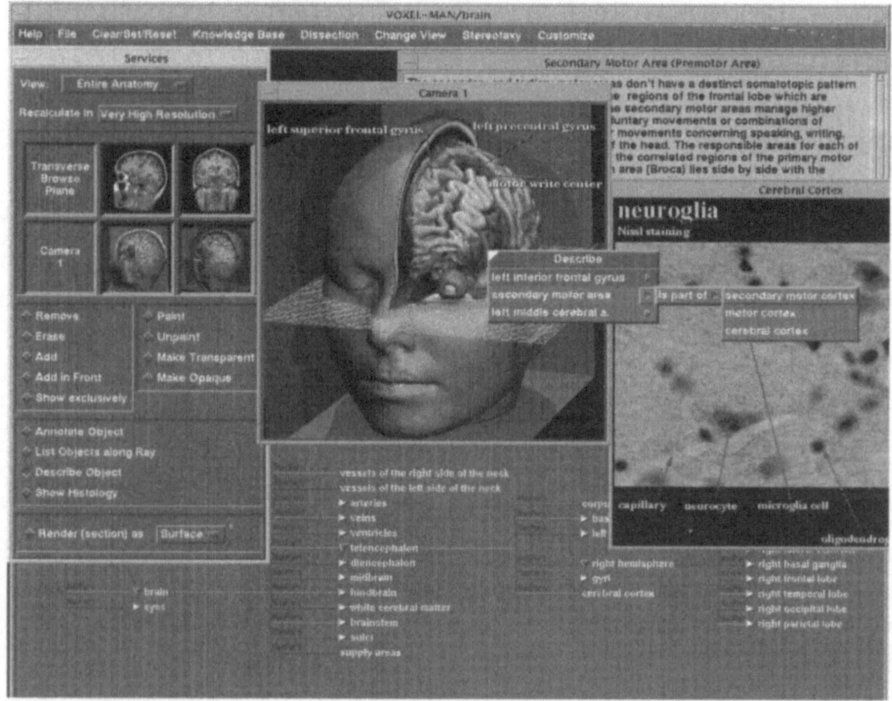

Abb. 2: Bildschirmaufbau von VOXEL-MAN/brain. Eine Menü-Liste erlaubt den Abruf verschiedener Explorationsfunktionen. Die Bildfenster repräsentieren „Kameras" mit jeweils verschiedener Auflösung, unterschiedlichem Betrachterstandpunkt, Brennweite und Zoomfaktor. Die Wissensbasis kann graphisch über eine Netz-Repräsentation angesprochen werden.

3 Füllung des Modells

Diese einfache und, wie wir später sehen werden, sehr mächtige Datenstruktur muß natürlich ausgefüllt werden, was sich für die untere Stufe als durchaus nicht-triviale Aufgabe darstellt. Für den Fall des menschlichen Kopfes (Abb. 2) benutzen wir als Ausgangsdaten eine Sequenz aus räumlich aufeinanderfolgenden Schichtbildern aus der Kernspintomographie, die durch lineare Interpolation zu einem Volumen, bestehend aus etwa 10^7 kubischen Voxeln (1,5 mm Kantenlänge), verarbeitet wird.

Der schwierigste Schritt ist nun die Zuordnung der Volumenelemente zu den semantischen Regionen. Dies ist ein Problem, das aus der Bildverarbeitung als Segmentationsproblem bekannt ist. Wir gehen hier so vor, daß wir mit Hilfe von bei uns entwickelten semiautomatischen Segmentationsverfahren [7, 8] zunächst die größeren Strukturen wie die Gehirnoberfläche oder die Hirnkammern identifizieren. Die weitere Unterteilung wird dann durch einen Experten mit einem „Volumeneditor" vorgenommen. So werden z. B. die verschiedenen Hirnwindungen segmentiert, indem ein Experte auf der Gehirnoberfläche die Regionen gegebenenfalls von verschiedenen Blickwinkeln markiert, ihre Ausdehnung in die Tiefe jedoch auf den entsprechenden Schichten interaktiv durch Markieren oder lokale Intensitätsfenster festgelegt wird. Dieser Vorgang ist sehr arbeitsaufwendig, da er meist erst nach mehreren Iterationen zu befriedigenden Ergebnissen führt. Die Definition der bisher ca. 300 Objekte des Kopfes (240 für die Struktur, 30 für die Funktion, 30 für die Blutversorgung) wurde von Experten mit einem Aufwand von ca. einem Mannjahr erstellt.

Wesentlich einfacher ist die Ausfüllung der *oberen Ebene* der Datenstruktur, die im wesentlichen Lehrbuchwissen enthält. Für ihre Definition haben wir eine einfache Sprache entwickelt, um aus der Segmentation gewonnene Voxelsätze zu beschreiben

- als Objekte durch Hinzufügung von semantischen Informationen wie Namen, Texte, sowie durch Visualisierungsattribute (z. B. Farbe, Reflexionseigenschaften) und
- sie mit Hilfe verschiedener Relationen ("Teil von", "versorgt durch" ... in Beziehung zu setzen.

Die zu der Erstellung der Wissensbasis entwickelten Werkzeuge können als eine erste Version eines Autorensystems für die Repräsentation von räumlichem Wissen der gezeigten Art aufgefaßt werden.

4 Exploration des Modells

Ein auf die beschriebene Weise erzeugtes Modell kann nun verschiedenartig eingesetzt werden, z. B. als ein geführtes Lernprogramm oder für das Selbststudium. In unserer Implementation sind bisher nur Werkzeuge für das Selbststudium realisiert. Die Werkzeuge hierfür können in vier Gruppen eingeteilt werden: Visualisierung, Bildkomposition, Abfrage und Simulation.

Für die *Visualisierung* des Modells hat die benutzte volumenorientierte Datenstruktur den Vorteil, daß mit dem 'ray casting'-Verfahren [9, 10] praktisch alle denkbaren Visualisierungsarten möglich sind und diese auch recht realistische Bilder liefern. Das System stellt mehrere „Kameras" zur Verfügung, die sich durch Auflösung, Betrachtungsstandpunkt, Brennweite und Zoomfaktor unterscheiden können. Sie erscheinen jeweils als Bildfenster auf dem Bildschirm. Für die Beleuchtung können mehrere separat variierbare Lichtquellen eingestellt werden. Als Visualisierungsformen sind implementiert: Darstellung der Oberflächen multipler Objekte, planare Schnitte in beliebiger Richtung und Anzahl, Transparenz („gläserne" Oberflächen, Röntgenprojektion) und alle möglichen Kombinationen der genannten Verfahren.

Für die *Bildkomposition* aus der Wissensbasis stehen folgende Hilfsmittel zur Verfügung: Hinzufügen/Wegnehmen von terminalen oder zusammengesetzten Objekten und Markieren von Objekten mit einer Farbe.

Im *Abfrage-Modus* können die Informationen zu jedem sichtbaren Bildelement abgefragt werden, wobei das Ergebnis bildlich oder beschreibend sein kann. Beispiele für neue Bilder sind: Einfärbung der zugehörigen Region, Wegnehmen des zugehörigen Objektes, Hinzufügen eine Objektes mit einer räumlichen Beziehung zum aktuellen Objekt (z. B. das Objekt davor), Zeigen des zur Cursor-Position gehörigen ‚typischen‘ mikroskopischen Bildes.

Beispiele für Beschreibungen sind: Beschriftung (deutsch, englisch oder lateinisch), Zeigen der zugehörigen Hierarchie oder Zeigen einer textlichen Beschreibung.

Schließlich können die beschriebenen Hilfsmittel zu problemorientierten Werkzeugen zusammengefaßt werden. Im Falle des Kopfmodells sind diese: Simulation des Zugangs bei einer Gehirnoperation, Simulation des Weges einer stereotaktischen Nadel und Simulation von Röntgenbildern aus computertomographischen Bildvolumina mit beliebiger Strahlrichtung und -geometrie.

5 Implementierung

Das Programm, das den Namen VOXEL-MAN/atlas hat, besteht aus den drei Hauptmodulen Wissensbasis, Visualisierer und Benutzerinterface. Die Module sind in ANSI-*C* programmiert. Das Benutzerinterface basiert auf MOTIF und korrespondiert mit der Wissensbasis und dem Visualisierer über eine spezielle Sprache. Diese Sprache, die dem Anwender normalerweise verborgen ist, kann auch zum Schreiben von Kommandolisten, z. B. zur Erzeugung von Lehrfilmen, verwendet werden. Insbesondere gibt es die Möglichkeit, Scripts, die während einer interaktiven Sitzung protokolliert wurden, zu editieren und in veränderter Form (z. B. mit höherer Auflösung) nochmals laufen zu lassen. Das Programm läuft gegenwärtig auf den UNIX-Workstations DECstation 5000, DEC 3000 („Alpha") und auf der SUN SPARC-station. Die Portierung auf andere Workstations ist vorgesehen.

Bei der DECstation 5000/240 liegt der Zeitaufwand für Abfrageaktionen wie Markierung oder Beschriftung von Objekten weit unter einer Sekunde. Für Aktionen wie Drehen oder Schneiden hängt die Ausführungszeit von der gewünschten räumlichen Auflösung ab. Die kleinen Bilder in Abb. 2 (256x256 pixels) benötigen etwa 5 Sekunden, ein Bild hoher Qualität wie das große Bild in Abb. 2 (1017x604 pixels) wird in etwa 10 Minuten gerechnet. Die bereits auf dem Markt befindliche nächste Generation von Workstations wird diese Zeiten wesentlich verringern.

6 Ergebnisse

Auf der Basis der beschriebenen Hilfsmittel kann das Modell in einer Weise untersucht werden, die der Vorgehensweise eines Anatomen oder Chirurgen sehr nahekommt. Entfernen von Objekten oder bereichsweises Abtragen von Schichten kön-

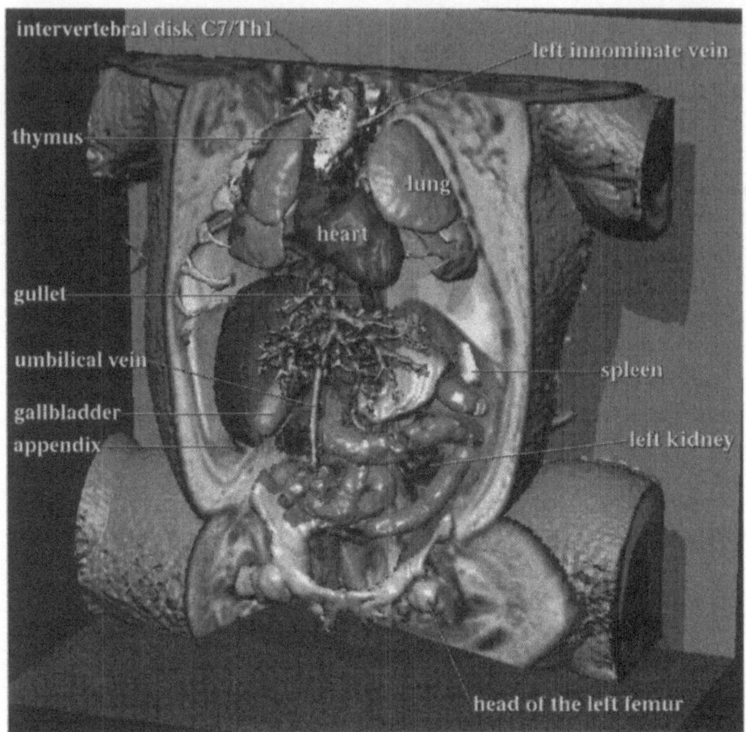

Abb. 3: 3D-Atlas eines menschlichen Fötus (VOXEL-MAN/fetus). Hier hat sich der Benutzer für einen Winkelschnitt zur Offenlegung des Inneren entschieden. Die Beschriftungen wurden durch Anklicken der entsprechenden Objekte automatisch angebracht, wobei der Benutzer sich für die englische Nomenklatur entschieden hatte.

nen einfach durchgeführt werden. Der entscheidende Vorteil des entwickelten Modells ist jedoch die Tatsache, daß die zu jedem Bildelement gehörende Information jederzeit abgefragt werden kann. So können an der Cursor-Position Beschriftungen angebracht, die zugehörige Region mit einer Farbe markiert oder die zu dem Objekt gehörigen Relationen oder Erklärungen abgefragt werden.

Das System kann jedoch auch in einer Baukastenfunktion benutzt werden, bei der Objekte aus der Wissensbank selektiert und zusammengefügt werden können. Die beliebige Kombinierbarkeit einer relativ geringen Zahl von Explorationsfunktionen erlaubt die Generierung eines praktisch unbegrenzten Spektrums von Ansichten, das nur von dem Ziel, dem Vorwissen und der Phantasie des Benutzers abhängt. So sind wir immer wieder aufs neue erstaunt, welch neuartige Bilder etwa Studierende der Anatomie oder Teilnehmer des Bildverarbeitungspraktikums erzeugen.

Neben dem Atlas des menschlichen Kopfes sind gegenwärtig Atlanten der Bauchregion und eines Fötus (Abb. 3) sowie ein Operationsatlas für komplizierte Beckenfrakturen in Arbeit.

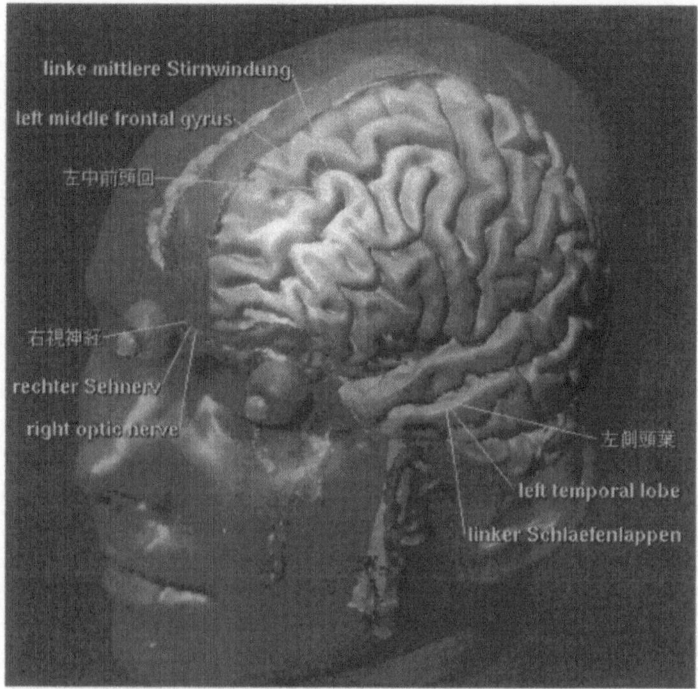

Abb. 4: Simulation eines Glasmodells mit VOXEL-MAN/brain. Abfragen sind auch durch die „Glashülle"' hindurch und in verschiedenen Sprachen möglich.

7 Schlußfolgerungen

Die beschriebene Datenstruktur stellt zusammen mit den implementierten Visualisierungsverfahren ein neuartiges Werkzeug zur Repräsentation und Visualisierung räumlichen Wissens dar. Anders als bei herkömmlichen Multimedia-Lehrsystemen, deren Funktionalität durch die Anzahl der zur Verfügung stehenden vorberechneten Bilder limitiert ist, hängt die Zahl der Untersuchungsmöglichkeiten und der bildlichen Erscheinungsformen praktisch nur vom Ziel und der Phantasie des Benutzers ab.

Die hohe Funktionalität wird natürlich durch einen großen Bedarf an Rechnerkapazität und Speicherplatz erkauft, so daß eine befriedigende Interaktivität derzeit nur auf Workstations der Spitzenklasse erreicht wird. Die absehbare Entwicklung der Rechnertechnologie wird dieses Problem jedoch automatisch lösen. Es muß auch eingeräumt werden, daß die Erstellung der Modelle sehr arbeitsaufwendig ist. Da diese bei einem Lehrsystem jedoch nur einmal erfolgen muß, fällt dieser Nachteil nicht ins Gewicht.

Vielfältige Verbesserungs- und Entwicklungsmöglichkeiten sind denkbar. So ist sicherlich die erreichte räumliche Auflösung noch nicht ausreichend. Auch auf der

Ebene der Attribute ist die Hinzufügung weiteren Wissens z. B. über Pathologie wünschenswert. In seiner Evaluierung wird das Atlasprogramm derzeit bei verschiedenen Institutionen in einem Feldtest erprobt.

Zusammenfassend kann man sagen, daß das beschriebene Verfahren prinzipiell alle bisher bekannten optischen Lehrmittel einschließt:

- Die Sektion einer Leiche kann (natürlich mit Einschränkungen) simuliert werden;
- Es können beschriftete Bilder für Atlanten oder klassische Multimedia-Systeme erzeugt werden;
- Durch die Möglichkeit der Erstellung von Skripts können Lehrfilme automatisch generiert werden;
- Schließlich können Glasmodelle (Abb. 4) simuliert oder gar anatomische Gußmodelle z. B. mit Hilfe der Stereolithographie hergestellt werden.

Das beschriebene Modell ist aber auch eine gute Basis für zukünftige Virtual Reality Anwendungen [11], denn mehr als die benötigte Rechnerkapazität ist hier das Vorhandensein eines der Realität möglichst nahe kommenden Modells die unabdingbare Erfolgsvoraussetzung.

Danksagung

Unser besonderer Dank gilt Thomas Dahlmanns, Henning Krämer, Kay Priesmeyer, Klaus Rheinwald und Christian Seebode für ihre engagierte Mitarbeit. Herrn Prof. Richter (Abt. Kinderradiologie) danken wir für die fruchtbare Zusammenarbeit. Der kernspintomographische Datensatz, der die Basis des Kopfatlanten ist, wurde uns freundlicherweise von der SIEMENS AG, Bereich Medizintechnik, zur Verfügung gestellt.

Literatur

[1]   K. H. Höhne, M. Bomans, M. Riemer, R. Schubert, U. Tiede, and W Lierse: A 3D anatomical atlas based on a volume model. IEEE Comput. Graphics Appl., vol. 12, no. 4, pp. 72–78, 1992.

[2]   K. H. Höhne: 3D-Bildverarbeitung und Computer-Graphik in der Medizin. Info-Spek, vol. 10, no. 4, pp. 192–204, 1987.

[3]   A. Pommert, M. Bomans, M. Riemer, U. Tiede, and K. H. Höhne: Volume visualization in medicine: Techniques and applications. In: Focus on Scientific Visualization (H. Hagen, H. Müller, and G. M. Nielson, eds.), pp. 41–72, Berlin: Springer-Verlag, 1993.

[4]   I. Mano, Y. Suto, M. Suzuki, and M. Iio: Computerized three-dimensional normal atlas. Radial. Med., vol. 8, no. 2, pp. 50–54, 1990.

[5]   M. Wahler-Lückk, T. Schütz, and H.-J. Kretschmann: A new anatomical representation of the human visual pathways. Graefe's Arch. Clin. Exp. Ophthalmol., vol 229, no. 3, pp. 201–205, 1991.

[6]   E. Hundt and G. Schwierz: Verfahren und Systeme der Computertomographie: Röntgen – Magnetische Resonanz – Ulraschall. Info.-Spek, vol. 8, no. 5, pp. 273–282, 1985.

[7]   H. H. Höhne and W. A. Hanson: Interactive 3D-segmentation of MRI and CT volumes using morphological operations. J. Comput. Assist. Tomogr., vol. 16, no. 2, pp. 285–294, 1992.

[8]   T. Schiemann, M. Bomans, U. Tiede, and K. H. Höhne: Interactive 3D-segmentation of tomogrphic image volumes. In: Mustererkennung 1992, Proc. 14. DAGM-Symposium (S. Fuchs and R. Hoffmann, eds.), pp. 73–80, Berlin: Springer-Verlag, 1992.

[9]   U. Tiede, K. H. Höhne, M. Bomans, A. Pommert, M. Riemer, and G. Wiebecke: Investigation of medical 3D-rendering algorithms. IEEE Comput. Graphics Appl. vol. 10, no. 2, pp. 41–53, 1990.

[10] K. H. Höhne, M. Bohmans, A. Pommert, M. Riemer, C. Schiers, U. Tiede, and G. Wiebecke: 3D-Visualization of tomographic volume data using the generalized voxel-model. Visual Comput., vol. 6, no. 1, pp. 28–36, 1990.

[11] W. Krüger: Virtual Reality – Anwendungen in Wissenschaft, Technik und Medizin. it-ti-Informationstechnik und Technische Informatik, vol. 35, no. 3, pp. 31–37, 1993.

Multimedia in Cardiology
A new computer-assisted learning program on transesophageal echocardiography

R. De Simone[1], G. Paolella[2], R. Lange[1], S. Hagl[1]

[1] Ruprecht Karls Universität Heidelberg, Abteilung für Herzchirurgie
   Im Neuenheimer Feld 110, D-69120 Heidelberg
[2] European Laboratories of Molecular Biology, Heidelberg

1 Transesophageal color Doppler echocardiography

Echocardiography is a diagnostic technique based on the reflection of high-frequency ultrasounds which allows the direct visualization of the beating heart. It is a noninvasive diagnostic imaging techniques since it does not cause biological damage to the patient. An ultrasound transducer placed on the thorax allows to visualize the contraction of the heart. The recent advent of color Doppler has noticeably improved the diagnostic potential of this technique by providing a real-time visualization of intracardiac blood flow throughout cardiac cycle. Transesophageal echocardiography (TEE) is a further improvement of cardiac ultra-sounds. The introduction of an endoscope with a small transducer into the esophagus allows higher image quality since the ultrasound beam originates from a window closer to the heart.

2 Why a computer-assisted program on echocardiography?

Learning and teaching echocardiography is essentially based either on color photographs or on reviewing echocardiographic examinations stored on videotapes. Motionless figures are far from ideal since echocardiographic examinations are typically dynamic data, i.e., video sequences. Although in many cases it is possible to select frames which particularly well represent specific sequences, much information is lost. The alternative option, the use of videotapes to record the sequences, has obvious limitations: it does not allow random access and prevents easy association of pictures, text, and movies.

The transesophageal examinations performed in our institution during the last 5 years have been digitally recorded on one CD-ROM. This library has been used to produce a computer-assisted training tool on TEE including 504 echocardiographic single frames and 137 movies. This program displays real TEE examinations and demonstrates examples of almost all heart pathology. These can be chosen from an index and can be displayed in less than one second. Comparison between single frames and videosequences of the same and/or different patients can be easily accomplished by opening more windows on the screen.

3 Structure and functions of the program

The creation of this CD-ROM based Atlas takes advantage of the large storage capacity of the CD-ROM and of the graphical capabilities of Macintosh to create an "animated book", which, while retaining the usual structure of a book as much as possible, allows the additional feature of displaying movies. We developed a system for acquisition, storage and display of echocardiographic images based on a microcomputer. By carefully choosing compression algorithms it has been possible to reduce single frames and movies to sizes which are easily handled on microcomputers without losing image quality. A color Doppler frame can be stored in 20 Kbytes. A 300 by 200 pixels color Doppler movie can be stored in 200-500 Kbytes.

The creation of this Atlas on CD-ROM was not without complications: the screen is smaller and has much lower resolution than the page of a book, and the speed requirements of echocardiographic movies (25 frames per second, large screen sizes) are presently at the limit of the capabilities of many personal computers. Compression techniques had to be chosen carefully to preserve the quality of the graphics while allowing performance, and special care had to be devoted to avoiding unnecessary delays in accessing the slow CD-ROM medium. In particular, we tried to reduce to a minimum the time in which the computer is busy and the user is not in control, as was too often the case observed on many early CD-ROMs. In its present form the Atlas runs on every Macintosh which allows the use of color. Movies run at full speed even on slower machines, such as Mac IIcx or PowerBooks. Starting and quitting the program takes only a few seconds. The Atlas does not take over the computer; system menus may be activated at any time and the Atlas may be run at the same time as other programs, within the limits of the available RAM. The time for going from page to page varies according to the number of figures, but it is usually kept within 1-2 seconds. If the Atlas is transferred to a hard disk on a faster 68040 Macintosh, this time is typically reduced to less than 1 second.

The subjects have been organized into four heading levels, along a tree structure. It is composed of six main sections. Each of them is further divided into smaller subsections: chapters (27), topics (36), and subtopics (68). The Atlas may be read as if it were a conventional printed book. You can go from page to page by using the arrows, choose topics in index or subindex pages (Fig 1), or go directly to the beginning of the various sections, by clicking their names. You can even go at random to any page in the Atlas by moving the triangular cursor at the bottom

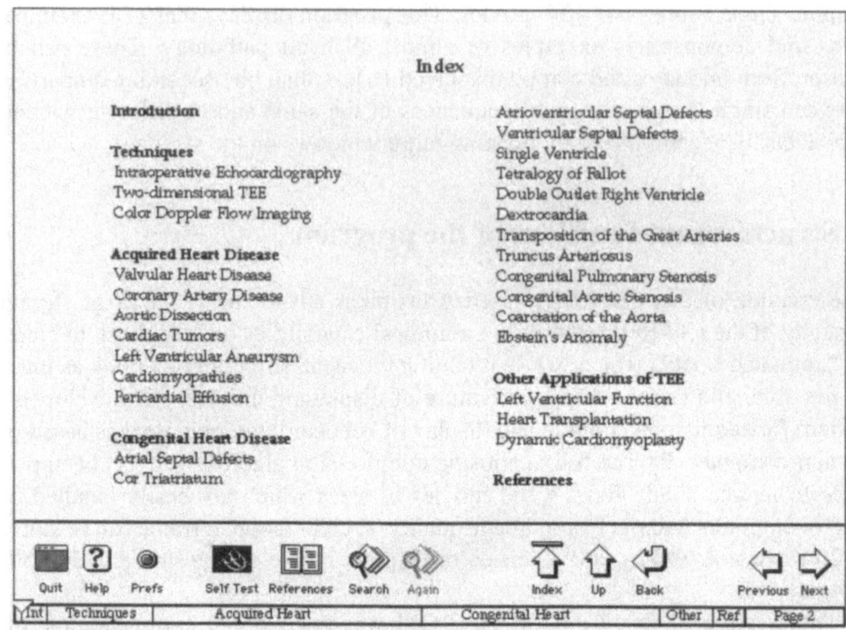

Fig. 1: The main index

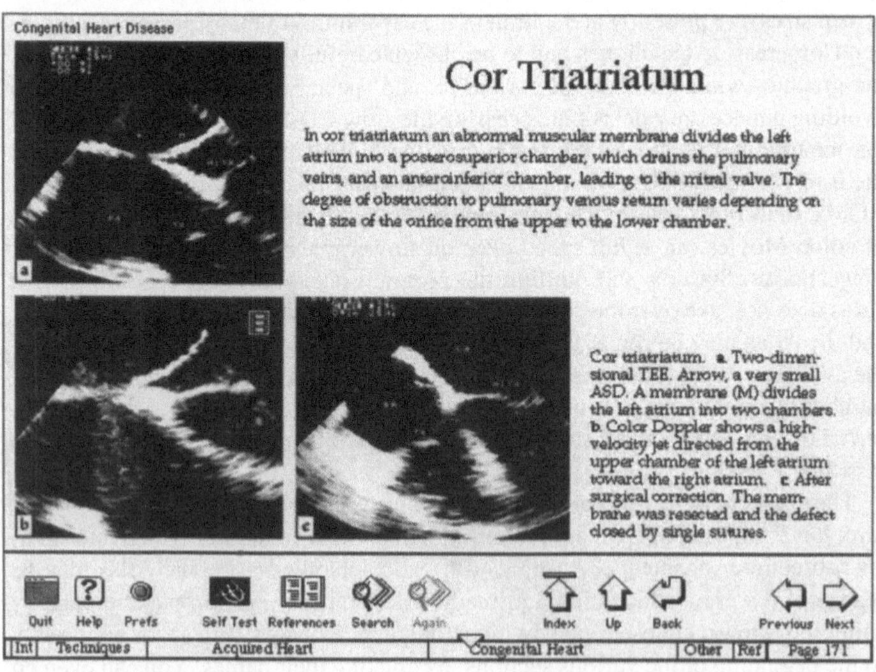

Fig. 2: A page of Atlas of TEE with text, figures and movies

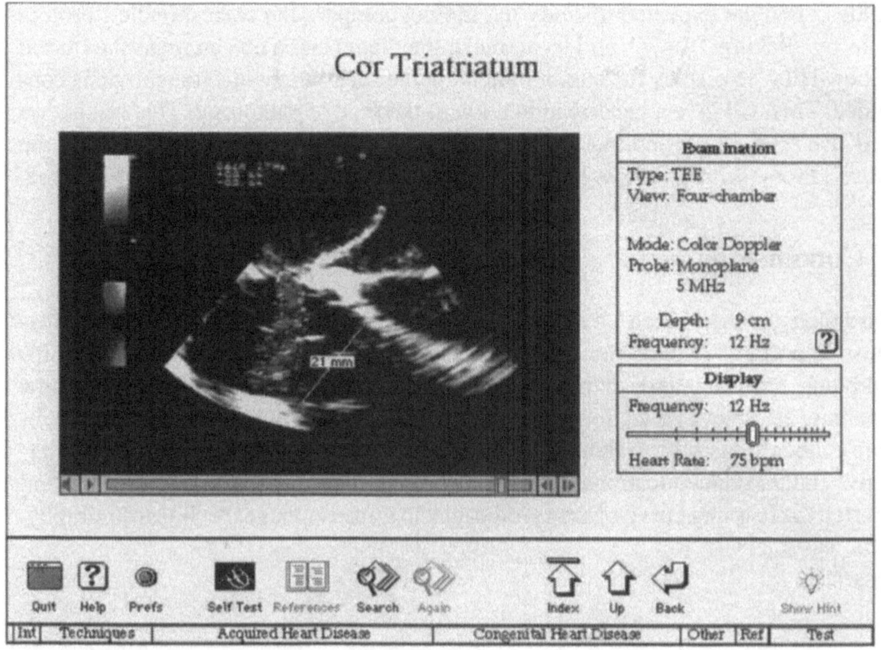

Fig. 3: A special page where the full size movies are displayed. It simulates the screen of an echo-cardiograph.

of the page. You can use the "Up" arrow to go to the beginning of the higher order subdivision, for example the chapter which includes the present topic. You can return to the previously visited page with the "Back" arrow.

Pages are composed of text, figures and, unlike a printed book, movies (Fig 2). Movies are identified by a small movie icon in the top-right corner. You can activate the movies by clicking them once, and stop them by clicking again. The pages of the Atlas have been edited so that only the central part of the movie is displayed. Double-click the movie to go to the page where the full size movie is displayed, together with the technical details of the original recording (Fig 3). Data such as type of recording, projection, type of probe and depth setting of the echocardiographic examinations are reported. Click them to see additional information. The movie may run at variable speed, corresponding to heart rates between 30 and 120 beats per min., by using the cursor in the bottom right of the page. Click the movie to stop it and look at the single frames. Length measurements may be done by dragging the mouse over the stopped movie frames. By pressing the button "Self Test" a movie is picked at random and is displayed in a page similar to the movie page described above. All functions are available, but the title of the movie indicating the diagnosis is not displayed and the triangular cursor at the bottom is also hidden. You are expected to study the movie, compare the corresponding projections by clicking "View", and try to make the diagnosis. You can press the button "Show Hint" to display the cursor indicating the section in which the movie is contained. This will give a generic indication of the type of pathology. This last action will also reveal a new button, "Show Diagnosis". Press it to display the title of the movie. Press the "Up" arrow button to go to the page where the movie is described.

4 Conclusions

Cardiology is the branch of medicine in which the visualization of movement is most important. Digital movies technology provided the ideal application for studying, teaching and reviewing echocardiographic examinations. This new teaching/ learning application allows the cardiologist to quickly review and compare echocardiographic examinations and represents the first example of an interactive multimedia educational tool in cardiology that may markedly improve and shorten the learning curve of the cardiologist in transesophageal echocardiography.

Laennec CD-ROM — a multimedia learning tool in medicine

R. Bonvin, Ph. Leuenberger
Pneumology Department of the University Hospital of Lausanne, Switzerland.

1. Summary:

Laennec CD-ROM is a multimedia CBT program on the clinical examination of the lung. It is aimed at medical students in clinical years to learn the basics, as well as at the young resident who wishes to refreshen up his knowledge on the subject. Designed as a self-learning tool, this software is also well suited as an illustration source for a lecture on the subject (audio, videos, animation, graphics). The hybrid CD-ROM (HFS/ISO 9660) is bilingual and includes both French and German versions.
The program was awarded for the best contribution in the category of Multimedia Software at the European Academic Software Award 94.

2. Description of Laennec CD-ROM:

Laennec CD-ROM is designed for users without any computer skills. Much attention was put into the graphical user-interface to help students find the needed information without getting lost in "hyper-space". It gives a number of visual clues for the orientation within the whole content. Every graphic, picture, sound and video sequence was specially created for this program.
Laennec CD-ROM is made up of three main modules:

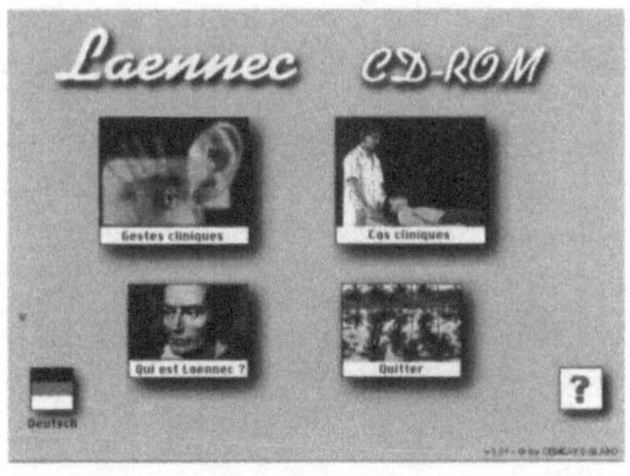

2.1. The first module is a tutorial on the clinical examination of the lung. Using text graphics, animation and sounds, the program explains in detail the different steps necessary for such an examination. The tutorial is organized in four parts: inspection, palpation, percussion, auscultation. Each of them remains accessible by buttons that are active during the whole module, hence giving the possibility to navigate freely among the different parts. Clicking one of the four buttons

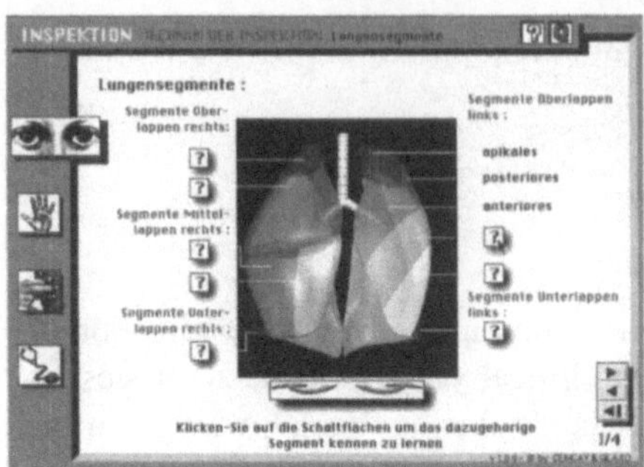
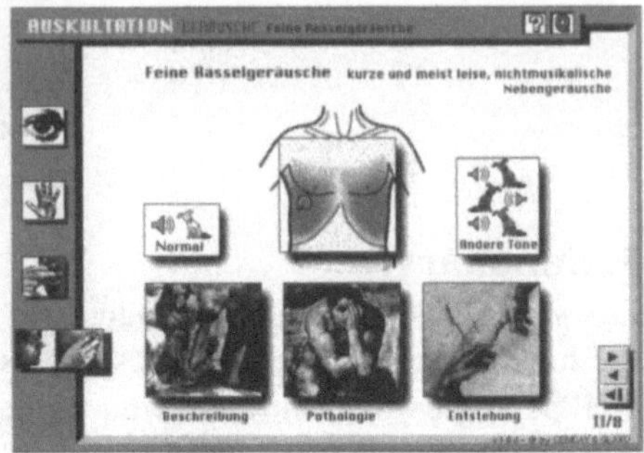

gives you a hierarchical list of the different chapters, sub-chapters and pages available. Within each page, the student can flip to the next or previous page of the sub-chapter or jump back to the content list. Instead of browsing through the pages you can access the information through an index of over 100 keywords. Pointing and clicking on a keyword makes the program jump directly to the page where the keyword is used.

2.2. The second module consists of a certain number of patients who can be examined in successive steps. Its aim is to illustrate a systematic approach to the diagnosis process of a real patient. All patients presented are issued from the daily hospital practice and illustrate some of the most important lung diseases. For each of them, all the data presented (including medical history, auscultation, chest X-ray and CT, laboratory and treatments) are true data collected from the same patient during hospitalisation. The use of this material is made with the agreement of the patient and under a pseudonym. To view a case, the student has to go through three steps: the first one is taking the medical history, the

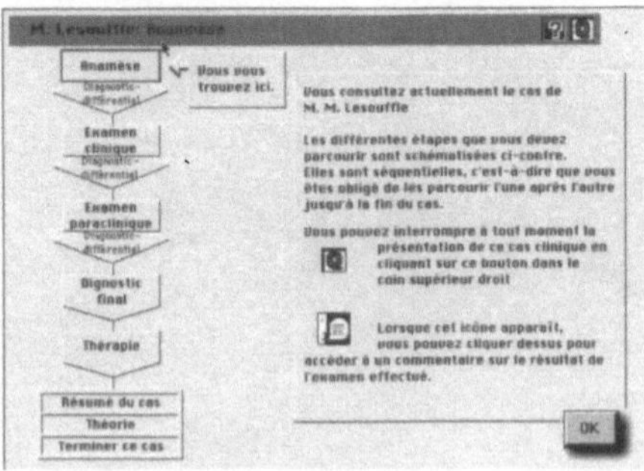

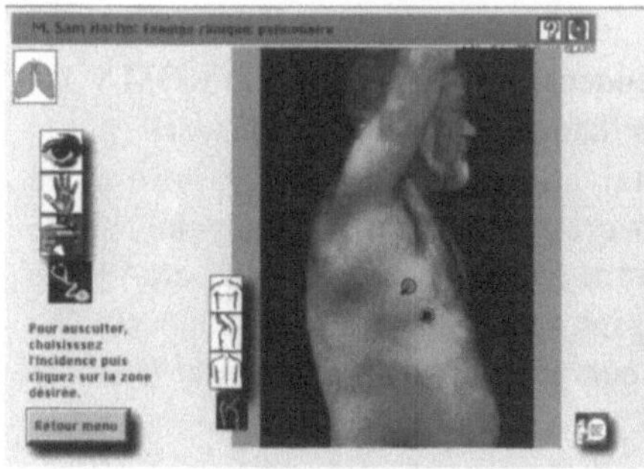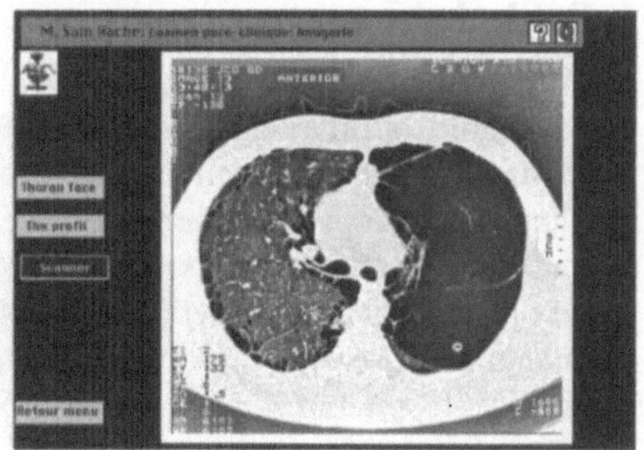

second is to perform a clinical examination centred on the lung (with a real auscultation), and the final one is to get the laboratory data and look at the relative radiological material (chest X-ray, Thorax CT). After each step the user has to enter a differential diagnosis based on the gathered informations. After the third step, the program asks the user to enter his final diagnosis and to suggests a treatment. At the end of a case, the user will find a summary of the presented pathology with some bibliographical references including Medline keywords to encourage further learning.

A second way to view a patient is to browse freely through the various parts of the case presentation. This represents an optimal solution for presenting, both, a patient and his pathology directly on screen.

2.3. The third module is a short biography of René Théophyle Hyacinthe Laennec, who was born 1781 and became famous for his invention of the stethoscope in 1816 and his clinical observation on lung auscultation as well as for the elaboration of the anatomo-clinical methodology in medicine.

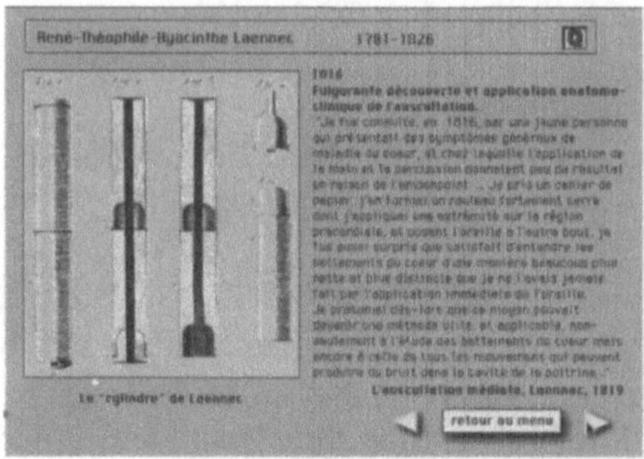

3. Behind the scene

3.1 The project *Laennec CD-ROM* was launched 1992 and the CD-ROM v 1.0 was available on July 94, taking a little less than three man-years of work.
After defining the content of the tutorial, the creation of the appropriate navigation concept and user interface were elaborated. During the whole project, the different aspects of the program (content, ease of use, etc.) were tested on students and residents in order to improve and refine the concept. The German translation was made under the supervision of Prof. Eric Russi from the University Hospital of Zurich, Switzerland.

3.2 The development team was composed of Prof. Philippe Leuenberger (author and scientific supervisor), Ms. Béatrice Boog (infography) and Dr. Raphaël Bonvin (author, user interface design, programmation, German translation, infography, sound and video takes).

3.3. Financial aspect: the project was supported by the Pneumology Departement of the University of Lausanne, the Audio-visual Center of the Medical Faculty of Lausanne and by Glaxo AG - Switzerland.

4. Technical aspects

4.1 The development of the program was done on a Macintosh Quadra 950 with Authorware Professional from Macromedia™ and then ported to the Windows platform. It uses QuickTime from Apple Computer™ for all the animation sequences.

4.2 The distribution medium for the software is a hybrid CD-ROM (MacOS - HFS and Windows - ISO 9660) containing both language: French and German representing a total of 440 MB of disk space. There is still enough room to hold a third language exploiting all the capabilities of the hybrid approach. The bilingual user's manual is enclosed as CD-booklet.

4.3 Minimal system requirements:
MacOS specifications: 16 MHz 68030 (Mac IIcx) with 4MB RAM, System 7.x with QuickTime 1.6.1 (for the animation), 640x480 - 8 bit colour output, CD-ROM player.
Windows specifications: 486 SX 25 MHz with 8 MB of RAM, Windows 3.1 with QuickTime for Windows 1.1 (for the animation) and three fonts installed, 22KHz-8bit sound card, 640x480 - 8 bit colour output, CD-ROM player. (QuickTime for Windows 1.1 and the three fonts are provided on the CD and can be installed with an installation program).
On a minimal system, *Laennec CD-ROM* can be run directly from the CD-ROM without any installation on the hard-disk. The software can also be run over a network (ethernet is highly recommended!).

Wieviel kostet Multimedia?

Wieviel kostet Multimedia?

Henry Steinhau
MACup Verlag GmbH
Redaktion Screen Multimedia
Redaktionsbüro Berlin
Brunnenstraße 181, 10119 Berlin

1 Wieviel kostet Multimedia?

Wissen Sie, wieviel Multimedia kostet? Nein, wir meinen jetzt nicht die Gebühren
für das Einwählen in einen multimedialen online-Dienst oder den Verkaufspreis
einer CD-ROM. Obwohl: letzterer ist durchaus eine Größe, die momentan gewisser Berechenbarkeit entbehrt. Aber wenn wir uns darauf einigen, daß CD-ROMs
eben zwischen 10 Mark und 400 Mark kosten, ist der Preis für Multimedia – aus
Sicht des vielzitierten Endverbrauchers – bekannt. Da wir Sie aber ansprechen als
jemanden, den nicht nur die Konsumtion, sondern vielmehr die Produktion von
Multimedia interessiert, fragen wir nach den Kosten für die Herstellung, von der
Idee bis zum Produkt. Wieviel kostet Multimedia?

Zugegeben, die Frage ist etwas zu ungenau gestellt. Multimedia ist ja nicht
gleich Multimedia. Interaktive, computergestützte Kommunikationslösungen finden vielmehr Anwendung in den unterschiedlichsten Bereichen, wie Marketing
und Werbung, Aus- und Weiterbildung, Unterhaltung und Spiel, und haben dementsprechend unterschiedliche Gesichter: hier ein alleinstehendes Infoterminal,
dort ein auf PC-Disketten gespeichertes Werbespiel, hier eine komplexe CBT-
Installation, dort eine Lexikon-CD-ROM. Hier wollen wir es – auch wenn natürlich jedes Projekt individuell und jede Kalkulation einzigartig ist– ebenso genau
wie allgemeingültig, sprich im Durchschnitt wissen.

Wir fragen also: Wieviel kostet Multimedia im Allgemeinen, und wieviel im
Speziellen?

1.1 Kosten der Multimedia-Produktion im Allgemeinen

Multimedia, also die Produktion interaktiver, computergestützter Kommuni-
kationslösungen, ist das Metier einer speziellen Branche. Obgleich eine Reihe von
Firmen bereits in den Siebziger Jahren als Dienstleister im Bereich sogenannter
AV-Medien oder technisch gestützter Lernumgebungen arbeiteten, formte sich ein
Profil des Multimedia-Produktionshauses erst im Laufe der letzten fünf Jahre
heraus. Heute umfaßt die Branche im deutschsprachigen Raum rund 350 bis 400
Firmen, je nachdem, ob man bestimmte Unternehmen, wie etwa ein Videostudio,
das CD-i-Produktionen zuarbeitet, oder freiberufliche Grafikdesigner, die Layouts

für CD-ROMs erstellen, hinzurechnet oder nicht. Dieser Branche fühlte die Zeitschrift screen Multimedia im Frühjahr 1995 mit einer Umfrage auf den Zahn. Die Auswertung erfolgte auf Grundlage einer Anzahl von rund 5 Prozent aller Firmen, welche zudem einen repräsentativen Querschnitt der Branche darstellen (screen Multimedia, Ausgabe 6/1995).

Die Umfrage zeigt, daß sich Multimediaprojekte grob in zwei große Gruppen aufteilen: entweder große Projekte zwischen 100.000 und 400.000 Mark Budget, oder kleine Projekte zwischen 10.000 und 50.000 Mark. Alle anderen Budgetgrößen sind als Randbereiche zu betrachten, insbesondere solche diesseits der 10.000 beziehungsweise jenseits der 1 Millionen Mark. Beim Bereich „kleine Projekte" gilt zu bedenken, daß viele Firmen auch Teilbereiche einer Multimedia-Produktion als Zuarbeit anbieten, etwa Screendesign oder Synchronisation/Vertonung, was dann für die Firma als eigenständiges Projekt geführt wird, womit aber eben nicht das Gesamtbudget dieses Projekts beziffert ist.

In Anbetracht der Ergebnisse, daß 91 Prozent aller Producer CD-ROMs und 77 Prozent Terminals produzieren, also umfangreiche, komplexe Anwendungen – zeigen sich jedoch, im Vergleich zu den Jahren davor, zwei deutliche Trends: Erstens zum Produktionshaus mit Full Service beziehungsweise kompletter Abwicklung eines Auftrags, sowie zu umfangreichen Projekten im Bereich 100.000 bis 500.000 Mark Budget. Daraus läßt sich schließen, daß sich der Großteil der Multimedia-Firmen konsolidiert oder etabliert sowie Größe und Struktur gefunden hat und sich auf lukrative Aufträge konzentriert, die langfristiges Planen, Handeln und Wirtschaften sichern. Oder andersherum gesprochen: die Zeit des Aufbruchs und der Gründungen, des Experimentierens und Pionierens ist vorbei, Multimedia-Produktion ist eine richtige Branche.

1.2 Kosten der Multimedia-Produktion im Speziellen

Wichtigster Kostenfaktor bei Multimedia-Vorhaben sind die „Human Resources", also die ausführenden Fachleute. Mit den beteiligten Spezialisten steht und fällt das Projekt. screen Multimedia erfragte, welche Stunden-Honorare die einzelnen Fachleute bekommen beziehungsweise mit welchen Sätzen sie bestimmte Dienstleistungen berechnen. Die Angaben beziffern, bei wieviel Prozent der befragten Unternehmen der entsprechende Stundensatz für die jeweilige Dienstleistung berechnet wird.

    Videoediting
      50 bis 100 DM pro Stunde 5 %
      100 bis 150 DM pro Stunde 45%
      150 bis 200 DM pro Stunde 30%
      200 bis 250 DM pro Stunde 20%
    Screendesign
      100 bis 150 DM pro Stunde 33%
      150 bis 200 DM pro Stunde 57%
      200 bis 250 DM pro Stunde 10%

Projektmanagement
100 bis 150 DM pro Stunde 15%
150 bis 200 DM pro Stunde 60%
200 bis 250 DM pro Stunde 25%
Konzeption
100 bis 150 DM pro Stunde 23%
150 bis 200 DM pro Stunde 50%
200 bis 250 DM pro Stunde 27%
Audioediting
50 bis 100 DM pro Stunde   11%
100 bis 150 DM pro Stunde 57%
150 bis 200 DM pro Stunde 21%
200 bis 250 DM pro Stunde 11%
Programmierung
100 bis 150 DM pro Stunde 20%
150 bis 200 DM pro Stunde 55%
200 bis 250 DM pro Stunde 15%
> 250 DM pro Stunde   10%
Authoring
100 bis 150 DM pro Stunde 20%
150 bis 200 DM pro Stunde 60%
200 bis 250 DM pro Stunde 20%
Scanning/Digitizing
50 bis 100 DM pro Stunde   35%
100 bis 150 DM pro Stunde 35%
150 bis 200 DM pro Stunde 30%
Consulting
100 bis 150 DM pro Stunde 5%
150 bis 200 DM pro Stunde 47%
200 bis 250 DM pro Stunde 43%
> 250 DM pro Stunde   5%
3D-Grafik/3D-Animation
100 bis 150 DM pro Stunde 14%
150 bis 200 DM pro Stunde 36%
200 bis 250 DM pro Stunde 36%
> 250 DM pro Stunde   14% (auf SGI-Workstations).

Ganz wichtig in diesem Zusammenhang ist gewiß die Projektdauer. Meist wird
ja ein bestimmter Veröffentlichungstermin angepeilt, der dann unter allen Umständen gehalten werden soll. Diese Vorgehensweise führt oft dazu, daß der personelle
Aufwand erhöht werden muß, um das Pensum "just in time" zu schaffen. Ist die
Deadline nicht festgelegt, besteht die Gefahr, daß die eingesetzten Leute den Zeit-
und damit Kostenrahmen sprengen. Hier sind also genaue Festlegungen gefordert,
die im Sinne von Qualität und Anspruch nicht dogmatisch, aber autoritär zu ver-

stehen sind. Die screen Multimedia-Umfrage ergab, daß große Projekte in der Regel drei bis sechs, manchmal auch neun Monate dauern, selten darüber. Kleine Projekte sind meist auf einen bis drei Monate Dauer begrenzt.

Nicht zu vernachlässigen sind im Rahmen einer Projektkalkulation selbstverständlich die Betriebs- und Amortisationskosten für die beim Multimedia-Produktionshaus eingesetzte Hardware und Software. Je nachdem, welche Ausrichtung ein Dienstleister seinem Unternehmen gibt, sind unterschiedliche Grundinvestitionen erforderlich. Legen Sie beispielsweise ein besonderes Gewicht auf digitale Videoproduktion und -bearbeitung, sind spezielle Geräte einzukaufen, ebenso wie für anspruchsvolle 3D-Grafiken und -Animationen. Hiervon hängen die Einstiegskosten in Sachen Hardware ab. screen Multimedia stellte im Rahmen einer Titelgeschichte (Ausgabe 11/1994) Beispielrechnungen für drei verschiedene Konfigurationen eines Multimedia-Produktionsstudios auf. Während die so bezeichnete Basiskonfiguration etwa 30.000 bis 35.000 Mark kostet, erfordert eine Standardkonfiguration Ausgaben in Höhe von rund 80.000 Mark. Für eine Full-Service-Aussrüstung müssen zirka 380.000 Mark berappt werden. Jeder weitere Multimedia-Arbeitsplatz kostet in der Regel zwischen 20.000 und 25.000 Mark (Basis-/Standardkonfiguration) beziehungsweise bis zu 100.000 (Full-Service). Über diese Summen müssen sich Producer und Auftraggeber im Klaren sein, insbesondere wenn es darum geht, ein Projekt dynamisch zu gestalten und während des Ablaufs Neuerungen einzuführen, die den Personalaufwand erhöhen und/oder Anschaffungen neuer Produktionsmittel erfordern. Dann muß zwangsläufig das Auftragsvolumen neu berechnet werden.

1.3 Beispielprojekt: Verkaufsförderung bei Villeroy & Boch (K/Plex, Berlin)

Das im folgenden skizzierte Multimedia-Projekt soll als Fallbeispiel Anhaltspunkte für eine Kalkulation geben (screen Multimedia, Ausgabe 9/1994). Es handelt sich um eine Lösung für ein Informationsterminal für den Fliesen- und Sanitärmöbelhersteller Villeroy & Boch. Für das beauftragte Produktionshaus K/Plex aus Berlin brachte es eine Art Durchbruch in den Multimediamarkt. Es ist von seinem Grundcharakter her ein typisches Projekt im Bereich Verkaufsunterstützung am POI/POS(Point of Information/Point of Sale), es enthält alle Merkmale einer auf den Kunden zugeschnittenen Anwendung und steht von seinem Ablauf her stellvertretend für ein großes, komplexes Multimediaprojekt modernen Zuschnitts.

1.3.1 Wie es dazu kam

Für K/Plex, ein 1990 gegründetes Unternehmen, welches sich vornahm, die drei Disziplinen und Geschäftsbereiche Architektur, Grafikdesign und Digitale Medien synergetisch zu verbinden und integrierte Kommunikationskonzepte zu entwickeln, ergab sich der Einsatz interaktiver, computergestützter Systeme mit den Anforderungen einzelner Projekte. So nutzten die Berliner den Computer zunächst als Steuereinheit für ein ausgeklügeltes Diapräsentationssystem im Endverbrauchereinsatz. Die mechanisch aufwendige Steuerung der Projektion führte zu hausinternen Forschungen. Dabei interessierte sich K/Plex besonders für solche Branchen, in denen die Präsentation von Produkten durch die Vielfalt der Muster, Materialien und Texturen für das Design der Verkaufsflächen erhebliche Probleme aufwirft, wie zum Beispiel einen intensiven Flächenbedarf. Ergebnis dieser Forschung war die K/Plex Mapping-Technologie, die schnell und mit hoher optischer Brillianz die Ausstattung von Räumen mit Teppichen, Stoffen, Bodenbelägen, Möbelfronten und Fliesen simuliert. Etwa drei Monate arbeitete K/Plex an einem Demoprogramm, das es dem Sanitärmöbel- und Fliesenanbieter Villeroy & Boch vorstellte. „Die Manager dort sind sehr schnell auf die Multimedia-Idee angesprungen" sagen die Berliner. Die Aussicht, mit diesem System ein vielfältiges Fliesensortiment realistisch zu präsentieren und damit den Kunden eine aktive Entscheidungshilfe anbieten zu können, hätte die Entscheidungsträger bei Villeroy & Boch überzeugt, in das System zu investieren. Das Unternehmen gab POS-Terminals in Auftrag und sicherte sich zudem die Nutzung der K/Plex-Mapping-Technologie für den Fliesenbereich mit Exklusivrechten.

1.3.2 Wer es abwickelte

Das Villeroy & Boch-Projektteam setzte sich aus insgesamt 11 Leuten zusammen.
Bei K/Plex:
- Projektmanager/Projektleiter,
- Art Direction,
- Screendesigner,
- Programmierer,
- Scan Operator,
- EBV-Spezialist.

Bei Villeroy & Boch:
- Projektleiter,
- Innenarchitekt,
- Grafiker,
- Übersetzer (für europaweiten Einsatz des Systems),
- Fotograf (Villeroy & Boch-eigenes Fotostudio).

Das Knowhow für die Abwicklung eines Multimediaprojekts erarbeitete sich das K/Plex-Team, abgesehen von den im Studium erlernten Fähigkeiten, wie Grafikdesign oder Programmierung, durch „learning by doing" selbst; neuen Mitarbeitern vermittelte es die Kenntnisse während der Durchführung.

1.3.3 Die Phasen des Projekts

- Ideenpräsentation bei Villeroy & Boch,
- Auftrag zur Entwicklung eines Prototyp-Programms,
- Akzeptanztest,
- Beauftragung Gesamtkonzept,
- Spezifizierung des Anforderungsprofils,
- Feinkonzeption,
- Produktion: regelmäßige Zwischenpräsentationen,

- Auslieferung Version 1 (ein Raum, 30 Fliesen, 50 installierte Systeme),
- Kontrolle und Definition der weiteren Projektphasen.

Das etablierte Unternehmen Villeroy & Boch erwies sich dabei als professioneller Kooperationspartner. „Es gab einen knallharten Zeitplan, den sie minutiös eingehalten haben", so Stimmen von Projektmitarbeitern. Die Projektmanager der beiden Unternehemen trafen sich mindestens einmal wöchentlich und übernahmen auch das Controlling. Der Zeitraum vom ersten Kostenvoranschlag bis zur finalen Präsentation betrug ziemlich genau neun Monate.

1.3.4. Kosten, Aufwand und Werkzeuge

Die Projektkosten beliefen sich auf insgesamt 250.000 Mark, wobei sich diese Summe in einzelne Posten unterteilte.

Ein gut funktionierendes Netzwerk beurteilen die K/Plex-Geschäftsführer als das wichtigste Werkzeug für die Multimedia-Produktion. Das habe sich beim Villeroy & Boch-Vorhaben gezeigt, wo die 6 internen Mitarbeiter in einem gemischten EtherNet-Verbund arbeiteten, mit einer Sun Workstation als Server und der Software Helios EtherShare als Bindeglied zwischen den einzelnen Stationen. Eine wichtige Rolle spielte der CD-Recorder, mit dem K/Plex vorführreife Zwischenversionen anfertigte, um sie von den Entscheidern bei Villeroy & Boch begutachten zu lassen.

Die Entwicklung fand im wesentlichen auf DOS-Rechnern statt, nur das screendesign entstand am Macintosh. Dies begründete sich zum einen in der größeren Verbreitung von IBM-kompatiblen Rechnern und zum anderen mit den geringeren Kosten, die für den Kunden pro Installation eines Terminals entstehen. Projektgefährdend hätten sich manchmal die Rechenzeiten ausgewirkt, wenn der Computer mehrere Stunden an den hochaufgelösten Bildern renderte.

Wichtigste Software des Projekts war die von K/Plex selbst entwicklte Mapping-Technologie, sie macht rund 50 Prozent aller eingesetzten Programme aus.K/Plex konnte sie nur durch den Umsatz aus anderen Projekten finanzieren. Seine Anschaffungskosten an Hard- und Software – bezogen auf die Arbeit für das Villeroy & Boch-Projekt – beziffert das Multimedia-Haus auf rund 150.000 bis 200.000 Mark.

1.4 Fazit

Am Reißbrett läßt sich kein Multimedia-Projekt berechnen. Es kommt auf zu viele Faktoren an, die sich nur anhand konkreter inhaltlicher Briefings, Exposés und Konzepte erfassen und in eine Berechnungsformel überführen lassen. Wer sich aber dennoch im Vorfeld eines Akquisitions-, Verkaufs- oder Verhandlungsgespräches konkrete Preisvorstellungen erarbeiten will, möge sich an den genannten Werten orientieren. Zumindest grobe Preisbereiche, wie „unter 100.000" oder „rund 400.000" sollten sich ermitteln lassen. Sie sollten bei Ihren Budgetierungen oder Kostenvoranschlägen jedoch am besten wie ein Schneider vorgehen: Nur nicht zu knapp bemessen; kürzen geht immer, annähen meist nicht.

Appendix

BRIGITTE BALDI,
Jahrgang 1965, studierte Informatik mit Nebenfach Betriebswirtschaftslehre an der Universität Karlsruhe. Nach einer Tätigkeit in der Telekommunikationsbranche ist sie nunmehr Senior Consultant bei der KPMG Unternehmensberatung GmbH in Frankfurt.

HEINZ BIBO,
Jahrgang 1927, ist seit 1955 freier Produzent für Dokumentarfilme für ARD und ZDF. 1967 begann er bei Bibo Film KG mit der Produktion von Fernsehserien, Werbung, Image-Programmen und Aus- und Weiterbildung. Die erste digitale High-Resolution-Film-Compositing Trickanlage TOCCATA bis zur 8000 Zeilenauflösung wurde 1988 entwickelt und 1992 offiziell vorgestellt und in Betrieb genommen. Seit 1993 ist das MATADOR Compositingsystem mit einer Auflösung von 625 bis 16.000 Zeilen im Einsatz. Dieses System verbindet die Möglichkeiten des Flash Harry/Henry mit Paintsystem 3D und 2D-Animation. Auf Onyx mit acht Prozessoren für 3-D-Rendering ist TOCCATA ist seit 1994 im Einsatz.

ROLAND BICKMANN,
Jahrgang 1955, studierte Rechtswissenschaften in Heidelberg und Mannheim. Berufserfahrungen sammelte er als Verkaufsleiter in der Automobilbranche und als Geschäftsführer eines Systemhauses. Seit 1987 ist als Unternehmensberater tätig, gleichzeitig Inhaber der Unternehmensberatung Bickmann & Collegen in Hamburg und geschäftsführender Gesellschafter der Gesellschaft Culture & Identity mit Sitz in Mannheim und Hamburg. Seine Tätigkeitsschwerpunkte sind Corporate Identity und Corporate Culture im Bereich ganzheitlicher Unternehmensentwicklung.

JENS BODENKAMP,
Jahrgang 1950, studierte Physik an den Universitäten in Hamburg und Karlsruhe, wo er dann auch promovierte. Nach einer Tätigkeit als Systemingenieur bei der Firma Intel wurde er Manager der „Advanced Human Interface Architecture" Gruppe bei den Intel's Architecture Laboratories in USA. Seit seiner Rückkehr nach Europa ist er Direktor für „Corporate Business Development" bei der Firma Intel. Seine Aufgabenschwerpunkte liegen im Bereich, neue Initiativen zu schaffen, um interaktive multimediale Dienste an den Verbraucher im Hause und die Geschäftswelt zu bringen.

Raphaël Bonvin,

Jahrgang 1967, studierte Medizin und promovierte an der Universität in Lausanne. Berufserfahrung sammelte er während seiner Arbeit an der *Laennec* CD-ROM, einem medizinischen CBT-Programm, und während der Entwicklung einer Multimedia Software für Offiziere der Medizin der Schweizer Armee. Zur Zeit ist er Assistenzarzt in der Abteilung Innere Medizin der Universitätsklinik in Lausanne.

Michael A. Braun

hat ein Studium an der Universität von Rochester absolviert. Er war Direktor der Multimediaabteilung der IBM Corp. und verantwortlich für die weltweite Koordination des Marketings von Multimedia- und Produktentwicklung. Während seiner 20jährigen Tätigkeit bei der IBM sammelte er Erfahrungen auf dem Gebiet der Großrechner und Personal Computer. Ferner hat er unter anderen Positionen im Verkauf und Marketing, in der Produktplanung und -entwicklung inne. Er ist Präsident des Direktorenboards der Interactive Multimedia Association (IMA).

Hubert Dietrich Burda,

Jahrgang 1940, studierte Kunstgeschichte, Archäologie und Soziologie und promovierte an der Universität in München. Journalistische und Marketing-erfahrungen sammelte er bei amerikanischen Verlagen und im väterlichen Unternehmen. 1966 trat er als Verlagsleiter in den Burda Verlag ein, übernahm die Leitung des Anzeigenbereichs und sechs Jahre später zusätzlich den Bereich Vertrieb und Werbung. Geschäftsführender Gesellschafter der Burda GmbH wurde er 1973. Seit 1986 ist er Verleger und seit 1987 alleiniger Gesellschafter der Burda GmbH in München. Sämtliche Aktivitäten seiner Unternehmensgruppe steuert er seit 1990. Er ist Herausgeber zahlreicher Zeitschriften und Zeitungen, sowie seit 1993 auch eines wöchentlichen Nachrichtenmagazins.

Jeffrey Diamond,

Jahrgang 1960, ist Mitbegründer und Geschäftsführer der MediaFusion Inc. und ein Direktor der MediaFusion Ltd. Partnership. Berufserfahrung sammelte er bei verschiedenen Multimedia und 3D Attraktionen bei der Kleiser-Walczak Construction Company. Ferner war er acht Jahre technischer Direktor der Los Angeles Music Center Opera Company und leitete die technische Koordination in Zusammenarbeit mit den Universal Studios für Attraktionen in Freizeitparks.

Dennis Dingeldein,
Jahrgang 1963, studierte Informatik an der Technischen Hochschule in Darmstadt. Seit 1991 ist er Mitarbeiter der Abteilung „Graphische Benutzeroberflächen und ihre Anwendungen" im Zentrum für Graphische Datenverarbeitung e. V. in Darmstadt. Er arbeitet an der Entwicklung multimedialer Basissysteme und hat mehrere Projekte im WWW Kontext durchgeführt. Er ist ACM Mitglied seit 1991 und arbeitet in der GI-Fachgruppe „Ergonomie und Informatik" mit.

Wolfgang Dreyer,

Jahrgang 1944, studierte an der Akademie für Marketing und Kommunikation in Frankfurt. Als ausgebildeter Werbekaufmann war er Berater in leitender Funktion bei internationalen Werbeagenturen. 1985 gründete er die Dreyer + Partner GmbH Werbeagentur und hat unter anderen Kellogg's und Ruhrglas als Kunden. 1994 gründete er dann die NADS GmbH-Advertising on Nets in Dortmund/Düsseldorf und betreut z. B. das Ministerium für Wirtschaft, Mittelstand und Technologie Nordrhein-Westfalens, die Europäische Union, Rank Xerox und die Deutsche Telekom.

José Luis Encarnação,

Jahrgang 1941, studierte Elektrotechnik und promovierte an der Technischen Universität in Berlin. Er ist Professor für Informatik an der Technischen Hochschule in Darmstadt, ferner ist er Leiter des Fachgebiets Graphisch-Interaktive Systeme, des Fraunhofer-Instituts für Graphische Datenverarbeitung und Vorstandsvorsitzender des Zentrums für Graphische Datenverarbeitung e.V. in Darmstadt. Außerdem ist er international tätig als Berater verschiedener Regierungen, der Industrie, der Wirtschaft und der UNIDO tätig. Er vertritt die Bundesrepublik Deutschland im Technischen Ausschuß für Computer in Industry der IFIP (International Federation for Information Processing) und leitet seit 1987 die Fachgruppe Computer Graphics.

Erhard Engelmann
Jahrgang 1954, studierte Konstruktiven Ingenieurbau an der Technischen Universität Berlin. Nach einer Zeit als wissenschaftlicher Assistent am Lehrstuhl für allgemeine Bauingenieurmethoden der TU Berlin leitete er das Rechenzentrum für Ingenieure an der TUB. Danach war er 5 Jahre für die seitec Systemtechnik Berlin verantwortlich für CAD-Entwicklungsprojekte im Bereich CAD-Mechanik und Kartographie. Vor 5 Jahren kam er zu Bertelsmann und war Abteilungsleiter Electronic Publishing in der Zentralen Informationsverarbeitung. Zur Zeit ist er Koordinator für Multimedia-Aktivitäten bei Bertelsmann.

Jahrgang 1955, studierte Informatik an der Universität in Berlin. Im Bereich der Entwicklung von Multiprozessorsystemen zur Bildverarbeitung, ISDN Endgeräten und elektronischen Dokumentenarchiven sammelte er Berufserfahrungen. Seit 1991 koordiniert er verantwortlich Forschungsprojekte und leitet die Abteilung für Bürokommunikation/Anwendungsprojekte bei der DeTe Berkom GmbH in Berlin.

Jahrgang 1941, studierte und promovierte in München. Er ist auf dem Gebiet der Medienberatung und -entwicklung tätig. Er hat Berufserfahrung auf dem Gebiet der Programmierten Unterweisung und des computerunterstützten Unterrichts. Er entwickelte zahlreiche Lern- und interaktive Videoprogramme. In verschiedenen Forschungsgebieten, wie Diagnose und Prävention von Lernproblemen Erwachsener und Förderung des Problemlöseverhaltens, war er tätig und begleitete mehrere Modellversuche wissenschaftlich.

Jahrgang 1965, kam über eine Orthopädieschuhmacherausbildung zum Film als Fotoassistent. Als Mitbegründer der cult film tv sammelte er bei verschiedenen Filmprojekten Berufserfahrung, um dann als selbständiger Fotograf im Bereich Mode und Werbung tätig zu sein. Er erarbeite Filmkonzepte für Verlage und war Autor für Sendungen des Bayrischen Rundfunks. Als Producerassistent war er für die Lintas Werbeagentur in Hamburg tätig und gründete 1992 die Arbeitsgemeinschaft multiversum, die sich mit Neuen Medien beschäftigt. Seit 1994 ist er Gesellschafter der multiversum media lab gmbh in Hamburg.

Jahrgang 1950, ist geschäftsführender Gesellschafter der Carl Heymanns Verlag KG in Köln. Er beschäftigt sich mit Fragen der Veränderung im Publikationsprozeß. Sein besonderes Engagement gilt seit Ende der achtziger Jahre den Fragen im Verlagswesen, die sich mit der Entwicklung elektronischer Publikationen beschäftigen. Er ist Vorsitzender der Verlegervereinigung Rechtsinformatik e. V., ferner ist er Sprecher des Arbeitskreises Elektronisches Publizieren im Börsenverein des Deutschen Buchhandels e. V., und er leitet die Arbeitsgruppe Elektronische Fachinformation. Im ständigen Dialog mit Wissenschaft und Bibliothekswesen verfolgt er das Thema elektronische Publikationen über das Brancheninteresse hinaus. Er ist Mitgründer und Vorstandsmitglied des Vereins Wissenstransfer e. V.

312

Jahrgang 1951, studierte Psychologie und Statistik an der Universität Konstanz und promovierte 1981 in Psychologie an der Technischen Universität Braunschweig. Er sammelte Lehr- und Forschungserfahrung an verschiedenen amerikanischen und europäischen Universitäten und Großforschungseinrichtungen. Seit 1989 arbeitet er als Professor für Kognitive und Pädagogische Psychologie an der Universität Gießen. Im selben Jahr gründete er die Forschungsgruppe *Entwicklung und Evaluation interaktiver Lern- und Informationssysteme,* die bis heute unter seiner Leitung in rund 30 Untersuchungen die Wirksamkeit elektronischer Medien untersucht hat. Unter anderem leitet er den Arbeitskreis *Hypermedia in der Aus- und Weiterbildung* der Gesellschaft für Informatik und die Special Interest Group *Comprehension of Verbal und Pictorial Information* der European Association for Research in Learning und Instruction.

Jahrgang 1961, studierte Angewandte Geographie mit Schwerpunkt Stadt- und Regionalplanung an der Universität Trier. Nach wissenschaftlicher Mitarbeit bei der HLT Gesellschaft für Forschung Planung Entwicklung mbH in Wiesbaden wechselte er 1991 in das HLT Regionalbüro Kassel, wo er die konzeptionelle Planung und Beratung des Modellprojektes des Landes Hessen—Tele-Servicecenter *Gelbes Haus Schotten* —übernommen hat.

Jahrgang 1950, studierte Kommunikationswissenschaft und promovierte in Linguistik an der Ruhr Universität in Bochum. Berufserfahrungen erwarb er am Lehrstuhl für Hör- und Sprachgeschädigtenpädagogik der Universität Köln. Seit 1987 ist er wissenschaftlich tätig am Institut für Angewandte Informationstechnik der GMD in Sankt Augustin. Das Projekt SCENE (Realisierung von medizinischen Enablingsystemen) leitet er seit 1992 verantwortlich bei der GMD.

Jahrgang 1962, studierte Sozialpädagogik und Psychologie an den Universitäten Frankfurt und Marburg. Seit 1990 arbeitet sie als wissenschaftliche Mitarbeiterin an der Universität Gießen. Anfang 1995 promovierte sie in Psychologie an der Universität Marburg mit einer Arbeit zum Lernen mit elektronischen Medien. Sie hat maßgeblichen Anteil an den umfangreichen Forschungs- und Beratungsaktivitäten der Forschungsgruppe *Entwicklung und Evaluation interaktiver Lern- und Informationssysteme* am Fachbereich Psychologie der Universität Gießen.

Michael Van Himbergen,
Jahrgang 1953, ist Mitbegründer und Präsident der MediaFusion Inc. und ein Direktor der MediaFusion Ltd. Partnership. Berufserfahrung sammelte er bei verschiedenen Multimedia und 3D Attraktionen bei der Kleiser-Walczak Construction Company. Ferner war er verantwortlich für visuelle Effekte in Fernsehserien des PBS-Fernsehens und der Boss-Film Corp. Außerdem koordinierte er die Effektshows unter anderen für Michael Jacksons Musikvideo Black or White und für die Serien The Paperchase — The second year des 20th Century Fox Television.

Karl Heinz Höhne,
Jahrgang 1937, studierte Physik in Genf und Würzburg, promovierte in Physik und habilitierte im Fach Informatik in der Medizin an der Universität in Hamburg. Im Fachbereich Medizin der Universität Hamburg hat er eine C4-Professur und ist Direktor der Abteilung Informatik in der Medizin. Forschungserfahrungen sammelte er im IBM Palo Alto Scientific Center in Palo Alto, seine derzeitigen Forschungsschwerpunkte liegen im Bereich der Repräsentation und Visualisierung räumlichen Wissens in der Medizin.

Michael E. Hümmer,
Jahrgang 1950, studierte Maschinenbau, Industrie-Design, Kommunikation und Kunstgeschichte in Köln, Braunschweig und Bonn. Berufserfahrungen sammelte er im Investitionsgüterbereich bei der Ford AG und bei der Leybold-Heraeus GmbH in Köln, sowie der Leybold AG in Hanau. Zur Zeit ist er Leiter der Unternehmensentwicklung/Werbung der Klöckner-Moeller GmbH in Bonn und Vorstandsmitglied im ZIM (Zentrum für Interaktive Medien) in Köln. Die Schwerpunkte seiner Tätigkeit liegen in der Entwicklung neuer digitaler Kommunikationsmedien für betriebliche Einsatzbereiche.

Anton Hünseler,
Jahrgang 1946, studierte nach seiner Ausbildung zum Fernmeldehandwerker Physik an der Universität Köln. Bei der Deutschen Bundespost in Düsseldorf war er Abteilungsleiter Netzplanung und Projektleiter BIGFON (Breitbandiges Integriertes Glasfaser Ortsnetz). Er war Referent für Forschung, Technische Systemplanung neue Dienste und Referent für Marktkommunikation im Bundesministerium für Post, Fernmeldewesen/Deutsche Bundespost Telekom. Seit 1994 ist er Bereichsleiter für „Strategie, Netze, Telekom-Angelegenheiten, PR" bei der DeTeBerkom GmbH.

314

HAGEN HULTZSCH,

Jahrgang 1940, studierte und promovierte in Physik an der Universität in Mainz. Nach einer Lehrtätigkeit im Bereich Informationstechnologie für Physiker on der Universität Mainz führten ihn seine beruflichen Stationen bei der Gesellschaft für Schwerionenforschung in Darmstadt und bei der Volkswagen AG in Wolfsburg zur Deutschen Telekom AG in Bonn, wo er seit 1993 Vorstandsmitglied ist.

PETER KABEL,

Jahrgang 1962, studierte Visuelle Kommunikation in Stuttgart. Als Mitbegründer ist er nun Geschäftsführer von Kabel New Media, einer Beratungs- und Entwicklungsagentur für neue Medien mit Sitz in Hamburg.

ARNOUD DE KEMP,

gebürtiger Niederländer, ist seit über 25 Jahren in der Verlagsbranche tätig. Seit 1984 gehört er als Verlagsdirektor dem wissenschaftlichen Springer-Verlag in Berlin/Heidelberg an, wo er im März 1992 den neu geschaffenen Bereich Corporate Development übernommen hat. Er war Vorsitzender von EUSIDIC — The European Association for Information Services (1990-1991), ist Mitglied des Board of Directors des IEPRC — International Electronic Publishing Research Centre, und seit 1990 Präsident der DGD — Deutsche Gesellschaft für Dokumentation e.V. Er ist Mitglied des STM Library Liaison Committee und seit der Frankfurter Buchmesse 1994 Vorsitzender des STM Innovations Committee. Arnoud de Kemp lehrt seit 1994 an der Fachhochschule für Bibliotheks- und Dokumentationswesen in Köln.

GERALD KNABE,

Jahrgang 1938, studierte und promovierte im Bereich Psychologie in Straßburg und Bonn. Nach Tätigkeiten als Berater einer kirchlichen Einrichtung und einer amerikanischer Unternehmensberatung ist er seit 1968 selbständiger Unternehmensberater für CBT-Projekte. Er baute in vielen deutschen Großunternehmen Führungskräfte-Entwicklungssysteme auf. Als geschäftsführender Gesellschafter der Firma Q-Team Dr. Knabe liegt der Schwerpunkt seiner Tätigkeit in der Entwicklung von computergestützten Informations- und Qualifikationssystemen.

Helmut Krcmar,

Jahrgang 1954, studierte Wirtschaftswissenschaften an der Universität Saarbrücken, arbeitete anschließend am IBM Los Angeles Scientific Center in LA und schließlich als Assistent Professor für Informationssysteme an der New York Universität. Seit 1987 begleitet er den Lehrstuhl für Wirtschaftsinformatik an der Universität Hohenheim. Seine Forschungsschwerpunkte sind Computer Aided Team, Informationsmanagement und Umweltinformationssysteme.

PETER KRIEG,

Jahrgang 1947, studierte Film an der Film und TV Akademie in Berlin. Seitdem ist er selbständiger Filmproduzent, Dokumentarfilmdirektor und Autor. Er gründete zwei Festspiele, „Ökomedia" in Freiburg und „interActiva" in Köln/Babelsberg, und entwickelte das erste „Interaktive Kino". Zur Zeit ist er technischer und Kunstdirektor des High Tech Center, das als vollkommen digitale und vernetzte Produktionseinheit neben den Babelsberger Film Studios gebaut wird.

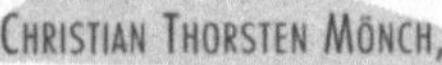

THOMAS MIDDELHOFF,

Jahrgang 1953, studierte Betriebswirtschaftslehre und promovierte in Münster. Berufserfahrungen sammelte er im Bereich der Informationstechnologien/Neue Medien. Er leitete die Abteilung Marketing/Vertrieb und baute ausländische Produktionsstätten für die Middelhoff GmbH auf. Nach verschiedenen Geschäftsführertätigkeiten ist er nun Vorstandsmitglied der Bertelsmann AG und verantwortlich für den Bereich Zentrale Unternehmensentwicklung und Informationsverarbeitung.

CHRISTIAN THORSTEN MÖNCH,

Jahrgang 1939, studierte nach seiner Ausbildung als Kaufmann an den Universitäten Heidelberg und Mannheim Vollks- und Betriebswirtschaftslehre. Nach Stationen in verschiedenen Industrieunternehmen erhielt er 1971 eine Professur für Betriebswirtschaftslehre an der FH Rheinland-Pfalz in Ludwigshafen/Worms. Von Anfang an förderte er durch Veröffentlichungen und Seminare die Entwicklung neuer Medien, insbesondere von Bildschirmtext. Schwerpunkt seiner Forschungsarbeiten ist die Entwicklung transnationaler tragfähiger Bildungskonzeptionen unter Einbeziehung neuer Medien.

RAIMUND MOLLENHAUER,
Jahrgang 1958, studierte Mathematik mit den Nebenfächern Chemie und Informatik an der Universität in Hannover. Berufserfahrungen sammelte er in der Hard- und Softwareindustrie. Seit 1993 ist er verantwortlich für das Marketing visueller Medien und den Einsatz von Multimedia-Technologie bei der SAP AG in Walldorf.

HANSPETER MOSER,
Jahrgang 1953, war nach seiner Lehre als Radio- und Fernsehelektroniker im Schulungsbereich viele Jahre im Ausland tätig. Zur Zeit ist er verantwortlich für die Weiterbildung der Flugverkehrsleiter bei der swisscontrol, schweizerische AG für Flugsicherung, in Bern. Seine Arbeitsschwerpunkte liegen im Bereich der Realisierung neuer Ausbildungsmethoden mit Einsatz von Multimedia, Computer Based Training und Skills-Training.

LUDWIG NASTANSKY
Jahrgang 1941, lehrte an den Universitäten in Saarbrücken, Paderborn, St. Gallen und Montréal Betriebswirtschaft und Wirtschaftsinformatik. Zur Zeit ist er Lehrstuhlinhaber für Wirtschaftsinformatik an der Universität in Paderborn. Seine derzeitigen Arbeitsgebiete liegen im Bereich Workgroup-Computing, Workflow-Systeme, Hypertext- und Multimedia-Systeme, Dokumentenmanagement, Archivierungssysteme, Kommunikationssysteme sowie Groupware-basierte Lehr- und Lernsysteme. Internationale Tätigkeiten übt er im Bereich des strategischen Einsatzes von innovativen Informations- und Kommunikationstechnologien in Unternehmen und Organisationen und bei Projekten des Technologietransfers. Ferner ergriff er die Initiative zur Gründung von Unternehmungen der IT-/IS-Branche.

HARALD NEIDHARDT,
Jahrgang 1966, studierte nach seiner Ausbildung als EDV Kaufmann im Bereich Marketing an der Kommunikationsakademie in Hamburg. In der Unternehmensgruppe PRISMA in Hamburg sammelte er Berufserfahrungen auf dem Gebiet Marketing Communications und ist seit 1993 Geschäftsführer der Digital World Publishing GmbH in Hamburg.

Mike Röttgen,

Jahrgang 1962, studierte nach seiner Ausbildung als Schriftsetzer Mathematik und Informatik in Berlin. Berufserfahrungen sammelte er bei der Softwareentwicklung für Fotosatzmaschinen und bei der Entwicklung eines Redaktionssystems für den Bertelsmann Lexikon Verlag. Nach seiner Tätigkeit als Berater für Verlage im Bereich Electronic Publishing ist er seit 1994 Leiter der Abteilung Electronic Publishing der Bertelsmann Fachinformation.

Gerhard Rossbach,

Jahrgang 1950, ist Diplom-Informatiker und seit 16 Jahren im Verlagsgeschäft, davon 5 Jahren in USA. Er ist geschäftsführender Gesellschafter von dpunkt – Verlag für digitale Technologie GmbH, sowie Initiator und Beiratsvorsitzender des „Deutschen Multimediakongresses". Im Internet ist GR zu erreichen unter rossbach@dpunkt.de.

Jürgen Rüttgers,

Jahrgang 1951, studierte Rechtswissenschaften und Geschichte und promovierte in den Rechtswissenschaften an der Universität in Köln. Er war Referent beim Städte- und Gemeindebund Nordrhein-Westfalen und Erster Beigeordneter der Stadt Pulheim für Stadtentwicklung, Finanzen und Umweltschutz. Seit 1987 ist der Mitglied des Deutschen Bundestages, seit 1993 stellvertretender Landesvorsitzender der CDU Nordrhein-Westfalens, und seit November 1994 ist er Bundesminister für Bildung, Wissenschaft, Forschung und Technologie.

Jochen Schmalholz,

Jahrgang 1966, studierte Betriebswirtschaft an den Universitäten Paderborn und Illinois. Seit 1992 ist er für die Apple Computer GmbH in Ismaning tätig. In der Sparte Promotion & Events, Personal Interactive Electronics Divisions sammelte er Berufserfahrung, um nun als Marketing Manager für CD-ROM Titel zu arbeiten.

MISCHA SCHAUB,
Jahrgang 1952, war nach seiner Ausbildung zum Bildhauer einige Jahre als freier Künstler tätig, bevor er am Royal College of Art Design studierte. Von 1983 bis 1993 betrieb er eine Agentur für Design Research. 1989 erschien bei DuMont sein „Handbuch kreative Entwurfsarbeit am Computer", und 1992 folgte dann „code–X: Multimediales Design". Heute arbeitet er als Dozent am CIM-Zentrum Muttenz der Ingenieurschule bei Basel, wo er das Medieninstitut HyperStudio aufbaut und leitet.

ERIC SCHOOP
Jahrgang 1958, studierte Volkswirtschaft an der Universität Heidelberg und promovierte an der Universität Bamberg in Wirtschaftsinformatik. Nach seiner Habilitation über Informationsverarbeitung mit Hypertext an der Universität Würzburg ist er nun Inhaber des Lehrstuhls für Wirtschaftsinformatik-Informationsmanagement an der TU Dresden. Seine Tätigkeitsschwerpunkte liegen in der Entwicklung verteilter, multimedialer Anwendungssysteme und im Informationsmanagement in kooperativen Arbeitsumgebungen.

RAFFAELE DE SIMONE,
Jahrgang 1958, studierte Medizin an der Universität in Neapel. Er forschte in den Universitätsinstituten der Städte Heidelberg und Innsbruck und erwarb sein PhD an der Universität in Neapel. Seit 1990 leitet er verantwortlich das echokardiographische Labor der Herzchirurgie an der Universität Heidelberg.

HENRY STEINHAU,
Jahrgang 1963, erwarb Berufserfahrungen als technischer Redakteur des DTP-Magazins PAGE und als Fachjournalist. Zur Zeit ist er Chefredakteur des Magazins screen Multimedia beim MACup Verlag GmbH in Berlin.

HEINZ THIELMANN, Jahrgang 1945, studierte Nachrichten-, Regelungs- und Informationstechnik und promovierte an der Technischen Hochschule in Darmstadt. Berufserfahrung sammelte er in verschiedenen Tätigkeiten bei Philips Communication Systems und bei diversen Verbänden der Wissenschaft und Wirtschaft. Seit 1994 ist er Leiter des Instituts für TeleKooperationsTechnik der GMD in Darmstadt.

VOLKER TIETGENS, Jahrgang 1961, studierte nach seiner Ausbildung als Hüttenfacharbeiter Wirtschaftsinformatik an der Fachhochschule in Konstanz. Nach Projektleitertätigkeit in einer Beratungsgesellschaft ist er seit 1991 Gesellschafter und Geschäftsführer der Concept! GmbH in Wiesbaden.

HORST WAGNER, Jahrgang 1954, studierte nach seiner Ausbildung als Chemigraph Betriebswirtschaft in Hamburg. Er hatte leitende Positionen in einem Vorlagenstudio und in der Produktion der Springer & Jacoby Produktion GmbH inne. Seit 1990 ist er geschäftsführender Gesellschafter dieser Firma und verantwortlich für die Bereiche Akademie, EDV, Film-Funk-Fernsehen, Multimedia, Print und Zukunftsforschung.

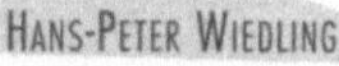

HANS-PETER WIEDLING, Jahrgang 1963, studierte und promovierte im Fachgebiet Informatik an der Technischen Hochschule in Darmstadt. Berufserfahrungen sammelte er im Bereich der Entwicklung eines PostScript-Interpreters und eines Raster Image Prozessors. Seit 1992 ist er Abteilungsleiter im Zentrum für Graphische Datenverarbeitung e.V. in Darmstadt und ist zum einen zuständig für Graphische Benutzungsoberflächen, Technische Dokumentation und zum anderen für die elektronische Speicherung und Handhabung von Dokumenten unter Verwendung von z.B. SGML. Ferner ist er Sprecher der GI-Fachgruppe „Multimediale elektronische Dokumente", und arbeitet im DIN-Gremium ESHD (Elektronische Speicherung und Handhabung von technischen Dokumenten) mit.

Matthias Wüllenweber,
Jahrgang 1961, studierte Physik und Psychologie an den Universitäten Bonn und Edinburgh. 1987 gründete er die ChessBase GmbH und ist dort technischer Geschäftsführer.

Statt 4.369 DM bis zum 31.9.95 nur 2.999 DM*
zzgl. Ust. für das ganze Paket.

Mit Kamera, Mikro, Software, Video- und ISDN-Ka…
für alle PCs ab i486 DX 33 oder Pentium.

…mmenarbeiten von PC zu PC durch Application-
Sharing und Filetransfer über ISDN.

Video System 200 gibt's bei Ihrem Geschäftskund…
berater und im T-Punkt. Oder unter: 0180-2 34 32…

intel.

Deutsche
Telekom **T**

Kultur entspannt

Was wir schaffen, läßt sich sehen.
Aber auch hören und lesen.
Unser Programm ist die Vielfalt.
50 000 Menschen in mehr als 40 Ländern machen
Medien für Leser, Hörer und Zuschauer
in den unterschiedlichsten Kulturräumen.
Wir vermitteln Wissen und Bildung.
Und wir sorgen für Entspannung.
Weltweit.

Bertelsmann

lesen · hören · sehen